HEYNE GESCHICHTE

In der Reihe »Heyne Geschichte« sind bereits erschienen:

1	*Paul Sethe*	Deutsche Geschichte im letzten Jahrhundert
2	*Alistaire Cooke*	Amerika
3	*Peter Norden*	Prag 21. August
4	*Friedrich Heer*	Das Heilige Römische Reich
5	*Karl Buchheim*	Die Weimarer Republik
6	*Herbert Rosinski*	Die deutsche Armee
7	*Werner Scheck*	Geschichte Rußlands
8	*Alfred Mühr*	Herrscher in Purpur
9	*Germán Arciniegas*	Geschichte und Kultur Lateinamerikas
10	*Marlis G. Steinert*	Die 23 Tage der Regierung Dönitz
11	*Fritz Schachermeyr*	Griechische Geschichte
12	*William L. Shirer*	Der Zusammenbruch Frankreichs
13	*Wilhelm v. Schramm*	Aufstand der Generale
14	*Paul Sethe*	Morgenröte der Gegenwart
15	*Dick Wilson*	Mao Tse-tungs langer Marsch
16	*Matthias Pusch*	Der Dreißigjährige Krieg
17	*Maurice Ashley*	Das Zeitalter des Absolutismus
18	*Alfred Mühr*	Die deutschen Kaiser
19	*E. J. Feuchtwanger*	Preußen
20	*Waldemar Erfurth*	Der finnische Krieg
21	*Kurt Frischler*	Das Abenteuer der Kreuzzüge
22	*Paul Dreyfus*	Die Resistance
23	*Reinhard Raffalt*	Große Kaiser Roms
24	*Donald Bullough*	Karl der Große
25	*E. W. Zeeden*	Das Zeitalter der Gegenreformation
26	*Franz Herre*	Anno 70/71
27	*Götz Bergander*	Dresden im Luftkrieg
28	*Michael Freud*	Die große Revolution in England
29	*Karl-Heinz Janssen*	Das Zeitalter Maos
30	*Christopher Duffy*	Die Schlacht bei Austerlitz
31	*Joseph Vogt*	Die Römische Republik
32	*Charles L. Mee*	Die Potsdamer Konferenz 1945
33	*Henry Kamen*	Die spanische Inquisition
34	*Rolf Bauer*	Österreich
35	*J. H. Elliot*	Das geteilte Europa · 1559-1598
36	*Richard O'Connor*	Der Boxeraufstand
37	*Edward Crankshaw*	Winterpalast · Rußland 1825-1917
38	*Ernle Bradford*	Konstantinopel · Der Verrat von 1204
39	*Derek W. Lomax*	Die Reconquista
40	*A. J. P. Taylor*	Die Ursprünge des 2. Weltkrieges
41	*Karl Christ*	Das Römische Weltreich

George Rudé

EUROPA IM UMBRUCH

Vom Vorabend der Französischen Revolution bis zum Wiener Kongreß

Deutsche Erstveröffentlichung

Wilhelm Heyne Verlag
München

Das Umschlagbild zeigt ein handgemaltes Plakat
zur Französischen Revolution. Unteilbarkeit der Republik:
Freiheit, Gleichheit, Brüderlichkeit – oder der Tod.

Titel der englischen Originalausgabe
Revolutionary Europe 1783–1815
Deutsche Übersetzung von Gunther Martin und Dr. Karl Erwin Lichtenecker

Printed in Germany 1981
Die Zeittafel wurde erarbeitet von Dr. Klaus Kamberger
Umschlagfoto und Bildnachweis: Archiv für Kunst und Geschichte, Berlin
Umschlaggestaltung: Atelier Heinrichs & Schütz, München
Satz: IBV Lichtsatz KG, Berlin
Druck und Bindung: Presse-Druck, Augsburg

ISBN 3-453-48070-8

Inhaltsübersicht

VIERTER TEIL

Vorwort

Im vorliegenden Buch wird der Versuch unternommen, ein Bild Frankreichs und Europas vor, während und unmittelbar nach der Französischen Revolution zu entwerfen. Die diesbezügliche Literatur ist jetzt schon beinahe unüberblickbar und wird zusehends noch umfangreicher. Allein während der letzten fünfzehn Monate sind in Frankreich, den Vereinigten Staaten und England wenigstens ein halbes Dutzend wesentlicher Untersuchungen über die Französische Revolution, sowohl aus französischer wie aus gesamteuropäischer Sicht, veröffentlicht worden. Man darf vermuten, daß noch zahlreiche weitere Werke in Vorbereitung sind. Damit will ich nur sagen, daß die Revolution ein unerhört ergiebiges Forschungsgebiet ist und daß man in einem eher schmalen Band wie dem vorliegenden kaum mehr tun kann, als die vielen noch ungelösten Probleme einer breiteren Leserschaft näherzubringen und diese zu genauerer Beschäftigung mit dem Thema anzuregen.

Von all diesen Problemen ist vermutlich in neuerer Zeit kaum eines so umstritten, wie die Bedeutung der Französischen Revolution für den europäischen Raum, ja für die ganze Welt der Moderne. In welchem Maß waren die revolutionären Bewegungen Europas Spiegelbild der Ereignisse in Frankreich und inwieweit waren sie Ausdruck einer eigenständigen inneren Dynamik? Das ist eine heikle Frage, die verschiedenartigste Auslegungen zuläßt. Dennoch wurde gerade diese Frage in den letzten zehn Jahren immer wieder und immer eindringlicher gestellt. Aber auf diesem Gebiet gibt es noch vergleichsweise wenige Veröffentlichungen. Um so mehr verdienen Professor Palmer (seinerzeit in Princeton) und Professor Godechot in Toulouse unseren Dank dafür, daß sie sich eben dieser Problematik zugewendet haben. Selbst diejenigen unter uns, welche die Auffassung dieser Gelehrten von einer »westlichen« oder »atlantischen« Revolution nicht zu teilen vermögen, müssen ihnen doch für ihre bahnbrechende Arbeit Hochachtung zollen.

Bei der Abfassung eines Werkes wie dem vorliegenden ist es einfach unmöglich, all jene entsprechend zu würdigen, die zu seinem Zustandekommen beitrugen. Wie viele andere, die auf diesem Gebiet arbeiten, möchte ich vor allem den Namen des verstorbenen Georges Lefebvre hervorheben, der nicht nur alle inspiriert hat, die sich mit der Revolution sozusagen ›von unten her‹ befassen, sondern dessen Werke auch die beste allgemeine Behandlung sowohl der Französischen Revolution als auch Napoleons umfassen. Mehr als jedem anderen sind alle neueren Untersuchungen über die Revolution, das Konsulat, das Empire und deren Hinauswirken über die Grenzen Frankreichs ihm verpflichtet.

Außerdem möchte ich Richard Ollard vom Verlag William Collins für die Geduld, Zuversicht und Umsicht danken, mit der er mein Manuskript bis zur Veröffentlichung betreute. Ebenso William A. Cowan, dem Direktor der Barr-Smith-Bibliothek der Universität Adelaide, der sich freundschaftlich bereitfand, die Korrekturen zu lesen. Und last not least bin ich der Universität Adelaide selbst Dank schuldig, vor allem meinem Kollegen Hugh Stretton, nur so war es mir als lehrendem Historiker möglich, dieses Buch zu schreiben.

George Rudé

Erster Teil

Europa am Vorabend der Französischen Revolution

I Die Sozialstruktur

Am Vorabend der Französischen Revolution bot Europa ein Bild drastischer und tiefgehender Gegensätze – vor allem Gegensätze zwischen dem entwickelten Westen und dem noch unentwickelten Osten, zwischen Handelsausweitung, Industrialisierung und Bevölkerungswachstum und dem vergleichsweisen Stillstand der landwirtschaftlichen Entwicklung, und schließlich zwischen der weiten Verbreitung von Nachrichten und Ideen und dem hartnäckigen Konservativismus gesellschaftlicher Beziehungen und politischer Einrichtungen.

Für einen großen Teil Europas war das 18. Jahrhundert eine Zeit wachsenden wirtschaftlichen Wohlstandes. Aufgrund ihrer geographischen Lage und ihres Kolonialbesitzes beanspruchten die großen Seemächte selbstverständlich den Löwenanteil am zwischenstaatlichen Handel. Beinahe neun Zehntel des in Lateinamerika geförderten Goldes und Silbers wurde von den ursprünglichen Eigentümern Spanien und Portugal an England, Frankreich und die Vereinigten Provinzen (Republik der vereinigten Provinzen der Niederlande) weitergegeben, deren Überseegesellschaften mit Asien, Afrika und dem amerikanischen Kontinent Handel trieben. Englands Handelsmarine wuchs von 3300 Schiffen mit einer Gesamttonnage von 260000 im Jahre 1702 bis zum Jahre 1776 auf 9400 Schiffe mit insgesamt 695000 Tonnen an. Um 1800 hatte sie beinahe die fünf- oder sechsfache Tonnage gegenüber dem Jahre 1700 erreicht.

Frankreich, damals der größte Handelsrivale, steigerte seinen Handel mit den anderen europäischen Ländern zwischen 1766 und 1788 beinahe um das Vierfache, und der Wert seiner Gesamtexporte stieg im gleichen Zeitraum von 120 auf 500 Millionen Livres. Arthur Young wurde bei seinen Reisen in Frankreich am Vorabend der Revolution vor allem durch den sichtlichen Wohlstand des Hafens Bordeaux beeindruckt, der ihm Liverpool zu übertreffen schien, dessen Sklavenhändler immerhin angeblich Profite von 300000 Pfund Sterling jährlich erzielten. Der Reichtum dieser beiden Häfen weist auf die steigende Bedeutung des Kolonialhandels hin. Im Jahre 1789 betrug der Geldwert des Handels mit Amerika rund ein Drittel des Wertes aller Handelsgeschäfte Großbritanniens, im Falle Frankreichs war es kaum weniger. Inzwischen waren die Vereinigten Provinzen, obschon immer noch eine beachtliche Handelsmacht, im Wettstreit mit den beiden größeren und mächtigeren Rivalen ins Hintertreffen geraten. Bereits im Jahre 1739 hieß es, daß doppelt so viele Schiffe ihre Ladung in London löschten wie in Amsterdam. Andererseits aber konnten sich die Holländer, was das Bank- und internationale Finanzwesen betraf, immer noch gegen die Engländer und Franzosen behaupten. Im Jahre 1777 hatten sie 40 Prozent der britischen Staatsschulden in Händen. »Die ›Rechnung Amsterdams‹«, schreibt ein neuerer Historiker, »war für das 18. Jahrhundert, was die ›Rechnung Londons‹ für das 19. Jahrhundert war.«*

Verglichen mit diesen Riesen erscheinen die Handelsflotten anderer europäischer Länder unbedeutend. Immerhin hatte Schweden im Jahre 1787 bereits 1200 Frachter, und auch Preußen besaß beinahe 1000. Seit den Tagen Peters I. hatte Rußland seinen Außenhandel rasch ausgedehnt, die baltischen Häfen immer mehr dem Westen geöffnet, und war zum größten Eisenlieferanten Europas geworden. 1790 verschiffte das Zarenreich aus den Bergwerken im Ural bereits jährlich 26000 Tonnen nach Britannien. Inzwischen verfiel Venedig, einst eine stolze Handelsstadt, zusehends, und das Osmanische Reich betrachtete den Handel als eine einer großen Militärmacht unwürdige Angelegenheit.

Europas innere volkswirtschaftliche Struktur war von der Ausweitung des Überseehandels immer noch beinahe unberührt. Der Binnenhandel blieb unentwickelt und begrenzt und wurde durch schlechte Kommunikations- und Verkehrsmittel und (in Ländern wie Frankreich) durch eine Vielfalt restriktiver

* C. H. Wilson in: »The New Cambridge Modern History«, VII, 1957, S. 44

Abgaben, Zölle und Steuern behindert, die von Regierungsstellen und privilegierten Grundbesitzern festgesetzt und eingezogen wurden. In den meisten Ländern blieb die Landwirtschaft den Gepflogenheiten der Vergangenheit verhaftet und war häufig den Bedürfnissen einer rasch zunehmenden Bevölkerung nicht gewachsen. In Sizilien, einst der Kornspeicher Südeuropas, forderte die Hungersnot der Jahre 1763/64 30000 Menschenleben, und im Jahr 1770 sollen allein in Sachsen 150000 und in Böhmen 80000 Menschen verhungert sein. Oft herrschten in ein und demselben Land höchst unterschiedliche Verhältnisse: Die primitiven Latifundien Andalusiens standen in krassem Gegensatz zu den vergleichsweise wohlhabenden und unabhängigen Ländereien der baskischen Provinzen, Kataloniens und mancher Teile von Aragon. In Frankreich unterschied sich das fruchtbare Weideland der Normandie scharf vom Ödland der Bretagne und der *métayers* der Cévennen und des Limousin. In Osteuropa wurde ganz allgemein das reiche Potential an Grund und Boden wenig genutzt und die Kultivationsmethoden blieben primitiv und traditionsgebunden. Nur in einigen Teilen Westeuropas hatte man bereits entscheidende Schritte zur gänzlichen Umgestaltung von Ackerbau und Viehzucht unternommen und sich bei Fruchtwechsel und anderen landwirtschaftlichen ackerbaulichen Fragen wissenschaftlicher Methoden bedient. Darin allein aber bestand die Grundlage der großräumigen Landwirtschaft der Zukunft. Diese »Revolution« war um die Mitte des 17. Jahrhunderts von den Niederlanden ausgegangen und beschäftigte bald Agronomen und Adelige, welche die Ergebnisse an Ort und Stelle studierten. Das gute Beispiel regte allenthalben zur Nachahmung an.

In Frankreich waren in einigen Provinzen neue landwirtschaftliche Methoden durch die gemeinsamen Anstrengungen fortschrittlicher Adeliger, der Schule der Physiokraten oder »Ökonomen« und der Regierung selbst eingeführt worden, die im Jahre 1761 ein eigenes Landwirtschafts-Departement einrichtete. In England waren diese Verfahren dann in den achtziger Jahren auf Grund der Experimente von Townshend, Tull und Bakewell und der Propaganda Arthur Youngs in vielen Grafschaften angewendet worden. Nirgends aber war damals die Landwirtschaft so weit fortgeschritten wie in den Österreichischen Niederlanden. Von dort berichtet man, daß im Jahre 1802 die Produktivität der landwirtschaftlichen Nutzfläche noch um 30 Prozent höher war als in England.

In fast allen Ländern spielte die Industrie auch weiterhin im volkswirtschaftlichen Leben eine immer größere Rolle. Am Vorabend der Revolution beschäftigten in Frankreich die Textilfabriken von van Robais in Abbéville 12000 Arbeiter und Arbeiterinnen und die Anzin-Gruben 4000, in Paris gab es gegen fünfzig sogenannte »Manufakturen« mit je zwischen 100 und 800 Beschäftigten. In Rußland förderte und erweiterte Katharina II. die Eisenherstellung, die schon unter Zar Peter einen sensationellen Aufschwung genommen hatte. Im Jahr 1793 waren in den Segeltuchfabriken von Kaluga 9000 Arbeiter beschäftigt. Im ländlichen Böhmen spannen 200000 Menschen, die meisten von ihnen Frauen, Flachs, und selbst im winzigen Kanton Glarus in der Schweiz zählte man mehr als 30000 Spinnerinnen. Im wesentlichen aber bewegte sich all diese industrielle Tätigkeit in althergebrachten Grenzen. Die moderne Fabrik und der Industriekapitalismus traten erst allmählich in Erscheinung.

Das vorherrschende Produktionssystem war immer noch das der Heimarbeit, die in ihren Häusern auf dem Lande von zahllosen Bauernfamilien unter der vagen Kontrolle von Kaufleuten und Kaufherrn-Produzenten ausgeübt wurde. In den Städten herrschte immer noch die kleine Werkstätte als Produktionseinheit vor, die aus dem Mittelalter stammte und allen Beschränkungen und Bestimmungen des Gildenwesens unterlag. Die großen Manufakturen waren, wo es sie bereits gab, kaum etwas anderes als eine Erweiterung des Heimarbeiter-Systems, nur wurden hier Arbeiter und Arbeiterinnen in größerer Zahl unter der strikteren Überwachung durch den Staat oder private Arbeitgeber an einer Stelle konzentriert. Die großen Unternehmen Osteuropas und die böhmische Textilindustrie verwendeten als Arbeitskräfte Zwangsarbeiter, Leibeigene oder Verbrecher, Vagabunden, Findelkinder und Soldaten, und selbst so große Betriebe wie die Textilfabriken van Robais und die königlichen Staatsfaktoreien in Frankreich stellten eine Art industrieller Bastille dar, in der die Arbeitskräfte beinahe militärischer Disziplin unterworfen waren. Lediglich in England gab es im Jahre 1783 schon einen wesentlichen Fortschritt in Richtung auf die

Einführung arbeitssparender Maschinen auf breiter Basis und auf eine Industrielle »Revolution«. Aber selbst hier steckte das moderne Industriewesen immer noch in den Kinderschuhen. Die rasch expandierende Baumwollindustrie war noch zum Großteil von Wasserkraft abhängig, und als das Jahr 1780 kam, hatte man eben erst begonnen, James Watts Dampfmaschine in der Spinnereiindustrie und im Bergbau einzusetzen. Immerhin lag Großbritannien seinen wirtschaftlichen Rivalen gegenüber klar in Führung, was ihm bei seinem nächsten Waffengang mit Frankreich sehr zustatten kam.

Aber auch England war immer noch in erster Linie ein Agrarstaat, in dem beinahe die Hälfte der Bevölkerung ihren Lebensunterhalt aus der Landwirtschaft bezog. Und Arthur Young schätzte 1770, daß 66 Millionen Pfund Sterling von Englands Volkseinkommen aus Grund und Boden stammten, wogegen der Anteil von Handel und Industrie nur 37 Millionen Pfund Sterling ausmachte.

Im Gefolge der weiteren Wirtschaftsentwicklung kam es auch zu einer Verbreitung neuer Gedankengänge, die allmählich zur Bildung einer fundierten »öffentlichen Meinung« führte und in weiten Teilen Europas herkömmliche Denkgewohnheiten und Loyalitäten untergrub. In Den Haag war im Jahr 1686 die erste Monatsschrift gegründet worden, und die erste Tageszeitung Englands folgte bereits 1702. Bis zum Erscheinen des *»Journal de Paris«* im Jahre 1777 gab es in Frankreich überhaupt keine Tageszeitungen. Andererseits wuchs in den letzten Jahren vor Ausbruch der Revolution die regelmäßig erscheinende Presse im Westen mit ungeheurer Geschwindigkeit. Ab 1771 wurde in der englischen Presse bereits ausführlich über die Vorgänge im Parlament berichtet, und im Jahr 1782 gab es in London bereits achtzehn Zeitungen. In Frankreich erschienen im Jahr 1779 nicht weniger als fünfunddreißig Zeitungen und Zeitschriften aller Art – 1789 waren es bereits 169. Die Zahl der zu dieser Zeit in Deutschland gedruckten Zeitungen und Zeitschriften war noch größer, obwohl viele von ihnen infolge von Zensurmaßnahmen und Unterdrückung nur recht kurzlebig waren. Selbst in Spanien dienten die *»Gaceta de Madrid«* und der *»Espiritu de los majores Diarios«* der Verbreitung des Gedankengutes der neuen »Philosophie«.

Inzwischen waren ja die Schriften der Aufklärung – die Traktate und Abhandlungen von Montesquieu und Rousseau, die *Enzyklopädie* d'Alemberts und Diderots, Raynals *Geschichte* und die politischen Satiren und Briefe Voltaires – in vielfachen Fassungen und Übersetzungen von Paris und den Niederlanden ausgehend verbreitet worden. Sie fanden in Rom, Madrid, Brüssel, Berlin, Wien und St. Petersburg eine völlig neue und immer interessiertere und aufgeschlossenere Leserschaft. Der Amerikanische Unabhängigkeitskrieg und seine Folgen brachten eine Unzahl neuer Traktate und Kommentare hervor, welche die Bereiche aufgeklärter und gut informierter »öffentlicher Meinung«* noch erweiterten.

Die wirtschaftliche Entwicklung und die Verbreitung neuer Gedanken sollte schließlich – in Zusammenhang mit Krieg und Revolution – gemeinsam die bisher herrschenden Einstellungen, Haltungen und die Beziehungen zwischen verschiedenen Gesellschafsschichten von Grund auf verändern. Dennoch blieb vorläufig die Gesellschaftsschichtung Europas im wesentlichen hierarchisch und »aristokratisch«. Faktisch in jedem Land herrschte ein Adel der Geburt, des Geldes oder der Rechtsordnung über seine Mitmenschen, ob nun als Gouverneur und Beamter, als feudaler *seigneur*, als Inhaber von Fiskalmonopolen oder hoher Ämter in Armee, Kirche oder Staat, oder bloß durch das Zurschaustellen von Reichtum oder Wohlstand, verschwenderischen Lebensstil, kulturelle Errungenschaften oder Reisen im Ausland.

»In allen Staaten Europas«, schrieb Abbé Raynal im Jahre 1770, »gibt es Menschen, die von Kindheit an eine Vorrangstellung einnehmen, die mit ihrem Charakter und ihrer Moral nichts zu tun hat.« Obwohl diese Verallgemeinerung selbst für die fortschrittlichsten Monarchien und Republiken des Westens zutraf, gab es selbstverständlich erhebliche Unterschiede hinsichtlich des Reichtums, der gesellschaftlichen Stellung und der Macht, welche die Grundbesitzer und der Adel in den verschiedenen Ländern Europas, oft aber auch in ein und demselben Land, genossen. In Spanien hatten die Granden, wie etwa die

* Siehe auch R. R. Palmer: *The Age of the Democratic Revolution,* Bd. 1, *The Challenge,* Princeton 1959, S. 242–244.

Herzöge Osuna, Alba und Medina Coeli, die Besitzer ausgedehnter *senorios* in Andalusien und Katalanien, oder die großen *titulos de Castilla* ganz anderes Gewicht und gesellschaftliche Geltung als etwa die im Range niedrigeren *caballeros*, diese standen aber noch wesentlich höher als die breite Masse des verarmten Landadels, der sogenannten *hidalgos*, die bei weitem den größten Teil des Adels stellten. Die gesamte Aristokratie Spaniens umfaßte damals den zwanzigsten Teil der Bevölkerung.

Ähnliche Unterschiede fanden sich auch in Frankreich, wo ein Hofadel von etwa 4000 Personen, Besitzer großer Ländereien, sozusagen erblicher Bischofswürden oder hoher Positionen in der Armee, voll Verachtung auf die weit größere Zahl ländlicher *hoberaux* herabblickten, die sich mangels Kapitals und entsprechender einflußreicher Betätigungsmöglichkeiten oft kaum an mehr halten konnten als an Erinnerungen vergangener Glorie, ihre Namen, Titel und ihre vielgeliebte Steuer- und Abgabenfreiheit.

Auch in Polen konnte der kleine Landadel, der das Gros der millionenstarken *schlachta* bildete, die rechtlichen Privilegien der Aristokratie für sich in Anspruch nehmen, nach Belieben über die Bauern herrschen, die ihnen botmäßig waren, ihr Recht auf besondere Kleidung und ihnen allein vorbehaltene Kirchenstühle ausüben und so weiter. Andererseits aber standen diese Edelleute durch ihre relative Mittellosigkeit oft in beschämender Abhängigkeit von dem runden Dutzend wirklicher Magnaten, den Radziwills, Czartoryskis oder Potockis, die das Land tatsächlich beherrschten.

In Ungarn beanspruchten Großgrundbesitzer wie die Esterhazys und Palffys, und in Rußland Familien wie die Cherkasskiis, Galitzins und Dolgorukis tatsächlich, wenn auch nicht immer dem Protokoll nach, eine Vorrangstellung gegenüber einer Horde zwar stolzer, dafür aber oft bettelarmer und ungebildeter Landadeliger.

In Venedig gab es andersgeartete Unterschiede zwischen den verarmten alten Adelshäusern oder *barnabotti* und den erst in neuerer Zeit arrivierten Reichen, die ihre Adelsbriefe vor kurzem erworben hatten, indem sie ihre Namen ins »Goldene Buch« eintragen ließen.

Nur in England gab es einen klaren wörtlichen und gesetzlichen Unterschied zwischen den Landedelleuten und der eigentlichen Aristokratie (den traditionellen herkömmlichen Rittern der Grafschaften, *Knights of the Shire*) und den über 200 Großgrundbesitzern, die hohe Kabinettsposten und die Sitze im Oberhaus innehatten, ganze Bezirke *(boroughs)* ihr eigen nannten und die Wahlen zum Unterhaus nach Belieben beeinflußten und manipulierten.

Großbritannien zeichnete sich auch dadurch aus – eine Eigenheit, die es lediglich mit den Vereinigten Provinzen teilte –, daß der Adel kaum mehr als einige wenige Reste älterer rechtlicher Privilegien und Immunitäten für sich in Anspruch nehmen konnte. Ein Adeliger konnte immerhin noch das Recht beanspruchen, nur vor ein aus seinen *peers* oder Ebenbürtigen bestehendes Gericht gestellt zu werden, sonst aber waren *peers* und Bürgerliche vor dem Recht gleich, und öffentliche Ämter standen ihnen, zum mindesten dem Gesetz nach, gleichermaßen offen. Ebenso genossen sie gleiche Rechte auf Grundbesitz, Handel oder Erzeugungsgewerbe. Nur jeweils der älteste Sohn eines *peer* galt als Adeliger. Man neigte mehr und mehr dazu, gesellschaftliche Ein- und Zuordnung nur nach dem Wohlstand und den mit diesem verbundenen Macht- und Prestigefaktoren vorzunehmen.

In anderen Ländern freilich genoß die Aristokratie wichtige, gesetzlich verankerte Privilegien, wie etwa das der Gerichtsbarkeit und der Immunität bezüglich verschiedener Steuern und Abgaben. In Frankreich bildete die *noblesse* keine so sehr geschlossene Kaste wie in vielen Staaten Mittel- und Osteuropas, da sie nicht quasi als Körperschaft registriert und nicht von Handel und Berufswesen ausgeschlossen war. Überdies stand in Frankreich reichen Bürgerlichen – allerdings in immer geringerem Maße – der Zugang zum Adel durch den Kauf erblicher Ämter und Würden offen. So hatte sich seit dem 17. Jahrhundert ein neuer und wohlhabender »Verwaltungsadel«, die sogenannte *noblesse de robe*, herausgebildet, der nun der alteingesessenen *noblesse d'épée* – dem »Schwertadel« – Rang und Stellung streitig zu machen begann. Zu dieser Zeit rekrutierten sich bereits die meisten Staatssekretäre und Intendanten aus dem Verwaltungsadel und, was noch wichtiger war, er beherrschte die *Parlements* – die großen erblichen Rechtsstrukturen, die in Zeiten schwacher oder geteilter Regierungsgewalt und müßiger oder unfähiger Regenten beträchtlichen politischen Einfluß hatten. Solche Macht blieb mit ganz wenigen Ausnahmen dem alten Adel versagt, doch hatte dieser als Grundbesitzer immer noch zahlreiche der Privilegien der alten Feudalherren inne, so zum Beispiel das Recht der Ortsgerichtsbarkeit und dörflichen Überwachung, Monopolrechte, wie etwa das der Jagd und des Betriebes einer Mühle, einer Bäckerei oder einer Weinpresse *(banalités)*, vor allem aber das Recht, von den Bauern eine ganze Reihe von Feudelabgaben, Mieten und Dienstleistungen zu fordern. Darüber hinaus aber genoß die französische Aristokratie in ihrer Gesamtheit auch noch weitgehende Befreiung von jeglicher direkter Besteuerung. Ihr war praktisch Freiheit von der wichtigsten und drückendsten dieser Steuern, der sogenannten *taille* (die sowohl vom geschätzten Einkommen als auch vom Grundbesitz eingehoben wurde) gewährt. Überdies vermied sie es weitgehend, ihren entsprechenden Anteil an der *vingtième* und *capitation* zu zahlen. Diese beiden Steuern wurden gegen Ende der Regierungszeit Ludwigs XIV. eingeführt, um die Einkünfte aus der *taille* zu ergänzen, und theoretisch unterlagen ihr Aristokraten und Bürgerliche gleichermaßen. Der Klerus, dessen hohe Ränge fast ausnahmslos dem Adel angehörten, genoß sogar noch größere Privilegien: Zusätzlich zu dem Einkommen, das er als Landbesitzer aus Pachtzins und Feudelabgaben bezog, erhob er auch noch Anspruch auf den Zehnten (der bis zu einem Zwölftel des Grundertrages betragen konnte). Seinerseits entledigte sich der Klerus seiner Verpflichtungen gegenüber dem Staatsschatz durch Erlegung eines relativ kleinen Prozentsatzes seiner Einkünfte in Form eines *don gratuit* – einer »freiwilligen Gabe«.

Außerhalb von Westeuropa neigte man dazu, die Immunitäten und Privilegien klarer zu definieren, wodurch auch die Kluft, die Aristokratie und Bürgerliche trennte, schärfer zutage trat. So etwa hatte in Polen die *schlachta* bis 1768 Gewalt über Leben und Tod ihrer Leibeigenen. In Ungarn wieder war das Recht auf Grund und Boden auf den Adel beschränkt, der seit 1741 noch völlig von jeder Steuerleistung befreit war.

In Schweden bildeten Magnaten mit Adelstiteln eine völlig

geschlossene Kaste, denn in der Verfassung von 1720 hatte man das Recht des Königs, Bürgerliche zu adeln und so den Adelsstand zu vergrößern, wesentlich beschnitten. Die autokratischen Herrscher von Preußen und Rußland kannten keine derartige Einschränkung und hatten es verstanden, im Laufe eines Jahrhunderts die Funktionen und Privilegien ihres Adels weitgehend neu zu definieren und festzulegen. In Preußen wurde die Aristokratie unter König Friedrich Wilhelm I. und Friedrich II. zu einem Stand erblicher Staatsbeamtenschaft, die gehalten war, dem Souverän entweder in der Armee oder der Verwaltung zu dienen. Als Entschädigung hierfür wurde den »Junkern« weitreichende Machtvollkommenheit auf dem Gebiet der Rechtsprechung und über ihre Pächter und Bauern eingeräumt. In Rußland war Peter der Große sogar noch weiter gegangen und hatte eine strenge Hierarchie eingeführt, deren höhere Ränge den Großgrundbesitzern vorbehalten waren, denen als Gegenleistung für einen vorgeschriebenen Zeitraum des Dienstes für die Krone ein hochprivilegierter Erbstatus und erweiterte Macht über ihre Leibeigenen gegeben wurde. Dieses System war allerdings unter den Nachfolgern Peters des Großen wieder eingeschränkt worden. Im Jahre 1762 hatte Peter III. den Hochadel von der Verpflichtung zum Staatsdienst ausgenommen, und durch Katharinas Adelspatentordnung von 1785 wurde die russische *dworjanstwo* – wenigstens nominell – der französischen Auffassung der *noblesse* angenähert.

In einigen Ländern entsprach der Vorrangstellung der Aristokraten der Einfluß und die Verantwortung, die sie im Leben des Staates und der Nation hatten, in anderen freilich war man weit davon entfernt. Es gab einerseits Länder wie Preußen, in denen der Staatsdienst des Edelmannes nicht nur erzwungen war, sondern schließlich auch als Ehre angesehen wurde, oder Rußland, wo Staatsdienst zwar nicht Pflicht blieb, aber dennoch weiterhin vom Adel häufig geleistet wurde. Andererseits aber gab es Staaten wie Frankreich, Spanien, die Beiden Sizilien, Dänemark und viele kleinere deutsche Fürstentümer, in denen die Aristokratie wohl ihre Privilegien behalten hatte und bei Hof deutlich in Erscheinung trat, aber längst keine politische Rolle mehr spielte. In Ungarn bekleidete der Hochadel die höchsten Ämter in Kirche und Verwaltung und hatte auch eine vorherrschende Stellung in der Nationalversammlung inne, und selbst die Kleinadeligen übten lokale Gerichtsbarkeit aus und zogen in ihren Distrikten Steuern ein. Die polnische und schwedische Aristokratie erlebte fast ein Jahrhundert lang ihr »Goldenes Zeitalter«. Die polnischen Adeligen beherrschten die Volksversammlungen und bestimmten die Politik der Regierung, wobei sie auch noch Steuereinnehmer ernannten und in ihrem Gebiet Regierungsfunktionen ausübten. In Schweden hatten die Oberhäupter von Adelsfamilien fünfzig Jahre lang in den Volksversammlungen (Landtagen) und den geheimen Komitees der vier Stände das entscheidende Wort gesprochen und überdies alle Sitze im Kronrat innegehabt.

In beiden Ländern hatte sich im Jahre 1772 die Krone wieder stärkere Geltung verschafft, aber in Polen bildeten die Landtage auch weiterhin eine Art »Demokratie« der Aristokraten und Landedelleute, und in Schweden wurden öffentliche Ämter Vertretern der nicht-privilegierten Stände erst 1809 zugänglich.

Hierin war die Lage der britischen Grundbesitzer der in Schweden herrschenden ähnlicher als der irgendeiner anderen europäischen Aristokratie. Die britische Aristokratie genoß zweifellos keine gesetzlichen oder durch Brauch gefestigten Rechte, die sie befähigt hätten, alle höheren Ämter im Staat für sich in Anspruch zu nehmen, und der Sieg des Adels über die Monarchie im Jahr 1689 war ein viel begrenzterer als der des schwedischen Adels im Jahr 1720. Aber wenn die britischen Adeligen auch ihre Macht mit der Krone teilen mußten, übten sie doch ständig beträchtlichen realen Einfluß auf die Führung der Regierungsgeschäfte aus – sowohl im Ober- und Unterhaus als auch in der Provinzialverwaltung. Das *House of Lords* (Oberhaus) behielt immer noch als eigenständige legislative und judiziäre Körperschaft ein Gewicht, das dem des *House of Commons* (Unterhaus) beinahe gleichkam. Zusätzlich konnte aber das Oberhaus seine Machtstellung noch durch sein Quasi-Monopol auf Kabinettspositionen, seine Familienverbindungen und seinen Besitz von *pockets* und *rotten boroughs* (meist winzige Wahlkreise mit nur einem einzigen Grundbesitzer, oft verlassenen und verfallenen Ortschaften und fast ausschließlich vom Grundherrn abhängigen Wählern) verstärken. Als *Lord Lieutenant* (Vertreter des Königs in den Grafschaften), als Friedensrichter etc. hatte der Adel alle Funktionen der Provinzialregierung so gut wie ganz in der Hand. Es trifft freilich zu, daß sowohl königliche als auch radikale Einflußnahme »außer Haus« seit 1760 am Werk war, um entweder die Waagschale des monarchischen oder des populistischen Elementes in der Verfassung zum Sinken zu bringen – worüber wir im folgenden Kapitel noch mehr erfahren werden – und auch die Rückkehr des jüngeren Pitt in den allgemeinen Wahlen des Jahres 1784 muß, wenigstens bis zu einem gewissen Grade, als eine Niederlage der »Aristokratie« gesehen werden. Das Gesamtbild aber blieb ohne wesentliche Veränderungen: 1783 war William Pitt immer noch das einzige Mitglied seines eigenen Kabinetts, das über keinen Sitz im Oberhaus verfügte, und es währte noch bis zum »Reform Act« des Jahres 1832, ehe der englische Adel seine überwältigende Vorrangstellung in Regierung und Parlament allmählich verlor.

Das Wachsen der Städte und die Intensivierung des Handels sollte früher oder später diese »aristokratische« Gesellschaftsordnung durchbrechen und ihre Vorrechte und Verteidigungsmechanismen angreifen. In dieser Phase aber neigte der ständig wachsende, durch Kommerz und Geldgeschäfte reich gewordene Stand der Kaufleute und Bankiers noch dazu, sich eher mit dem Adel zu arrangieren oder zu assimilieren, als diesem kräftig Widerpart zu bieten. Diese Anpassung konnte viele Gestalten annehmen: Man mochte seine Töchter an Sprosse adeligen Geblüts verheiraten, Ämter oder Landsitze erwerben, sich Adelstitel oder andere Auszeichnungen aneignen, oder einfach innerhalb der Stadtregierungen, Gilden oder Verwaltungseinheiten ein eigenes exklusives Patriziat errichten. In Osteuropa, wo es damals noch nicht viele Städte gab und der Kaufherrenstand nur eine unbedeutende Minderheit bildete, war dieser Prozeß noch nicht sehr weit vorangeschritten. Aber selbst dort konnte ein Großkaufmann und Industrieller wie Nikita Demidow, der Gründer einer angesehenen Dynastie von Eisenhändlern und -verarbeitern, sich in der Gnade des Zaren sonnen, und ungarische Kaufleute wie die Henchels und Hallers gelangten zu Adelsbriefen. Die großen Handelszentren Deutschlands – Hamburg, Leipzig und Frankfurt am Main – und Bern und Zürich in der Schweiz besaßen ein längst schon etabliertes kaufmännisches Patriziat, das, mit wachsendem Wohlstand, immer stolzer und exklusiver, aber auch immer mehr auf seine gesellschaftliche Stellung und seine ererbten Privilegien bedacht geworden war. In Preußen fand der aufsteigende Mittelstand bald in einer sich rasch ausweitenden und privilegierten Staatsbürokratie ein reiches Betätigungsfeld für seine Kräfte und gesellschaftlichen Ambitionen – und all das im Dienste Seiner Majestät!

In den Vereinigten Provinzen regierte ein reiches, kaufmännisches Patriziertum die großen Städte Hollands, hatte die Vorherrschaft in den Provinzständen, sandte seine Vertreter in die Generalstände, wo sie ihre Sitze neben dem älteren, aber weniger begüterten Adel einnahmen.

In Frankreich und England hatte das neue gesellschaftliche Gewicht dieser aufstrebenden Stände verschiedene Ausprägungen gefunden. Die kostspieligen Unternehmungen Ludwigs XIV. hatten für die Unternehmer, Kaufleute und Finanziers Frankreichs ein ergiebiges Betätigungsfeld geschaffen. Es war die Gepflogenheit des Königs gewesen, die Söhne von Männern, die ihren Reichtum durch Handel oder Geldgeschäfte erworben hatten, in den Staatsdienst zu ziehen. Colbert, der weitaus bedeutendste von Ludwigs XIV. Ministern, war Sohn eines Textilkaufmannes aus Reims, und Saint-Simon, ein kritischer Adeliger, tat das ganze Zeitalter Ludwigs XIV. als *»un règne de vile bourgeoisie«* – eine Epoche elenden Bürgertums – ab. In Molières *Le bourgeois gentilhomme* verheiratet Monsieur Jourdain seine Tochter an einen Marquis. Das war damals eine der Aufstiegsmöglichkeiten in die aristokratische Gesellschaft. Später konnten auch große Finanziers und Bankiers, wie etwa die vier Brüder Pâris und Samuel Bernard, als Hofbankiers oder Begründer von Handelsimperien, es sich leisten, eigenständig ein »nobles« Leben zu führen und auf die gewöhnlichen Höflinge herabzusehen. Im 18. Jahrhundert bauten reiche Bürger Stadtpalais und kauften Landsitze auf. Dadurch, daß sie sich solchermaßen selbst zu Grundherren machten, gelangten sie in den vollen Genuß der Herrenrechte, die mit ihrem Besitz verbunden waren. So konnte Jaurès etwa behaupten, daß der fieberhafte Wiederaufbau von Paris, der das Vierteljahrhundert vor der Revolution so deutlich auszeichnete, weit mehr auf bürgerlichen als auf aristokratischen Unternehmergeist gegründet war. Einige Erwählte wurden Mitglieder der Provinzialversammlungen und erwarben sich dadurch große Vermögen, daß sie sich der königlichen Steuern und der Verwaltung der Binnenzölle bemächtigten. Häufiger aber neigten reiche Bürger dazu, ihr Geld – für sich selbst oder für ihre Erben – im Kauf eines der zahlreichen Ämter anzulegen, die entweder vakant waren oder neu geschaffen wurden. Solche Positionen gab es sowohl in der Gerichtsbarkeit, als auch in der Hoheitsverwaltung und der Munizipalregierung von Städten mit königlichen Privilegien. So war der Staat in der Lage, seine Schulden zu tilgen und gleichzeitig dem wohlhabenden Handelsstand Gelegenheit zu geben, seinen gesellschaftlichen Ehrgeiz durch den Erwerb von Titeln und Privilegien, entweder als Angehörige der *noblesse de robe* oder dem ländlichen Gegenstück, der *noblesse de cloche*, zu befriedigen. Solange der Staat selbst hinlängliche Liquidität besaß, den Zinsendienst für seine Anleihen zu leisten und ihnen derartige gesellschaftliche Aufstiegsmöglickeiten offenstanden, konnte man auf die französischen Handels- und Finanzkreise als starke Stützen des Thrones und der aristokratischen Gesellschaftsordnung zählen, die ihm diente. Wir werden in einem späteren Kapitel noch darauf zurückkommen, was geschah, als diese Möglichkeiten zusehends schwanden.

In England hatten diese Bevölkerungsschichten aus sich heraus größeres soziales Ansehen und weitergehende Machtfülle erreicht. Durch die koloniale Ausbreitung und die Commonwealth- und Restaurations-Kriege reich geworden, waren sie in der »glorreichen Revolution« von 1688 zu Verbündeten der Aristokratie und des Landadels geworden. Sie hatten die Bank of England gegründet, um ihre Interessen deutlicher mit jenen der Krone solidarisch zu erklären und waren im Krieg gegen Ludwig XIV. unter den eifrigsten Helfern der Sache Englands gewesen. Nirgends sonst waren dem Geldbürgertum Adelskreise so zugänglich – und nirgend sonst war die Aristokratie selbst so eng mit diesem Stand liiert: Kaufleute saßen im Unterhaus Seite an Seite mit Edelleuten als »Knights of the Shire«, Herzöge und Marquis verheirateten ihre Söhne, Töchter und Enkelinnen mit Londoner Kaufherren und Bankiers; und schließlich waren Mitglieder der adeligen Großgrundbesitzerkreise selbst im Handel tätig und investierten ihr Kapital in Werften, Bergwerke und andere Realitäten. Als Daniel Defoe im Jahre 1726 schrieb, »unsere Kaufherren sind Fürsten, die achtbarer, reicher und mächtiger sind als mancher Souverän«, und den »ungeheuren Reichtum« von Männern, die »hinter dem Ladentisch« reich geworden waren, mit dem schwindenden Wohlstand des Landadels und vieler »altehrwürdiger Familien« verglich, sprach er die reine Wahrheit. Walpole konnte sich auf die feste Unterstützung der Londoner Großkaufleute verlassen, die sich an Gewinn und Ehren saturiert hatten, als er in den zwanziger und dreißiger Jahren des 18. Jahrhunderts den Dingen ihren Lauf ließ, und selbst als sich London einige Jahre später gegen die Regierung stellte, hielten die Großbankiers und Direktoren von Versicherungsgesellschaften und Überseehandelshäusern der von Hof und Regierung vertretenen Politik die Treue. Es blieb also auch hier, wie drüben in Frankreich, »das Kapital« den größten Teil des Jahrhunderts hindurch die unerschütterliche Stütze der bestehenden Formen des Gemeinwesens.

Erst der Aufstieg neuer Kreise von eher skrupellosen und raffgierigen Kaufleuten und wieder anderen Zweitrangigen – beide eifrig darauf erpicht, die Vormachtstellung ihrer älteren, reicheren und privilegierteren Rivalen zu erschüttern –, brachte einen wesentlichen Teil des Handelsstandes in Konflikt mit Krone und Parlament.

England nahm auch darin eine Sonderstellung ein, daß hier als einzigem Land seiner Zeit die »Industrielle Revolution« begonnen hatte, in der ein neuer und unabhängiger Stand privater Unternehmer in Erscheinung trat. Diese wurden nun allmählich vom Ertrag ihres Industriekapitals, anstatt, wie andere vor ihnen, durch den Einsatz von Kommerzkapital, reich. In Rußland und Böhmen waren großangelegte Erzeugungsbetriebe im allgemeinen Sache des Staates oder aber der Grundbesitzer, welche die Arbeitskraft ihrer Leibeigenen ausnützten, nur selten aber die Domäne von *entrepreneurs* des Mittelstandes. In den Vereinigten Provinzen neigte, solange der Handel noch blühte, die »Industrie« eher zu Stagnation oder Rückgang. In Frankreich lag die Erzeugung entweder bei großen staatlichen Unternehmungen, wie etwa den königlichen »Manufakturen« für Gobelins oder der Savonnerie, oder in den Händen von Meistern, die kleine handwerkliche Betriebe leiteten, oder aber der Produktionsunternehmer, die die Heimarbeit bäuerlicher Weber und Spinner koordinierten und ausnützten. Privatdynastien, wie auf dem Gebiet der Eisenerzeugung die de Wendels und auf dem Textilsektor die van Robais, bildeten Ausnahmen. Lediglich in England entwickelte sich im Gefolge der technologischen Neuerungen, die die Darbys, Hargreaves, Cort, Arkwright und Watt hervorgebracht und eingeführt hatten, eine völlig neue Schicht von Industrieunternehmern. Gregory King etwa hatte in seiner Untersuchung aus dem Jahr 1696 überhaupt keine eigene Sparte für Hersteller und Erzeuger vorgesehen. Dagegen erwähnt im Jahr 1803 Colquhoun bereits nicht weniger als 25000 »Erzeuger, die Kapital in allen Produktionszweigen einsetzen: Wolle, Baumwolle...«

Obwohl die durch Maschinenkraft betriebene Fabrik nur allmählich auf den Plan trat, hatte der Aufstieg des industrialisierten Nordens Englands entlang der Flußläufe und Kanäle bereits begonnen und fing an, die weitere Gesellschaftsentwicklung zu prägen. Seine Führerpersönlichkeiten, Männer, die aus bäuerlichen oder Handelsfamilien hervorgegangen waren, häuften rasch Reichtümer an und etablierten sich in der besseren Gesellschaft. Gute Beispiele hierfür sind Leute wie der Bierbrauer Samuel Whitbread, der Strumpfwirker und Erfinder Jedediah Strutt (1726–1797), der Eisenwarenerzeuger und Erfinder John Wilkinson (1728–1808) und der berühmte Töpfer Josiah Wedgwood (1730–1795). Freilich dauerte es eine gute Weile, ehe selbst Männer dieses Kalibers von der »aristokratischen« Gesellschaft einigermaßen als von gleich zu gleich akzeptiert wurden. So etwa schrieb James Watt noch im Jahre 1787, daß »unsere Landedelleute uns arme Mechaniker kaum mehr als die Sklaven achten, die in ihren Weingärten arbeiten«. Es brauchte aber auch Zeit, bevor solche Männer sich ihrer Möglichkeiten als Träger einer neuen gesellschaftlichen Macht bewußt wurden. In den achtziger Jahren des 18. Jahrhunderts spielten sie jedenfalls in der Politik Englands noch kaum eine erkennbare Rolle. Manchester und Birmingham hatten zu dieser Zeit ihre Forderungen, die im nächsten Jahrhundert einen so entscheidenden Einfluß auf das Vorgehen der Regierung haben sollten, noch nicht gestellt.

Da Grund oder Boden die wichtigste Quelle des Wohlstands waren, stellte der Bauer – im weiteren Sinne – auch den Produzententyp dieses Zeitalters dar. Nicht weniger als 75 Prozent der Bevölkerung Preußens und Polens bestanden aus Bauernfamilien, in Frankreich waren es 80 Prozent und in Rußland gegen neunzig. Wenn man es genau nimmt, gab es damals freilich noch keinen klar abgegrenzten, in sich geschlossenen Bauernstand. Zudem variierte der wirtschaftliche und soziale Status, aber auch das Ausmaß der persönlichen Freiheit der Bauern in den einzelnen Teilen Europas außerordentlich. In England hatte sich das mittelalterliche Dorf unter dem Einfluß von Handel, Bürgerkriegen und Besitzwechsel, aber auch dem der Industrialisierung längst entscheidend verändert. Die *yeomen*, noch überlebende Reste des alten Bauernstandes, befanden sich auf dem absteigenden Ast, und in vielen Grafschaften hatte das Dorf bereits die Prägung und Einteilung des »modernen« Sozialmusters – Grundherr, Pächter und landwirtschaftliche Arbeitskräfte. In Irland und im schottischen Hochland allerdings waren die gesellschaftlichen Veränderungen nicht so fühlbar gewesen und bisherige Formen des dörflichen Zusammenlebens konnten sich noch lange halten.

Außerhalb des britischen Inselreiches wurde in einer wachsenden Zahl von westeuropäischen Ländern die Leibeigenschaft aufgehoben, so etwa – entweder durch Gesetz oder durch geänderte Gepflogenheiten – in den Niederlanden, Spanien, der Schweiz, den westlichen Teilen Deutschlands, Norwegen, Schweden, einem Großteil Frankreichs und Italiens. In Süditalien aber und in den spanischen Provinzen Kastilien und Andalusien, wo große Latifundien von ihren oft weit entfernt lebenden Eigentümern brachliegen gelassen wurden, war die Befreiung von der Leibeigenschaft kein ungeteilter Segen und die Lage der Bauernschaft war dort überall furchtbar und elend.

In Frankreich waren etwa ein Viertel der Bauern Besitzer eigenen Grundes – einige als relativ wohlhabende *laboureurs*, andere wieder (wie Arthur Young feststellte) »arm und elend, was vor allem auf die Aufsplitterung ihrer an sich schon kleinen Landwirtschaften auf die vielen Kinder zurückzuführen war«. Etwas mehr als die Hälfte waren arme Naturalpächter oder *métayers*, die über kein Eigenkapital verfügten und ihre landwirtschaftlichen Erzeugnisse zur Hälfte an ihre Grundherren abliefern mußten, und das verbleibende Viertel bestand aus Besitzlosen (Knechten, usw.) und Pächtern winziger Grundstücke. Weniger als ein Zwanzigstel – vor allem in Teilen der Franche-Comté und von Nivernais – waren Leibeigene, obschon sie nicht völlig ans Land gebunden oder der königlichen Gerichtsbarkeit entzogen waren. Die rechtliche Stellung des französischen Bauern war nicht so bedrückend wie die seiner Standesgenossen in anderen Ländern, aber er trug doch eine überaus schwere Steuerlast: Der Kirche mußte er den Zehnten zahlen; dem Staat *taille, vingtième, capitation* und die lästige Salzsteuer, die *gabelle,* dem *seigneur* seines Pfarrbezirkes, ob dieser nun Geistlicher oder Weltlicher war, schuldete er eine Reihe von Verbindlichkeiten, Dienstleistungen und Barabgaben, die von der *corvée* (die in Geld oder Naturalien abgegolten werden konnte), dem *cens* (einer bar zu leistenden Feudalpachtsumme) bis zu den leidigen *lods et ventes* (einer Art Grundverkehrssteuer) reichten. War er aber nicht Besitzer seines eigenen Grund und Bodens, so mußte er auch noch für die Benutzung der Mühle, Backstube und Weinpresse seines Grundherrn (die dieser monopolistisch betrieb) bezahlen. Das Maß dieser Steuer- und Abgabenbelastung war höchst unterschiedlich – ebenso wie die Rechtsstellung der Bauern selbst – je nach dem Teil des Landes, in dem sie eingehoben wurden. In schlechten Erntejahren und Zeiten wirtschaftlichen Rückgangs erwiesen sich diese vielfältigen Belastungen, wie wir noch sehen werden, als ganz allgemein untragbar und riefen Verbitterung hervor.

In Mittel- und Osteuropa, aber auch in einigen Ländern des Westens, war der Bauer immer noch wie im Mittelalter ein an die Scholle gebundener Leibeigener ohne Rechtsschutz gegen die Ausbeutung durch seinen Grundherrn. In Dänemark waren frühe Bestrebungen, die Leibeigenschaft abzuschaffen, gescheitert (diese sollten allerdings im Jahre 1788 erfolgreicher wiederaufleben), und durch den Verkauf ausgedehnter Kronländereien an Spekulanten hatte sich die Lage der Bauernschaft sogar noch verschlimmert. Auch in Deutschland, mit Ausnahme der westlichen Gebiete und Badens, wo sie im Jahre 1783 abgeschafft wurde, konnte sich die Leibeigenschaft noch behaupten. In Brandenburg, Sachsen und Ostpreußen war sie keineswegs im

Schwinden, sondern breitete sich, ganz im Gegenteil, noch weiter aus und verschärfte sich in dem Maße, in dem die Grundherren, durch rasche Exportprofite gelockt, ihre Bauern mit allen Mitteln zwangen, die Getreideernten zu steigern. So etwa arbeitete in Ostpreußen der Bauer im Durchschnitt drei Tage der Woche – wenn nicht gar fünf oder sechs – ausschließlich für seinen Feudalherrn. Als sich unter Friedrich Wilhelm I. und Friedrich dem Großen die preußische Armee und Verwaltung ausweiteten, gestattete man dem Adel als »Diener des Staates« noch weitergehende wirtschaftliche und judizielle Machtvollkommenheit über seine Bauern. Auch in Rußland gerieten, Hand in Hand mit größeren Steuer- und Dienstleistungsforderungen des Staates an Landadel und Aristokratie, ganze bisher frei lebende und produzierende Bevölkerungsschichten in Leibeigenschaft. Ein Engländer berichtete im Jahr 1784 von einer Studienreise in die Ukraine, daß mit den dort ansässigen, ursprünglich freien Bauern »eine bedauerliche Veränderung stattgefunden hat, denn sie wurden durch ein Dekret der regierenden Kaiserin den anderen Untertanen rechtlich gleichgestellt«. In Polen und Ungarn, aber auch in anderen Teilen des Habsburgerreiches, litten die Bauern weiterhin unter den althergebrachten Ärgernissen und der ungerechten Behandlung durch ihre Grundherren, aber nur in Rußland trat in der rechtlichen Stellung der Leibeigenen eine wesentliche Verschlechterung ein. Nur dort konnte der Leibeigene mit dem Gut seines Herrn wie ein Stück unbewegliches Eigentum verkauft, an andere Nutznießer seiner Arbeitskraft vermietet oder gar (gemäß einem Dekret aus dem Jahr 1760) durch seinen Herrn und Meister nach Sibirien verbannt werden, wenn er sich als faul oder widerspenstig erwies. Dazu standen die Bemühungen Josephs II., durch sein »Unterthanspatent« vom Jahre 1781 die Leibeigenschaft im Kaiserreich Österreich abzuschaffen, in krassem Gegensatz; doch werden wir noch erkennen müssen, daß seine Anstrengungen letztlich weitgehend zum Scheitern verurteilt waren.

Wie wir schon festgestellt haben, prägte das beginnende Industriezeitalter das ländliche Leben stärker als das in den Städten und führte zunächst zur Entstehung einer ländlichen, nicht einer städtischen Arbeiterklasse – also keines eigentlichen Proletariats. Das Vorherrschen von Heimarbeit und »Hausindustrie« vor allem bewirkte, daß Tausende von europäischen Bauernfamilien Teilzeitbeschäftigungen als Spinner und Weber ausübten, um den Bedarf des heimischen, aber auch des Exportmarktes zu befriedigen.

Dabei waren aber überall – sogar in Osteuropa – die Städte im Wachsen, und mit ihnen wuchsen die Einwohnerzahlen. Diese neue Stadtbevölkerung drängte bald über die mittelalterlichen Stadtwälle hinaus in neu entstehende Vororte und wurde durch die Berufsmöglichkeiten, die Handel, Industrie und Verwaltung boten, immer noch größer.

Um 1780 hatte London, die größte Stadt Europas, bereits 850000 Einwohner, Paris 650000, Amsterdam und Wien je 200000, Madrid 150000 und Venedig und Mailand je 130000. Andere, kleinere Städte wuchsen vergleichsweise oft noch viel rascher. In all diesen sich ausdehnenden Städten bildeten selbstverständlich die tonangebenden Kreise der Aristokratie, des Kleinadels, der Patrizier, Kaufherren und »Alteingesessenen« nur eine relativ kleine Minderheit. Die breite Masse der Bürger bestand aus einem Gemisch von Kleinhandeltreibenden, Handwerkern (Meistern, Gesellen und Lehrlingen), Arbeitern, Lastträgern, Hausangestellten und Armen – kurz, was man im England dieser Zeit »die unteren Stände«, in Frankreich *menu peuple* und in Italien *populo minuto* oder *populino* nannte. Innerhalb dieser Städte hatten Lohnempfänger als »Bedienstete« (Erbringer von Dienstleistungen) oder als am Erzeugungsprozeß Beteiligte ihre Sonderinteressen, aber das Maß, in dem dies der Fall war, unterschied sich von Land zu Land. In London etwa war zu dieser Zeit nur noch wenig vom Geist der mittelalterlichen Werkstätten geblieben, selbst auf dem Gebiete des Handwerks und kleiner Erzeugungsbetriebe bestand schon eine klare Trennung in Meister und »Dienende«. Allerdings stand auch hier Meistern das Recht zu, ihre Gesellen daran zu hindern, in wirren Zeiten anderswo Arbeit zu suchen. In anderen Ländern aber war diese Klassenteilung noch nicht so weit vorgeschritten. So etwa waren in Paris immer noch die Gesellen in manchen Handwerkssparten eng an ihre Werkstätten gebunden, wohnten im Hause des Meisters, aßen an seinem Tisch, und heirateten wohl auch seine Tochter (oder seine Witwe), um so in den Besitz des Gewerbes zu gelangen. Derartige Fälle wurden aber immer seltener. Das alte Gildenwesen verfiel und wurde mehr und mehr zum Exklusivbereich der wohlhabenderen Kaufleute und Handwerksmeister, wodurch die Gesellen allmählich zu wenig besserem als Taglöhner auf Lebzeiten wurden, mit nur sehr geringer Chance, es je zum Meister zu bringen.

So wurde schließlich für die Gesellen, wie auch für andere Lohnempfänger, die Höhe des Lohnes an sich eine Frage von steigender Bedeutung. »Zusammenschlüsse« von Arbeitern aber wurden auf das strengste unterdrückt. Selbst Arbeiterorganisationen wie jene der Schneider und Hutmacher in London oder die der französischen Drucker und Papierhersteller waren selten, hatten nur eine kurze Lebensdauer und konnten nur gelegentlich Erfolge verbuchen. Das Ergebnis war, daß Lohnerhöhungen meist rasch durch die steigenden Brotpreise wieder aufgezehrt wurden. Von 1730 bis 1789 stiegen die Getreidepreise in Frankreich um 60 Prozent, wogegen sich die Löhne im gleichen Zeitraum nur wenig über 22 Prozent erhöhten. In London dagegen blieb zwar das Lohnniveau eher stabil, doch konnte in Jahren schlechter Ernte (und diese stellte sich in der zweiten Hälfte des Jahrhunderts immer häufiger ein) der Brotpreis von den üblichen 1 1/4 Pence oder 1 1/2 Pence für das Pfund auf 2 oder gar 3 Pennies steigen. Aber auch der Kleinhandel, die Meister in den Werkstätten und die unabhängigen Handwerker gerieten durch die steigenden Lebensmittelpreise, die ihnen immer wieder den nackten Lebensunterhalt zu vernichten drohten, in Bedrängnis. So kam es, daß – obgleich sie durch die Frage der Löhne getrennt waren – Geschäftsleute wie kleine Angestellte und Lohnarbeiter in ihrer Eigenschaft als Konsumenten ihre wesentlichen wirtschaftlichen Interessen aus gleicher Sicht betrachteten und, in Zeiten der Not und des Mangels, sich zu gemeinsamem Vorgehen gegen Großhändler, Kaufherren und städtische Behörden zusammentaten. Wieder neigten nun unter politischen Spannungen, die das einfache Volk als Ganzes berührten, die Gesellen dazu, dem Beispiel ihrer Meister zu folgen. Derartige Gründe sind maßgebend dafür, daß wir im Laufe der Revolution feststellen können, wie in Paris eine Vereinigung sozialer Kräfte stattfindet, der man die volkstümliche Bezeichnung *sans-culottes* gab. Ein solcher Zusammenschluß war für die damalige Zeit charakteristisch, wäre aber heute kaum denkbar.

Wir sollten daher unseren Blick nicht so sehr auf die großen Städte richten, wenn es uns darum zu tun ist, das Hervortreten der Arbeiterklasse oder die Entwicklung des Prototyps des Industriearbeiters der Zukunft zu verfolgen. Weit eher sollten wir nach diesen in den Bergwerken Sachsens und der Dauphiné, in den alten Textilstädten der Niederlande, in den großen staatlichen Waffen- und Munitionsfabriken in Ost und West, oder in Zentren der französischen Textilindustrie, wie Lyon, Rouen, Lille, Elbeuf und Abbéville, suchen. Obwohl die Mechanisierung damals noch in den Anfängen stand, finden wir an diesen Orten bereits etwas wie Fabrikdisziplin und Beziehungen zwischen Arbeitgeber und Arbeitnehmer, in denen sich die Entwicklung des nächsten Jahrhunderts bereits abzeichnet. In den »Midlands« und im Norden Englands, wo man die neuen technischen Errungenschaften rasch einführte und die eigentliche Industrialisierung ihre ersten größeren Schritte tat, war dieser gesellschaftsdynamische Vorgang weiter vorangeschritten als sonst irgendwo. Es dauerte nicht lange, und in den großen Fabrikstädten wie Manchester, Leeds, Sheffield und Birmingham, begann sich ein echtes Industrieproletariat zu entwickeln, das sich in Sprache und Lebensstil, wirtschaftlichen Interessen und sozialer Einstellung deutlich von seinen Brotherren unterschied. Außerhalb Britanniens allerdings gab es solche Klassen- und Standesgegensätze bestenfalls in ersten Ansätzen. Jedenfalls bildeten sie am Vorabend der Französischen Revolution keinen wesentlichen Teil der europäischen Gesellschaftsstruktur.

II Regierungsformen und die Konflikte zwischen den Staaten Europas

Über das *Ancien régime* in Europa schrieb Albert Sorel: »Jede nur mögliche Regierungsform war vertreten ... und sie alle galten für gleichermaßen gesetzlich.« Oberflächlich betrachtet scheint dies völlig richtig. Wiewohl die meisten Staaten des Europa dieser Zeit als absolutistische Monarchien regiert wurden, in denen die Macht des Souveräns die aller anderen Stände turmhoch überragte, gab es große Unterschiede in Art und Ausmaß der Ausübung absoluter Staatsgewalt. Überdies gab es mehrere Länder, in denen die monarchische Staatsform keineswegs absolut war, sondern vielmehr durch Aristokratie und/oder Parlament wesentlich in ihrer Machtvollkommenheit eingeengt wurde. In einzelnen Fällen war sogar bereits die republikanische an die Stelle der monarchischen Regierungsform getreten.

So etwa bestanden zum Beispiel offensichtliche Unterschiede zwischen Handhabung und Funktion des erblichen absoluten Kaiser- oder Königtums in Frankreich, Spanien, Schweden, Preußen und Österreich. Lediglich Britannien hatte eine »begrenzte« oder parlamentarische Monarchie. Das polnische Königtum war tatsächlich das, was das habsburgische Kaisertum der Theorie nach war: Es beruhte auf einem Wahlsystem. Die Ausübung der Herrschergewalt in Rußland unterschied sich von der in den absoluten Monarchien Frankreich und Spanien und vom orientalischen Despotismus der Türkei, und die Republiken Schweiz, Genua und Venedig waren verfassungsmäßig ganz anders aufgebaut als die nahezu monarchistische Republik der Vereinigten Provinzen. All diesen Unterschieden zum Trotz jedoch waren am Vorabend der Französischen Revolution sämtliche Regierungen Europas entweder »monarchisch« oder »aristokratisch«. Ihnen allen war gemeinsam, daß in ihren Verfassungen das, was Politologen »das demokratische Element« nennen, stark zurückgedrängt erschien.

Das sollte uns auch nicht überraschen, da ja die Regierung ein einigermaßen getreues Spiegelbild der im vorigen Kapitel beschriebenen vorherrschenden aristokratischen und hierarchischen Gesellschaftsordnung war. Obwohl sich die Ansprüche des Adels in dieser Zeit überall immer deutlicher bemerkbar machten, darf man nicht annehmen, daß in allen Staaten der Trend zu einer »aristokratischen« Regierungsform vorherrschte. Einer derartigen Gesellschaft war oft eine »monarchische« Form, die als Ausgleich miteinander in Wettstreit stehender Standesforderungen wirkte, besser angepaßt. Selbstverständlich nahm da, wo der Adel schwach oder erst neuerlich gesellschaftlich relevant geworden war, der Souverän größere Macht und Entscheidungsgewalt für sich in Anspruch. Ein Extrem dieser Art fand sich damals im Osmanischen Reich. Dort hatte der Adel eben nur jenen »Status auf Zeit«, den der Sultan seinen Mitgliedern zuzubilligen geruhte. Daher konnte der Sultan auch, solange es ihm gelang, seine Armee und die Geistlichkeit bei der Stange zu halten, jene »erstaunliche und uneingeschränkte Machtvollkommenheit« entfalten, von der ein englischer Reisender zu Anfang des Jahrhunderts berichtet. Noch unter Peter I. war die Lage in Rußland ähnlich gewesen. Die Autorität des Zaren war nahezu vollkommen, da der Adel, schwach und uneinig, sich nur geringen erblichen Grundbesitz und darauf gegründeten Wohlstand hatte aneignen können, und seine Bauern nicht völlig in der Hand hatte.

Wir haben geschildert, wie Peter der Große bewußt den gesellschaftlichen Status der Adeligen gehoben und deren Privilegien erweitert hatte und sie damit – sozusagen als Gegenleistung – zum Staatsdienst verpflichtete. Dennoch behielt der Zar seine Machtstellung und selbst später, unter Katharina, schrieb ein englischer Reisender, der Souverän des russischen Zarenreiches sei »absolut und despotisch im vollsten Bedeutungsumfang des Wortes, und Herr über Leben und Eigentum aller seiner Untertanen, die – selbst wenn sie dem höchsten Adel angehören – ...dennoch wegen des kleinsten Verstoßes verhaftet und nach Sibirien verbannt werden können«.

Zu diesem Zeitpunkt war dies aber bereits eine Übertreibung, da schon Peter III. die Staatsdienstpflicht des Hochadels abgeschafft hatte und dieser unter seiner Nachfolgerin Katharina II. in ein partnerschaftliches Verhältnis mit der Monarchin gezogen wurde und überdies bald seine Rechte und Privilegien verbrieft bekommen sollte.

Auch in Preußen bewahrte das absolute Königtum immer noch die ganze Machtfülle seiner Schöpfer. Friedrich I., der erste Hohenzollernkönig, war offenkundig ein verschwenderischer Mäzen der schönen Künste gewesen, hatte die Aristokratie umworben und zugelassen, daß seine Minister für ihn regierten. Sein Nachfolger Friedrich Wilhelm I. aber, der »Soldatenkönig«, hatte alldem ein Ende gesetzt: Er hatte die Macht der Krone gestärkt, alle Staatsausgaben für »Luxus« drastisch beschnitten und begonnen, eine wirksame und durchgreifende Staatsverwaltung mit entsprechender Beamtenschaft aufzubauen. Seinem Sohn hinterließ er einen vollen Staatssäckel und eine der stärksten Armeen des damaligen Europa. Friedrich der Große hatte von diesem Erbe klug Gebrauch gemacht, sein Reich gemehrt und Macht und Umfang seiner Beamtenschaft ausgebaut. Um dies zu erreichen, mußte er, wie wir gesehen haben, dem Beispiel Peters des Großen folgen und Adel und Großgrundbesitz durch Gewährung weitgehender rechtlicher und gesellschaftlicher Privilegien an den Staatsdienst in Armee und Verwaltung binden. So mäßigte sich die beinahe despotische Regierungsgewalt Friedrich Wilhelms I. unter seinem Sohn. Die ganzen Auswirkungen dieses Abbaus des Absolutismus wurden freilich erst in den Tagen seiner Nachfolger sichtbar und wirksam.

In Frankreich war – wenigstens theoretisch – die Monarchie ebenso absolut wie in Preußen und den meisten anderen deutschen Staaten. Ludwig XIV. hatte in Versailles eine beachtliche Machtkonzentration geschaffen: Er hatte dem alten Adel seinen politischen Einfluß genommen und ließ ihn nur noch bei Hof antichambrieren. Alle Regierungsgewalt entsprang unmittelbar der Krone. Das Gleiche galt für Rechtsprechung und für die Vergebung der höchsten Staats- und Kirchenämter. Aber selbst unter dem *roi soleil* blieb den *Parlements* und den Landständen noch ein gewisser Rest von Regierungsgewalt, und der Erwerb erblicher Ämter sicherte dem Käufer ein gewisses Maß an Unabhängigkeit von der Krone.

Unter den Nachfolgern des Sonnenkönigs blieb die königliche Autorität wohl der Form nach erhalten, doch erfuhr sie dem Inhalt nach erhebliche Veränderungen. Während der Regentschaft des Herzogs von Orléans kam es zu einer bewußten Machtentäußerung und Dezentralisierung, und eine kurze Zeitspanne lang genossen die *Parlements* und der Adel ein größeres Maß an Freiheit und politischer Unabhängigkeit. Nach dem Tod von Kardinal Fleury im Jahr 1743 war Ludwig XV. zum Regierungssystem seines Urgroßvaters zurückgekehrt, doch wurde bald allen klar, daß dies mehr dem Namen nach als tatsächlich geschehen war. Der König, der der Jagd und höfischen Vergnügungen weit mehr zugetan war als der Führung der Staatsgeschäfte, ließ die Zügel locker. So trieb die Regierung dahin und ihre jeweilige Richtung war Gegenstand von Fraktionskämpfen und Intrigen, bei denen Staatssekretäre, Prinzen von Geblüt, königliche Mätressen (wie etwa die vielseitige Madame de Pompadour) und Anwärter auf hohe Staatsämter alle ihre Hand im Spiele hatten. So schrieb der Marquis d'Argenson, nachdem er im Jahre 1747 sein Amt eingebüßt hatte, vom Staatsrat dieser Ära als »einer Republik ... von Fraktionsführern, von denen jeder nur an seine eigenen Interessen denkt – der eine an das Finanzwesen, der andere an die Marine, wieder ein anderer an das Heer –, und deren jeder seine Ziele je nach seinem Verhandlungsgeschick verwirklichen kann«. Selbst wenn man bedenkt, daß diese Worte von einem vergrämten und enttäuschten ehemaligen Minister stammen, geben sie doch ein relativ objektives Bild der damaligen Lage. Selbst als fähige Minister wie Choiseul und Maupeou das Ansehen der Regierung vorübergehend wiederherstellten, blieben doch andere, tiefer verwurzelte Mißstände (die zum Teil Ludwigs XIV. eigenem System entsprangen) weiter bestehen und verschlimmerten sich sogar noch. Die Bürokratie und der Stand der Inhaber von Erbämtern vergrößerten sich immer mehr, und diese Amtsträger wurden zudem immer mehr zu einem Puffer statt zu einem Bindeglied zwischen Regierung und Volk. Je mehr die Regierung an Einfluß und Ansehen verlor, desto beharrlicher pochten der Adel und die privilegierten Stände auf ihre Rechte. Wir werden noch sehen, daß auch reformfreudige Minister, die von bester Absicht geleitet wurden, sich gegen diese Kräfte nicht behaupten konnten.

In Spanien und Österreich war die absolute Monarchie wieder anders geartet. Obwohl sie in diesen beiden Ländern auf weit festeren Beinen stand als in Frankreich, hatte sie sich doch auch hier nicht völlig und wirklich »absolut« durchsetzen können. Dies lag weniger an den Forderungen von Parteien und privilegierten Gruppen im Zentrum als an jenen ganzer Provinzen, die sich nie völlig assimiliert hatten. In Spanien hatte es während des Erbfolgekrieges (1702–1713) einen entschlossenen Versuch Kataloniens und Aragons gegeben, das kastilische Joch abzuschütteln; die Landstände *(Cortes)* von Kastilien und Navarra traten auch weiterhin zusammen, und die baskischen Provinzen genossen sogar das Privileg, ohne ihre Zustimmung nicht besteuert zu werden. In den Gebieten unter österreichischer Herrschaft waren die Dinge schwieriger. Das Reich erstreckte sich südwärts bis Mailand und im Norden bis zu den Niederlanden. Es setzte sich aus Provinzen verschiedenartigster politischer Tradition, Sozialstruktur, Sprache und Wirtschaftsentwicklung zusammen. Diese Verschiedenheiten trennten sie nicht nur voneinander, sondern auch vom Hof zu Wien. Es ist unter diesen Umständen nur natürlich, wenn ein gewisser Teil der staatlichen Autorität auf die Regionalebene abwandert. Die Zentralisierungsbestrebungen des Kaisers wurden ständig von den Landständen der Niederlande, den herrschenden Patriziern Mailands und den Landtagen und gesetzgebenden Versammlungen Böhmens und Ungarns in Frage gestellt. Die innenpolitische Geschichte des Habsburgerreiches in der zweiten Hälfte des Jahrhunderts ist vor allem die Geschichte der Bemühungen seiner Regenten, Ungarn und anderen, weiter entfernt gelegenen Teilen des Reiches ihren Herrscherwillen aufzuzwingen. Wir werden noch sehen, wie sich Joseph II. bei diesen Anstrengungen übernommen hat und dadurch beinahe seinen Thron einbüßte.

Unter den Staatssystemen Europas war das Polens einzigartig: Es war eine Monarchie auf der Basis von Wahl oder Kur. Der König mußte, als Preis dafür, daß ihn der Adel gewählt hatte, die *pacta conventa* (althergebrachte Privilegien oder »Freiheiten«), die ihm die Magnaten vorlegten, bestätigen. Dem

Namen nach zwar eine Monarchie, war Polen de facto eine Art Republik oder »Adelsdemokratie«, die im wesentlichen von den Großgrundbesitzer-Familien regiert wurde, welche die Landtage und gesetzgebenden Körperschaften in der Hand hatten. In diesen bedurfte es voller Einstimmigkeit, des sogenannten *liberum veto*, um ein Gesetz zu beschließen. Darüber hinaus wurde die Exekutivgewalt im Staate noch weiter durch die Gegensätze zwischen König und Senat, aber auch durch die äußerst geringen Staatseinkünfte und das Fehlen eines stehenden Heeres geschwächt. All diese Umstände zusammen führten zu einer fast völligen Lähmung von Regierung und Legislative, so daß Polen der Habgier seiner beiden immer mächtiger werdenden Nachbarn Preußen und Rußland preisgegeben war. Schließlich kam es zu einer Reihe von Teilungen Polens zwischen diesen beiden Ländern und Österreich, die 1772 ihren Anfang nahmen und Polen schließlich auf Jahre hinaus von der Landkarte verschwinden ließen.

In ihrer Art war auch die »eingeschränkte Monarchie« Britanniens ein Unikum. Der Form nach ähnelte sie mehr der Staatsform Schwedens als der Frankreichs, Preußens oder Spaniens, in Wirklichkeit aber war sie von all diesen sehr entfernt. Der wesentliche Unterschied lag natürlich in der weiter fortgeschrittenen gesellschaftlichen und ökonomischen Entwicklung des Landes, von der bereits im vorigen Kapitel die Rede war. Die Engländer taten sich etwas auf ihre »gemischte« oder »ausgeglichene« Verfassung zugute, von der Sir William Blackstone im Jahr 1765 schreiben konnte: »...und darin besteht der Vorzug der englischen Regierung, daß sich nämlich all ihre Teile gegenseitig kontrollieren und überwachen. In der Legislative kann das Volk dem Adel auf die Finger sehen und umgekehrt der Adel den Wünschen des Volkes Grenzen setzen, und zwar dadurch, daß beide das Recht haben, die Beschlüsse ihres jeweiligen Widerparts abzulehnen. Der König wieder überwacht Adel und Volk, wodurch jeglicher Unterhöhlung der Exekutivmacht ein Riegel vorgeschoben ist.« Eben dieses System der wechselseitigen Kontrolle begeisterte auch Montesquieu, und er, ebenso wie Blackstone, hatte völlig recht, wenn er auf die immerhin noch beträchtliche Machtfülle verwies, die in dieser Art »eingeschränkter Monarchie« doch in den Händen des Königs verblieb. Dieser konnte sich sein Kabinett selbst aussuchen, und wenn er auch sein Vorrecht, ihm vom Ober- und Unterhaus vorgelegte Gesetzesentwürfe nicht zu sanktionieren, längst nicht mehr ausübte, standen ihm immer noch viele Wege offen, die Gesetzgebung und Wahlergebnisse zu beeinflussen und seinen eigenen politischen Konzepten und Vorstellungen Geltung zu verschaffen. Als Georg II. gegen Ende seiner Regierungszeit all diese Rechte und Möglichkeiten praktisch aus der Hand gab, reifte in seinem Enkel, Georg III., der Entschluß, die Macht der Krone in vollem Umfang wiederherzustellen.

Der Verfassungsrechtler Blackstone freilich hatte eine übertriebene Vorstellung von der Rolle des »Volkes« in diesem System. Für ihn war »das Volk« gleichbedeutend mit dem Unterhaus, dessen Mitglieder aber in Wirklichkeit einer sehr eng begrenzten und atypischen Wählerschaft ihre Sitze verdankten. Das Unterhaus war, wie wir im vorhergehenden Kapitel gesehen haben, vorwiegend die Domäne des kleinen Landadels, wo dieser nicht der Manipulation und Beeinflussung durch die Familien der Großgrundbesitzer ausgeliefert war.

Da diese und der Kleinadel und die kleineren Grundbesitzer auch als *Lord Lieutenants* und Friedensrichter die Grafschaften in der Hand hatten, stellte das Gemisch nicht eben jene demokratische Regierungsform dar, als die sie die Verfassungsrechtler sahen. In Wahrheit stellten die Grundbesitzer und eine kleine Schicht reicher Kaufherren das Gegengewicht zur Königsgewalt dar. Wir werden aber noch sehen, daß »das Volk« dennoch, allerdings in einem weiteren Sinne als Blackstone dies meinte, in den sechziger Jahren des 18. Jahrhunderts und auch später sein Gewicht in die Waagschale werfen konnte.

Nun kommen wir zu den Republiken, in denen die Macht des Souveräns von jener adeliger Familien oder eines Handelspatriziertums abgelöst worden war. Unter ihnen waren die Vereinigten Provinzen bei weitem die reichste und mächtigste. Dort hatte man die monarchische Staatsform aber nicht völlig aufgegeben. Die legislative Macht lag bei den Generalständen, die sich aus den Deputierten zusammensetzten – Bürgerliche und Adelige –, die von den sieben Provinzen entsandt wurden. Darüber hinaus wurde jede der großen Städte (von denen es allein in der Provinz Holland mehrere gab) ihrerseits von Mitgliedern der ortsansässigen herrschenden Familien regiert, die sinngemäß den Titel »Regenten« führten. Es war der reiche Kaufherrenstand und nicht der ältere grundbesitzende Adel, der die Vorherrschaft besaß. Reste der Monarchie aber überlebten in der Person des Statthalters, dessen Amt im Haus Oranien erblich war. Der Statthalter hatte das Oberkommando über die Streitkräfte und war der offizielle Regierungschef. In Notzeiten oder wenn die Großkaufleute von Amsterdam ihn nicht in seiner Machtfülle eindämmen konnten, besaß er eine Machtfülle, die die seines Rivalen in der Exekutive, des Großpensionärs von Holland, noch übertraf.

Die kleineren Republiken dieser Ära kannten keinen derartigen Dualismus. In Venedig kam für die öffentlichen Ämter nur der Erbadel in Frage, und 1796, im letzten Jahr der langen Geschichte Venedigs als Republik, besaßen nur – bei einer Gesamtbevölkerung von 130 000 – etwa 1200 das Recht aller adeligen Bürger, nämlich an den Sitzungen des Großen Rats teilzunehmen.

Die Schweiz war eine Föderation von Kantonen, bei denen in ländlichen Gegenden Spuren echter Demokratie wahrnehmbar waren. Die reichsten Kantone aber – die »Stadtstaaten« von Bern und Basel – wurden von einer Kaufherren-Aristokratie regiert. Auch die »affiliierte« Stadt Genf, die Heimatstadt Calvins und Rousseaus, wurde von einer kleinen, privilegierten Gruppe von »Bürgern« verwaltet, die ihre angestammten Rechte eifersüchtig gegen die hartnäckig vorgebrachten Forderungen der kleineren Kaufleute und Handwerker verteidigten.

Es war unvermeidlich, daß in Ländern, in denen eine solche Machtverteilung bestand – nämlich ein instabiles Gleichgewicht zwischen Monarchie und Aristokratie oder die ausschließliche Kontrolle durch aristokratische Gruppierungen und Oligarchien –, entsprechende Spannungen entstanden und immer wieder der Ruf nach umfassender Regierungsgewalt von der einen und nach größerer Partnerschaft bei Regierungsentscheidungen von der anderen Seite erschallte. Die große Frage war: Sollte durch Reformen die Vergrößerung des Machtbereichs eines »aufgeklärten« Souveräns auf Kosten der Stände herbeigeführt werden? Sollten aristokratische oder andere »Pufferkörperschaften« zur Einschränkung der Macht der Krone gestärkt werden? Oder sollte der Einflußbereich beider Machtträger dadurch ausgeglichen, beeinträchtigt oder sogar in den Schatten gestellt werden, daß man größere Macht und Verantwortlichkeit in die Hände des Volkes legte?

Kurz gesagt: Sollte die Abhilfe für bestehende Mißstände in einer Stärkung der »monarchischen«, »aristokratischen« oder der »völkischen« Elemente gesucht werden? Die Antworten auf diese entscheidende Frage fielen selbstverständlich von Land zu Land und von Klasse zu Klasse höchst unterschiedlich aus. Sie alle aber konnten auf die eine oder andere Weise, gleichgültig ob die, die sie vorschlugen, Regierende oder Regierte waren, auf der Basis des »Naturrechts« gerechtfertigt werden. Überdies waren sie auch mehr oder weniger durch das Gedankengut der politischen Schriftsteller der Aufklärung beeinflußt, das damals bereits weite Verbreitung gefunden hatte. Aber wie groß dieser Einfluß im ganzen war, und wie entscheidend der eines dieser Denker im besonderen, ist sehr umstritten. Es steht außer Zweifel, daß die Auswirkungen dieses Gedankengutes in ihrer Gesamtheit beträchtlich waren. Von den dreißiger Jahren des 18. Jahrhunderts bis zu seinem Tod 1778 und noch über diesen hinaus ergossen sich Voltaires politische, satirische und gegen die Kirche gerichteten Schriften in einem Strom von Übersetzungen in die meisten Länder Europas. Abbé Raynals im Jahr 1770 veröffentlichte *Geschichte der Philosophie* wurde im Lauf von 30 Jahren fünfundfünfzigmal in fünf oder sechs Sprachen neu aufgelegt. Montesquieus *De l'Esprit des Lois*, erstmalig 1748 erschienen, erlebte innerhalb von drei Jahren ein halbes Dutzend Auflagen in der Originalsprache, war im Jahre 1773 schon zehnmal in englischer Übersetzung aufgelegt worden, erschien bereits 1771 auf Holländisch, 1777 auf Italienisch, 1789 auf Deutsch, 1801 auf Russisch. Laut einer Mitteilung wurde das Buch in Ungarn im Jahr 1751 sogar auf Lateinisch veröffentlicht. (Latein war die Amtssprache Ungarns!) Das andere große revolutionierende Werk der politischen Ideengeschichte, Rousseaus *Du Contrat social, ou Principes du droit politique* erschien 1762 und 1763 in dreizehn Auflagen in der Originalsprache. Im Jahre 1764 gab es davon bereits drei englische, eine deutsche und eine russische Ausgabe.

Wir dürfen annehmen, daß Montesquieus Einfluß auf lange

Sicht eher konservativ und »aristokratisch« als »monarchisch« war; daß Voltaires Prinzipien für reformfreudige Herrscher und deren Minister annehmbarer als für deren aufrührerische Untertanen waren; und daß, was immer auch seine persönlichen Absichten gewesen sein mögen, von Rousseaus politischen Ideen keine einen brisanteren und länger anhaltenden Einfluß ausübte, als seine Auffassung von der »Souveränität des Volkes«. Aber all dies macht Montesquieu ebensowenig zum Künder aristokratisch-konservativer Haltung, wie sie Voltaire zum Propheten eines »aufgeklärten« Despotismus oder Rousseau zu einem Propheten der »demokratischen« oder vom Volke ausgehenden Revolution macht. Montesquieu etwa wurde mit höchst gegensätzlichen Zielen von polnischen Monarchisten und von französischen *parlementaires* zitiert. D'Antraigues, der sich später zum Befürworter monarchischen Einschreitens gegen die Französische Revolution aufwarf, bezog seine politische Philosophie zu gleichen Teilen von Montesquieu und Rousseau.

Voltaire, der auf beinahe vertrautem Fuß mit Katharina und Friedrich dem Großen korrespondierte, unterstützte die Forderungen sowohl der »Bürger« als auch der »Einheimischen« gegen die Patrizier von Genf. Rousseau hatte für die revolutionären Elemente Frankreichs im Jahr 1789 eine ganz andere Botschaft als für die korsischen Patrioten, französischen Aristokraten oder den polnischen Adel, und – anders als Voltaire – wollte er mit den ausgebeuteten »Einheimischen« von Genf nichts zu tun haben, als sie sich direkt an ihn um Hilfe wandten. Es ist sogar leicht möglich, daß Rousseau, hätte er noch gelebt, die Pariser *sans-culottes* wegen deren praktischer Ableitungen aus seinen Schriften ebenso verurteilt hätte, wie dies Martin Luther 270 Jahre vorher mit den aufständischen deutschen Bauern getan hatte.

All das bestätigt nur die alte Wahrheit, daß in der Geschichte nicht so sehr die neuen Ideen selbst, oder auch die Bestrebungen ihrer Schöpfer wichtig sind, sondern vielmehr der politische und gesellschaftliche Zusammenhang, in dem sie Verbreitung finden, und die Ziele, für die sie von jenen eingesetzt werden, die sie sich zu eigen gemacht haben.

Unter den Köpfen, die mit dem neuen Gedankengut vertraut waren oder sogar mit seinen Urhebern korrespondierten, befand sich eine Reihe von Herrschern aus der zweiten Hälfte des Jahrhunderts, die man allgemein als »aufgeklärte Despoten« bezeichnet. Dieser »aufgeklärte Despotismus« (oder die »Reue der Monarchie«, wie ihn Lord Acton nannte) kann nur insoweit die Bezeichnung »aufgeklärt« für sich in Anspruch nehmen, als seine Träger aus den Werken der Philosophen der Aufklärung geschöpft, nach deren Prinzipien zu regieren versucht hatten, oder auch nur eben erkennen ließen, daß ihnen das Wohl des Staates oder ihrer Untertanen am Herzen lag. Vor allem und im wesentlichen aber waren sie Regenten, darauf bedacht, die Verwaltung zu modernisieren und die Monarchie – oft auf Kosten der Kirche, des Adels oder anderer »Mittlerstände« – zu stärken. Es ist merkwürdig, daß gerade die Monarchen, die man am häufigsten und beharrlichsten »aufgeklärt« nannte – Friedrich der Große und Katharina von Rußland –, in mancher Hinsicht diese Bezeichnung am allerwenigsten verdienten. Friedrich der Große regierte Preußen mit strenger Hand, überwachte persönlich die Arbeit seiner Beamtenschaft, reformierte Rechtsprechung und Erziehungswesen und förderte staatliche Industrien und Unternehmungen. Fast alle diese Entwicklungen aber waren bereits durch Willen und Planung seines Vaters Friedrich Wilhelm I. vorgezeichnet. Der einzige wesentliche Punkt, in dem er vom Konzept seines Vaters abwich: Er durchsetzte seine Verwaltung mit Männern adeliger Geburt und räumte überhaupt der Aristokratie eine bis dahin nicht gekannte gesellschaftliche Bedeutung und mitentscheidende Rolle in Regierungsangelegenheiten ein. Auch Katharina verhielt sich in Rußland ähnlich: Sie sprach von Agrarreform, schaffte die Folter ab, war tolerant in religiösen Dingen, enteignete Kirchenbesitz, errichtete neue Ortsinstanzen und stärkte dabei doch den Apparat der Zentralregierung. All das waren Maßnahmen, für die bereits ihre Vorgänger vorausgeplant hatten. Ihre wichtigste und auf lange Sicht bedeutungsvollste Neuerung aber war, daß sie die privilegierten Großgrundbesitzer in ein engeres »Partnerschaftsverhältnis« mit der Krone zog.

Andere Herrscher dieser Zeit trugen sich mit viel weitergehenden Plänen. So etwa verbannte der Marquis von Pombal, der unter Joseph I. Portugal de facto regierte, im Jahre 1759 die Jesuiten, wies dem Adel eine untergeordnete Rolle zu, schaffte

Sklaverei und Leibeigenschaft ab und erließ Gesetze gegen den Antisemitismus und die Rassenschranke in den Kolonien.

Gustav III., der 1771 den schwedischen Thron bestieg, führte einen von den Bürgern Stockholms getragenen Staatsstreich durch, der die lange »Ära der Freiheit«, in welcher der schwedische Adel fünfzig Jahre lang das Land fast ebenso eigenständig regiert hatte wie der Adel in Polen, jäh beendete. Die neue Verfassung stellte die volle Hoheit der Krone wieder her, teilte die legislative Gewalt zwischen König und gesetzgebender Versammlung, beseitigte Sondergerichte und Folter als Rechtsmittel und gestand der Presse ein gewisses Maß an Freiheit zu.

Am einschneidendsten freilich waren die Reformen, die Kaiser Joseph II. von Österreich durchzuführen versuchte. In mancher Hinsicht trat er dabei bloß in die Fußstapfen seiner Mutter Maria Theresia. Ihre Regierung hatte bereits entschlossene Schritte unternommen, um den Separatismus Böhmens zu beenden, indem sie die entsprechenden Patente und Freibriefe annulliert und die Machtvollkommenheit der gesetzgebenden Versammlung eingeschränkt, beziehungsweise aufgehoben hatte. Die gesetzgebende Versammlung Ungarns durfte fünfundzwanzig Jahre lang nicht zusammentreten, die Folter wurde in Böhmen abgeschafft, Klöster wurden aufgelassen, und mit Gesetz vom Jahre 1755 wurden alle Territorien der Habsburgerherrschaft (Kronländer) mit Ausnahme Ungarns in einer Zollunion vereinigt. Joseph II. aber, der während der letzten fünfzehn Lebensjahre seiner Mutter mit ihr gemeinsam regierte, ging noch viel weiter und versuchte als einziger unter den »aufgeklärten Despoten«, ein umfassendes und konsequentes Regierungsprogramm zu verwirklichen, in dem sich tiefgreifende soziale Maßnahmen mit einer Dominanz der Krone über alle sekundären Träger der Regierungs- und Verwaltungsmacht, seien es nun die Kirche, der Adel, die Landstände oder die freien und privilegierten Städte, verbanden. Bei der Verfolgung dieser Ziele setzte er die Abschaffung der Folter zur Gänze durch, beendete durch das »Unterthanspatent« des Jahres 1781 die Leibeigenschaft (allerdings nicht den Robot – die Arbeitsleistungspflicht der abhängigen Bauern), schränkte das Recht der Grundherren auf Bestrafung ihrer Bauern ein, und beseitigte die *corvée* – die Pflicht der unbezahlten Dienstleistung beim Straßenbau oder deren Barabgeltung. In seinem Vorgehen gegen die katholische Kirche nahm er viele der späteren Aktionen des revolutionären Frankreich vorweg: Er löste weitere siebenhundert Klöster und Stifte auf und verwendete ihre Mittel für das Erziehungs- und Schulwesen und zur Unterstützung der Armen, er schaffte die Inquisition ab, er verhielt sich den Protestanten gegenüber höchst tolerant und erweiterte die Bürgerrechte der Juden, er brachte die klerikale Opposition zum Verstummen und gestattete, die Kirche und ihre Maßnahmen öffentlich zu kritisieren, er führte die Zivilehe ein, er untergrub die Autorität des Heiligen Stuhls in den Kronländern, zwang die Bischöfe, dem Kaiser einen Loyalitätseid abzulegen, und machte schließlich den Priester zum besoldeten Staatsbeamten. In seinem Ringen mit dem Adel entzog er diesem sein Recht auf Steuerfreiheit in den verschiedenen Provinzen, verminderte drastisch die Machtvollkommenheit der Aristokratie über ihre Bauern und setzte seine Staatspolizei ein, um Proteste zum Schweigen zu bringen. Ähnlich kompromißlos ging er gegen den nationalen Provinzialismus und Föderalismus vor: Er zwang Ungarn und Böhmen die deutsche Sprache auf, unterdrückte die Regionalregierungen in Mailand und der Lombardei und beschränkte Macht und Einfluß der alten Gilden und Stadträte der habsburgischen Niederlande (etwa des heutigen Belgien).

Dennoch war der »aufgeklärte Despotismus« – wenigstens was die »Aufgeklärtheit« anlangte – fast überall zum Scheitern verurteilt. Er war dort noch am erfolgreichsten, wo sich seine Ziele auf Verwaltungsreformen beschränkten, anstatt sich auf tiefgreifende soziale Veränderungsexperimente einzulassen. Friedrich der Große gab nicht vor, solche Veränderungen anzustreben, und Katharina – trotz all ihrer anfänglichen Beteuerungen und Bestrebungen, die Bürde der Bauernschaft zu erleichtern – gab nach dem Aufstand Pugatschews in den siebziger Jahren alle ihre Sozialreformpläne auf. Gustav III. gelang es, in Schweden der zentralistischen Macht des Thrones wieder einigermaßen Geltung zu verschaffen, wogegen reformfreudige Minister wie Pombal in Portugal und Struensee in Dänemark erleben mußten, wie nach ihrer Entfernung aus Amt und Würden alles wieder zum *status quo ante* zurückkehrte. In Frankreich verliefen die gutgemeinten Versuche einer Steuerreform durch Maupeou und Turgot im Sande. Vor allem aber bewiesen die traurigen Erfahrungen Josephs II., der mehr denn alle anderen entschlossen gewesen war, für die Zukunft zu bauen und mit der Vergangenheit zu brechen, welch erstaunlich enge Grenzen dem Erfolg eines erneuerungsfreudigen »Despoten« gesetzt waren. Da es an einer gebildeten Mittelschicht fehlte, mußte sich Joseph II. für die Durchführung seiner Pläne auf eine kleine Gruppe vom Geist der Aufklärung durchdrungener Beamter in Wien verlassen. Ihre Hingabe aber und auch die Unterstützung durch eine mächtige Staatsmaschinerie, ja, selbst das Wohlwollen eines beträchtlichen Teils des Bauernstandes, reichten nicht aus, den Widerstand der empörten Kirche, des Adels, der Landstände und freien Städte zu brechen, die sich durch die Josephinischen Reformen angegriffen und in ihrer Existenz bedroht sahen. Dies führte dazu, daß sich die Niederlande erhoben und Ungarn sich beinahe vom Habsburgerreich loslöste. Um die Monarchie vor dem Zerfall zu retten, sahen sich Joseph II. und sein Nachfolger Leopold II. zu Zugeständnissen genötigt, die alle bereits durchgeführten Reformen praktisch wieder zunichte machten. Dennoch blieb von alldem ein wichtiges Erbe: War auch der »Josephinismus« für die Amtskirche und die privilegierten Stände ein Schreckgespenst, so hatte er doch in der ausgebeuteten und unterdrückten Bauern- und Kleinbürgerschaft und den Handwerkern in den Städten »eine große Hoffnung« geweckt, und viele der »Josephiner« der achtziger Jahre des 18. Jahrhunderts wurden zu »Jakobinern« der neunziger Jahre.

Eine vielleicht noch bedeutsamere Errungenschaft dieses Zeitalters als die »aufgeklärte« Monarchie war die höchst greifbare Wirklichkeit der »feudalen« oder »aristokratischen« Reaktion. Diese konnte entweder ihre Ausformung in einem »Arrangement zu beiderseitigem Nutzen« zwischen Krone und Adel, oder einer allmählichen, friedlichen Ausweitung des Einflusses der Aristokratie in Staat und Gesellschaft finden, oder aber auch in einem entschlossenen Versuch der privilegierten Stände, ihre verlorene Position zurückzugewinnen oder jedenfalls die Gegebenheiten zu ihren Gunsten zu wenden.

Wir haben in Rußland und Preußen Beispiele für die erste dieser drei Möglichkeiten gesehen, wogegen die Vorgänge in England, Frankreich und Schweden als Paradigmata für die zweite gelten mögen. In England konnte seit den Tagen der Königin Anne nur derjenige einen Parlamentssitz erlangen, der über beträchtlichen Grundbesitz verfügte, und auch geadelt wurden damals meist nur (Groß-)Grundbesitzer. Gleichzeitig bildeten die Friedensrichter einen immer exklusiveren Stand. In Schweden gehörten 1719 ein Drittel der Offiziere dem Adel an, 1760 waren es bereits zwei Drittel. Die Nachfolger Ludwigs XIV. waren allmählich von seiner Gepflogenheit, *roturiers* und andere Bürgerliche auf hohe Posten in Armee, Kirche und Staatsverwaltung zu berufen, abgerückt. Bereits 1789 war weder ein einziger Bischof noch auch nur ein Intendant ein einstiger Bürgerlicher, und mehrere *Parlements* weigerten sich, Nichtadelige in ihre Reihen aufzunehmen. Eine im Jahr 1781 erlassene Verordnung *(ordonnance)* machte es einem Bürgerlichen oder erst in jüngster Zeit Geadelten beinahe unmöglich, in der Armee Kadett zu werden, wenn er sich nicht tatsächlich durch besondere Verdienste »hochgedient« hatte. Gleichfalls in Frankreich hatten die Grundbesitzer – ob bürgerlich oder von Adel – begonnen, in ihren Archiven Nachschau zu halten, ob sie nicht längst vergessene Privilegien und Herrenrechte aufspüren könnten, oder sie machten sich daran, neue zu erfinden. So litt die Bauernschaft in dieser Epoche mehr denn je unter den sich ständig steigernden Forderungen ihrer *seigneurs*.

Noch augenfälliger waren die ganz offenkundigen Kontroversen zwischen Aristokratie und Hof, die oft im Namen der »althergebrachten Rechte« ausgefochten und durch Berufung auf das »Naturrecht« oder auf die Grundsätze Montesquieus und Rousseaus untermauert wurden. In England stellt die parlamentarische Opposition gegen Georg III. ein Beispiel derartiger aristokratischer Auflehnung gegen die Krone dar: Die Führer dieser Opposition waren adelige Whigs und unzufriedene und verbitterte ehemalige Kabinettsmitglieder, wie etwa die Herzöge von Newcastle, Devonshire und Portland und der Marquis von Rockingham. Diese Bewegung spielte auch – sogar nach 1772 – eine wichtige Rolle im politischen Leben Schwedens und Polens, am eindrucksvollsten aber war sie in Frankreich und den österreichischen Niederlanden (dem heutigen Belgien). In Frankreich standen nicht der Klerus oder der alte Schwertadel, sondern die Träger erblicher Ämter und Würden in den *Parle-*

ments an der Spitze. Nach dem Tode Ludwigs XIV. hatten die *Parlements* die traditionelle Gepflogenheit wieder aufgenommen, ihre »Remonstranzen« oder Proteste gegen jene Regierungsakte und Dekrete öffentlich bekanntzumachen, die nicht ihre Billigung fanden. Seit der Mitte des Jahrhunderts hatte die Regierung, die sich ständig in finanziellen Schwierigkeiten befand, eine Reihe von Anstrengungen unternommen, das Fiskalsystem zu reformieren und die privilegierten Stände zu einer – wenigstens symbolischen – Aufgabe einiger ihrer Rechte und Immunitäten zu zwingen oder zu überreden. Im Jahre 1751 gelang es dem Generalkontrolleur Machault nicht – gegen die vereinte Opposition der *Parlements*, des Klerus und dessen Fürsprecher bei Hof –, eine neue *vingtième* – eine Steuer in Höhe eines Zwanzigstels des Einkommens – zu dekretieren. Ähnliche Vorschläge lösten 1763 eine analoge Reaktion aus: Diesmal schöpfte das *Parlement* von Paris aus dem »philosophischen« Phrasenschatz der Zeit, indem es die Minister beschuldigte, sich gegen »den Souverän, das Gesetz und die Nation« zu vergehen. Wieder gewannen die *Parlements* diese Kraftprobe, und der »schuldige« Minister, Bertin, mußte sein Amt zur Verfügung stellen. In den Jahren 1770/71 ging Maupeou, der damals Kanzler war, in die Offensive: Es war ihm geglückt, das Pariser *Parlement* bis zur offenen Auflehnung zu reizen, was ihm die Handhabe bot, dessen Amts- und Würdenträger ins Exil zu schicken, ihre Ämter ohne Entschädigung abzuschaffen und an Stelle der alten Gerichtshöfe neue zu bilden. Inzwischen konnte Terray, der damalige Generalkontrollor, in Ruhe seine Steuerreformen durchführen. Das Experiment schien zunächst geglückt, und einige Zeit ging alles gut. Dann aber steigerten sich die Klagen und Proteste der Verbannten und um ihre Ämter gebrachten so sehr, daß Ludwig XVI., als er 1774 auf den Thron kam, sich genötigt sah, Maupeou und Terray zu entlassen und die gemaßregelten Funktionäre des *Parlements* wieder in ihre früheren Ämter einzusetzen. Terrays Nachfolger Turgot war ein Physiokrat und enger Freund der *philosophes*. Auch er war – mehr noch als Machault und Maupeou – entschlossen, die nötigen Reformen durchzuführen. Und nun geschah das beinahe Unvermeidliche: Sein Versuch, die Gilden und die *corvée* abzuschaffen und die Steuerstruktur zu reformieren, löste bei den

Parlements und anderen Interessengemeinschaften einen solchen Sturm der Entrüstung aus, daß Ludwig XVI. ihm um des lieben Friedens willen seine Unterstützung entzog. Mit dem Ausscheiden Turgots aus seinem Amt schwand auch die allerletzte – zugegebenermaßen äußerst geringe – Chance, die alten Institutionen Frankreichs noch vor der Revolution zu reformieren. Bei alldem erscheint es besonders bemerkenswert, daß die *Parlements*, obwohl sie vor allem daran interessiert waren, angestammte Privilegien zu verteidigen und traditionelle Freiheiten aufrechtzuerhalten, sich im Laufe der Auseinandersetzungen eine Ausdrucksweise zu eigen machten, die geeignet war, einen Widerhall bei anderen Ständen und Gesellschaftsschichten zu wecken, deren Wünsche und Ziele sich mit den ihren keineswegs deckten. Wir werden noch sehen, daß dieser Umstand in den folgenden Jahren recht bedeutsam wurde.

In den habsburgischen Niederlanden (Belgien) lösten die Neuerungen und Reformen Josephs II. eine Art nationaler Revolution aus. Ebenso wie bei dem aristokratischen Vorspiel der Revolution in Frankreich im gleichen Jahr traten auch hier die privilegierten Stände als Wortführer auf, und sie waren bestrebt, die »alte Ordnung« wiederherzustellen, nicht aber das Staatswesen auf neuer Grundlage aufzubauen. Bei ihrem Widerstand gegen Joseph II. begründeten die belgischen Aristokraten und Patrizier, genau wie ihre Standesgenossen in anderen Ländern, ihr Vorgehen nicht mit Tradition und historischen Gegebenheiten, sondern mit Zitaten aus den Schriften der *philosophes* und den Erfahrungen der Amerikaner. In den belgischen Provinzen besaßen alle drei Stände – der Klerus, der Adel und die Gilden der alten Städte – eine ganze Reihe verbriefter Privilegien und Immunitäten. Das Ausmaß dieser »Freiheiten« war für Aristokratie und Kirche freilich größer als für den bescheideneren Dritten Stand, aber dieser, der inzwischen zu einer Art »erblicher Kaste« geworden war, hielt an der »alten Ordnung« ebenso verbissen fest, wie die beiden »höheren« Stände. Als nun Joseph II. im Jahre 1787 die gesamte Verwaltung und Rechtsprechung Belgiens reorganisierte, die Gerichtsbarkeit der Grundherren, die Ständeversammlungen und Stadträte abschaffte und die Handelsmonopole der Gilden einschränkte, sah er sich der einhelligen aufrührerischen Opposition aller drei

Stände gegenüber. Unter der Führung der hauptsächlich aus Patriziern bestehenden »Ständepartei« des Rechtsanwaltes van der Noot wurden die Österreicher aus ihren niederländischen Provinzen vertrieben, und man rief 1789 die »Vereinigten Staaten von Belgien« aus, deren Verfassung das Vorbild der amerikanischen *Articles of Confederation* zugrunde lag. Inzwischen hatte sich unter der Leitung eines anderen Advokaten, J. F. Vonck, eine demokratische Partei formiert, deren Mitglieder sich weitgehend aus dem Mittelstand rekrutierten. Auch sie spielte in der Erhebung gegen die habsburgische Macht eine Rolle. Die »Vonckisten« machten maßvolle Vorschläge für eine Verfassungsreform. Sobald die Vertreibung der Österreicher geglückt war, wurden sie jedoch von ihren Rivalen beschuldigt, die Kirche zerstören und die hergebrachten Rechte des Landes vernichten zu wollen. Man verhaftete sie zu Hunderten und trieb sie ins Exil. Viele von ihnen fanden in Frankreich Zuflucht. Es verdient hervorgehoben zu werden, daß sie letztlich nur mit Hilfe der Österreicher in ihre Heimat zurückkehren konnten, denen es im Dezember 1790 gelungen war, die (belgischen) Niederlande wieder der habsburgischen Regierungsgewalt botmäßig zu machen.*

Im Zusammenhang mit der Revolution in Frankreich werden wir später noch mehr von den belgischen Demokraten hören.

Auch in anderen Ländern begannen die »kleinen Leute« ihre Rechte geltend zu machen und der Monarchie oder Aristokratie dringlich ihre Forderungen zu stellen. Im Stadtstaat Genf in der Schweiz fand im Jahr 1768 eine Revolte statt, die gänzlich von der Bourgeoisie getragen wurde. Die Bürger, der zweite der drei Stände, in die die Einwohner der Stadt unterteilt waren, hatten schon lange die »Herrschaft der Zweihundert«, die ein Monopol auf die Ämter im regierenden Kleinen Rat hatten, und das Recht für sich in Anspruch nahmen, die Beschwerden der Bürger an den Generalrat, also an die Legislative, durch Veto zu blockieren, mit Mißfallen betrachtet. In diesem Jahr konnten sie, nachdem sie sich bewaffnet und der Unterstützung des Volkes versichert hatten, einen Großteil ihrer Forderungen durchsetzen. Als

* Eine Darstellung dieser Vorgänge kann man bei R. R. Palmer: *The Age of the Democratic Revolution*, Bd. 1, S. 341–357, nachlesen

aber bald darauf die »Bürger dritter Klasse«, die sogenannten »Einheimischen«, die meist Handwerker und nicht nur von allen höheren Berufszweigen ausgeschlossen, sondern auch politisch rechtlos waren, ihre Beschwerden vorbrachten, wurden diese von den Bürgern und Patriziern in schöner Einmütigkeit unterdrückt. Aber auch die Bürger konnten sich ihres Erfolges vom Jahre 1768 nicht lange freuen: Im Jahre 1782 intervenierte die französische Regierung (die für die Revolution in Amerika, aber nicht für die in der nahen Schweiz war) zugunsten der Zweihundert und stellte so die alte aristokratische Stadtverwaltung wieder her.*

Auch in England hatte es in den sechziger und siebziger Jahren des 18. Jahrhunderts eine radikale Strömung gegeben, die sowohl die königliche als auch die aristokratische Kontrolle des Parlaments in Frage stellte. Als John Wilkes, der Radikale aus dem Mittelstand, nach seiner Rückkehr aus dem Exil 1768 nicht nur ins Parlament gewählt wurde, sondern sein Recht auf den Parlamentssitz auch gegen die vereinigte Opposition Georgs III. unter der Unterhausmehrheit durchsetzen konnte, stellte dies sowohl für die Kleinbauern in Middlesex, die ihn gewählt hatten, als auch für die politische Meinung des gesamten Mittelstandes einen entscheidenden Sieg dar. Gleichzeitig gab dies der radikalen Bewegung, die sich in den letzten zwölf Jahren in der Stadt London entwickelt hatte und kürzere Parlamentssitzungen und eine »gerechtere Vertretung des Volkes« auf ihre Fahnen geschrieben hatte, entscheidenden Auftrieb. Bis zu einem gewissen Punkt ging diese radikale Herausforderung mit der aristokratischen Opposition im Parlament überein. Letztere fand ihre Vertreter in Männern wie Rockingham und Burke, die ihre eigenen, höchst persönlichen Gründe für den Wunsch hatten, den »Einfluß« der Krone im Parlament im Zaum zu halten. Diese seltsame »Partnerschaft« war aber nur von kurzer Dauer, da die Führer dieser Whig-Opposition wohl für ein gewisses Maß an »Wirtschaftsreformen« eintraten, aber andererseits kein Verlangen danach hatten, die Sitzungsperioden zu kürzen, *rotten boroughs* abzuschaffen oder die Zahl der Wahlberechtig-

* Eine Darstellung dieser Vorgänge findet sich bei R. R. Palmer: *The Age of the Democratic Revolution*, Bd. 1, auf S. 341–357.

ten wesentlich zu vergrößern. Als die Reformbewegung 1779 wieder zum Leben erwachte, konnten sich Christopher Wyvill und seine *associators* in Yorkshire und London, die Befürworter radikaler Reformen, nicht mit der Whig-Opposition einigen und unterstützen so schließlich bei den Wahlen von 1784 die neue (königliche) Tory-Partei des jüngeren Pitt gegen Charles James Fox und seinen neuen Verbündeten, Lord North. Aus Wyvills Kommentar zum Wahlergebnis kann man entnehmen, wie sehr sich die einstigen »Gefährten« bereits entzweit hatten.

Er schrieb an einen Freund, daß ein Sieg der Koalition zwischen Fox und North »unsere ›beschränkte‹ Monarchie in eine bloße Aristokraten-Republik verwandelt habe«.*

Die Verbindung der Kleinstände mit Pitt sollte sich für die Sache der Reformer als ungünstig erweisen, doch gewann die Bewegung unter dem Einfluß der revolutionären Ereignisse in Frankreich wieder an Schwungkraft.

Es dürfte als erwiesen gelten, daß in England sowohl die Radikalen als auch die oppositionellen Whigs durch die Geschehnisse in Amerika aufgerüttelt wurden. Beide Gruppen begeisterten sich für die Sache der amerikanischen »Freiheit«. Kaufleute in London, Bristol und Liverpool waren über die Unterbrechung des für sie höchst gewinnbringenden Kolonialhandels verärgert, und Nonkonformisten neigten dazu, sich mit ihren calvinistischen Brüdern in Neu-England solidarisch zu fühlen. Auch in anderen Teilen Europas wurde die öffentliche Meinung sowohl des Mittelstandes als auch der Aristokratie durch den Ausgang der Amerikanischen Revolution aufgerüttelt, war doch nun die erste große Bresche in das bis dahin bewährte und kaum in Frage gestellte alte Kolonialsystem geschlagen. Wie sehr man sich mit den Vorgängen jenseits des Atlantik befaßte, geht aus den zahlreichen Büchern und Schriften hervor, die zu dieser Zeit in Europa darüber veröffentlicht wurden. Der Historiker Palmer zählt nicht weniger als sechsundzwanzig Bücher auf, die zwischen 1760 und 1790 in drei oder vier europäischen Sprachen veröffentlicht wurden. Noch eindrucksvoller ist der breite Raum, der der Neuen Welt in der

* Zitiert nach N. C. Phillips: *Yorkshire and English National Politics 1783–1784*, Christchurch 1961, S. 60

rasch anwachsenden Presse eines runden Dutzends europäischer Länder eingeräumt wird. Die leidenschaftlichen demokratischen und egalitären – ja sogar republikanischen – Gefühle, die die Erörterung der amerikanischen Emanzipation von der britischen Kolonialherrschaft auslöste, trugen dann im folgenden Jahrzehnt ihre Früchte. Wir erkennen dies an der aktiven Teilnahme von Schriftstellern, Wissenschaftlern und Lehrern an den revolutionären Bewegungen dieser Zeit. Im Augenblick aber beschränkte sich selbst in Ländern, wo dieses Interesse der Intellektuellen am augenfälligsten war – in Deutschland, Italien und in Frankreich selbst –, die politische Aktivität der Mittelschicht weitgehend auf Diskussionen, Veröffentlichung von Pamphleten und Zeitungsartikeln und ähnliches. Dies galt freilich nicht für England, selbstverständlich auch nicht für Belgien und Polen, und keineswegs für Irland. Dort gelang es den Freiwilligen und der nationalen Bewegung unter Henry Grattan, Westminster im Jahre 1782 zu zwingen, das Dubliner Parlament aus seiner dreihundert Jahre währenden, an Sklaverei grenzenden Abhängigkeit zu entlassen und seine legislative Unabhängigkeit wiederherzustellen. Auch die Vereinigten Provinzen (Holland) bildeten eine bemerkenswerte Ausnahme. Dort nämlich brach in den achtziger Jahren der Patriotischen Bewegung eine »Revolution« der Mittelschicht aus, die allerdings zum Scheitern verurteilt war. Bereits 1778 war der Einfluß der Amerikaner in den Vereinigten Provinzen sehr stark. Die Stadt Amsterdam schloß einen Geheimvertrag mit den Vereinigten Staaten und legte sogar für sie eine Anleihe auf. Im Jahr 1780 schließlich traten die Holländer trotz des Widerstandes der Oranje-Partei (der proenglischen Partei des Statthalters Wilhelms V.) an der Seite der Amerikaner und der Franzosen in den Krieg ein. Die Patriotische Partei, die aus diesen Geschehnissen hervorging, war im wesentlichen eine politische Organisation der Mittelschichten. Da sie demokratische Tendenzen hegte, stellte sie gleichzeitig den Herrschaftsanspruch des Hauses von Oranien und den der Patriziergeschlechter in Frage, die die großen Städte beherrschten. Diese doppelte Herausforderung erwies sich gleichzeitig sowohl als Stärke, aber auch als ein schwacher Punkt: Zwar brachte sie den Patrioten die Unterstützung und die Sympathien des Volkes, doch förderte sie gleichzeitig eine Zusammenarbeit oder Koalition ihrer monarchischen und »aristokratischen« Feinde, die normalerweise miteinander in Streit lagen. Nun drohten die Franzosen, für die Patrioten zu intervenieren, die Engländer dagegen wollten sich für die Oranje-Partei einsetzen. Die Engländer waren durch Sir James Harris, ihren Gesandten in Den Haag, gut beraten, und sie konnten ihre preußischen Verbündeten dazu bewegen, eine Streitmacht von 20000 Mann für ihre Sache einzusetzen. Die Franzosen dagegen, unter denen Uneinigkeit herrschte und die überdies am Rande des Staatsbankrottes standen, überließen schließlich die Patrioten ihrem Schicksal.*

Aber die Patrioten hatten auch noch eine andere Schwäche, die es ihnen unmöglich machte, eine »demokratische« Revolution zu einem erfolgreichen Abschluß zu bringen. Diese Schwäche war, wie der Amerikaner John Adams, der die Holländer gut kannte und bestimmt selbst kein Demokrat war, klar erkannte, die Tatsache, daß sie »dem Empfinden der einfachen Leute in ihrem eigenen Land nicht genügend Beachtung schenkten« und sich zu sehr auf die Franzosen verließen.

Mangelnde Beachtung des »Empfindens der einfachen Leute« sollte sich tatsächlich als die Schwachstelle mehrerer schlechthin törichter und naiver »demokratischer« Revolutionen in Europa erweisen, die am Vorabend der großen Ereignisse in Frankreich da und dort im Entstehen begriffen waren. Keiner der politischen Denker, wie fortschrittlich ihre Ideen auch der aristokratischen Gesellschaft dieses Zeitalters erscheinen mochten, hatte zu diesem Zeitpunkt klar erkennbares Mitgefühl für die »unteren Gesellschaftsschichten« oder den »Vierten Stand« gezeigt. Dieser aber machte, ohne sich um die »aufgeklärte« Meinung des Mittelstandes zu kümmern, seinen Klagen und Beschwerden gegen die herrschende Gesellschaftsordnung auf seine Weise Luft. Bauern, die durch ihre Grundherren oder wirtschaftliche Härten zur Verzweiflung getrieben wurden, erhoben sich, rebellierten oder probten den Aufstand. Die russische Geschichte verzeichnet allein für die Jahre 1762 bis 1769

* Dazu trug auch der Umstand bei, daß der französische Hof sich nicht dazu bereitfinden wollte, »einer reinen Demokratie« seine Unterstützung zu leihen. (J. Egret: *La Pré-Révolution française, 1787–1788,* Paris 1962, S. 70)

nicht weniger als dreihundertsiebzig Bauernerhebungen, und die weitverbreitete Unruhe in den ländlichen Gebieten zu Beginn der Regierungszeit von Katharina kulminierte schließlich in dem großen Aufstand unter der Führung des Kosakenpartisanen Pugatschew, der bis zum Jahr 1775 nicht völlig unterdrückt werden konnte.

Im gleichen Jahr kam es auch zu einem Aufstand in Böhmen, bei dem 15000 Bauern Prag einschlossen. Weitere Volkserhebungen folgten in Transsylvanien 1784, in Mähren 1786, und in Österreich selbst im Jahre 1789 – letztere durch die Agrarreformen Josephs II. ausgelöst.

In Frankreich hatte es unter Ludwig XIV. und Richelieu fast dauernd irgendwo Bauernunruhen gegeben. Im 18. Jahrhundert aber waren mit dem wachsenden bäuerlichen Wohlstand und dem Ende der großen Hungersnöte die ländlichen *jaqueries* und Aufstände selten geworden. Bauernerhebungen, wie jene in den Marktstädten, wurden nun meist durch steigende Lebensmittelpreise in Jahren der Mißernte ausgelöst. In den französischen Provinzen verzeichnete man in den Jahren zwischen 1715 und 1785 weit mehr als hundert solcher Zwischenfälle. Einige davon liefen darauf hinaus, daß die Bauern die Müller, Kaufleute und Bäcker einfach zwangen, den Preis für Korn, Mehl und Brot herabzusetzen *(taxation populaire)*. Der letzte größere Aufstand dieser Art vor der Revolution fand im Mai 1775 statt, also im zweiten Jahr von Turgots Ministerschaft. Als Physiokrat hatte Turgot begonnen, den freien Handel mit Getreide und Mehl einzuführen. Unglücklicherweise trafen seine Maßnahmen mit einer schlechten Ernte zusammen. Angstkäufe in den für die Versorgung von Paris wichtigsten Getreideanbaugebieten waren die Folge. Daraufhin kam es in einem Areal von rund 3000 Quadratmeilen um Paris herum zu »Getreideaufständen«. Vierzehn Tage lang breitete sich diese Revolte, geschürt von Not, Volkszorn und Gerüchten von Dorf zu Dorf und von Markt zu Markt aus, bis es Turgot endlich gelang, sie durch Aktionen von Polizei, Gerichtsbarkeit, Militär und mit sorgfältig aufeinander abgestimmten Predigten von den Kanzeln der Dorfkirchen einzudämmen und schließlich wieder Herr der Lage zu werden. In England richtete sich ländlicher Aufruhr gleichsam »anfallsweise« gegen Landstraßen, Umfriedungen und Gehege, Arbeitshäuser, Gesetze gegen Schmuggel und für die Bürgerwehr, oder gegen die Gotteshäuser von Methodisten und Dissidenten. Am häufigsten aber brach er in Jahren der Mißernte und stark ansteigender Preise aus: Zwischen 1735 und 1800 kam es zu nicht weniger als 275 Aufständen auf dem Land, von denen allein 175 auf die letztgenannten Ursachen zurückzuführen waren. So etwa wird berichtet, daß im Jahr 1766 in vierundzwanzig Städten und Distrikten die Preise für verschiedene Güter vom aufständischen Volk selbst festgesetzt wurden.

Auch Streiks und Arbeitskonflikte wurden nun häufiger, da sich die Lohnempfänger allmählich ihrer spezifischen wirtschaftlichen Interessen immer deutlicher bewußt wurden. Parallel zu der Wilkistischen Bewegung in London in den Jahren 1768/69 fanden Streiks der Weber, Hutmacher, Matrosen, Glasschneider, Sägearbeiter, Küfer und Böttcher, Schneider und Kohlenträger statt. In den achtziger Jahren stieg die Zahl dieser Arbeitskonflikte in ganz England noch merklich an.

In Frankreich traten im Jahr 1744 die Seidenweber von Lyon in Streik und blutigen Aufruhr, was sich dann 1779 und 1788 wiederholte. In Paris streikten zwischen 1776 und 1789 die Buchbinder, Bauarbeiter, Zimmerleute, Hufschmiede, Schlosser, Bäcker, Steinmetze, Lastträger und Hutmacher.

Trotz alledem waren zu dieser Zeit die Arbeitnehmer noch – aus den im vorigen Kapitel dargelegten Gründen – eher mit den Lebensmittelpreisen unzufrieden als mit ihrem Einkommen, und Aufstände wegen überhöhter Preise waren weit mehr an der Tagesordnung als Lohnkämpfe in den Industriezweigen. Dies war sogar in den Städten so, und in Wien, Rom und Neapel waren hohe Nahrungsmittelpreise der häufigste Grund für Unruhen. In Paris, wo die Regierung besonders bemüht war, für die leiblichen Bedürfnisse der Bevölkerung zu sorgen, geschah dies nicht so oft, aber selbst hier kam es zu einigen größeren Aufständen in den Jahren zwischen 1709 und 1775. In London waren Rebellionen dieser Art selten. Viel häufiger richteten sich dort der Volkszorn und die Gewalttätigkeit der Masse gegen »Außenseiter« und Minoritäten wie Katholiken, Juden, Schotten, Iren, »Dissidenten« oder aber gegen *press-gangs* (Schlägertrupps zum gewaltsamen Anheuern von Seeleuten) und unbeliebte Politiker. Dennoch haftete auch solchen Gewaltakten oft ein Element tiefergehenden Sozialprotestes an. Die »Wilkes-und-Freiheit«-Bewegung etwa leitete dadurch, daß sie dem »gemeinen Volk« Londons einen politischen Slogan lieferte, eine neue Phase in dessen politischer Entwicklung ein.

Aber welcher Art sie auch immer sein mochten, die Protestbewegungen des kleinen Mannes wurden in dieser Zeit ganz allgemein von den herrschenden Gesellschaftsschichten drakonisch niedergeschlagen und unterdrückt, und die Mittelschicht – auch wenn sie selbst mit Krone oder Aristokratie in Konflikt lag – mißbilligte oder verurteilte sie.*

In Frankreich stellten sich die Bürgerwehren der Landstädte an die Seite der königlichen Truppen und der *maré-chaussée*, wenn es galt, Bauernunruhen und Lebensmittelaufstände niederzuschlagen. In London traten im Jahr 1780 brave Familienväter der Bürgerwehr bei oder gründeten *voluntary associations* (freiwillige Schutzbünde), um sich gegen die Aufständischen unter Gordon zu schützen, sobald deren Tätigkeit die Form breiteren Sozialprotestes annahm. Wir haben auch gesehen, daß die Bürger von Genf, ebenso wie die holländischen Patrioten, »dem Empfinden der einfachen Leute im eigenen Land zu wenig Beachtung schenkten«. Wir haben aber auch in England in den sechziger und Anfang der siebziger Jahre eine kleine Ausnahme von dieser Regel feststellen können, da sich dort die Radikalen der Mittelschicht zur Unterstützung von John Wilkes mit Londons »unteren Klassen« verbanden – doch war dieses ungewöhnliche Bündnis nur von kurzer Dauer.

Das Dilemma vieler Möchtegern-Reformatoren aus der Mittelschicht dieser Zeit spiegelt sich in einem Leserbrief vom September 1769 an das *»Gloucester Journal«* wider:

»Sind meine Befürchtungen und Vorbehalte gegen die Tyrannei der Regierung gleich groß wie meine Furcht vor der Sitten- und Zügellosigkeit des Volkes?«

Zwanzig Jahre später wurde Frankreichs Dritter Stand, der sich einem ähnlichen Problem gegenübersah, mehr durch die

* Es ist auch bemerkenswert, daß Joseph II. in seinen letzten Regierungsjahren in seinem Reich dem Militär und der Polizei befahl, eben jene Bauern- und städtischen Arbeiterbewegungen niederzuschlagen, die seine früheren »aufgeklärten« Reformen erst angeregt und hervorgebracht hatten. (E. Wangermann: *From Joseph II to the Jacobin Trials*, London 1959, S. 36)

augenblickliche Lage als durch seine Lektüre der Werke Rousseaus dazu veranlaßt, sich um Hilfe an das Volk zu wenden. Dies war einer der wesentlichen Gründe dafür, warum die Franzosen – und nur diese allein – 1789 und in den folgenden Jahren tatsächlich eine »demokratische Revolution« verwirklichen konnten.

III Die Konflikte zwischen den Staaten

Immer noch entschied, sobald die Möglichkeiten der Diplomatie erschöpft waren, zwischen den europäischen Staaten der Krieg. Es war üblich und galt als *comme il faut*, bewaffneten Feindseligkeiten eine formelle Kriegserklärung vorausgehen zu lassen, aber manchmal gab man sich mit solchen Details nicht ab. So etwa leitete England im Siebenjährigen Krieg seine Aktionen gegen Frankreich mit der Aufbringung mehrerer hundert französischer Schiffe ein, ehe noch die Kriegserklärung erfolgte. Obwohl solche Unregelmäßigkeiten im allgemeinen auf Mißbilligung stießen, gab es damals keine weitverbreitete öffentliche Meinung, die den Krieg an sich als Instrument nationaler Politik verurteilt hätte. Wenn doch ausnahmsweise jemand seine Stimme gegen bewaffnete Auseinandersetzungen erhob, so wurden solche Warnungen als utopisch abgetan und stießen weder bei den Regierungen noch beim Volk auf Sympathie. Der Begriff eines »Gesellschaftsvertrages« zwischen den einzelnen Staaten, dem ein »Völkerrecht« zugrunde lag, das die Beziehungen zwischen diesen regelte, wurde allmählich in einem kleinen Kreis internationaler Juristen und fortschrittlicher Denker immer häufiger diskutiert. Unter diesen war der Abbé de Saint-Pierre, dessen 1713 veröffentlichter *Entwurf zur Schaffung eines immerwährenden Friedens in Europa* eine internationale Bundesbehörde vorsah und später den Beifall Rousseaus fand. Hierher gehört auch der englische Radikale Richard Price, der 1776 die Schaffung eines »Senates von Europa« vorschlug, in dem alle europäischen Mächte vertreten sein sollten und der das Recht und die Macht haben sollte, bei Konflikten zu intervenieren und diese zu schlichten. Der Schweizer Jurist Emmerich Vattel verstieg sich zwar nicht zu derlei visionären Plänen, verurteilte aber den Krieg als ein Übel, das unvertretbar sei, wenn es nicht um »die Rache für erlittene Unbill oder den Schutz gegen drohenden Angriff« ging. Französische Physiokraten und englische Volkswirtschaftler, die die Idee des Friedens mit der des freien Handels zwischen den Völkern in Verbindung brachten, sahen das Problem anders. »Nichts ist so offenkundig,« schrieb Sir James Stewart im Jahre 1767, »wie, daß der Krieg mit dem Wohlstand eines modernen Staatswesens unvereinbar ist.« So unterschiedliche Schriftsteller und Denker wie Alexander Pope, David Hume und Johann Gottfried Herder machten sich über die martialischen Tugenden lustig und äußerten sich verächtlich über die hergebrachten Begriffe von Heldentum und Kriegsehre.

Derartige Ansichten und Auffassungen blieben aber noch fast völlig unbeachtet. Freilich zeigten sich einige Staatsmänner – unter ihnen Turgot und Vergennes in Frankreich und der jüngere Pitt in England – solchen Gedankengängen gegenüber aufgeschlossen, aber den absolutistischen Herrschern Preußens und Rußlands, ja selbst dem »aufgeklärten« Joseph II. von Österreich – die alle emsig damit beschäftigt waren, für die territoriale Vergrößerung ihrer Herrschaftsgebiete zu sorgen – hatten diese Friedensapostel nichts wesentliches zu sagen. Die Skeptiker unter den Philosophen der Zeit zeigten sich gleichermaßen unbeeindruckt. »Die Zeitläufte«, schrieb Voltaire, »die Gelegenheit, althergebrachtes Brauchtum, Verordnungen und Gewalt ... dies sind die Quellen, aus denen die Rechte (der Völker) fließen«, und Guibert, der Prophet der Bürgerheere der Zukunft meinte, daß »gegen den Krieg zu predigen« nicht viel mehr sei »als die Luft mit vergeblichem Lärm in Bewegung zu bringen«. Wohl mochten überbesteuerte oder noch von früher erjagten Profiten saturierte Kleinadelige und Kaufleute gelegentlich gegen die steigenden Kosten eines sich lang hinziehenden Krieges protestieren, doch die öffentliche Meinung blieb im allgemeinen unbewegt. Das darf uns nicht übermäßig in Erstaunen setzen, da ja doch in vielen Ländern der Krieg jeweils nur einen kleinen Teil der Bevölkerung direkt in Mitleidenschaft zog und oft der Gewinn, den er den einen brachte, das Leid und die Not der anderen aufzuwiegen schien. Selbst Adam Smith, der den Krieg als Verschwendung von Volksvermögen verurteilte, argumentierte im Jahr 1763, daß »der Krieg in einem (land-)wirtschaftlich gut genützten Land oft so weit davon entfernt sei, sich nachteilig auszuwirken, daß viele an ihm sogar reich werden. Wenn es etwa in den Niederlanden Krieg gibt, so werden dort alle Bauern reich, weil sie, wenn der Feind im Land steht, keine Pacht zahlen, für ihre Erzeugnisse aber einen hohen Preis bekommen.«

In Frankreich und England rebellierten Bauern und Städter wohl gegen Zwangswerber und Bürgerwehr-Gesetze – wie etwa die 5000 Bergleute aus den Kohlenminen in Hexham im Norden Englands, die bei einem blutigen Zusammenstoß mit der Miliz im März 1761 zweiundvierzig Tote und achtundvierzig Verwundete zu beklagen hatten – doch gab es, zumindest in England – wenig öffentlichen Widerstand gegen den Krieg an sich. Oft war sogar das gerade Gegenteil der Fall: Dem Chauvinismus von William Pitt, dem großen Kriegsminister der fünfziger und sechziger Jahre des 18. Jahrhunderts, entsprach der seiner Anhänger sowohl aus der Mittelschicht als auch aus den »unteren Klassen«; und im Jahr 1780, nach fünf Jahren des katastrophalen Krieges gegen Amerika, kam es wohl zu Ausschreitungen gegen Katholiken, Franzosen und Spanier – die traditionellen »Volksfeinde« –, aber gegen den Krieg selbst protestierte das englische Volk so gut wie gar nicht. In Ländern wie Preußen und Österreich freilich, in denen die Kriegslasten in Form von zum Wehrdienst ausgehobenen Bauern, Steuern und steigenden Preisen schwerer zu tragen waren, herrschte oft eine weniger gleichmütige Stimmung. In Österreich zum Beispiel war der Krieg Josephs II. gegen die Türken im Jahre 1788 allgemein unpopulär, und als dann ein Jahr später der Friedensschluß kam, gab es Freudenfeste und große Erleichterung.

Obwohl die Herrscher dieser Zeit nach wie vor den Krieg für das beste Mittel zur Erreichung gewisser Ziele hielten, begannen sich diese Ziele selbst allmählich zu verändern. Zunächst einmal blieb bald, wie es sich für ein Zeitalter der »Aufklärung« und Toleranz gehört, nicht mehr viel von den verbissen »ideologischen« Kriegsgründen früherer Jahrhunderte übrig. Für Kardinal Richelieu und sogar für Cromwell waren die Erwägungen religiöser Orthodoxie im engeren Sinne im Falle militärischer Bündnispolitik vor dem dringenderen Motiv der »Staatsräson« in den Hintergrund getreten. Für die Herrscher des 18. Jahrhunderts waren Ideologie und Religion als Rechtfertigung von Waffengängen überholt, und an ihre Stelle war nun völlig das »nationale Interesse« getreten. Ganz ausnahmsweise wurden wohl noch Schlagworte wie das von der »Verteidigung der protestantischen Interessen« hervorgeholt, um das Bündnis Englands mit Friedrich von Preußen im Jahre 1756 zu rechtfertigen, aber sie dienten rein propagandistischen Zwecken und wurden von Königen, Ministern und Heerführern nicht ernsthaft als Richtlinien betrachtet. »Heilige Allianzen« oder »Konzerte der Völker Europas« wurden nun tatsächlich bis zu jenem Zeitpunkt verschoben, als dann in den neunziger Jahren die angestammten Herrscher Europas ihre gemeinsamen Interessen durch die Fortschritte der Revolution in Frankreich bedroht sahen.

Andererseits aber, wenigstens solange die absolute Monarchie die vorherrschende Staatsform war, wurden immer noch Kriege aus dynastischen Gründen geführt, und solange feudale Vorstellungen vom Grundbesitz fortbestanden, neigten Kaiser und Könige dazu, eine Ausweitung ihres Machtbereiches vor allem im (kriegerischen) Landerwerb zu sehen. Im 18. Jahrhundert entdecken wir das Weiterleben solcher Vorstellungen in einer Reihe von Erbfolgekriegen – um Spanien, Polen, Schlesien und Bayern, in den Bemühungen der französischen Monarchie um den »Familienpakt« mit den spanischen Bourbonen und in der schwelenden Feindschaft zwischen Bourbonen und Habsburgern. In der Tat geriet auch Frankreich durch sein zähes Widerstreben, sich von solchen Zielsetzungen zu lösen, in seinem Kampf um die Kolonien mit Großbritannien jahrelang ins Hintertreffen.

Mit solchen Vorstellungen eng verbunden, aber noch verbreiteter und beständiger als diese, war das Konzept des »Gleichgewichts der Kräfte«. Im 17. Jahrhundert waren andere Staaten bemüht gewesen, dieses Gleichgewicht durch die Bildung von Allianzen herbeizuführen, die den Ehrgeiz und Expansionsdrang der beiden größten Kontinentalmächte, Spanien und Frankreich, eindämmen sollten. England hatte mit Ludwig XIV., wie auch schon vordem mit Philipp II., Krieg geführt, um die Besetzung der Niederlande durch Frankreich zu verhindern, denn dadurch hätte vor der Südostküste Englands eine feindliche Großmacht Stellung bezogen. Nach der Niederlage Frankreichs im Jahre 1713 gab es keinen Staat mehr, der für sich allein mächtig genug gewesen wäre, die Führung in Westeuropa zu übernehmen. Nun bestand bei der Bildung von Bündnissen größere Geschmeidigkeit. In der ersten Hälfte des Jahrhunderts war das kontinentale »Gleichgewicht« meist dadurch erreicht worden, daß sich Spanien, Preußen und Bayern gemeinsam gegen das meist von Großbritannien und den Vereinigten Provinzen unterstützte Habsburgerreich stellten. Andere Staaten im Osten Europas, in Italien und Deutschland fügten sich in diese Bündnispolitik, wie es die jeweiligen Umstände erforderten. Dann aber wurde dieses gut eingespielte System durch das plötzliche Hervortreten Rußlands als Großmacht, die Osteuropa und das Baltikum zu dominieren begann, brutal gestört. Dazu kam außerdem noch nach 1740 der meteorhafte Aufstieg Preußens als Gegengewicht zu dem in Europas Mitte gelegenen habsburgischen Kaiserreich. Inzwischen hatte Schweden seine Bedeutung als Militärmacht verloren, Polen verschwand praktisch von der Landkarte und das Osmanische Reich wurde durch die Expansionsbestrebungen Rußlands und Österreichs in die Defensive gedrängt. All diese Veränderungen führten dazu, daß sich der Schwer- und Angelpunkt des »Gleichgewichtes« vom Westen, wo er sich so lange befunden hatte, weiter nach Osten verlagerte, so daß Fragen wie die Teilung Polens und die »Ostfrage« die Westmächte zu einer neuen Bündnispolitik trieben.

Der zweite wichtige Faktor, der das Gleichgewicht zwischen den Europäischen Mächten veränderte und neue Gefahren internationaler Konflikte schuf, war das Wachstum des zwischenstaatlichen Handels und der Kolonialreiche in Übersee. Im Spanischen Erbfolgekrieg hatte England Spanien das kostbare *asiento* abgewonnen, seine Besitzungen in Amerika und Westindien wesentlich erweitert und trat nun als die größte Kolonialmacht hervor. Die Kriegsunternehmungen Englands in den Jahren von 1739 bis 1763 gegen Frankreich und Spanien hatten durch weitere Eroberungen in Indien und Amerika die Waagschalen noch mehr zu Englands Gunsten sinken lassen. In diesen Auseinandersetzungen hatte England den Vorteil einer überlegenen Seestreitkraft und konnte sich dadurch auf den Krieg in Übersee konzentrieren, während es seine europäischen Verbündeten aus einem wohlgefüllten Staatssäckel unterstützte. Zwar besaß Frankreich einen höherentwickelten militärischen und diplomatischen Apparat, doch hatte es sich lange Zeit durch die längst überholte Befassung mit dynastischen Fragen und die Fata Morgana des »Familienpaktes« mit den spanischen Bourbonen vom wichtigen Wettstreit um überseeischen Kolonialbesitz ablenken lassen.

Ein Ergebnis der britischen Unternehmungen in Übersee war eine völlige Neubewertung seines Kolonialbesitzes, nicht nur hinsichtlich der Einkünfte und Handelsvorteile, sondern auch in bezug auf seine außenpolitische Bedeutung und deren Auswirkungen auf das »Gleichgewicht der Kräfte«. Schon Anfang des Jahrhunderts hatte Daniel Defoe erklärt »die Seemacht in der Hand haben – das heißt: alle Mächte und allen Handel Europas in der Hand haben«; und John Campbell argumentierte in seinem 1750 erschienenen Werk *The Present State of Europe* (Die gegenwärtige Lage in Europa), daß »die Interessen und der Handel des Britischen Königreiches so untrennbar miteinander verbunden sind, daß man sie praktisch als identisch ansehen kann«. Es ist bemerkenswert, daß die öffentliche Meinung damals den ersten Platz in der kolonialen Wertordnung dem Besitz der westindischen (karibischen) Sklaven- und Zuckerinseln einräumte. Dies geschah nicht ohne guten Grund, da sich der jährliche Wert von Britanniens Handel mit seinen karibischen Besitzungen im Jahre 1783 auf nicht weniger als 4 250 000 Pfund Sterling belief (wovon allein mehr als die Hälfte auf Jamaica entfiel). Das Handelsvolumen mit Indien dagegen erreichte im gleichen Jahr nur zwei Millionen Pfund Sterling, und das mit Kanada und Neufundland gar nur 882 000 Pfund Sterling.

Es darf uns auch nicht überraschen, daß diese Verschiebung des Schwerpunktes auf dem Kolonialsektor auch in anderen Ländern die öffentliche Meinung aufrüttelte – vor allem in jenen, deren Handelsherren durch Britanniens wachsende Kolonialmacht Verluste an Land und Profit erlitten hatten. So etwa finden wir, daß gegen Mitte des Jahrhunderts in einem in Frankreich veröffentlichten Pamphlet behauptet wird, »Beherrschung der Meere würde einer Nation die universelle Monarchie bringen«, und der französische Minister Choiseul pointiert feststellte, daß die Engländer »während sie vorgeben, das Gleichgewicht (der Kräfte) auf dem Land zu schützen, das keiner bedroht... dabei sind, das Gleichgewicht (der Kräfte) auf den Weltmeeren zu zerstören, das keiner verteidigt«. Erwägungen dieser Art spielten eine nicht unbedeutende Rolle bei der nun folgenden Umstellung der französischen Außenpolitik: Frankreich schickte sich an, seine ehrgeizigen, dynastischen Pläne fallenzulassen (es hielt sich sogar aus den Problemen Polens und Bayerns heraus), polte seine traditionelle Bündnispolitik gegen Habsburg um und hielt sich die Hände frei, um mit England in Übersee abzurechnen. Hier kam Frankreich zugute, daß auch andere europäische Länder, deren Handelsschiffe die Engländer auf hoher See nach »Schmuggelware« durchsucht hatten, sich gern die Auffassung zu eigen machten, das selbstherrliche Vorgehen und die sich überall ausbreitenden Herrschaftsansprüche Englands seien sowohl eine Bedrohung der »Freiheit der Meere« als auch der jeweiligen Handelsbilanz. Das führte dazu, daß Britannien etwa ab 1763 in Europa fast völlig isoliert dastand, und daß sich Frankreich, Spanien, die Vereinigten Provinzen und sogar die »neutralen« nordischen Mächte im Krieg von 1775 bis 1783 mit den Amerikanern verbündeten und England so seine nordamerikanischen Kolonien verlor.

Die Fortschritte auf dem Gebiet der militärischen Technik und Organisation und das Entstehen einer öffentlichen Meinung der Mittelschicht in einigen Ländern waren zwei weitere Faktoren, die im Laufe des 18. Jahrhunderts Art und Umfang der Kriege, aber auch die Kriegführung selbst beeinflussen sollten. Die Armeen wurden größer, allerdings nicht überall, und es bestand durchaus keine Tendenz zur Schaffung von »Nationalheeren« oder Zuflucht zu jener Art der allgemeinen Mobilmachung zu nehmen, wie sie von den Franzosen während der Revolution durchgeführt wurde. Den größten Zuwachs an Streitkräften gab es bei den beiden aufstrebenden Großmächten Rußland und Preußen. Die Mannschaftsstärke Rußlands stieg von 132000 Mann im Jahre 1731 auf 458000 im Jahre 1796, und Preußen hatte in einer Phase des Siebenjährigen Krieges nicht weniger als 4,4 Prozent seiner Gesamtbevölkerung unter Waffen. Damals wurde ein solches Verhältnis in anderen Ländern Europas für unerreichbar gehalten. Die Armeen Frankreichs waren nicht viel stärker als während der Kriege Ludwigs XIV., und der Maréchal de Saxe, einer der bedeutendsten Militärtheoretiker, vertrat die Ansicht, daß im Kampfeinsatz »große Mannschaftsstärken nur zur Verwirrung beitrügen und hinderlich« seien. Ein weiterer Faktor, der der Vergrößerung der Streitkräfte Grenzen setzte, war die sich hartnäckig behauptende Vorstellung, daß jene Leute, welche Güter erzeugten, bei der Kriegführung nur wenig und schonend eingesetzt werden sollten. Rekrutierte Ausländer, Deserteure anderer Armeen und gesellschaftlich nicht angepaßte Elemente eigneten sich nach dieser Ansicht besser als Kanonenfutter. In England stellten Landstreicher und Verbrecher einen Großteil der Rekruten, wobei letztere vor die Wahl gestellt wurden: Militärdienst oder Deportation. Frankreichs großer Kriegsminister, der Graf von Saint-Germain, war der Meinung, »wie die Dinge liegen, muß sich die Armee zwangsläufig aus dem Abschaum des Volkes und allen jenen rekrutieren, für die die Gesellschaft keine Verwendung hat«; und selbst Friedrich der Große hatte sich dafür eingesetzt, daß »in Kriegszeiten nur dann Rekruten im eigenen Land ausgehoben werden sollten, wenn dazu die bitterste Notwendigkeit zwingt«. Die zahlenmäßigen Beschränkungen wurden aber – zumindest teilweise – durch verbesserte Waffen und Organisation wieder wettgemacht. Die Herrscher nahmen nun ein persönlicheres Interesse an der Ausrüstung und Führung ihrer Streitkräfte und waren im allgemeinen auch über Einzelfragen besser informiert. Die militärischen Erfolge Friedrichs des Großen sind längst zur Legende geworden, und sogar Georg II. von England und Hannover hat, den Degen an der Seite, seine Truppen im Jahre 1743 bei Dettingen selbst in die Schlacht geführt.

Diese steigende Befassung der Herrscher mit Fragen des Wehrwesens spiegelt sich auch in der Gründung von Militärakademien wider. Damals wurde in Rußland in St. Petersburg das Adelige Kadettenkorps, in Paris von den Franzosen die Königliche Militärschule und von den Engländern in Woolwich die Akademie für Ingenieurswesen gegründet. In diesen Einrichtungen entstanden dann auch zahlreiche Schriften über Wehrfragen, die wieder zu einer Steigerung der Feuerkraft von Truppenteilen und des wirksameren Einsatzes schwerer Waffen führten. Bald wurde das Bajonett allgemein üblich, im Jahr 1787 wurde in Gibraltar zum ersten Mal ein Schrapnell erprobt, und die radikalen Armeereformen Gribeauvals in Frankreich, die dessen Armee eine leichtere und beweglichere Artillerie bescherten, hinterließen den Militärs der Revolution und des Empire ein unschätzbares Erbe.

In absoluten Monarchien war die Frage von Krieg oder Frieden, wie überhaupt alle höheren staatspolitischen Belange, die alleinige Domäne des Herrschers, der von einem kleinen Kreis engster Vertrauter beraten wurde. Alle Gespräche über solche Angelegenheiten fanden hinter den fest verschlossenen Türen der königlichen Gemächer, des Kabinetts oder der Staatskanzlei statt, und jede Entscheidung bildete ein sorgsam gehütetes Geheimnis. In Frankreich erreichte die Geheimhaltung unter Ludwig XV. ein beinahe lächerliches Ausmaß. Da seine Regierung sich immer mehr in miteinander rivalisierende Interessengruppen spaltete, hatte es sich der König zur Gewohnheit gemacht, mit einer »inneren Clique« von Fachleuten (dem *secret du Roi*) Beratungen zu pflegen, um seine eigenen dynastischen politischen Ziele zu fördern, die sich häufig durchaus nicht mit jener politischen Linie deckten, die von seinen Botschaftern und Staatssekretären mit tönenden Worten vertreten wurde.

In England hegte die Opposition den starken Verdacht, daß Georg III. mit einer kleinen Gruppe von »Freunden des Königs« ähnliche Intrigen spann. Aber ein solches Vorgehen, ob es nun tatsächlich beabsichtigt war oder nicht, hätte sich im Kreuzfeuer parlamentarischer Anfragen und Debatten kaum lange halten können. Dennoch beanspruchte das Parlament in England nie die volle Kontrolle der Außenpolitik. In der Debatte über den Vertrag von Aachen im Jahre 1748 erinnerte Henry Pelham das Unterhaus sogar ausdrücklich daran, daß »die Entscheidung über Krieg und Frieden in unserer Verfassung sehr weise allein der Krone vorbehalten ist, denn in beiden Fällen ist es absolut notwendig, daß alle Vorhaben bis zum Augenblick ihrer Ausführung geheim bleiben.«

Dennoch unterschied sich England von anderen Ländern darin, daß sein Parlament durch diesbezügliche Debatten und Behandlung aller die Außenpolitik betreffenden Fragen tatsächlich auf deren Richtung und Entwicklung Einfluß nahm und sich kein Minister, gleichgültig wie entschieden ihn die Krone unterstützte, längere Zeit gegen die Mißbilligung des Parlaments halten konnte. So etwa war Walpole gegen seinen Wunsch zum

Krieg mit Spanien gezwungen worden; Carteret hatte nach dem Versagen seiner anti-bourbonischen Politik sein Amt verloren, und vor allem Lord North, der im Krieg gegen Amerika eine politische Linie vertreten hatte, welche die überwiegende Mehrheit im Parlament guthieß, wurde 1782 rasch von seinem Ministersessel vertrieben, als er mit seiner Politik unrühmlich Schiffbruch erlitt.

Das Neue an alledem war nicht so sehr, daß das Parlament seine Rechte gegen das Königshaus durchzusetzen vermochte, sondern das Entstehen einer informierten öffentlichen Meinung der Mittelschicht außerhalb des Parlaments, die dann das Unterhaus zwang, ihre Wünsche zur Kenntnis zu nehmen. Es war »der Druck vor den Türen«, ausgeübt von der aufstrebenden Klasse neureicher Londoner Kaufleute, aber auch von jenen an den anderen großen Handelsplätzen, die alle darauf warteten, mit Frankreich und Spanien abzurechnen, der Walpole zu einer Änderung seiner Politik zwang, ehe er dann sein Amt zur Verfügung stellte. Umgekehrt gelangte William Pitt 1757 nicht etwa durch den Wunsch Georgs II. oder durch eine Parlamentsmehrheit zu Amt und Würden, sondern durch den mächtigen Einfluß der Kaufmannsschicht »vor den Türen«. Als William Pitt dann 1761 zurücktrat und damit die Regierung Georgs III. bei der Einleitung der Friedensverhandlungen, die zum Pariser Vertrag von 1763 führten, in beträchtliche Verlegenheit brachte, hatte er wieder die öffentliche Meinung dieser Kreise geschlossen hinter sich. Sie waren, ebenso wie Pitt, der Ansicht, daß man es Frankreich und Spanien zu leicht mache. In der Endphase des Krieges mit Amerika war es die Friedens- und nicht die Kriegspartei, die sich der Unterstützung derer »vor den Türen« gewiß war, und als das Ministerium Rockingham-Shelburne ins Amt kam, geschah das mit dem Segen dieser Kreise. (Dies trat ein, nachdem Lord North im Jahr 1782 zurückgetreten war.)

Dieser »Druck von außen« war um so wirksamer geworden, je mehr die unabhängige politische Presse wuchs. 1782 gaben die achtzehn Londoner Zeitungen bereits Meldungen aus dem Ausland breiten Raum, und vor allem das *»Annual Register«* hatte seine Leser schon seit Jahren mit der heiklen Problematik der europäischen Politik vertraut gemacht.

Selbstverständlich hatten auch andere Länder ihre Presseorgane, aber dort, wo die Führung der außenpolitischen Angelegenheiten ein eifersüchtig gehütetes Geheimnis war, vermochten sie es den Blättern in England nicht gleichzutun, und wo ein verfassungsmäßig vorgesehener Parlamentsapparat fehlte, da hatte auch die öffentliche Meinung der Mittelschicht kaum Möglichkeiten, die politische Linie der Regierung zu beeinflussen. Natürlich gab es Ausnahmen, wie etwa, wenn in Frankreich ein Finanzgewaltiger wie Pâris-Duverney zu Anfang des Jahrhunderts Kardinal Fleury, den Minister des Königs, dazu brachte, seinen Warnungen vor kostspieligen militärischen Abenteuern Gehör zu schenken. Aber erst zur Zeit des Krieges mit Amerika gelang es der Beharrlichkeit der Presse und einer lesenden und denkenden Öffentlichkeit immer häufiger, den Vorhang der Geheimhaltung beiseitezuziehen und einen Blick hinter die Kulissen der diplomatischen und militärischen Szenerie zu werfen. Zweifellos war einer der Gründe für die Bereitwilligkeit der französischen Regierung, in Amerika Streitkräfte einzusetzen, die Begeisterung, mit der freidenkende französische Bürger der Sache der Amerikaner gegenüberstanden. Auch in Deutschland und anderen Ländern fand die amerikanische Unabhängigkeitsbewegung ein ähnliches Echo. Dieser Faktor erlangte in kommenden Jahren noch eine gesteigerte Bedeutung.

Der Versailler Vertrag vom September 1783, der den amerikanischen Unabhängigkeitskrieg beendete, proklamierte einen »christlichen, universellen und immerwährenden Frieden« zwischen »Ihren Britannischen und Allerchristlichsten Majestäten« von England und Frankreich. Diese erhabenen Gefühle ließen sich um so leichter aussprechen und, bis zu einem gewissen Grade, auch leichter in die Praxis umsetzen, als beide Länder durch die Kriegsanstrengungen der letzten Jahre völlig erschöpft und ausgeblutet waren. Daher lag nun in der Phase zwischen der Amerikanischen und der Französischen Revolution die Initiative eher bei den drei östlicheren »Despoten« von Österreich, Rußland und Preußen. Während die Westmächte damit beschäftigt waren, wieder Ordnung in ihr Staatswesen zu bringen und sich von den Kriegswunden, die sie einander geschlagen hatten, zu erholen, bot der Osten Europas neue Möglichkeiten für Expansionspolitik.

Seltsamerweise ergab sich Englands Hauptproblem weder

aus einer fortgesetzten feindlichen Haltung Frankreichs oder der Vereinigten Staaten von Amerika, die beide die Schuld an der Niederlage Britanniens trugen. Frankreich näherte sich dem Staatsbankrott (worüber wir im nächsten Kapitel mehr hören werden) und machte nur noch halbherzige Versuche, sich in gesamteuropäische Belange einzumengen. England aber war es gelungen, obwohl es seine amerikanischen Kolonien eingebüßt hatte, den Handel mit ihnen auf eine völlig neue – und auch nicht völlig ertragslose-Basis zu stellen. So kam es, daß Frankreich, das eigentlich in den Krieg eingetreten war, um Indien und die britischen Besitzungen in Westindien für sich zu gewinnen, letztlich aus diesem Krieg nur geringen praktischen Vorteil zog.

Die wichtigsten Aufgaben für England waren die Konsolidierung seiner finanziellen Lage (Großbritannien hatte im Krieg rund 100 Millionen Pfund Sterling zugesetzt) und die Beendigung seiner nun schon zwanzig Jahre währenden Isolierung vom übrigen Europa. Letzteres geschah durch die Erneuerung alter Freundschaften, wie etwa der mit Holland (den Vereinigten Provinzen), und durch den Abschluß neuer Bündnisse. Der damalige Premierminister Pitt, der seinen Adam Smith gelesen und sich von vielen Argumenten der neuen volkswirtschaftlichen Schule hatte überzeugen lassen, machte sich nun mit Umsicht und Tatkraft an den friedlichen Wiederaufbau: Es gelang ihm, die Staatseinnahmen zu erhöhen, die Verschuldung des Staates abzubauen, die öffentlichen Ausgaben einzuschränken, und letztendlich schloß er auch noch mit Frankreich ein höchst vorteilhaftes »Freihandelsabkommen« (den Eden-Vergennes-Vertrag von 1786). Industrie und Handel erlebten dadurch eine neue Blüte. Aber das Finanzierungs- und Handelssystem konnte nur solange funktionieren und dem Geschäfts- und Handelsstand neue Vorteile bringen, als der Friede erhalten blieb und alle Kriegsgerüchte unterdrückt werden konnten. Pitts Glück beruhte auf der zwangsläufig passiven Haltung Frankreichs und auf Österreichs wachsenden Schwierigkeiten. Solange er seine Aktivitäten auf den Westen Europas beschränken und ein wachsames Auge auf den Osten haben konnte, war es ihm möglich, allen Gefahren auszuweichen und stets gerüstet zu bleiben.

Obwohl Pitts Chancen, in Europa einen Verbündeten zu finden, zunächst sehr kümmerlich waren, spielte ihm schließlich doch der rastlose Tätigkeitsdrang und der frustrierte Ehrgeiz des Kaisers in die Hände. Einer der Pläne Josephs II. war gewesen, seine niederländischen (eigentlich »belgischen«) Provinzen gegen Bayern zu tauschen. Dies trug ihm Unwillen und Feindschaft der deutschen Fürsten ein, die sich nun um Friedrich von Preußen scharten. Der Deutsche Fürstenbund, der sich unter der Führung Friedrichs gebildet hatte, zwang Joseph II., Bayern aufzugeben und veranlaßte ihn, einen Alternativplan für die wirtschaftliche Entwicklung Belgiens in Angriff zu nehmen. Dieses Ziel vor Augen, versuchte er, die Holländer zu zwingen, die Schelde für die Flußschiffahrt nach Antwerpen freizugeben. Obwohl England zunächst durch diese Bedrohung seiner Handelsinteressen beunruhigt war, stand es mit den Holländern immer noch auf schlechtem Fuß, und letztlich konnten die Franzosen, an die sich die Vereinigten Provinzen um Hilfe gewandt hatten, Joseph II. dazu überreden, seinen Schelde-Plan aufzugeben und mit den Niederlanden einen Bündnisvertrag zu schließen (1785). Dies stellte für die Diplomatie Englands einen vorübergehenden Rückschlag dar, aber die wachsenden Schwierigkeiten Josephs II. in Belgien, Frankreichs Finanzkrise und die inneren Zwistigkeiten in den Vereinigten Provinzen wirken sich dann doch zu seinem Vorteil aus. Das Bündnis mit Frankreich hatte den Patriziern der holländischen Städte und den Patrioten-Gruppen in den Provinzen in ihrem Widerstand gegen die pro-englische Partei des Statthalters Wilhelms V. den Rücken gestärkt. Der Statthalter wurde schließlich von den holländischen Ständen seines Amtes enthoben. Die revolutionäre Agitation der Patrioten beunruhigte aber die Patrizier so sehr, daß sie sich zur Verteidigung ihrer bedrohten Privilegien um Schutz an das Haus von Oranje wandten. Auch Preußen war hier interessierte Partei, da die Prinzessin von Oranje, die Gattin des Statthalters, immerhin die Schwester des neuen preußischen Königs, Friedrich Wilhelms II., war. Während Sir James Harris in Den Haag zugunsten Englands intrigierte, griff Preußen durch Entsendung eines Expeditionsheeres von 20000 Mann aktiv ein, nachdem die Patrioten von Utrecht die Prinzessin von Oranje öffentlich gedemütigt hatten. Bis zum Oktober 1787 war Amsterdam erobert und der Statthalter wieder voll in seine Ämter eingesetzt worden. Frankreich, das eben vom Staatsbankrott und von einer »aristokratischen« Rebellion bedroht war, konnte seinen Verbündeten, den Patrioten, keine Hilfe leisten. Joseph II. aber hatte mit dem Aufstand in Belgien alle Hände voll zu tun. Das Ergebnis war eine Dreier-Allianz zwischen den Engländern, den Preußen und den Holländern zugunsten der gemeinsamen Verteidigung und der Erhaltung des *status quo*. So gelang es nach zwanzig Jahren der Isolierung Großbritannien wieder, auf dem europäischen Festland Fuß zu fassen.

Der eigentliche Brennpunkt – sowohl des diplomatischen Interesses als auch der Expansion der Großmächte – lag im Osten. Im Jahre 1772 hatten auf Betreiben Preußens drei osteuropäische Mächte ihre Meinungsverschiedenheiten dadurch bereinigt, daß sie ein Drittel des polnischen Staatsgebietes untereinander aufgeteilt hatten. 1774 hatte Rußland das Schwarze Meer erreicht und sich in den Besitz des Hafens von Asow gebracht. Im Jahre 1780 begannen Rußland und Österreich über ein gemeinsames Bündnis zu verhandeln, dessen wesentliches Ziel es war, die osmanischen Besitzungen in Europa zwischen den beiden Staaten aufzuteilen. Inzwischen blickte Schweden begehrlich nach Finnland und Karelien, Dänemark nach dem schwedischen Göteborg und Preußen nach den polnischen Städten Thorn und Danzig. 1783 schließlich annektierte Katharina die Krim und zwang die Türkei ein Jahr später zur Anerkennung dieses Besitzwechsels. 1787 brachen in der Krim und im Kaukasus wieder Feindseligkeiten aus. Während eine russische Armee unter Potemkin Otschakow in der Nähe von Odessa belagerte, lieferten die Truppen Josephs II., an den sich Katharina um Hilfe gewendet hatte, inzwischen den Türken an der Donau eine Schlacht. Der Krieg schien auf dem besten Weg, sich zu einem gesamteuropäischen Konflikt auszuweiten, als nun Schweden die Gelegenheit ergriff, einen Großteil der russischen Streitmacht im Süden zu binden und in Finnland einmarschierte, während sich Dänemark seinerseits auf die Seite der Russen schlug und in Schweden eindrang. Just zu diesem Zeitpunkt schritt die Dreierallianz, die bestrebt war, eine Ausweitung des Konfliktes zu verhindern, auf Betreiben Pitts ein und zwang Dänemark zu einem Waffenstillstand. Ein Jahr darauf schlossen die Schweden, geschwächt durch Meuterei in den eigenen Reihen und die in

Finnland erlittene Niederlage mit Rußland Frieden und fügten sich in den *status quo*.

Auch die Intervention Österreichs war nur von kurzer Dauer. Im Februar 1790 starb Joseph II. Seinem Bruder, der als Leopold II. die Nachfolge antrat, war es hauptsächlich darum zu tun, Belgien wieder in seine Gewalt zu bekommen und die habsburgische Regierungshoheit in den auseinanderstrebenden Territorien des Reiches wiederherzustellen. So nahm er dankbar die Vermittlungsvorschläge der Dreierallianz an und verpflichtete sich in dem im Oktober 1790 geschlossenen Vertrag von Reichenbach Preußen gegenüber zum Rückzug aus dem Krieg mit dem Osmanischen Reich. Für Rußland allerdings bestanden keine derartig zwingenden Gründe, sich den Wünschen der anglo-preußischen Allianz zu fügen. Folglich konzentrierte sich Katharina, nachdem sie sich der Schweden im Norden entledigt hatte, auf den Krieg gegen die Türken. Potemkin hatte Otschakow zerstört, nun fiel auch noch die Festung Ismail an der Donau unter dem Ansturm der Truppen Suworows, und seine Armeekorps besetzten anschließend das ganze Gebiet zwischen Bug und Dnjester. Inzwischen hatte der Feldzug der Russen, der sich nun auf Konstantinopel und das Mittelmeer richtete, England in Aufruhr versetzt, und es wurde die Forderung laut, Katharina solle mit der Hohen Pforte Frieden schließen und die eroberten Gebiete wieder zurückgeben. Als Katharina sich weigerte, Otschakow preiszugeben, auf das sie als wichtigen Marinestützpunkt am Schwarzen Meer nicht verzichten wollte, stand England im März 1791 einen Monat lang an der Schwelle eines Krieges mit Rußland. Aber zu dieser Zeit begann die Dreierallianz bereits zu zerfallen, und obwohl England von Frankreich nichts zu befürchten hatte, war man doch besorgt, daß es ohne die Unterstützung Preußens im Osten kaum einen günstigen Kriegsausgang geben würde. Schließlich brachte Polen überraschend die Entscheidung. In den Jahren 1790/91 hatten die Polen, während die Aufmerksamkeit Rußlands auf andere Ziele gerichtet war, unter Führung einiger weitgehend liberaler Adeliger eine kleine Revolte veranstaltet. Eines ihrer Ziele war die Schwächung des russischen Einflusses und der Schutz gegen weitere territoriale Forderungen der Russen. Also wandten sie sich an Preußen um Hilfe. Diese waren – im Tausch gegen Danzig und Thorn – nur allzu bereit, die erbetene Unterstützung zu gewähren. Diese Forderung führte – umgekehrt und in Etappen – zu neuerlichen Forderungen Rußlands und Österreichs gegenüber Polens. Damit zerbrach die Dreierallianz endgültig, und Preußen, Rußland und Österreich – obwohl in der Frage Deutschlands, der Niederlande und der Türkei völlig miteinander entzweit – konnten nun schon wieder, durch die Teilungen von 1792 und 1795, ihre Differenzen auf Kosten der vom Unglück verfolgten Polen bereinigen.

Inzwischen warf aber bereits in Frankreich eine Revolution ihre Schatten voraus, die weit größere, ja kaum abzusehende Folgen haben sollte. In ihren Anfängen wurde sie durch den Streit der Mächtigen Europas und durch deren innere und äußere Schwierigkeiten ausgesprochen begünstigt. Früher oder später aber würden sich ebendiese Mächtigen mit den neuen Problemen auseinandersetzen müssen, die aus der Revolution entsprangen, kurz: Sie würden diesen Problemen mit vereinten Kräften entgegentreten müssen. Wie sie und die von ihnen geführten Völker sich schließlich dieser Herausforderung stellten, bildet den Gegenstand späterer Kapitel dieses Buches.

Zweiter Teil

Die Französische Revolution

IV Wieso Revolution in Frankreich?

Nach der Lektüre der vorangegangenen Kapitel ist wohl klar, daß es auf diese Frage einfach keine bündige Antwort geben kann: Warum kam es ausgerechnet in Frankreich – und nirgends sonst – im Jahre 1789 zu einer umfassenden Revolution? Wir wollen uns hier nicht auf eine Erörterung des Themas einlassen, ob die Amerikaner im Jahre 1776 eine gesellschaftliche wie auch eine nationale und politische Revolution erlebt haben. Zweifellos handelte es sich in Belgien und Polen um eine Art nationaler Revolution – gegen die Österreicher im einen und gegen die Russen im anderen Fall. In den Vereinigten Provinzen hatte die Patriotische Partei den – erfolglosen – Versuch einer politischen Revolution unternommen, und in Genf kam es 1768 zu einem *coup d'état* der Bürger der Stadt, der dann einige Jahre lang die Verfassungsbestimmungen zu ihren Gunsten wirksam werden ließ. In keinem dieser Konflikte aber kam es zu einem entscheidenden Sieg einer Gesellschaftsschicht über eine andere; keine dieser Volkserhebungen war in dem Sinn »demokratisch«, daß sie das Gewicht politischer Machtausübung auf das breite Volk übertragen oder auch nur den Versuch dazu unternommen hätte. Und keine von ihnen machte sich daran, in Etappen eine gründliche Veränderung der bestehenden Gesellschaftsordnung herbeizuführen.

Dies geschah nur in Frankreich, und obschon einige der genannten Länder und auch noch andere später in das Kielwasser der revolutionären Veränderungen gerieten, zu denen es in Frankreich gekommen war, so ist dies doch für diesen Teil unserer Untersuchung unerheblich.

Warum also fand eine Revolution dieser Art in Frankreich statt? Historiker, die sich darauf verstehen, die Geschichte

»rückwärts« zu lesen, haben höchst verschiedenartige Antworten gegeben, die von ihren eigenen und den Vorurteilen ihrer Zeitgenossen bestimmt wurden. Es ist vielleicht nicht ohne Reiz, nachzuforschen, wie einige der großen Chronisten und Historiker das Problem in der Vergangenheit gesehen haben, ehe wir uns an eine Erklärung wagen, die aus heutiger Sicht gültig und einleuchtend erscheint.

Der erste bemerkenswerte Kommentator der revolutionären Ereignisse in Frankreich war Edmund Burke. Er war zwar kein Geschichtsschreiber, aber doch immerhin ein Zeuge der Revolution, und seine Ansichten haben die Auffassung vieler Menschen darüber seither entscheidend beeinflußt. Burke erschien die von uns im ersten Kapitel beschriebene Gesellschaft keineswegs ablehnenswert, und sie bedurfte daher keiner einschneidenden Veränderung. Er nahm auch an, daß sich ihre politischen Institutionen wohl allmählich verbessern ließen, daß sie sich aber im großen und ganzen im Lauf der Zeit bewährt hätten und man nicht an ihnen rütteln sollte. Ihm als Anglo-Iren schien das britische politische System dem französischen überlegen, aber er war der Meinung, daß für Frankreich die absolute Monarchie, die Aristokratie und der Hochklerus, wenngleich nicht vollkommen, so doch so gut seien, wie man dies vernünftigerweise erwarten konnte. Folglich konnte die Revolution seiner Ansicht nach nicht das Ergebnis eines echten und weitverbreiteten Reformwunsches, sondern sie mußte vielmehr das der finsteren Machenschaften egoistischer und gesellschaftsfeindlicher Gruppen sein. Als Beispiel führte er im besonderen jene Clique von Literaten und *philosophes* an, die schon seit langem die Amtskirche aufs Korn genommen hatte, aber auch die Neureichen, die darauf erpicht waren, es dem alten Adel »zu zeigen«. Im Fahrwasser dieser üblen Einflüsse, so argumentiert Burke, sei dann der verblendete »Mob«, beziehungsweise die »schweinische Herde«, gefolgt, die so gut wie keinen Besitz hatte und zu politischem Denken unfähig war. So wurde für ihn die Revolution, die ihre Wurzeln nicht in wohlbegründeter Unzufriedenheit hatte, zum Produkt der »Verschwörung« einer kleinen Minderheit. Diese »Verschwörungstheorie« wurde später noch von den *émigrés* der 1790er Jahre, wie etwa Abbé Barruel, entsprechend ausgeschmückt. Sie hat sich, samt ihren späteren Abwandlungen, seither bei all jenen gehalten, für die die Revolution von Anfang bis Ende eine üble Sache war.

Menschen aber, die der Revolution positiv gegenüberstanden, haben diese selbst, aber auch ihre Entstehungsgeschichte, selbstverständlich in ganz anderer Weise erklärt. Sie ließ sich entweder als legitimer politischer Protest gegen die Tyrannei und die Restriktionen des *Ancien régime* begreifen, oder aber als der Sozialprotest verarmter oder unterdrückter Klassen. Die liberalen Historiker der französischen Restauration, wie Thiers und Mignet, sahen die Revolution vor allem als politischen Protest. Dieselben Motive, die sie zu ihrer Zeit bewogen, von Ludwig XVIII. und Karl X. eine liberalere Verfassung zu fordern, hatten eine Generation vorher die Revolutionäre von 1789 dazu veranlaßt, eine »Deklaration der Menschenrechte« zu entwerfen und von Ludwig XVI. eine Verfassung zu verlangen. So gesehen, war die Revolution im wesentlichen eine politische Bewegung, die von den »achtbaren« Ständen der Nation zur Beseitigung seit langem bestehender Mißstände und zur Reform überalterter Institutionen in Gang gebracht worden war. Mignet schrieb: »Wenn eine Reform notwendig wird und der Zeitpunkt für ihre Durchführung gekommen ist, so kann sich ihr nichts in den Weg stellen und alles dient zu ihrer Verwirklichung.« Ebenso wie Burkes konservative Theorie der Revolution ist auch diese liberale oder »im Geiste der Whigs« formulierte Erklärung der Vorgänge in Frankreich von späteren Geschichtsschreibern modifiziert worden, besitzt aber noch heute Einfluß.

Auch Jules Michelet, der große Historiker der 1840er Jahre, sympathisierte mit den Revolutionären des Jahres 1789. Da er aber Republikaner und Demokrat war, sah er in der Revolution einen weit tiefergehenden »chirurgischen Eingriff« als Mignet und Thiers. In seiner Darstellung wird sie zu einer spontanen und neubelebenden Erhebung der ganzen französischen Nation gegen Despotismus, quälende Armut und das Unrecht des *Ancien régime*. Seine Auffassung läßt sich mit dem spontanen Ausbruch von Hoffnung und Haß des Volkes in den ersten Kapiteln von Charles Dickens' »*Tale of Two Cities*« (Eine Geschichte aus zwei Städten) vergleichen. Und da die »kleinen Leute«, das einfache Volk, die Bauern und die Armen der Städte am bittersten unter der Grausamkeit und Ungerechtigkeit der

Könige und der Aristokratie gelitten haben, ist für Michelet »das Volk« durchaus kein passives Instrument in der Hand anderer interessierter Parteien oder Sozialgruppierungen, für ihn ist es der wahre, lebendige Held dieses Schauspiels. Diese Auffassung von der Revolution als spontanem Wutausbruch des gesamten Volkes gegen Armut und Unterdrückung ist bis in die jüngere Vergangenheit von größerem Einfluß gewesen als die beiden anderen populären Theorien oder Interpretationen.

Wie aber Alexis de Tocqueville bereits vor mehr als hundert Jahren erkannte, liefert uns keine dieser höchst unterschiedlichen Interpretationen eine befriedigende Antwort auf die Frage: Warum kam es ausgerechnet in Frankreich zur Revolution? Tocqueville, der selbst eine Erklärung hierfür niedergeschrieben hat, folgt zunächst teilweise der Argumentation Burkes. Er schreibt etwa, daß »das Unreligiöse ... der Allgemeinheit ungeheuren Schaden zufügte« und daß »alle Geister der politischen Opposition, welche gegen die Sünden der Obrigkeit auftraten, in die Schriftstellerei flüchteten, da sie sich nicht aktiv betätigen konnten. So wurden die Schriftsteller zu den wahren Führern jener Richtung, deren Ziel der Sturz aller gesellschaftlichen und politischen Institutionen des Landes war.« Demnach nimmt Tocqueville, wie Burke und viele andere, zur Kenntnis, welche bedeutende Rolle das Schrifttum der Aufklärung bei der Entwertung hergebrachter Auffassungen und Bindungen spielte, einer Polemik, die das ganze System schließlich schwächte und schutzlos machte. Aber im Unterschied zu Burke sieht Tocqueville dies nicht als Bestandteil des wohldurchdachten Planes einer organisierten Verschwörung an, sondern vielmehr als die bittere Frucht der »Sünden der Obrigkeit« und allgemeiner Unzufriedenheit mit dem *status quo*. Er stimmt sogar mit Mignet und Thiers darin überein, daß die Regierung despotisch, korrupt und reformbedürftig gewesen sei. Darüber schreibt er: »Schon seit langem hatte das alte Regierungsgebäude geschwankt, es erbebte bereits.« Nachdem er sich aber soweit festgelegt hatte, behauptete er dann doch, der Königliche Rat und die Amts- und Würdenträger des Staates wären den wiederholten Forderungen nach Reform keineswegs mit tauben Ohren gegenübergestanden, sondern hätten diesen ganz im Gegenteil durchaus Gehör geschenkt. So sei es unter Ludwig XVI. vor allem zu einer »Verwaltungsreform« gekommen, die dem Rat und den Intendanten größere Machtvollkommenheit zugebilligt, die Gallikanische Kirche enger in den Staatsapparat gebunden und überhaupt einen völlig neuen Apparat für die Durchführung einer gerechten Verwaltung geschaffen habe. Und nicht nur das: Frankreich hatte das beste Straßennetz Europas, die soziale Fürsorge wurde ausgebaut, die Folter abgeschafft, die ominösen *lettres de cachet* wurden kaum noch angewendet – (unter Ludwig XVI. waren es nur 14000, verglichen mit 150000 unter seinem Vorgänger Ludwig XV.) –, und man entließ die meisten Gefangenen aus der Bastille. Dann aber fügte Tocqueville noch einen Satz hinzu, in dem wir eine wesentliche Erkenntnis formuliert finden:

»So gut wie immer zerstört eine Revolution eine Gesellschaftsordnung, die besser als die ihr unmittelbar vorhergehende ist, und die Erfahrung lehrt, daß für eine schlechte Regierung der gefährlichste Augenblick der ist, in dem sie sich zu reformieren beginnt!« Es war also nicht so sehr das Fehlen jeglicher Reformbestrebungen als vielmehr die Art und der späte Zeitpunkt der eingeleiteten Reformen, welche den Menschen den Blick für bessere Möglichkeiten schärfte, und so, statt die Revolution abzuwenden, diese erst auslöste.

Tocqueville bedient sich einer ähnlichen Argumentation, wenn er Michelets Vorstellung von einer spontanen Revolte gegen »das Elend« kritisiert. Wurde denn Frankreich in jenen Jahren tatsächlich ärmer? In einem früheren Kapitel haben wir erfahren, daß Frankreichs Handel, Volkseinkommen und Industrieproduktion rasch stiegen, daß der Mittelstand wohlhabender wurde, daß Paris – vor allem durch den Unternehmungsgeist der aufstrebenden Bourgeoisie – wieder aufgebaut wurde, und daß Bordeaux – wie übrigens auch Nantes und Le Havre – sich am Vorabend der Revolution durchaus mit dem Wohlstand und dem Warenumschlag Liverpools messen konnte. Auch die Bauern waren weit davon entfernt, in Armut dahinzusiechen, im Elend zu leben oder in Leibeigenschaft an die Ländereien ihrer Herren gekettet zu sein. In der Mehrzahl der Fälle hatten sie ihre Freiheit erlangt, überwanden das Analphabetentum, und es gehörte ihnen bereits ein rundes Drittel allen urbaren Landes in Frankreich.

Warum also, fragt Tocqueville mit Recht, kam es in Frankreich, nicht aber in Österreich, Böhmen, Preußen, Polen oder Rußland zur Revolution, wo das Volk – und vor allem die Bauern – weit mehr unter Armut und Unterdrückung zu leiden hatten? Eben weil der Mittelstand wohlhabender und sich seiner gesellschaftlichen Bedeutung bewußter wurde und weil die Bauern frei, gebildeter und wirtschaftlich besser gestellt wurden, so argumentiert de Tocqueville, darum erschienen nun die Überreste des Feudalwesens und die Privilegien des Adels um so aufreizender. Er schließt eine Textstelle, aus der wir bereits zitiert haben, mit den Worten:

»Nicht immer gerät eine Gesellschaft in Revolution, wenn sich in ihr die Zustände weiter verschlechtern. Viel öfter geschieht es, daß ein Volk, das klaglos – so als fühle sie diese gar nicht – die drückendsten Gesetze ertragen hat, sich seiner Bürde gewaltsam entledigt, sobald diese leichter gemacht wird. ... Selbst auf dem Gipfel seiner Macht hatte der Feudalismus bei den Franzosen nicht solchen Haß erregt, wie am Vorabend seines Verschwindens. Der geringste Akt der Willkür unter Ludwig XVI. schien dem Volk schwerer zu ertragen als alle Despotie Ludwigs XIV.«*

Dieser Kommentar Tocquevilles ist höchst aufschlußreich, weil er uns daran erinnert, daß Revolutionen – im Gegensatz zu Bauernaufständen oder Hungerkrawallen – selten, wenn überhaupt, in Form bloßer spontaner Ausbrüche gegen Tyrannei, Unterdrückung oder bitterstes Elend auftreten. Bei ihnen spielt das Erleben einer Besserung der Zustände und die Hoffnung auf noch weitergehende Erleichterungen eine große Rolle. Das erklärt auch, warum die wohlgemeinten Reformen Josephs II. in den österreichischen Ländern infolge der dadurch hervorgerufenen Unruhe und Unsicherheit auf lange Sicht für den Bestand der absoluten Monarchie viel gefährlicher waren als alle Bauernaufstände gegen Katharina von Rußland zusammengenommen. Dennoch legt die neuere Forschung und unsere eigene Erfahrung mit späteren Revolutionen den Gedanken nahe, daß Tocquevilles Analyse, so brillant sie sein mag, nicht tief genug schürft und nicht alle auslösenden Faktoren der Revolution in

* A. de Tocqueville: *L'Ancien Régime* (Englische Übersetzung Oxford 1937), S. 186.

Frankreich einbezieht. Wenn der König und die Minister so reformfreudig waren, warum gingen dann ihre Neuerungen nicht weit genug – und warum *konnten* sie nicht weit genug gehen –, um breitere Schichten des Volkes zufriedenzustellen? Wenn der Mittelstand tatsächlich wohlhabender und seine Stellung innerhalb der Gesellschaft gefestigter wurde, warum sollte er sich dann plötzlich zum offenen Aufstand gegen ein System entschließen, das er bis dahin unterstützt hatte? Wenn die Bauern nun endlich zu eigenem Grund und Boden kamen und sich allmählich von den letzten Resten der Leibeigenschaft befreien konnten, warum sollten sie dann ausgerechnet im Jahr 1789 zu Formen der öffentlichen Auflehnung zurückkehren, wie sie Frankreich in den vorangegangenen achtzig Jahren nicht erlebt hatte? Wie konnte das Gedankengut der Aufklärung, das von Schriftstellern, Journalisten und den Besuchern der modischen literarischen Salons verbreitet wurde, sich der Phantasie der ärmeren Stadtbevölkerung, wenn nicht sogar der Bauern bemächtigen? Welche Verknüpfung von Umständen lag dieser Revolution zugrunde, und wie konnte sich eine Revolte unzufriedener Beamter und Aristokraten in eine Revolution des Mittelstandes und der unteren Gesellschaftsschichten in Stadt und Land verwandeln? Dies sind nur einige der weiteren Fragen, auf die wir Antwort suchen müssen.

In einem früheren Kapitel wurde dargelegt, wie das von Ludwig XIV. entwickelte Regierungssystem unter seinen Nachfolgern einen Großteil seiner Durchschlagskraft und seiner Fähigkeit verlor, Achtung und Loyalität der Untertanen aufrechtzuerhalten. Dies war, wie gesagt, teilweise auf die Indolenz und das persönliche Versagen Ludwigs XV., zum anderen aber auf die Neigung der privilegierten Beamtenschaft zurückzuführen, immer selbstherrlicher und willkürlicher zu regieren. Der inzwischen zu Wohlstand und steigendem Selbstwertgefühl gelangende Mittelstand mußte zwangsläufig die Extravaganz, Unfähigkeit und die kleinlichen Schikanen eines Hofes und einer Regierung übelnehmen, die immerhin weitgehend durch seine finanziellen Leistungen erhalten wurden, bei denen er aber nicht mitzubestimmen hatte. Als Ludwig XVI. den Thron bestieg, war er sofort bestrebt, eine durchgreifende Verwaltungsreform zu veranlassen, die Ausgaben des Hofes zu verringern, den Handel von einengenden Bestimmungen zu befreien, die Steuerlast der Bauern zu erleichtern und in den Provinzen durch örtliche Räte und Behörden ein gewisses Maß dezentralisierter Regierungsgewalt zu fördern. Anders als seine Vorgänger besaß er ein ausgeprägtes persönliches Verantwortungsgefühl. Überdies hatte er in Turgot einen Minister, der sich der Achtung und Zuneigung sowohl der Vertreter der »Aufklärung« als auch des fleißigen, aufstrebenden Mittelstandes erfreute. Dennoch brach das ganze neue System zusammen und Turgot verlor nach kaum zwei Jahren sein Amt. Wie konnte das geschehen? Einfach, weil Turgots Reformen, obwohl der Mittelstand sie begrüßte, den Privilegien und Interessen der *Parlements*, des höheren Klerus und einflußreicher Adelsgruppen bei Hof zuwiderliefen. Was dies betraf, so mußte er dieselbe Erfahrung machen wie schon Machault und Maupeou vor und wie Calonne, Brienne und Necker nach ihm, und wieder zeigte sich, daß bei allem guten Willen des Königs und trotz aller Fähigkeiten seiner Minister wahrhaft fundamentale Reformen undurchführbar waren, solange die privilegierten Stände sich ihnen durch ihre Machtvollkommenheit, durch die *Parlements* und durch ihren Einfluß bei Hof widersetzen konnten. Damit waren also die Grenzen abgesteckt, über die die Reformen nicht hinausgehen konnten – eben weit genug, um bei den einen Begehrlichkeit zu wecken, andere vor den Kopf zu stoßen, und letztlich niemanden zu befriedigen. Auch hatten sie den Effekt, die privilegierten Stände noch verhaßter zu machen und die Monarchie, die ihre Interessen zu schützen schien, noch verächtlicher erscheinen zu lassen.

Überdies wurde die Mittelschicht zwar reicher, ihre Hoffnungen aber, auch gesellschaftlich mehr Geltung zu erlangen, schwanden zusehends. Lang schon hatte sich diese Gruppe über die Beschränkung freien Handels und freier Produktion durch Binnenzölle, *péages* (Privatzölle für die Benutzung von Flüssen, Kanälen und Brücken) und die leidigen »Überprüfungen« und »Befragungen« durch Regierungsinspektoren beschwert. Hinzu kam noch die Klage darüber, daß – in einer Periode der »feudalen Reaktion« – soziale und politische Aufstiegsmöglichkeiten immer geringer wurden. Der Kaufmann oder Finanzier konnte etwa ab den 1750er Jahren – auch wenn er durch Bankgeschäfte,

Fabrikation oder Handel mit den Kolonien reich geworden war – nicht mehr damit rechnen, als Krönung seiner Laufbahn für sich oder seine Kinder ein Erbamt oder ein Offizierspatent zu erwerben. Beides wurde, wie schon erwähnt, immer mehr zu einer Exklusivdomäne des Adels. Die *Parlements* schlossen ihre Tore vor »Eindringlingen« aus der Mittelschicht, und – mit wenigen Ausnahmen – war im Jahre 1789 adeliges Geblüt die einzige Voraussetzung, die zählte, wenn man eine hohe Position in Armee, Kirche oder Verwaltung erlangen wollte. Um so erstaunlicher ist es, daß die französische Mittelschicht – wenn wir von den Juristen, Schriftstellern, Journalisten und Pamphletisten absehen – so lange zuwartete, ehe sie ihrer Unzufriedenheit Ausdruck verlieh. Erst als sie durch *Parlements*, hohen Klerus und Aristokratie dazu getrieben wurde, begann die Mittelschicht ernsthaft, gesellschaftliche Gleichberechtigung und ein Mitspracherecht in Regierungsangelegenheiten zu fordern.

Man muß auch bedenken, daß das von Tocqueville entworfene Panorama bäuerlichen Wohlstandes durchaus nicht allgemein zutraf. Wenn auch ein Drittel der französischen Bauernschaft eigenen Grund und Boden hatte, so besaß der Großteil dieser »Grundeigentümer« doch nur so winzige agrarisch nutzbare Flächen, daß er davon selbst in guten Erntejahren seine Familie nicht ernähren konnte. Arthur Young schreibt, er habe in der Champagne und in Lothringen »mehr als einmal gesehen, wie die Grundteilung so weit getrieben wurde, daß ein einziger Obstbaum, der auf einem Areal von etwa zehn Perch (ein Perch entspricht 30,25 m^2) stand, eine ›Landwirtschaft‹ vorstellte, und daß die Lage einer Familie von deren Besitz abhing«. Auch gab es eine noch viel größere Zahl von Naturalpächtern und einfachen Landarbeitern ohne Grundbesitz, die sich ihr Brot auf dem Markt kaufen mußten, und die selbst unter den günstigsten Bedingungen nie darauf hoffen durften, am ländlichen Wohlstand mehr als nur einen ganz winzigen Anteil zu haben. Die kleinen Grundbesitzer, ärmlichen Pächter und Kleinhäusler hatten sich nun auch damit abzufinden, daß die reicheren Grundbesitzer und wohlhabenden Bauern, in dem Wunsche, ihre Erträge noch zu steigern, Felder und Gemeindeland umfriedeten und dadurch die angestammten Rechte der Dörfler auf Ährenlese und freie Weide schmälerten. Einen noch weiter verbreiteten Grund zur

Klage haben wir schon in einem früheren Kapitel erwähnt: Kurz vor der Revolution machten die Grundherren alte, vergessene, mit ihrem Besitz verbundene »Rechte« wieder geltend und fügten den zahlreichen Pflichten und Abgaben ihrer Bauern noch neue hinzu.

Was Tocqueville nicht bedachte und was eigentlich erst durch die neuere Forschung zutage kam, ist, daß eben in diesen letzten Jahren des *Ancien régime* der Wohlstand in der Landwirtschaft nicht mehr wuchs und daß alle Anzeichen auf eine längere Periode der Stagnation, ja vielleicht sogar des Rückganges hindeuteten. Diese Entwicklung gliedert sich in zwei Hauptphasen: Zunächst kam es nach 1778, dem Jahr des Kriegseintritts Frankreichs an der Seite Amerikas, zu einer Wirtschaftsrezession, die einen allgemeinen Preisverfall nach sich zog. Dieser trat bei den meisten Produkten von Industrie und Landwirtschaft allmählich auf, steigerte sich aber bei Wein und Textilien bald bis zur Krise. In diesen Jahren schwanden die Reingewinne kleiner landwirtschaftlicher Pächter, Grundeigentümer, Weinbauern und anderer Naturalpächter durch die gleichbleibenden, schweren Belastungen von Steuer, Zehnt sowie Leistungen und Abgaben an die Grundherren viel rascher, als die Preise der von ihnen benötigten Waren fielen. Die Grundherren dagegen waren durch ihre gleichbleibenden Feudaleinkünfte vor einem wesentlichen Schwund ihres Realeinkommens geschützt.

Dann aber potenzierte sich die Wirtschaftskatastrophe von 1787–1789 mit dieser an sich schon rückläufigen Tendenz. In dieser Krise kam es durch Mißernten zu Engpässen, so daß sich etwa der Weizenpreis in den Hauptanbaugebieten des Nordens innerhalb von zwei Jahren verdoppelte und im Hochsommer des Jahres 1789 in 27 der 32 *généralités* Rekordhöhe erreichte. Eine solche Entwicklung traf die Mehrzahl der Bauern sowohl als Erzeuger, wie auch als Verbraucher – ob sie nun Kleingrundbesitzer, Pächter, Naturalpächter oder einfache Landarbeiter oder aber Weinbauern, Vieh- und Molkereibesitzer oder Weizenbauern waren. Von der Landwirtschaft griff die Krise dann auf die Industrie über. Die Arbeitslosigkeit, die schon durch den »Freihandelsvertrag« mit England von 1786 gestiegen war, erreichte nun in Paris und den Textilzentren Lille, Lyons, Troyes, Sedan, Rouen und Reims ein katastrophales Ausmaß. In der weiteren

Folge wurden Lohnempfänger und Kleinkonsumenten in Stadt und Land durch die rasch steigenden Lebensmittelpreise bald dazu gezwungen, zwischen der Hälfte und zwei Dritteln, in extremen Fällen sogar bis zu vier Fünfteln ihres Tagesverdienstes für Brot auszugeben.*

Dadurch sahen sich Bauern mit den Handwerkern und Arbeitern der Städte in gemeinsamem Haß gegen Regierung, Grundherren, Kaufleute und Spekulanten vereint. So zeigt sich, daß eben diese Bauern und Arbeiter am Vorabend der Revolution keineswegs im Wohlstand lebten, sondern vielmehr verarmt waren und um das tägliche Brot immer härter zu kämpfen hatten. In diesem Punkt wenigstens gibt die moderne Geschichtsforschung nicht Tocqueville, sondern eher Michelet recht.

Freilich bedurfte es wirksamerer Anstöße als wirtschaftlicher Not, gesellschaftlicher Unzufriedenheit und sozio-politischen Ehrgeizes, um eine Revolution herbeizuführen. Um die Verbindung der Anliegen, Beschwerden und Bestrebungen so unterschiedlicher Gesellschaftsschichten zu gewährleisten, war ein einigendes Gedankengut, eine gemeinsame »Sprache« der Hoffnung und des Protestes, kurz, etwas wie eine gemeinsame »Revolutionspsychologie« nötig. Bei den Revolutionen unserer Tage ist die ideologische Vorbereitung eine Angelegenheit der politischen Parteien. Im Frankreich des 18. Jahrhunderts aber gab es keine Parteien. Im Falle der Französischen Revolution wurde der Umbruch zunächst von den Denkern und Publizisten der Aufklärung angebahnt. Sie waren es, wie sowohl Burke als auch Tocqueville festgestellt haben, die in die ideologischen Bollwerke des *Ancien régime* die ersten Breschen schlugen. Die Ideen Montesquieus, Voltaires, Rousseaus und vieler ihrer Zeitgenossen hatten weite Verbreitung gefunden und wurden von einer breiten Leserschaft – sowohl im Adel als auch in der Mittelschicht – begierig aufgenommen. Selbst beim Klerus war es Mode geworden, sich skeptisch und »areligiös« zu geben, und die Schriften Voltaires trugen – im Verein mit Machtkämpfen und Kontroversen innerhalb der Kirche (Gallikaner gegen Je-

* C. E. Labrousse: »*Esquisse du mouvement des prix et des revenus en France au XVIIIe siècle*«, 2 Bde., 1933, ii, S. 637–641; »*La Crise de l'économie française à la fin de l'ancien régime et au début de la Révolution*, 1944, S. ix–xli und 625.

suiten, Richeristen und Jansenisten gegen die wachsende Macht der Bischöfe) – dazu bei, daß die Bevölkerung der Amtskirche mehr und mehr gleichgültig, verachtungsvoll oder gar feindselig gegenüberstand. In den fünfziger Jahren des 18. Jahrhunderts hatten die Pariser gegen die Weigerung ihrer Bischöfe demonstriert, sterbenden Jansenisten die Letzte Ölung zu spenden. Auch Hardy, der Buchhändler und Chronist des Pariser Universitätsviertels, berichtet in seinem *Journal* in den achtziger Jahren von ähnlichen Ausbrüchen des Antiklerikalismus. Inzwischen verschafften sich Ausdrücke wie »Bürger«, »Nation«, »Gesellschaftsvertrag«, »öffentlicher (oder Volks-) Wille« und »Menschenrechte« Eingang in den allgemeinen politischen Sprachgebrauch, bald wurde auch der Begriff *tiers état* (der Dritte Stand) populär. Wie schon Tocqueville feststellte, waren es oft die »Stützen der Regierung« selbst – die Minister und Intendanten –, die als erste eine breitere Öffentlichkeit mit diesen Worten und Phrasen bekanntmachten. Aber weder sie noch die *philosophes* selbst oder die elegante Oberschicht und die Literaten der Salons brachten dieses neue Vokabular herab auf das Niveau der Straße und verwandelten abstrakte Spekulationen in gängige Schlagworte oder Kampfrufe nach politischem Handeln. Das war zum Teil das Werk der Pamphletisten des Dritten Standes der Jahre 1788 und 1789. Aber schon viel früher war die Vorarbeit durch die Veröffentlichung der Traktate und Beschwerdeschriften der *Parlements* erfolgt, die bereits seit den fünfziger Jahren in ihrer langwierigen Auseinandersetzung mit der »ministeriellen Despotie«, in diesen Publikationen häufig und beinahe wahllos aus den Schriften der *philosophes* zitiert hatten. So finden wir etwa, daß das Pariser *Parlement* in seiner »Großen Remonstranz« von 1753 das Recht für sich beansprucht, als »vermittelnde Körperschaft« zu wirken und damit Hüter und Garant »einer Art von Vertrag« zwischen dem König und seinem Volk zu sein. 1763 forderte das *Parlement* von Toulouse, das Recht müsse »der freiwilligen Billigung der Nation« unterworfen sein. Schon 1760 hatte das *Parlement* von Rouen darauf bestanden, daß das Recht der Annahme oder Billigung (von Gesetzen) der Nation zustehe, und wiederholte dann 1771, die grundlegenden Gesetze des Reiches müßten »Ausdruck des Volkswillens« sein. Das *Parlement* von Rennes zitierte 1788 fast wörtlich Rousseau und die Amerikanische Unabhängigkeitserklärung, als es verkündete, der Mensch sei »frei geboren, ursprünglich [seien] alle Menschen gleich«, und daß »diese Grundwahrheiten keines weiteren Beweises bedürften«.

Neu an alledem war, daß die *Parlements* nicht bloß, wie vor ihnen schon die *philosophes*, politische Abhandlungen schrieben, sondern völlig bewußt und planmäßig darauf bedacht waren, die öffentliche Meinung zu beeinflussen und sich in ihrem Streit mit der Krone der aktiven Unterstützung des Volkes zu versichern.

Aber selbst nach all diesen Erwägungen bleibt immer noch zweifelhaft, ob – etwa im Januar 1787 – ein intelligenter Franzose oder ausländischer Beobachter guten Grund gefunden hätte, den baldigen Ausbruch einer Revolution vorauszusagen, und vermutlich wäre es ihm auf jeden Fall völlig unmöglich gewesen, zu sagen, welche Form eine solche Revolution annehmen werde. Für uns freilich, mit unserem historischen Wissen, ist es leicht, das Bestehen solcher Motive zu erkennen. Aber selbst aus dieser Sicht fehlt noch ein wichtiger Faktor: Es bedurfte eines Funkens, um diese Explosion auszulösen, und dann noch eines zweiten überspringenden Funkens, um jene besondere Kräfteverbindung zustande zu bringen, die die Revolution von 1789 einleitete.

Den ersten Funken lieferte der von der Regierung nach dem Amerikanischen Unabhängigkeitskrieg erklärte Staatsbankrott. Die Meinungen über den Einfluß der Amerikanischen »Revolution« und der Unabhängigkeitserklärung auf den Gang der Ereignisse in Frankreich mögen auseinandergehen, über die katastrophalen Folgen der Teilnahme an diesem Krieg für Frankreich sind sich jedoch alle einig. 1781 hatte Jacques Necker in seiner Eigenschaft als Generalkontrolleur in einem berühmten *compte rendu* der Finanzen Frankreichs den Gläubigern der Regierung versichert, die Zahlungsbilanz sei mit zehn Millionen Livres hochaktiv. 1786, drei Jahre nach Ende des Krieges, schätzte sein Nachfolger Calonne das Defizit auf 112 Millionen Livres. Dieser Betrag entsprach etwa einem Viertel der gesamten Staatseinkünfte. Nun waren drastische Maßnahmen angebracht. Calonne kam zu der Erkenntnis, die in solchen Situationen immer wieder angewendeten Mittel würden diesmal nicht den gewünschten Erfolg bringen: Die kurzfristigen Verbindlichkeiten beliefen sich bereits auf 400 Millionen Livres, die *taille* hatte man 1780 auf ihrem damaligen Niveau fixiert, und sie war an sich schon hoch genug, um bei den Bauern Unzufriedenheit hervorzurufen. Doch letztlich erschien es nicht ratsam, die Besteuerung von Konsumgütern zu einer Zeit wirtschaftlichen Rückgangs und schrumpfender Industrieprofite neuerlich anzuheben. Der Minister schlug daher dem König vor, die Staatsausgaben drakonisch einzuschränken (eine Maßnahme, die sich stets überall – außer bei Hof – großer Beliebtheit erfreute), die Stempeltaxe in erweitertem Maße einzuheben, und schließlich die *vingtième* (die viele Grundherren hinterzogen) durch eine neue Bodenertragssteuer zu ersetzen. Diese sollte, berechnet auf den Jahresertrag, von allen Grundbesitzern in Naturalien geleistet werden. Ihre Bemessung und Eintreibung sollte durch örtliche Grundbesitzerverbände erfolgen, in denen alle drei Stände vertreten waren. Sozusagen zum Trost für die Grundbesitzer schlug Calonne außerdem vor, die früheren Maßnahmen Turgots für den freien Getreidehandel wieder aufleben zu lassen und sie auch auf den Außenhandel auszudehnen.

Diese Empfehlungen hatten viel für sich. Hätte man sie in die Tat umgesetzt, wäre es zweifellos gelungen, das Defizit auszugleichen und der Staatskasse regelmäßige Einkünfte zu sichern. Der König und sein Minister aber waren durch Schaden klug geworden: Sie wußten, daß die vorgeschlagenen Maßnahmen auf den Widerstand der privilegierten Schichten stoßen würden. Diese wären dadurch zur Aufgabe eines Teils ihrer Steuerfreiheit gezwungen worden. Vor allem die Kirche legte Wert auf ihr althergebrachtes Recht, nur in Form des *don gratuit* (einer freiwilligen Gabe) besteuert zu werden. Die *Parlements* in den Provinzen wieder würden eine Einschränkung ihrer Steuerhoheit durch die neuen örtlichen Verbände übelnehmen. Überdies würden vermutlich auch die Kaufleute – und damit der Dritte Stand – sich gegen die Stempeltaxe wehren, deren Hauptlast sie zu tragen hätten. Um Schwierigkeiten dieser Art auszuweichen, beschloß man daher, diese Empfehlungen nicht, wie üblich, an das Pariser *Parlement* heranzutragen, sondern sie einer besonders einberufenen »Versammlung der Notablen« vorzulegen. Diese setzte sich aus Prälaten, Adeligen, Mitgliedern der *Parlements*, Intendanten, Staatsräten und Mitgliedern der Landstände und der privilegierten Städte zusammen. Der Vorteil lag darin, daß der König die Delegierten selbst auswählen konnte und daß diese Versammlung seit 160 Jahren nicht mehr zusammengetreten war. Überdies berief man sie eilig und unter Geheimhaltung ein, und der Gegenstand ihrer Beratungen wurde vorher nicht bekanntgegeben.

Der Erfolg entsprach in keiner Weise den Erwartungen. Calonne brachte es fertig, alle Beteiligten zu brüskieren. Die »alte Garde« war zwar in der Minderheit, wehrte sich aber nach Kräften gegen jeden Eingriff in ihre angestammten Privilegien. Die Majorität lehnte die Empfehlungen Calonnes aus anderen Gründen ab. Vor allem die liberalen Aristokraten, besonders der Marquis de Lafayette, die in beiden Verhandlungen eine wichtige Rolle spielten, waren einer gerechteren Verteilung der Steuerlast nicht abgeneigt und hatten im Prinzip gegen die Stempeltaxe, die Bodenertragssteuer und die lokalen Grundbesitzerverbände nichts einzuwenden. Dafür waren sie von tiefem Mißtrauen gegen Calonne erfüllt, den sie verdächtigten, seine ministerielle Machtvollkommenheit durch die neuen örtlichen Verbände und durch die Manipulation einer Steuer auszubauen, deren Ertrag und Bemessungsweise nicht präzise definiert waren. Als Calonne den Versuch unternahm, die stockenden Verhandlungen durch einen Appell an die öffentliche Meinung wieder in Gang zu bringen, war der König über einen solchen offenen Bruch herkömmlicher Gepflogenheiten entsetzt, entließ seinen Minister und ernannte an seiner Stelle Loménie de Brienne, den Erzbischof von Toulouse. Brienne war ein Schützling der Königin, und hatte darüber hinaus noch den Vorzug, populär zu sein (er war allgemein für seine liberalen, physiokratischen Anschauungen bekannt) und genoß das Vertrauen der »Notabeln« und des Klerus. Nun ergab es sich, daß Brienne, obwohl er zu den schärfsten Kritikern Calonnes gezählt hatte, unter dem Zwang der Verhältnisse ein Programm vorlegen mußte, das sich von dem seines Amtsvorgängers nur in einigen Details unterschied: Er ermäßigte die Stempeltaxe und machte das wichtige Zugeständnis, für die geschätzte Summe der Bodenertragssteuer eine Obergrenze von 80 Millionen Livres festzusetzen. Seine Vorschläge fanden zwar freundliche Aufnahme, doch gelang es ihm nicht, ausreichende Vollmachten für ihre Durchführung zu erhalten, womit er gerechnet hatte. Möglicherweise in ihrem Entschluß durch die Flut von politischen Pamphleten bestärkt, die ihr Zusammentreten ausgelöst hatte, entschieden die Versammelten schließlich, daß solche einschneidenden Fiskalmaßnahmen außerhalb ihrer Kompetenz lägen und zur Genehmigung dem Pariser *Parlement*, oder besser noch (dies schlug Lafayette vor) den Generalständen vorgelegt werden sollten, die seit 1614 nicht mehr zusammengetreten waren. Am 25. Mai löste sich die Versammlung auf und Brienne mußte nun doch versuchen, sich beim *Parlement* durchzusetzen.

Wieder einmal war es nun die judizielle Oligarchie der *parlementaires* – und nicht etwa die Notabeln oder der alte Adel –, die die Fahne der Rebellion entrollte und zur sogenannten »aristokratischen Revolte« aufrief. Es kann keine Rede davon sein, daß das *Parlement* zu dieser Zeit einen geschlossenen reaktionären Block gebildet hätte: seine Hauptkammer – der *cour des pairs* – umfaßte 144 Delegierte, darunter 7 königliche Prinzen, sieben Kirchenfürsten und 27 weitere Aristokraten. Der Rest bestand aus gewöhnlichen *conseillers* der *Enquêtes* und *Requêtes*, zumeist noch junge Leute – von 72, deren Alter urkundlich festgehalten wurde, hatten 59 das fünfunddreißigste Jahr noch nicht erreicht.*

Die Delegierten schieden sich in jene, die keine Gelegenheit vorbeigehen ließen, die – angestammten oder auch usurpierten – Privilegien des *Parlements* oder anderer vermittelnder Körperschaften gegen die Forderungen der Regierung zu verteidigen, und in eine kleinere Gruppe, die – angefeuert von den *philosophes* und dem Erfolg der Amerikanischen Revolution – eine tiefgreifende Verfassungsreform durchsetzen wollten. In den nun folgenden Debatten war Duval d'Eprémesnil der Sprecher der erstgenannten, Adrien Duport, der gelegentlich auch von seiten der Aristokraten vom Herzog de La Rochefoucauld, dem Freund Lafayettes, und vom Vetter des Königs, dem Herzog von Orléans, Schützenhilfe erhielt, vertrat die Interessen der Reformgruppe. Die letzteren drei sollten dann während der Revolution von 1789 eine sehr wesentliche Rolle spielen.

* J. Egret: »*La Pré-Révolution française*«, Paris 1962, S. 154. Ich habe mich weitgehend auf M. Egrets neue Darstellung der ›aristokratischen Revolte‹ gestützt.

Obwohl die beiden Gruppen sich in ihrer Ausrichtung voneinander unterschieden, schlug die momentane Lage eine Brücke zwischen ihnen. Beide witterten »ministerielle Despotie« und beide hofften, ihre verschiedenen Ziele mit Hilfe der Generalstände zu erreichen.

Als sich Brienne nun zwecks Ratifizierung seiner Erlässe an das *Parlement* wandte, erhob dieses Gremium gegen die Liberalisierung des Getreidehandels keinen Einspruch und begrüßte sogar die Gründung der Ortsverbände. Die Stempeltaxe aber und die Bodenertragssteuer lehnte es ab und bestand auf der Einberufung der Generalstände, die sich mit der Finanzkrise auseinandersetzen sollten. Brienne beharrte ebenso verbissen auf seinem Standpunkt. Er plante noch andere Reformmaßnahmen – eine Reform der niederen Verwaltung, die Wiedereinsetzung der Landstände, Justiz- und Heeresreformen und volle Bürgerrechte für die Protestanten – und er befürchtete nicht ohne guten Grund, die Generalstände würden, falls man sie einberiefe, entweder nur einem Ablenkungsmanöver dienen oder aber seine eigenen, eher konservativen Maßnahmen mit weit radikaleren überlagern. Also bestimmte man den König zur Abhaltung eines *Lit de justice*. Hier setzte sich der Monarch prompt über die Einwände des *Parlements* hinweg, dekretierte die Fiskalerlässe Briennes und verbannte die Amts- und Würdenträger von Paris nach Norden in die Stadt Troyes.

Dennoch trug das *Parlement* letztlich den Sieg davon. Die Provinzialgerichtshöfe, an die sich Brienne nun wendete, waren bei der Verteidigung von Adelsprivilegien und örtlichen »Immunitäten« weit beharrlicher als ihre Pariser Kollegen. Sie lehnten beinahe alle Vorschläge des Ministers ab und stellten sich auf die Seite der Pariser. Schließlich blieb Brienne nichts anderes übrig, als nachzugeben. Das *Parlement* wurde im September wieder in Amt und Würden eingesetzt, die Erlässe über die Stempeltaxe und die Bodenertragssteuer wurden zurückgenommen, und alle Beteiligten kamen überein, daß die *vingtième* in ihrer gegenwärtigen Form (obwohl ihr voraussichtlicher Ertrag weit unter dem der geplanten Bodenertragssteuer lag) bis 1792 verlängert werden sollte. Die »Heimkehr« der gemaßregelten Würdenträger aus dem Exil wurde in Paris mit begeisterten Demonstrationen tumultuarisch gefeiert, Traktate gegen das Königshaus machten die Runde, und Arthur Young wußte zu berichten, die öffentliche Meinung in Frankreich stehe »am Rande einer großen Revolution der Regierungsform«.

Die von Young vorhergesagte »Revolution« war jedoch nicht so sehr eine des Mittelstandes und des Volkes an sich, sondern würde vielmehr wahrscheinlich (wie er es ausdrückte) »die Stellung« von Adel und Klerus »verbessern«. Tatsächlich schien eine solche Auffassung durch die Ereignisse des Jahres 1788 mehr als gerechtfertigt. Im vorangegangenen Oktober hatte das Pariser *Parlement* sich bereit erklärt als Gegenleistung für ein Versprechen der Regierung die Generalstände 1792 einzuberufen und weitere Anleihen zu genehmigen. Im November aber wurden die Verhandlungen wieder abgebrochen, und der Herzog von Orléans, der sich inzwischen schon großer Beliebtheit erfreute, wurde gemeinsam mit zwei Beamten, die sich bei den Debatten besonders exponiert hatten, ins Exil geschickt. Dies veranlaßte das *Parlement* im Mai zu einer Erklärung, um weitere Beliebtheit bei der Bevölkerung zu gewinnen. Das gesamte System der Willkürherrschaft mit der Geißel der verhaßten *lettres de cachet* wurde scharf verurteilt. Brienne konterte, indem er die Gerichtshöfe von Truppen umstellen ließ und das *Parlement* zwang, zwei seiner Führer, einer davon war d'Eprémesnil, der königlichen Gerichtsbarkeit zu überantworten. Inzwischen hatte Lamoignon, der königliche Siegelbewahrer, sechs Edikte erlassen, in denen sämtliche *Parlements* aufgehoben und der größte Teil ihrer Appellationsgerichtsbarkeit 47 neugegründeten Tribunalen übertragen wurden. Ihr Recht auf Ratifikation königlicher Erlässe fiel nun an einen »Plenarhof«. Mit diesen Edikten beabsichtigte man nicht nur, die *Parlements* für ihre Widersetzlichkeit zu bestrafen, sondern auch einen Keil zwischen sie und die übrige politisch mündige Nation zu treiben, die vor allem aus der liberalen Aristokratie und der großen Zahl von *avocats* und Rechtsanwälten der Mittelschicht bestand, wobei insbesondere für Männer aus dem Bürgertum durch die neuen Maßnahmen verschiedene Aufstiegsmöglichkeiten geschaffen würden.

Aber dieser Plan schlug fehl. Die Entzweiung der Kritiker blieb aus, dafür kam es zu Tumulten, die fast in einen Aufstand gegen die Regierung ausarteten. Als man den Klerus aufforderte, über einen einmaligen, außerordentlichen *don gratuit* abzustimmen, beharrte er auf seiner steuerlichen Immunität und protestierte gegen die Aufhebung der *Parlements*. Die Herzöge und der hohe Adel schlossen sich dem Protest der Kirche an, und auch der mittlere Adel hielt nun – obwohl er den gesellschaftlichen Dünkel der *noblesse de robe* lange Zeit grollend betrachtet hatte – den Augenblick für gekommen, die aufgelösten *Parlements* seines Wohlwollens und seiner Unterstützung zu versichern. Sowohl in Paris als auch in den Provinzen stimmten nun die Mittelschicht und auch die »unteren Schichten« – offenbar unter dem Eindruck der militanten Erklärungen der *Parlements* – in den Chor der Empörung gegen den »Despotismus« der Minister ein.

Die »Patrioten« hatten als Vorkämpfer der »Nation« gegen Privilegien und »Despotie« ihre Hoffnung auf ministerielle Reformen gesetzt. Nun aber, da Lamoignons *coup d'état* die herbeigesehnte Einberufung der Generalstände in Frage zu stellen schien, schlugen sie sich lieber auf die Seite der *Parlements*. Überdies waren viele Angehörige des Dritten Standes entweder von der Lauheit der ministeriellen Reformen enttäuscht oder aber von deren reaktionärem Charakter abgestoßen. Unter diesen Umständen ist es nicht verwunderlich, daß die Hälfte der 500 Protestpamphlete, die während der nächsten vier Monate nach der Proklamation der Edikte vom Mai 1788 erschienen, aus der Feder »patriotischer« Autoren stammten. Inzwischen kam es in Bordeaux, Dijon, Grenoble, Pau, Rennes und Toulouse – also Städten mit einer Tradition von provinzialem Separatismus und aristokratischer Selbstregierung – zu Aufständen. In der Dauphiné, wo Barnave und Mounier tätig waren, ließen der Adel und der Dritte Stand die lange dahinsiechenden Landstände wiederaufleben, und in der Bretagne vereinigten sich die Stände in gemeinsamem Protest gegen die »ministerielle Despotie«. In Grénoble wurden die amtsenthobenen Beamten durch eine von den Rechtspraktikanten angezettelte, von der Bevölkerung und herbeigeeilten Bauern unterstützte Revolte fünf Tage lang am Verlassen der Stadt gehindert. In Rouen, wo sich der Adel den Volkszorn über die durch die Wiedereinführung des freien Getreidehandels gewaltig gestiegenen Preise zunutze machte, wurden der Intendant und der Militärbefehlshaber auf der Straße angegriffen und schließlich in ihren Häusern belagert. In beiden Städten erwiesen sich die Truppen als unzuverlässig. Von jungen Offizieren aus dem Landadel angestiftet und verärgert über die neuen Disziplinarvorschriften Briennes, weigerten sie sich, auf die Bürger zu schießen und verbrüderten sich sogar mit den aufrührerischen Städtern.

Unter dem Eindruck dieses nationalen Proteststurms sah sich die Regierung zum Einlenken genötigt. Die Einberufung der Generalstände wurde für Mai 1789 versprochen und Necker trat an die Stelle Briennes. Man zog Lamoignons judizielle Reformen – und überhaupt alle anderen geplanten Neuerungen – zurück, und wenig später wurden die *Parlements* wieder in ihre Rechte und Pflichten eingesetzt. Dieses Ergebnis wurde als triumphaler Sieg des Volkes bejubelt – nicht zuletzt von den Pariser Handwerkern, Gesellen und Lehrlingen sowohl der Innenstadt als auch der *faubourgs*, Leuten, denen das plötzliche Ansteigen der Brotpreise einen zusätzlichen Grund für ihre Demonstrationen geliefert hatte. Die »aristokratische Revolte« – denn das war sie im Grunde – hatte auf der ganzen Linie gesiegt: durch den Rückhalt, den sie bei den nichtprivilegierten Schichten fand, hatte sie die Regierung gezwungen, ihre Besteuerungspläne fallen zu lassen und die *Parlements* wieder einzusetzen. Die Generalstände sollten im Mai zusammentreten und würden – dessen war man gewiß – alle Probleme der Nation lösen. Viele aber glaubten, hofften oder fürchteten, die Generalstände würden durch weitere Schritte gegen die »Despotie der Minister« Macht, Ansehen und Nutzen der privilegierten Schichten entsprechend fördern.

Dies erwies sich als Fehlspekulation. Die Revolution, die im Zusammentreten der Generalstände ihren Ursprung hatte, nahm eine völlig andere Richtung als viele der Pamphletisten von 1788 und Arthur Youngs Informanten aus dem Oktober 1787 vermutet hatten. Später schrieb der Dichter und Staatsmann François René Chateaubriand: »...die Patrizier haben die Revolution begonnen und die Plebejer haben sie vollendet«, und auch Robespierre sagte ähnliches. In gewisser Hinsicht traf dies auch zu, und zahlreiche Geschichtsschreiber haben sich dieser Meinung angeschlossen. Die Revolte des Adels war aber weit eher ein Vorspiel als das Drama selbst, denn sie leitete eine Revolution ein, die in Europa einmalig war, weil sich die mittleren und unteren Bevölkerungsschichten gemeinsam gegen König und Adel erhoben. Das hatten weder die liberalen Aristokraten noch die »Patrioten« aus der Mittelschicht – oder überhaupt irgend jemand – beabsichtigt oder vorausgesehen. Wie und warum es dennoch dazu kam, erfahren wir im folgenden Kapitel.

V Das Jahr 1789

Im Januar 1789, nur vier Monate nach der triumphalen Heimkehr des Pariser *Parlements*, erklärte Mallet du Pan, ein gewitzter Schweizer Beobachter, die Situation in Frankreich habe sich grundlegend verändert. Er schrieb, daß es nun nicht mehr um eine verfassungsmäßige Kraftprobe zwischen dem König und den privilegierten Schichten gehe, sondern um »einen Krieg zwischen dem Dritten Stand und den beiden anderen Ständen«. Nicht nur das – sondern eine das ganze Land umfassende, von Adel und Klerus angeführte Bewegung gegen die Regierung des Königs wandelte sich bald so, daß sich in ihr Monarchie und Volk eben jenen Kräften entgegenstellten, die ursprünglich die »aristokratische Revolte« entfesselt hatten.

Wie war es zu dieser Verwandlung gekommen? Zum Teil war sie auf die sich verschärfende Wirtschaftskrise zurückzuführen, in deren Verlauf dem Bauern der Grundherr leicht als eine unmittelbarere Bedrohung seiner Existenz erschien, als der König und seine Minister in Versailles. Teilweise hing diese überraschende Entwicklung auch mit dem eben erst gewonnenen Selbstvertrauen des Dritten Standes zusammen, dessen Schriftsteller und Pamphletisten damals ihre Bereitwilligkeit verkündeten, die Nation zu führen und zu repräsentieren. Bereits im August 1788 hatte Honoré Gabriel de Mirabeau, der immerhin selbst von Adel war, dem »Privileg« als dem Todfeind der »Nation« den Krieg erklärt. Andererseits hatte auch Briennes Scheitern und der Zusammenbruch seines Reformprogramms »Patrioten«, die einander während der »aristokratischen Revolte« feindselig gegenübergestanden waren, wieder vereint. Jetzt bestand nämlich die einzige Hoffnung auf die längst fälligen Reformen darin, den Dritten Stand in der bald stattfindenden Versammlung der Generalstände möglichst stark zu machen. Wichtiger noch war vielleicht die plötzliche Erkenntnis, daß die *Parlements* und *privilégiés*, die sich selbst als Vorkämpfer für die »Freiheiten«* der Nation bezeichneten, keineswegs radikale Reformen planten, sondern bestrebt waren, sich um jeden Preis an ihre angestammten Privilegien und Immunitäten zu klammern. Sobald einmal die Einberufung der Generalstände zugesichert war, stellte sich nun die große Frage: Wie würde sich dieses Gremium zusammensetzen? So wie in den Zeiten Richelieus, als der Dritte Stand noch bereit war, hinter den beiden anderen zurückzutreten – oder sollte man nun nach einem neuen Schlüssel suchen, welcher der wachsenden Bedeutung des Dritten Standes innerhalb der Nation gerecht wurde? Nach dem alten Schlüssel von 1614 entsandte jeder der drei Stände die gleiche Delegiertenzahl und sie tagten in drei getrennten Versammlungen. Daraus ergab sich, daß der Dritte Stand gegenüber den beiden anderen permanent in der Minderheit war. Nun war aber der Dritte Stand des Jahres 1789 nicht mehr gewillt, diese untergeordnete Rolle zu spielen. Sobald der Zeitpunkt für das Zusammentreten der Generalstände festgelegt war, bestanden die Sprecher des Dritten Standes auf der doppelten Anzahl von Delegierten und darauf, daß alle drei Stände ihre Sitzungen gemeinsam in einer einzigen Versammlung abhalten sollten. Dadurch wäre dem Dritten Stand eine ständige Majorität gesichert gewesen. Sie gaben zu bedenken, daß die Vertreter der 24 Millionen des französischen Volkes ebensoviele Wahlstimmen haben sollten, wie die der rund 200000 Privilegierten. Abbé Emanuel-Joseph Sieyès, dessen Pamphlet *Was ist der Dritte Stand?* Ende Januar erschienen war, ging sogar noch weiter und erklärte, der Dritte Stand sei überhaupt mit der Nation identisch, und man möge daher die Wünsche und Anliegen der 200000 gar nicht erst berücksichti-

* Von ihrem Standpunkt war das auch weder Heuchelei noch Augenauswischerei: im Wortschatz der Aristokratie, wie auch für Burke in England, hatten »Freiheiten« und »Privilegien« oft praktisch die gleiche Bedeutung oder Sinnerfüllung.

gen. Zu diesem Zeitpunkt allerdings gewann seine Meinung noch keine allgemeine Zustimmung.

Die privilegierten Stände hatten von der Zusammensetzung der Generalstände eine völlig andere Vorstellung – und natürlich auch von der Rolle, die der Dritte Stand spielen sollte. Warum auch hätten sie sich sonst entschlossen, die Einberufung der Stände zu fordern? Schon Ende September 1788, als seine Popularität den Gipfelpunkt erreicht hatte, beharrte das Pariser *Parlement* darauf, dem Vorbild von 1614 bis ins Kleinste zu folgen: die drei Stände sollten durch gleiche Delegiertenzahlen vertreten sein und die Abstimmung sollte in getrennten Versammlungen erfolgen. Einen Monat später wurde eine zweite Versammlung von »Notablen« einberufen, um zu dieser Angelegenheit ihre Meinung abzugeben. Sie war weniger liberal als die erste, und pflichtete den Forderungen des Pariser *Parlements* bei. Im Dezember prangerten dann auch noch die Prinzen von Geblüt die Ansprüche und »Anmaßungen« der Nichtprivilegierten als Bedrohung der Staatssicherheit an. Allerdings waren die privilegierten Schichten nun untereinander nicht mehr völlig einig: Führende *parlamentaires* wie Adrien Duport und Hérault de Séchelles, und der Herzog von Orléans, unterstützten die Ansprüche des Dritten Standes. Das Pariser *Parlement* hatte kurz zuvor mit den Stimmen der jüngeren Delegierten ein Dekret zur Aufhebung der Feudalrechte des Landadels durchgesetzt und damit diese Gruppe gegen sich aufgebracht. Der härteste Schlag kam aber noch: Auf den Rat Neckers hatte der Kronrat am 27. Dezember sich zwar in der Frage des Wahlvorgangs seine Meinung vorbehalten, aber doch immerhin zugunsten der doppelt so starken Vertretung des Dritten Standes beim Zusammentreten der Generalstände entschieden. So gebärdete sich die über den Mangel an Loyalität bei den privilegierten Ständen empörte Monarchie wieder einmal zeitweilig als Träger des Reformgedankens. Die Aristokratie und die *Parlements* dagegen, die sich noch vor kurzem als Hüter der »Freiheiten« der Nation gegen ministerielle Unterdrückung aufgespielt hatten, traten nun als die erbittertsten Feinde der Krone auf. Aus dieser einfachen Erkenntnis wurde die »große Hoffnung« geboren, die Nation würde sich durch die Einberufung der Stände erneuern. Diese »Hoffnung« wurde aber von der Furcht begleitet, alles könne durch die üblen Machenschaften einer »aristokratischen Verschwörung« zunichte gemacht werden.*

Inzwischen liefen die Vorbereitungen für die Versammlung der Generalstände auf vollen Touren. Am 24. Januar wurden Verordnungen für die Wahl der Deputierten erlassen, und – zum Zeichen, wie ernst es der Regierung mit ihren Reformbestrebungen sei – wurde das Volk aufgefordert, seine eigenen *cahiers de doléances* (eine Art Beschwerdebücher) vorzubereiten, die den Ständen bei ihren Verhandlungen als Leitlinie dienen sollten. Im allgemeinen folgte die Festsetzung der Wahlbezirke der alten Unterteilung für Zwecke der administrativen Rechtsprechung nämlich in *bailliages* und *sénéchaussées*. Paris aber wurde als eigener Wahlkreis behandelt und den neuerlich aktivierten Ständen der Dauphiné wurde das Recht zugestanden, ihre eigenen Deputierten zu wählen. Die Delegierten oder Deputierten wurden separat gewählt. Die privilegierten Stände hatten das direkte, männliche Wahlrecht; der gesamte Laienadel über Fünfundzwanzig konnte persönlich oder durch Vollmacht in seinen Wahlversammlungen wählen, das gleiche Recht stand den Bischöfen und dem Säkularklerus zu, wogegen Mönche und Ordenspriester nur Vertreter entsenden durften. Die Deputierten des Dritten Standes andererseits wurden auf der Basis eines eingeschränkteren Wahlrechtes und mit Hilfe eines relativ komplizierten, indirekten Wahlsystems delegiert. Außer in Paris, wo nur Personen, die mindestens sechs Livres *capitation* jährlich bezahlten, das Wahlrecht hatten, waren alle männlichen Franzosen über Fünfundzwanzig, deren Namen – gleichgültig mit welchem Betrag – in den Steuerlisten aufschienen, in ihren Primärwahlversammlungen – entweder ihre Pfarrgemeinde oder ihre städtische Gilde – stimmberechtigt. Kurz, alle männlichen Bürger – mit Ausnahme von Dienstboten und Hausangestellten, Leuten ohne Haushalt *(non-domiciliés)*, Söhnen, die noch im Hause ihres Vaters lebten, allerärmsten Tagelöhnern und Bettlern sowie »Sozialfällen« – durften wählen. Die letztlich in die Versammlung entsandten Vertreter ihres Standes wurden aber

* Doch kam es noch am 26. und 27. Januar 1789 in Rennes in der Bretagne zu blutigen Aufständen, bei denen die ortsansässigen Bediensteten und Vorsitzenden mit Unterstützung der Provinz-*noblesse* gegen die Jus-Studenten und Rechtspraktikanten des Dritten Standes kämpften.

erst nach zwei, drei oder gar vier Wahlvorgängen bekannt – je nachdem, ob der Wahlkreis in Stadt oder Land lag und ob es sich um eine wichtige oder unwichtige *bailliage* oder *sénéchaussée* handelte.

Was immer auch die Regierung beabsichtigt hatte – das System bevorzugte eindeutig die städtische und berufstätige Bourgeoisie, die dann die Debatten und Abstimmungen in den Versammlungen des Dritten Standes beherrschte, ihr De-facto-Monopol an Bildung und Beredsamkeit weidlich nützte, und über genügend Zeit und Geld verfügte, um ein gemeinsames Vorgehen der »Patrioten« abzustimmen, Rundschreiben und Pamphlete zu drucken, und jene »Wahlwerbung« durchzuführen, die den Bauern, ländlichen Handwerkern und vor allem den Tagelöhnern und Dorfarmen unmöglich war. Es ist daher kein Zufall, daß die Stadtbourgeoisie den Löwenanteil der Deputierten des Dritten Standes stellte: von den 610, die dann ihre Sitze in Versailles einnahmen, waren 25 Prozent Rechtsanwälte, 5 Prozent gehörten anderen freien Berufen an, 13 Prozent waren Industrielle, Kaufleute und Bankiers, und allerhöchstens 7 bis 9 Prozent kamen aus der Landwirtschaft – und selbst unter diesen gab es kaum eine Handvoll wirklicher Bauern.*

Noch ehe die Campagne richtig begonnen hatte, hatte sich bereits unter den Befürwortern einer Verfassungsreform eine »patriotische« Partei gebildet. Obwohl sie im wesentlichen die Hoffnungen des Dritten Standes formulierte, so gab es in ihren Reihen doch reiche Adelige, wie den Marquis de Lafayette, den Herzog von Rochefoucauld und den Marquis de Condorcet, aber auch bekannte *parlementaires*, wie Adrien Duport, Hérault de Séchelles und Lepeletier de Saint-Fargeau. Einige von ihnen waren an der »aristokratischen Revolte« beteiligt gewesen, und alle sollten später während der Revolution eine bedeutende Rolle spielen. Manche gehörten Freimaurer-Logen an, andere wieder dem berühmten *Comité des Trente*, das sich im Hause Duports traf und aus Rechtsanwälten, liberalen Aristokraten und Klerikern bestand (unter ihnen waren auch Talleyrand und Sieyès). Wieder andere, wie Sieyès und Mirabeau, fungierten als Mittelsmänner zwischen dem *Comité des Trente* und dem Herzog

* A. Cobban: »*A History of Modern France*«, Bd. I, 1957, S. 140

von Orléans, der eine eigene Wahlkampagne führte. Diese Tatsachen haben manche Geschichtsschreiber dazu verführt, das Vorhandensein einer »Generallinie« oder »Direktive« zu sehr in den Vordergrund zu stellen, nach der sich alle revolutionäre Agitation ausgerichtet habe, und auch die Rolle der Freimaurer und der »Dreißig« überzubewerten, deren Wirken sie dann als wohlorganisierte »Verschwörung« zur Untergrabung der Institutionen der »Alten Ordnung« deuteten. Dabei muß man aber bedenken, daß in die Logen Männer der unterschiedlichsten Standpunkte und Gesinnungen aufgenommen wurden, und daß andererseits das Nachrichtenwesen noch nicht weit genug entwickelt war, um eine straff organisierte »Oberleitung« seitens relativ unbekannter Männer zu ermöglichen. Immerhin begannen sich nun sowohl in der Bourgeoisie als auch bei den liberalen Aristokraten Führerpersönlichkeiten zu profilieren, die den politischen Gesprächen im ganzen Land eine bestimmte Richtung geben und dem spontanen Vorgehen vieler Tausender, die ihre Gesinnung teilten oder sich zu eigen machen wollten, ihren Stempel aufzudrücken vermochten.

Inzwischen hatten die Wähler ihre *cahiers de doléances* erstellt. Es gab zwei Kategorien: die einen wurden in den Primärversammlungen der Pfarrgemeinden und Gilden zur Vorlage in der *bailliage* vorbereitet, die anderen, jene der *bailliage,* zur direkten Einreichung bei den Generalständen. Die meisten Dokumente der zweiten Kategorie blieben erhalten, sie verteilen sich relativ gleichmäßig auf die drei Stände. Wie nicht anders zu erwarten, deuten die *cahiers* des Klerus und des Adels im allgemeinen auf ein Festhalten an den alten Privilegien und Immunitäten hin, obwohl sie sich nicht selten zum Grundsatz der Gleichheit vor dem Fiskus bekannten. Zugleich stimmen sie mit jenen des Dritten Standes in der Forderung nach der Beseitigung vieler Übelstände und des sträflichen Luxuslebens in der absoluten Monarchie überein. Sie verurteilen Mißbräuche und Auswüchse der Fiskalverwaltung, die Willkürakte der Minister, das System der *lettres de cachet,* die Unregelmäßigkeiten und Behinderungen durch Binnenzölle und die weitgehend völlig chaotische Maß- und Gewichtsordnung. In konstruktiver Hinsicht fordern sie Pressefreiheit und Freiheit der Person (allerdings nicht Gewissensfreiheit) und eine Verfassung, die zwar die traditionelle Machtvollkommenheit des Herrschers unbeschnitten läßt, dabei aber den regelmäßig einzuberufenden Generalständen das Recht gibt, Gesetzesvorschläge einzubringen und Steuern zu beschließen, deren Festsetzung und Einziehung den gewählten Provinzial- und Munizipal-Versammlungen obliegen sollte. Kurz, es bestand hinsichtlich aller Fragen politischer und administrativer Reformen zwischen den drei Ständen weitgehende Übereinstimmung.

Die General-*cahiers* des Dritten Standes aber, die fast immer von Angehörigen der Bourgeoisie zusammengestellt wurden, gingen noch viel weiter. Darin wird nicht nur Rede-, Presse- und Versammlungsfreiheit, Handelsfreiheit und Schutz vor willkürlicher Verhaftung gefordert, sondern sie bestehen im allgemeinen auf der völligen bürgerlichen Gleichheit aller drei Stände. Dies bedeutete, daß Klerus und Adel nicht nur die längst überholten Relikte aus der Zeit der Leibeigenschaft aufzugeben hätten, sondern auch altehrwürdige Privilegien wie den Zehnten, die *banalités* (Lokalmonopole), den *champart* (die Naturalpacht der Feudalzeit), das Jagdrecht und die Grundherren-Gerichtsbarkeit. All das hatten die Bürgerlichen, wenn schon nicht aus eigener Erfahrung, so doch aus den Beschwerden der Bauern gelernt. Die wichtigste Forderung der Landbevölkerung aber, nämlich die nach eigenem Grund und Boden, wird in diesen *cahiers* nur höchst selten gestellt.

Nur wenige der in den Gilden und Gemeinden ausgearbeiteten regionalen *cahiers* sind noch erhalten. Manche von ihnen, beinahe völlig gleichlautend, wurden nach gegebenen Vorlagen geschrieben, und sagen deshalb kaum etwas über die wahren Ziele und Wünsche ihrer angeblichen Verfasser aus. Andere wieder – vor allem unter den Gemeinde-*cahiers* – sind authentisch und zeigen zwei Dinge auf: nämlich zunächst, daß die dörflichen Teilnehmer an den Debatten die bürgerliche Kritik an der absoluten Monarchie und den Feudalrelikten beim Grundbesitz und in der Rechtsprechung unterstützten und zweitens, daß sie oft eigene soziale Forderungen stellten, die sie scharf von »Kapitalisten« und Großeigentümern innerhalb des Dritten Standes unterschieden. Die Stimme des städtischen Lohnempfängers dagegen vernehmen wir so gut wie nie.

In Paris etwa wurden nur die wohlhabendsten Kaufherren-

Gilden dazu aufgefordert, ihre Beschwerden vorzubringen. Andernorts waren die *compagnons*, die Gesellen, im allgemeinen von den Versammlungen der Meister ausgeschlossen. Freilich gab es auch Ausnahmen, etwa in Reims, Troyes, Marseille und Lyon, wo die Arbeiter wohl gegen den Preisanstieg protestierten, im übrigen aber dem Beispiel ihrer Brotgeber folgten. Die *cahiers* der Bauern sprechen eine offenere Sprache. Neben den üblichen Beschwerden des Landvolkes kommt hier manchmal der kleine Grundbesitzer, der Naturalpächter und sogar der Landarbeiter mit seiner Anklage zu Wort. Im Distrikt Rouen, wo der Preis für den vierpfündigen Brotlaib auf 16 Sous gestiegen war, forderten die Dorfbewohner eine Senkung auf die Hälfte. In der Bretagne klagten die Kleinbauern der Gegend um Rennes darüber, daß bei einem Grundstück mit einem Bruttoertrag von 40 Livres jährlich, nach Abzug der Steuerlasten, Herrenrechte und -Abgaben, dem Besitzer kaum 10 Livres übrigblieben. In der Gemeinde Pierreville im Cotentin wurden die *laboureurs* (Kleinbauern) in ihrer Verurteilung königlicher Beamter, des Zehnten und der feudalen Jagd so deutlich, daß der *bailli* sich weigerte, ihre Beschwerden entgegenzunehmen und statt dessen ein eigenes *cahier* diktierte! In Lothringen und Hainault schlossen sich landlose Bauern und *laboureurs* zum Widerstand gegen die Einfriedungsedikte und Schlägerungsvorhaben der begüterten Mitglieder ihrer Gemeinde zusammen. In den Vogesen wieder wurde in einem Gemeinde-*cahier* darüber Beschwerde geführt, daß die Grundzuweisungen an landlose Arbeiter, nach einer Aufteilung des Gemeindebodens die bis dahin bestehenden »harmonischen Beziehungen« zwischen Landarbeitern und Grundeigentümern gestört hätten! Kurz, in den Gemeinde-*cahiers* spiegeln sich sowohl die gemeinsamen Interessen, die alle Landbewohner in ihrem Widerstand gegen königliche Steuereinnehmer, Zehntpächter und Grundherren miteinander vereinten, als auch jene weiteren Interessenspaltungen, die Kleinkonsumenten von Großproduzenten und besitzlose Landarbeiter von Pächtern und Grundeigentümern trennten. Im dörflichen Bereich setzten sich die Kräfte der Revolution dann aus all diesen Elementen zusammen.

Am 5. Mai 1789 traten die Generalstände in Versailles zusammen. Die Krise spitzte sich zu und das Volk war in Aufruhr. In

Paris war der Brotpreis beinahe auf das Doppelte gestiegen. Im Faubourg St. Antoine hatte es blutige Unruhen gegeben und in den Provinzen schritten die Bauern vom Wort zur Tat: Sie hielten Lebensmitteltransporte an, plünderten die Märkte und verwüsteten die Wildgehege. Bei der Eröffnung der großen Versammlung wurde auf die Gefühle der Bürgerlichen keinerlei Rücksicht genommen. Man war sich ihrer hochgespannten Erwartungen baldiger Reformen gar nicht so recht bewußt. Man befahl ihnen in traditionellem Schwarz zu erscheinen, den Versammlungssaal durch den Seiteneingang zu betreten und war auch sonst in jeder Hinsicht darauf bedacht, ihnen ihren niederen Status zu Bewußtsein zu bringen. Der Kronrat hatte seinerzeit wohl ihrem Wunsch nach verdoppelter Deputiertenzahl nachgegeben, war aber nun nicht bereit, ihre weitere Forderung nach gemeinsamer Debatte mit den anderen Ständen zu erfüllen. Wohl war Necker bereitwillig, doch stieß er im Kronrat auf den erbitterten Widerstand des königlichen Siegelbewahrers Barentin, und sah sich außerstande, dieses Anliegen des Dritten Standes durchzusetzen. Er riet den Vertretern der Bürgerlichen bloß zu Geduld und Nachgiebigkeit, während er an die privilegierten Stände appellierte, sich doch freiwillig ihrer Fiskal-Immunitäten zu entäußern. Inzwischen wurden die Stände aufgefordert, in getrennten Versammlungen zu tagen und konkrete Vorschläge zu unterbreiten, über welche Fragen gemeinsam verhandelt und abgestimmt werden sollte. Der König hatte sich auf keine Linie festgelegt und wurde zwischen den beiden Parteien hin- und hergerissen. Die Bürgerlichen aber glaubten, er habe sich auf die Seite des Klerus und des Adels geschlagen. Denn ohne Vereinigung der Stände in gemeinsamer Sitzung, Debatte und Abstimmung, erschien ihnen das Recht auf doppelte Deputiertenzahl als bloßer Formalsieg. Ohne die Unterstützung gleichgesinnter Delegierter der anderen Stände konnten sie durch die Majorität der beiden oppositionellen Stände jederzeit überstimmt werden. Also weigerten sie sich, gesondert zu tagen und forderten eine gemeinsame Sitzung, die über die Gültigkeit der Mandate entscheiden sollte. Dies erschien ihnen ein erster Schritt zur Abhaltung gemeinsamer Sitzungen über grundlegende Fragen. Adel und Bischöfe erkannten natürlich sofort die Gefahr und widersetzten sich dem Vorschlag, obwohl es den Bischöfen nicht leicht fiel, ihre Gemeindepfarrer (die ihnen an Stimmenzahl im Verhältnis von 5:1 überlegen waren) davon abzuhalten, mit den Bürgerlichen gemeinsame Sache zu machen. So lag dem nun folgenden, fünf Wochen dauernden Tauziehen um Verfahrensfragen der Machtkampf um eine prinzipielle Frage zugrunde.

Am 10. Juni endlich entschloß sich der Dritte Stand, ermutigt durch die wachsende Unterstützung »vor den Türen«, die Angelegenheit selbst in die Hand zu nehmen. Die Delegierten luden die beiden anderen Stände zu einer gemeinsamen Überprüfung ihrer jeweiligen Ermächtigungen ein. Sollten die anderen Stände sich weigern, dann würde man ohne sie vorgehen. Unter Teilnahme einiger weniger Gemeindepfarrer schritt nun der Dritte Stand zu einer umfassenden Kontrolle der Wahlergebnisse, wählte zwei Sekretäre und einen Präsidenten – Jean-Sylvain Bailly – und legte sich am 17. Juni mit einer Stimmenmehrheit von 491 gegen 89 den Titel »Nationalversammlung« zu. Auf diesen ersten revolutionären Akt der Bürgerlichen folgte die Proklamation zweier Dekrete. Das eine bestimmte, daß eine Auflösung der neuen Versammlung, aus welchem Grund immer, automatisch zur Aufhebung aller bestehenden Steuern führen würde, im anderen war festgelegt, daß die Staatsschulden sofort nach Beschluß einer neuen Verfassung konsolidiert werden sollten, wobei die gesamte Nation als Bürge haften würde. Am 20. Juni kam es zu einer weiteren Herausforderung: Die Delegierten der Nationalversammlung sahen sich – vermutlich durch einen reinen Zufall – aus ihrem gewohnten Tagungssaal ausgesperrt. Nun folgten sie ihrem Präsidenten Bailly auf einen nahe gelegenen Tennisplatz und alle Deputierten bis auf einen einzigen gelobten feierlich, daß sich die Nationalversammlung nicht auflösen werde, ehe die neue Verfassung fest verankert sei. Zu diesem Zeitpunkt hatte der Klerus in einer Kampfabstimmung bereits beschlossen, sich der neuen Versammlung anzuschließen. 150 kirchliche Deputierte unter der Führung zweier Erzbischöfe folgten einige Tage später.

Noch vor dieser neuerlichen unbotmäßigen Handlung hatte Necker den König beschworen, doch endlich seine Autorität geltend zu machen, die Gespräche zwischen den Ständen wieder in Gang zu bringen und durch gesetzliche Maßnahmen die Initiative zu ergreifen. Zu diesem Zweck schlug Necker vor, eine »Königliche Sitzung« *(séance royale)* abzuhalten, bei der verkündet werden sollte, daß Angelegenheiten wie etwa die zukünftige Verfassung der Generalstände in gemeinsamer Sitzung zu beraten seien, während Fragen, die nur die internen Interessen der einzelnen Stände beträfen, auch weiterhin gesondert behandelt werden sollten. Nach einer harten Auseinandersetzung im Kronrat fiel schließlich am 19. Juni eine vorläufige Entscheidung zugunsten der Abhaltung einer *séance royale* am 22. Juni – vermutlich auf der Basis von Neckers Empfehlungen. Inzwischen aber hatten sich die anderen Räte an den immer noch schwankenden König herangemacht. In Marly – wohin sich der Hof nach dem Tod des jungen Dauphins Anfang Juni zurückgezogen hatte – war er von einer Gruppe von Höflingen unter Führung seines jüngeren Bruders, des Grafen von Artois, umgeben, dessen Argumente noch von der Königin und Häuptern der privilegierten Stände unterstützt wurden. Ludwig XVI. ließ sich von ihnen dazu überreden, das eigenmächtige Dekret der Nationalversammlung vom 17. Juni für null und nichtig zu erklären, die Debatte über die künftige Organisation der Generalstände an die einzelnen Standesversammlungen zu verweisen, und den Dritten Stand mit Waffengewalt einzuschüchtern. Die geplante *séance* wurde bis zum 23. Juni aufgeschoben. Necker, dessen Absetzung bereits im Geheimen verfügt war, beschloß, ihr fern zu bleiben. Wieder einmal wurde auf die Mentalität des Dritten Standes in keiner Weise Rücksicht genommen: Erst ließ man seine Deputierten im Regen warten, während sich die Vertreter der privilegierten Stände auf ihre Sitze begaben. Der Versammlungsraum war von Truppen umstellt. Was dann geschah, lag ganz in der Tradition der Willkür eines *lit de justice*. Den Hauptpunkt der Tagesordnung bildete die Verlesung zweier königlicher Dekrete durch Barentin. Das erste erklärte alle Beschlüsse der Nationalversammlung für null und nichtig, empfahl aber die Annahme des Grundsatzes gemeinsamer Sitzungen für Fragen von allgemeiner Bedeutung und sah ausdrücklich Separatsitzungen über alle Punkte vor, die mit den besonderen Privilegien und Immunitäten der beiden oberen Stände zusammenhingen. Das zweite Dekret umriß das legislative Programm des Kronrates. Darin war sehr allgemein eine Reform der Einrichtungen des *Ancien régime* gemäß der von den drei Ständen in ihren *cahiers* gegebenen Leitlinien vorgesehen, doch sollte das Sozialgefüge der »Alten Ordnung« unangetastet bleiben. Es wurde kategorisch erklärt, daß Zehnt, Feudal- und Grundherrenabgaben als Eigentumsrechte zu behandeln und zu respektieren seien, und daß man ohne Zustimmung der betroffenen Parteien keine Aufgabe steuerlicher Privilegien fordern werde. Schließlich wurden die Stände angewiesen, die Versammlung aufzuheben und am nächsten Morgen in getrennten Sitzungen die Beratungen wieder aufzunehmen.

Die Pläne des Hofes mißlangen jedoch und brachten einen ganz anderen als den gewünschten Erfolg. Tausende von Parisern drangen in das *château* ein und forderten lautstark, daß Necker im Amt bleiben solle. Soldaten unter dem Kommando des Prince de Conti weigerten sich zu schießen. Die Deputierten des Dritten Standes hatten es abgelehnt, sich nach dem Ende der *séance* zu zerstreuen. Nun feuerte sie Mirabeau in seiner historisch gewordenen Rede zum Widerstand an. Der König mußte nachgeben. Necker blieb im Amt, und die Nationalversammlung, deren Zahl inzwischen bereits auf 830 Deputierte angewachsen war, behielt ihre Funktion. Am 27. Juni erhielten die Restgruppen der anderen Stände den ausdrücklichen Befehl, ihr beizutreten.

Bisher war die latente Revolution in Paris ohne wirksame Führung geblieben. Als aber die neuesten Nachrichten aus Versailles eintrafen, begannen die Gewerbe- und Handeltreibenden, die zunächst den Ausgang der Ereignisse hatten abwarten wollen und dem schwelenden Aufruhr in den *faubourgs* und Märkten eher ablehnend gegenübergestanden hatten, dem Geschehen eine Richtung zu geben, ohne die vermutlich die Juli-Revolution nicht hätte stattfinden können. Von diesem Zeitpunkt an schlugen die Pamphletisten und Journalisten im Gefolge des Herzogs von Orléans – der sich der neuen Nationalversammlung in Versailles angeschlossen hatte – im Palais Royal ihr ständiges Hauptquartier auf. Hier trafen sich allnächtlich Tausende und nahmen die Schlagworte und Parolen – und vielleicht auch die Geldmittel – für jene Bewegung entgegen, welche der Chronist Hardy »die extrem-revolutionäre Partei« nannte. Gleichfalls zu dieser Zeit begannen sich die 407

Wahlmänner des Dritten Standes in Paris, deren ursprüngliche Aufgabe es gewesen war, die Pariser Deputierten des Dritten Standes in Versailles zu ernennen, regelmäßig im Rathaus im Stadtzentrum zu treffen. Diese beiden Körperschaften waren es, die bei den Juli-Ereignissen verschiedene, einander ergänzende Rollen spielten. Anfangs freilich gab nur das Palais Royal dem Volksaufstand eine positive Richtung. Als sich das Rathaus noch damit begnügte, theoretisch die Aufstellung einer Bürgerwehr zu planen, machte man sich im Palais Royal bereits daran, durch öffentliche Agitation und großzügige »Spenden« die Truppen – vor allem die Gardes Françaises – aus ihrer Loyalität dem Hof gegenüber zu lösen und für die Revolution zu gewinnen. Abhandlungen über den Standpunkt des Dritten Standes wurden an die Pariser Garnisonen verteilt, und schließlich konnte man Ende Juni sehen, wie die »Gardes«, die vor kaum zwei Monaten noch, erfüllt von Königstreue, im Faubourg St. Antoine Aufständische niedergeschossen hatten, durch die Straßen von Paris marschierten mit den Rufen: »Lang lebe der Dritte Stand! Wir sind die Soldaten der Nation!« Am 10. Juli wurden achtzig Artilleristen, die aus ihrer Kaserne im Hôtel des Invalides ausgebrochen waren, im Palais Royal und in den Champs Elysées öffentlich gefeiert.

Unter dem Eindruck dieser Entwicklung versuchte es der Hof, der schon seit längerer Zeit königstreue Schweizer und deutsche Fremdenregimenter nach Versailles beordert hatte, noch einmal mit Gewalt. Am 11. Juli schickte man Necker ins Exil und setzte einen Schützling der Königin, den Baron de Breteuil, an seine Stelle. Dies erwies sich als der zündende Funke, der in Paris den offenen, bewaffneten Aufstand auslöste. Am 12. Juli um die Mittagszeit erreichte die Nachricht von den Vorgängen in Versailles Paris. Während des Nachmittags drängten die Pariser in Scharen zum Palais Royal. Dort wurden sie von jungen Rednern – unter ihnen Camille Desmoulins – zu den Waffen gerufen. Rasch bildeten sich Marscheinheiten. Die Büsten Neckers und des Herzogs von Orléans – der beiden Helden der Stunde – wurden durch die Straßen getragen. Man zwang die Theater zum Zeichen der Trauer ihre Pforten zu schließen. Auf der Place Louis XV. – der heutigen Place de la Concorde – kam es zwischen Demonstranten und einer Kavallerieeinheit unter dem Prince de

Lambesc, der den Befehl hatte, die Tuilerien zu »säubern«, zu einem blutigen Zusammenstoß. Besenval, der Kommandeur der Pariser Garnison, zog sich auf das Champ de Mars zurück. Die Hauptstadt war in den Händen des Volkes.

Als nun die Sturmglocken läuteten – ihr Klang sollte den Parisern schon bald als Versammlungszeichen vertraut werden – stießen Gruppen von Aufständischen zu den Leuten, die schon zwei Tage früher begonnen hatten, die verhaßten *barrières* (Zollschranken am Stadtrand) niederzubrennen. Diese Schranken hatten längst schon das Mißfallen der kleinen Geschäftsleute und Weinhändler, aber auch ihrer Kunden erregt, und häufig hatte es dort Schmuggelversuche und hitzige Auseinandersetzungen gegeben. Insgesamt wurden vierzig der vierundfünfzig Zollstationen um Paris systematisch zerstört. In diesen vier Tagen des Aufstandes wurden dort Dokumente, Register und Quittungen verbrannt, man riß die eisernen Schranken nieder, steckte Büros und Einrichtungen in Brand und vertrieb die Zollbeamten aus ihren Dienstwohnungen. Bei alldem dürfte das Palais Royal seine Hand im Spiel gehabt haben. Es gibt zu denken, daß zwei Zollposten, die angeblich dem Herzog von Orléans gehörten, von den Brandstiftern vorsätzlich verschont wurden. Das Hauptmotiv der Aufständischen war sicherlich der Wunsch, sich an einer Einrichtung zu rächen, welche die in die Stadt eingeführten Lebensmittel und Weinladungen wesentlich verteuerte. Vor allem aber dürften die Anstifter dieser Ausschreitungen daran interessiert gewesen sein, das Monopol der Provinzialstände zu brechen und das Herein- und Hinauskommen von Waffen und Personen in die und aus der Hauptstadt kontrollieren zu können.

Noch in der gleichen Nacht kam es zu einem ähnlichen Überfall am Nordrand der Stadt: Auf Anweisung des Palais Royal drangen bewaffnete Zivilisten und Gardes Françaises in das Lazaristenkloster ein, durchsuchten es nach Waffen, befreiten einige Gefangene und beschlagnahmten fünfzig Wagenladungen Mehl und Getreide, die sie dann an die wichtigsten Märkte verteilten. Als sie abgezogen waren, kamen die Armen und Arbeitslosen der Nachbarschaft, die restlos plünderten, was sie im Kloster an Geld, Lebensmitteln, Silber und verborgenen Wertgegenständen finden konnten.

Das Wichtigste in der Nacht vom 12. auf den 13. Juli aber war die Suche nach Waffen. Die Revolutionäre führten Razzien und Durchsuchungen in Kirchengebäuden und den Werkstätten und Geschäften von Waffenhändlern, Büchsenmachern, Schmieden und Sattlern in den verschiedensten Bezirken der Hauptstadt durch. Später legten die Waffenschmiede von Paris der Nationalversammlung eine Aufstellung ihrer Verluste vor, die sich auf 100000 Livres beliefen. Es scheint, als hätte man ihnen die erlittene Einbuße nicht ersetzt, und man muß sie wohl zu den von der Revolution im geringeren Maße Geschädigten zählen.

Am Morgen des 13. Juli unternahmen die Wahlmänner von Paris einen entschlossenen Versuch, die Lage in die Hand zu bekommen. Sie bildeten einen stehenden Ausschuß, der als vorläufige Stadtregierung fungieren sollte, und waren entschlossen, der wahllosen Bewaffnung der Bevölkerung ein Ende zu bereiten. Ihnen erschienen die Banden der Arbeits- und Wohnungslosen, von denen einige an den Überfällen auf die *barrières* und das Lazaristenkloster beteiligt gewesen waren, als eine ebensogroße Gefahr für Sicherheit und Eigentum der Bürger, wie die Pläne des Hofes und der privilegierten Stände in Versailles. Aus Sorge über diese doppelte Bedrohung machten sie sich nun allen Ernstes daran, eine Bürgerwehr *(garde nationale)* aufzustellen. In Hinblick auf die Ausschreitungen vom 12. und 13. Juli war es dann am 14. nicht schwer, die Zustimmung des Königs zu diesem Schritt zu erlangen. Haushaltsvorstände wurden nun zur Teilnahme an Versammlungen in den sechs Wahlbezirken aufgefordert, in die man Paris unterteilt hatte. Jeder dieser Distrikte sollte zunächst 200 (später 800) Mann stellen. Am gleichen Abend noch schrieb Barnave an seine Wählerschaft in der Dauphiné, daß bereits 13200 Bürger erfaßt seien und unter Waffen stünden. Vagabunden, Wohnungslose *(gens sans aveu)* und selbst ein Gutteil der Tagelöhner waren vom Dienst in der *garde nationale* ausgeschlossen. Sie sollte, wie Barnave es ausdrückte, *bonne bourgeoise* sein. Dennoch aber fielen während der gesamten Dauer des Aufstandes immer wieder Waffen in unbefugte Hände. Menschenmengen belagerten das Rathaus und forderten Waffen und Schießpulver. Jacques de Flesselles, *prévôt des marchands* und amtsführender Chef der provisorischen Stadtregierung, versuchte die Waffenausgabe einzuschränken und sandte ganze Trupps auf fruchtlose Suche ins Arsenal und das Karthäuserkloster. Dieser »Verrat« sollte ihn am nächsten Morgen das Leben kosten. Inzwischen hatten die Wahlmänner einen der ihren, den Abbé Lefevre, beauftragt, die in den Kellergewölben des Rathauses lagernden Vorräte zu bewachen. Das Drängen der halbbewaffneten Menge, die das Gebäude umringte, war aber so groß, daß Lefevre sich gezwungen sah, sein Pulver weit rascher und unbedachter zu verteilen, als ihm lieb war.

Am Morgen des 14. Juli ging die Suche nach Waffen weiter. Sieben- oder achttausend Bürger überfielen das Hôtel des Invalides auf der anderen Seite der Seine und erbeuteten dabei an die 30000 Musketen. Da erhob sich plötzlich unter ihnen der Ruf: »Zur Bastille!« Ihr Ziel war keineswegs die Befreiung der dort Gefangengehaltenen (zu diesem Zeitpunkt nur sieben an der Zahl). Sie wollten vielmehr das Schießpulver, das man, wie sie wußten, vor kurzem aus dem Arsenal dorthin verbracht hatte. Überdies war die Festung als Symbol vergangener Tyrannenherrschaft allgemein verhaßt und wurde in diesem Sinne auch immer wieder in den *cahiers* aller drei Stände erwähnt. Man nahm an, sie sei schwer mit Waffen bestückt und befürchtete, die Geschütze, die an diesem Morgen auf die Rue St. Antoine gerichtet waren, könnten dort in den überfüllten Mietskasernen ein Blutbad anrichten. In der Nacht vor dem Sturm auf die Bastille waren auch Gerüchte im Umlauf, 30000 Mann königstreuer Truppen seien in den Faubourg St. Antoine einmarschiert und hätten dort begonnen, die Bürger niederzumetzeln. Jedenfalls bestand – wenigstens zu Anfang – keine ernsthafte Absicht, die Bastille zu stürmen. Vor allem beabsichtigte dies sicherlich nicht der Ausschuß der Wahlmänner, der die Aufgabe hatte, vom Rathaus aus den Einsatz der Bürger zu leiten.

Aus der Darstellung der Wahlmänner selbst erfahren wir, daß sie vorhatten, mit dem Gouverneur de Launay zu verhandeln, um ihn zur Herausgabe des Schießpulvers und zum Abzug seiner Geschütze von den Wehrgängen zu bewegen. Launay empfing ihre Abgesandten und versprach, nur im Falle eines direkten Angriffs feuern zu lassen. Dennoch gelang es der Menschenmenge, die bereits den Außenhof füllte, die zum inneren *cour du gouvernement* führende Zugbrücke herabzulassen.

Darauf gab der Gouverneur, der jetzt einen Frontalangriff befürchtete, seinen Leuten den Schießbefehl. Bei den nun folgenden Kampfhandlungen verloren die Belagerer 98 Mann. 73 wurden verwundet. Der Volkszorn loderte auf, und die Wahlmänner vermochten die empörte Menge nicht mehr zu zügeln.

Der Entscheidungsschlag wurde von zwei Einheiten der Gardes Françaises geführt. Hulin, ein früherer Unteroffizier, hatte sie zu Hilfe gerufen. Nun rückten sie mit fünf Kanonen an, die sie am gleichen Morgen beim Hôtel des Invalides erbeutet hatten. Mit Unterstützung einiger hundert bewaffneter Zivilisten – Handwerksmeistern, Gesellen und Arbeitern aus dem Faubourg St. Antoine und den umliegenden Distrikten* – richteten sie ihre Geschütze auf das Haupttor. Zwar drohte Launay das ganze Fort zu sprengen, doch hörte er schließlich auf Rat und Bitte seiner Garnison, befahl die große Zugbrücke herabzulassen und ergab sich den Angreifern. Er selbst und sechs der hundert Mann starken Besatzung wurde massakriert. De Flesselles widerfuhr das gleiche Schicksal. So fiel die Bastille.

Obwohl an sich militärisch bedeutungslos, hatte ihr Fall doch weitreichende Folgen. Die Nationalversammlung war nun bis auf weiteres gerettet und wurde vom König anerkannt. Die Hofpartei begann sich aufzulösen; Artois, Condé und Breteuil gingen ins Exil, und Necker wurde wieder auf seinen Posten berufen. In der Hauptstadt hatten die Wahlmänner die Macht jetzt völlig in der Hand. Sie bildeten einen Stadtrat (auch »Kommune« genannt). Bailly wurde Bürgermeister und Lafayette Oberbefehlshaber der neu aufgestellten Nationalgarde. Am 17. Juli reiste der König selbst in Begleitung von 50 Deputierten – unter ihnen Robespierre – nach Paris und wurde von den Siegern im Rathaus empfangen. Dort ließ er sich, zum Zeichen, daß er sich mit dem Gang der Ereignisse abgefunden hatte, die rot-weiß-blaue Kokarde der Revolution an die Brust heften.

In den Provinzen war man aber noch nicht so weit. Die Neuigkeiten aus Paris gingen von Mund zu Mund, und durch Briefe der Deputierten gelangten sie in der dritten Juliwoche in die Dörfer und Marktgemeinden. Dort trugen sie zur Verstärkung

* In den Archives Nationales, T 514 (1) in Paris finden sich die Namen, das Alter und die Adresse von etwa 660 dieser »Bastille-Erstürmer«

und Ausweitung einer Bauernbewegung bei, die bereits früher begonnen hatte. Sie lösten auch eine Reihe kleinerer städtischer Revolten aus. Anders als die Bauern und die »kleinen Leute« in den Städten, hatte sich die Provinz-Bourgeoisie aufs Abwarten verlegt. Sie wollten erst einmal sehen, was in Paris und Versailles geschah. Als die Nachricht von der Absetzung Neckers am 15. Juli in Nancy eintraf, sagte man Arthur Young: »Wir sind nur eine Provinzstadt. Wir müssen jetzt erst einmal abwarten, was sich in Paris tut.«

Die »städtische Revolution« nahm unterschiedliche Gestalt an. Manchmal, wie etwa in den Küstenregionen Flanderns, erweiterten die Stadträte und Behörden bloß ihre Zusammensetzung, trugen nun die Trikolore, und führten ihre Geschäfte wie bisher. Andernorts, wie etwa in Bordeaux, folgte man dem Beispiel von Paris und überließ Macht und Amtsführung der örtlichen Versammlung der Wahlmänner. In den meisten Fällen, z. B. in Lille, Rouen, Cherbourg, Dijon, Rennes und Lyon, wurden die alten Stadtverwaltungen und Amtsträger gestürzt und durch völlig neue Körperschaften ersetzt, die oft vor allem eine Herabsetzung des Brotpreises auf ihre Fahnen geschrieben hatten. So gut wie immer begleitete die Gründung einer Nationalgarde nach Pariser Modell die Machtübernahme. So wie in der Landeshauptstadt war es ihre wichtigste Aufgabe, der doppelten Gefahr aristokratischen Widerstands und den Ausschreitungen des Volkes entgegenzutreten. Inzwischen wurden die Intendanten entweder gewaltsam aus ihrem Amt entfernt oder verdrückten sich einfach ohne viel Aufhebens. Im einen wie im anderen Falle wurde die Macht des Königs geschwächt.

In Geschichtswerken stoßen wir immer wieder auf die Legende, auch die Bauernschaft habe sich abwartend verhalten. In Wirklichkeit hatte es in vielen Teilen des Landes schon seit Dezember 1788 Bauernunruhen gegeben. Meist begannen diese, wie bei den Getreide-Aufständen von 1775, als kleine Konsumentenbewegungen, bei denen es zu Überfällen und Plünderungen von Müllern, Kornspeichern und Lebensmitteltransporten kam. Im nächsten Frühjahr und Sommer wuchsen sie sich aber bereits zu ausgedehnten Bauernaufständen gegen Wild- und Jagdrechte, königliche Steuern, den Zehnt und die »Herrenrechte« aus. Die Nachrichten aus Paris fachten diese Bewegung neu an, trugen zu ihrer Ausweitung bei und gaben ihr eine klarer umrissene Zielsetzung. Hand in Hand damit entwickelte sich ein seltsames Phänomen, das unter dem Namen *la Grande Peur* (die große Angst) bekannt wurde. Sie entsprang dem Zusammenwirken der Wirtschaftskrise mit der Revolution in Paris. Die wirtschaftlichen Verhältnisse hatten sich so sehr verschlechtert, daß die Zahl der Vagabunden der Landstraße im gleichen Maße wuchs wie der Unmut der Bauern gegen ihre Grundherren. Dazu gesellten sich noch die Intrigen des Hofes und des Adels in Versailles und ihre Niederlage durch den Volkssieg in Paris, auf den dann das Exil Condés und Artois' und die Verlegung von Arme-Einheiten in die Provinzen folgte. All dies zusammen förderte die Überzeugung, der Adel gehe nun daran, sich mit Hilfe bewaffneter Landstreicher summarisch zu rächen. Schließlich streiften ja angeblich derartige »Briganten« bereits in großer Zahl durchs Land. Also griffen die Bauern zu den Waffen und erwarteten den Angriff – dies wird aus allen Provinzen Frankreichs mit Ausnahme von Elsaß, Lothringen und der Bretagne, berichtet. Als dann kein »Vagabundenheer« auftauchte, richteten die biederen Landbewohner in bäuerlicher Sparsamkeit ihre Waffen häufig gegen die Herrensitze ihrer Quälgeister. Dabei ging es ihnen zunächst nicht so sehr um diese Herrenhäuser, als um die dort verwahrten Feudalregister und Urkunden, in denen all ihre alten und neuen Abgaben, Dienstleistungen und Pflichten dokumentarisch festgehalten waren. So kam es, daß die Bauern im Juli und August in vielen Teilen des Landes eine Spur von zerstörten *châteaux* und brennenden Feudalregistern hinter sich ließen. Oft wurden sie dabei von Männern angeführt, die vorgaben, vom König selbst gesandt zu sein. Jedenfalls besteht kaum Zweifel, daß die Bauern bei ihrer gewaltsamen Abrechung mit ihren *seigneurs* glaubten, damit dem Wunsch des Königs, wenn nicht gar seinen ausdrücklichen Anordnungen zu entsprechen.*

Nachrichten über diese Ausschreitungen zwangen die Nationalversammlung dazu, sich sofort der Frage der Feudalprivilegien und den Anliegen der Bauernschaft zuzuwenden. Man mußte Zugeständnisse machen. Dies geschah in aufsehenerre-

* G. Lefebvre: *La Grande Peur de 1789*, 1932

gender Weise durch den Verzicht der liberalen Aristokratie und des Klerus auf Feudalrechte und Steuerimmunitäten an jenem berühmten Abend des 4. August.

Die Behauptung der Versammlung, das Feudalrégime sei nun »endgültig und vollkommen zerstört«, war allerdings irreführend. Wohl hatte man Überreste aus der Zeit der Leibeigenschaft wie die *corvée* und den Kirchenzehnten abgeschafft, doch sollten drückendere Verpflichtungen und Privilegien – darunter der *cens*, der Pachtzins, *champart* und *lods et vents* – durch persönlichen Kauf der Betroffenen bar abgelöst werden. Daß die *seigneurs* letztlich doch nicht zu ihrem Geld kamen (die ganze Entschädigungssumme wurde auf etwa 4000 Millionen Livres geschätzt), verdankten die Bauern weniger dem Weitblick und der Großzügigkeit der Gesetzgeber, als ihrer eigenen bewaffneten Gegenwehr und Beharrlichkeit. Später legalisierte dann die Jakobinerversammlung dieses *fait accompli* mit ihrem Dekret vom Juli 1791, in dem alle ausstehenden Forderungen für null und nichtig erklärt wurden.

Die Nationalversammlung konnte sich aber, obwohl sie durch das Volk von Paris im Juli gerettet und von den Bauern im August zur »Vernichtung des Feudalismus« getrieben worden war, noch keineswegs in Sicherheit wiegen. Solange der König in Versailles hof hielt, und eine aktive Minderheit der Deputierten es im Verein mit den Höflingen vermochte, die Durchführung des Verfassungsprogramms der Mehrheit hinauszuzögern und zu behindern, blieb die Macht im Staat geteilt: zwischen der von einer kleinen Zahl von Adeligen und Bischöfen unterstützten revolutionären Bourgeoisie auf der einen, und den Anhängern des *Ancien régime* auf der anderen Seite. Alle bisher erzielten Fortschritte waren, so beachtlich sie auch erscheinen mochten, noch lange nicht gesichert. Ludwig XVI. hatte sich bisher geweigert, die August-Dekrete und die Deklaration der Menschenrechte (siehe nächstes Kapitel) zu sanktionieren. Immer wieder versuchten die Royalisten, den König in größerer Entfernung von der Hauptstadt in Sicherheit zu bringen, und nun wurde auch noch versucht, die Nationalversammlung zur Annahme einer »englischen« Verfassung zu drängen. In dieser war ein Oberhaus und das absolute Vetorecht des Königs gegen alle gesetzgeberischen Maßnahmen vorgesehen.

Dieser Vorschlag wurde im August von den sogenannten *monarchiens*, beziehungsweise der »englischen Partei« unterbreitet. Diese Gruppierung wurde von den Bürgerlichen Mounier und Malouet, aber auch von dem Aristokraten Lally Tollendal angeführt. Ihr Ziel war eine »gemischte« Verfassung nach englischem Vorbild, in der König, Adel und Bürgerliche sich paritätisch in die Regierungsgewalt teilten. Nur Männern mit nicht unbeträchtlichem Besitz stand nach diesem System das Wahlrecht offen, und so hätten sich die aufständischen Bauern, aber auch die *menu peuple* der Städte, wieder ducken müssen. Der Vorschlag, ein Oberhaus zu bilden, wurde mühelos zu Fall gebracht. Nicht nur die Linke und das Zentrum der Nationalversammlung waren dagegen – hinzu kam eine starke Opposition der ländlichen *noblesse*, die befürchten mußte, in einer vom Hofadel beherrschten Kammer kaum zu Wort zu kommen. Für das königliche Vetorecht aber traten die Proponenten weit hartnäckiger ein, und die Debatte darüber führte zu einer scharfen Auseinandersetzung, die auch außerhalb der Versammlung auf beiden Seiten starken Widerhall fand. Die Pariser »Patrioten« im Palais Royal lehnten den Vorschlag rundweg ab. Barnave aber, der Sprecher der »patriotischen« Deputierten (der Linken) in Versailles, war zu Verhandlungen mit dem Zentrum bereit, das sich für einen Kompromiß einsetzte. Als die Verhandlungen Ende August scheiterten, stärkte das die Position der Pariser Fraktion. Eine Gruppe von Journalisten im Palais Royal schlug nun ihren Gesinnungsgenossen vor, nach Versailles zu marschieren und den König, wenn nötig mit Gewalt, wieder in die Hauptstadt zurückzuholen. Dieser erste Versuch scheiterte – sowohl, weil Barnave und seine Kollegen dagegen waren, als auch, weil die Pariser für so drastische Maßnahmen einfach noch nicht reif waren.

Fünf Wochen später waren sie so weit. Das Zusammenwirken dreier Umstände hatte dazu geführt: ihre Indoktrination mit dem Gedankengut der »Patrioten«, die verschärfte Lebensmittelkrise, und provokante Maßnahmen des Hofes. Es war klar, daß in Paris der »Mann auf der Straße« vom fortschrittlichen Geist bereits stark beeinflußt war. Das war schon während der Wahlkampagne zu erkennen, als Aufständische im Faubourg St. Antoine und anderen Teilen der Stadt die Forderungen des *tiers état* gegenüber Andersdenkenden vertraten. Die Menschenmenge im Palais Royal und auf der Place de Grève vor dem Rathaus war immer erstaunlich schnell über die Debatten und Verhandlungen in Versailles informiert. Schon am 24. August, also noch vor Annahme der Deklaration der Menchenrechte, bestand ein von der Polizei festgenommener Büchsenmachergeselle beim Kreuzverhör darauf, daß *le droit de l'homme* ihm das Recht auf ein unparteiisches Gerichtsverfahren zusichere. Von Malouet wissen wir, daß Vorsitzende an den Pforten der Nationalversammlung sich über das Für und Wider des königlichen Vetos frei aussprachen, und im September erklärten sich die arbeitslosen Tagelöhner der *ateliers de charité* (der staatlichen Werkstätten) bereit, nach Versailles zu gehen und die königliche Familie in die Hauptstadt zu bringen.

Aber wieder einmal war es die Lebensmittelknappheit, durch die der Zorn des Volkes auf die Spitze getrieben wurde. Der Preis des vierpfündigen Brotlaibes war eine Woche nach dem Fall der Bastille von 14½ auf 13½ Sous herabgesetzt worden. Vierzehn Tage später, als es zu Demonstrationen vor dem Rathaus kam, senkte man ihn auf 12 Sous. Die daraus folgende Beruhigung der Gemüter sollte nicht von langer Dauer sein. Wohl war die Ernte gut ausgefallen, doch eine anhaltende Dürre hinderte die Müller daran, ausreichende Getreidemengen zu vermahlen. Der dadurch entstandene Engpaß in der Versorgung mit Mehl und Brot brachte zwar den Spekulanten hohe Gewinne; die Bäcker aber, über die sich meistens der Volkszorn entlud, waren in großer Sorge. Im August und September waren in Paris, Versailles und St. Denis Brotrevolten an der Tagesordnung. Dabei wurden ein Bäcker und ein städtischer Beamter getötet, und die aufgebrachte Menge bedrohte zahlreiche andere mit der gefürchteten *lanterne.* Hardy berichtet, daß ab Mitte September die Frauen in den Märkten und *faubourgs* bei diesen Ausschreitungen oft die Führung übernahmen. Sie waren es dann auch, die am 5. Oktober ihren Männern voran nach Versailles marschierten.

Wie schon im Juli, gaben auch diesmal die Ereignisse in Versailles den letzten Anstoß. Am 11. September hatte Barnave die Nationalversammlung dazu bestimmt, an den König zu appellieren, damit dieser seinen Widerstand gegen die Dekrete vom

August aufgeben möge. Die Beharrlichkeit, mit der die Versammlung ihren Standpunkt vertrat, brachte den Hof zu dem Entschluß, wieder einmal seine Zuflucht zum Militär zu nehmen. Am 15. Juli lehnte Ludwig XVI. den Rat der »Gemäßigten« bei Hof ab, die Nationalversammlung in eine Provinzstadt zu verlegen, und beorderte das Flandern-Regiment nach Versailles. Dieses wurde bei seinem Eintreffen mit einem Bankett bewillkommt, als dessen Gastgeber die königlichen Gardes du Corps, also die persönliche Leibgarde, fungierte. Im Verlauf der Festlichkeiten trat man buchstäblich die Trikolore mit Füßen und bereitete der Königin und ihren Kindern einen Empfang von beinahe mystischer Begeisterung. Am nächsten Tag verbreitete sich die Nachricht von diesen Vorgängen in Paris, und die »patriotische« Presse schrie nach Vergeltung. Diesmal hatte Barnave gegen die Anwendung von Gewalt nichts einzuwenden (so wenigstens scheint es nach seiner späteren Darstellung der Ereignisse). Danton überbrachte eine Entschließung in den Klub der Cordeliers in Paris, in der Lafayette aufgefordert wurde, mit einem Ultimatum nach Versailles zu gehen. Desmoulins wiederholte seine Aufforderung an die Pariser, den König in die Hauptstadt zu holen. Diesen Ruf vernahm man auch am Sonntag, den 4. Oktober, bei einer Volksversammlung in den Gärten des Palais Royal. Am nächsten Morgen drangen in aller Frühe Frauen von den Zentralmärkten und aus dem Faubourg St. Antoine ins Rathaus ein, forderten Brot und suchten nach Waffen. Zu ihnen gesellte sich Stanislas Maillard, ein Justizbeamter, der sich schon beim Sturm auf die Bastille ausgezeichnet hatte. Ihn überredeten die Frauen, sie nach Versailles zu führen, um dort dem König und der Nationalversammlung ihre Forderungen zu stellen.

Also machten sie sich trotz des Regens in zwei großen Marschkolonnen auf den Weg. Dabei sangen sie, so erzählt man sich, »wir holen jetzt den Bäcker, des Bäckers Frau und den kleinen Bäckerjungen«. Einige Stunden später folgten ihnen 20000 Mann der Nationalgarde der Pariser Distrikte, die den immer noch widerstrebenden Lafayette dazu gezwungen hatten, sich an ihre Spitze zu stellen. Hinter ihnen drein kam dann noch ein Haufen bunt zusammengewürfelter Zivilisten, die mit Musketen, Stöcken und Spießen bewaffnet waren. Als sich der König diesem Aufgebot gegenübersah, ließ er sich unschwer dazu überreden, die Hauptstadt ausreichend mit Lebensmitteln zu versorgen und sowohl die August-Dekrete als auch die Deklaration der Menschenrechte anzuerkennen. Diese Zugeständnisse waren den Aufständischen aber noch nicht genug. Am nächsten Tag zwangen sie den König und seine Familie, die ihre allerletzte Fluchtmöglichkeit verpaßt hatten, zur gemeinsamen Rückkehr nach Paris. Zehn Tage später folgte ihnen dorthin auch die Nationalversammlung. So kehrte das Königshaus nach mehr als hundertjähriger Abwesenheit für kurze Zeit an seinen angestammten Sitz zurück.

Durch dieses zweite Eingreifen des Volkes von Paris wurden die Errungenschaften der Juli-Revolution gesichert. Der König stand nun unter den wachsamen Augen der Versammlung, der Stadtregierung von Paris und der Distrikte. Die »englische Partei« hatte ihr Gesicht verloren, und ihre Führer folgten nach und nach Artois und Breteuil ins Exil. Die Macht war fest in den Händen der »konstitutionellen« Monarchisten. Diese aber hatten nur überleben und triumphieren können, weil sie unter dem Druck der Ereignisse bereit gewesen waren, die Sache des Volkes zu der ihren zu machen. Wohl hatte das Volk seine eigenen Anliegen und Beschwerden, teilte aber ihr Mißtrauen gegen und ihre Furcht vor der Aristokratie. In diesem Sinne entsprang die Revolution von 1789 der Vereinigung zweier an sich getrennter Bewegungen – Bourgoisie und breite Masse. Diese Verschmelzung sollte den ganzen weiteren Verlauf der Revolution in Frankreich prägen.

Doch selbst bei so unterschiedlicher Zielsetzung konnte eine derartige Fusion in anderen europäischen Ländern nicht stattfinden – entweder (wie in Österreich und Polen), weil der Mittelstand zu schwach war, um politisch ins Gewicht zu fallen, oder (wie in England, der Schweiz und den Vereinigten Provinzen der Niederlande), weil dem Mittelstand der Wille oder das Motiv für ein Zusammengehen mit der Sache des Volkes fehlte.

Aber auch in Frankreich hätte die Revolution des Jahres 1789 einen anderen Ausgang nehmen können. Wäre der König ein glaubwürdigerer Vorkämpfer der Erneuerung gewesen, oder hätte sich die Aristokratie bereitgefunden, ihre Privilegien aufzugeben, statt mit aller Kraft gegen die »Despotie« des Königs zu kämpfen, so wäre der Dritte Stand vermutlich zu einem Kompromiß bereit gewesen – etwa von der Art der bourgeois-aristokratisch-monarchistischen Partnerschaft, wie sie Mounier vorgeschlagen hatte, oder der von Mirabeau gewünschten Allianz von König und Volk. Nach den Juli-Ereignissen aber war es zu spät. Durch seine ungeschickten und schwachen Intrigen mit Hof und Adel hatte der König jede Chance vertan, je als Führer einer nationalen Erneuerungsbewegung anerkannt zu werden. Die privilegierten Stände aber waren zu diesem Zeitpunkt bereits in den Augen der »Patrioten« und des Volkes als erklärte Feinde jeglichen Fortschritts gebrandmarkt.

Die Interessengemeinschaft zwischen Bourgeoisie und Volk war allerdings durchaus nicht mühelos, beständig und ohne Rückschläge. Selbst unter den Siegern vom Oktober betrachteten viele dieses Bündnis mit Vorbehalt, und, sobald der Aufstand seinen Zweck erfüllt hatte, machte sich die Nationalversammlung daran, die Revolutionsfreudigkeit der *menu peuple* von Paris durch die Einführung des Standrechts, der Todesstrafe für öffentlichen Aufruhr und durch Zensur der radikalen Presse einzudämmen. Das erste Opfer dieser Maßnahmen, Michel Adrien, ein Arbeiter aus der Bastille, wurde am 21. Oktober gehängt, weil er im Faubourg St. Antoine das Volk aufzuwiegeln versucht hatte. Da sie nun den doppelten Sieg über Aristokratie und »Despotismus« (»Despotie«) davongetragen hatte, wollte die Bourgeoisie jetzt Friede und Ordnung, um Frankreich endlich eine neue Verfassung geben zu können.

VI Die Neuordnung Frankreichs

Jene Männer, die während der nächsten zwei Jahre intensiv daran arbeiteten, Frankreich eine erste revolutionäre Verfassung zu geben, waren keineswegs die weltfremden Träumer oder »Ideologen«, als die sie manchmal hingestellt werden. Auch fühlten sie sich weder durch eigene Absichten noch durch politische Postulate so strikt dazu verpflichtet, eine Gesellschaftsordnung auf völlig neuer Basis zu errichten, wie Edmund Burke glaubte. Die konstitutionellen Monarchisten waren in der Mehrzahl Anwälte, Kaufleute, ehemalige Staatsbeamte und Grundbesitzer des alten Dritten Standes, verringert um eine kleine Minorität von *monarchiens* und verstärkt durch den Zuzug von etwa 50 »patriotischen« Adeligen, 44 Bischöfen und 200 Priestern aus dem Säkularklerus. Ihre neuen Führer nach dem Abgang von Mounier und Malouet waren Männer des früheren Zentrums und der Linken – das Triumvirat von Antoine-Pierre Barnave, Duport und Charles Lameth –, auch Sieyès spielte eine wichtige Rolle dabei, und eine kleine Gruppe von Demokraten wie Robespierre und Pétion als linke Opposition. Gewiß, ihre Denk- und Ausdrucksweise war, wie die der Amerikaner, von der neuen Philosophie geformt, aber ebenso wie diese wußten sie ganz genau, wo ihre Vorteile lagen. Eine Entwicklung, an der sie selbst nicht einmal entscheidend beteiligt waren, hatte den Zusammenbruch des *Ancien régime* der aristokratischen Privilegien und des königlichen Absolutismus herbeigeführt, und nun mußten andere Institutionen an dessen Stelle treten. Die Verfassung und die Gesetze, welche während jener Jahre relativen sozialen Friedens erlassen wurden, trugen, ebenso wie die Deklaration der Menschen- und Bürgerrechte, das Gepräge der damals geltenden Philosophie. Aber sie entsprachen darüber hinaus auch dem Geist dieser Männer und dem besonderen Gebot der Stunde.

Die Erklärung der Menschen- und Bürgerrechte wurde am 26. August 1789 von der Nationalversammlung, die zu diesem Zeitpunkt noch in Versailles tagte, einstimmig angenommen. Diese »Prinzipien von 1789«, welche später in ganz Europa helle Begeisterung und heftige Kontroversen auslösen sollten, waren das Ergebnis zäher Verhandlungen zwischen den verschiedenen Deputiertengruppen. Sowohl Mounier als auch Lafayette von der Rechten bzw. aus dem Zentrum hatten beim Entwurf ein gewichtiges Wort mitgeredet. Doch selbst wenn man die Anwesenheit Thomas Jeffersons in Paris und die enge Verbindung zu der dreizehn Jahre früher niedergeschriebenen *Bill of Rights* des amerikanischen Bundesstaates Virginia in Betracht zieht, ist damit nicht bewiesen, daß dieses neue Dokument seine Entstehung weitgehend amerikanischen Vorbildern oder Erfahrungen verdankte. Näher liegt der Schluß, daß sich die Amerikaner wie die Franzosen der philosophischen Schule des Naturrechts verpflichtet fühlten, namentlich den Lehren Lockes, Montesquieus und Rousseaus. Die Deklaration ist insofern bemerkenswert, als sie universal gültige Grundsätze und Menschenrechte mit offenkundigem Bedacht auf die Interessen der Bourgeoisie in ein fast ausgewogenes Verhältnis brachte. Generell gesehen formuliert sie die Ansprüche des Dritten Standes, wie sie in den *cahiers* Ausdruck fanden: Schutz des Eigentums, Meinungs- und Pressefreiheit und Sicherheit vor willkürlicher Verhaftung. Ferner Gleichheit vor dem Gesetz, Besteuerung nach gleichartigen Einstufungen und gleiche Bedingungen für die Übertragung öffentlicher Ämter. Zum Zeichen dafür, daß die Deputierten der Realität Rechnung trugen, wurde durch den Passus »Widerstand gegen Unterdrückung« das Recht zur Rebellion nachträglich sanktioniert. Andererseits sind die Auslassungen und Einschränkungen ebenso aufschlußreich. Nichts wird über die wirtschaftliche Freizügigkeit gesagt, da in der Nationalversammlung noch immer keine Einigkeit über die Zukunft der Zünfte herrschte und die Frage der Ablehnung der Marktfreiheit durch die Masse der Verbraucher noch nicht akut war. Die Gleichheit wird vorwiegend unter politischen Gesichtspunkten gesehen. Wirtschaftliche Gleichheit kommt nicht zur Sprache.

Das Recht auf Eigentum ist »heilig und unverletzlich« und noch wird kein Versuch unternommen, diese Begriffe zu definieren oder abzugrenzen. Auch findet sich keine Erwähnung der Verpflichtungen des Staates, den Armen und Bedürftigen Arbeit oder Hilfe zu bieten. Desgleichen werden die Rechte auf Versammlung, Eingaben und Vereinigung mit Schweigen übergangen. Das Gesetz soll »Ausdruck des allgemeinen Wollens« sein – dies gemahnt an die Remonstrationen der *Parlements* der 1770er Jahre! –, doch fehlt die Garantie, daß allen Bürgern das gleiche Recht auf die Anwendung der Gesetze zustehe, am allerwenigsten den Bewohnern der Kolonien. Sklaverei und Sklavenhandel sind nämlich überhaupt nicht berücksichtigt. In religiösen Belangen haben Protestanten und Juden ein Anrecht auf ihr freies Bekenntnis, »vorausgesetzt daß die Äußerungen nicht die öffentliche Ordnung stören«. Von völliger, uneingeschränkter Glaubensfreiheit konnte keine Rede sein, so lange die Römisch-Katholische Kirche die einzige Staatskirche Frankreichs blieb. Die Erklärung von damals ist in ihrer edlen Sprache und als Proklamation allgemeiner Grundsätze im wesentlichen ein Manifest der revolutionären Bourgeoisie und ihrer klerikalen und liberal-aristokratischen Verbündeten. In dieser Form trug sie das *Ancien régime* zu Grabe und bereitete zugleich die Allgemeinheit auf die konstruktive Gesetzgebung vor, die nun folgen sollte.

Die meisten dieser Gesetze, wenn auch keineswegs alle, wurden dann in die Verfassung von 1791 aufgenommen. Leitmotivisch durchzieht sie das Bestreben der neuen Führer der Nation, das zu schaffende System gegen die drei Gefahren der königlichen »Despotie«, der aristokratischen Privilegien und der »Zügellosigkeit« der Volksmassen zu schützen. In der Nationalversammlung saßen keine deklarierten Republikaner und an der Staatsform der Monarchie wurde nicht gerüttelt, sie sollte weiterbestehen, aber als neue, konstitutionelle Monarchie, in der dem König die bisherige absolute Entscheidungsgewalt über die Regierungsgremien, die Gesetzgebung, die Armee und die Justiz entzogen war. Der »König der Franzosen« würde ein erbliches Amt bekleiden, als erster Diener des Staates eine Apanage von 25 Millionen Livres erhalten und das Recht haben, seine eigenen Minister – allerdings nicht aus dem Kreis der Nationalversammlung –, seine Botschafter und militärischen Befehlshaber zu ernennen. Durch das sogenannte »aufschiebende Veto« würde er in der Lage sein, alle von der Nationalversammlung initiierten und angenommenen Gesetze außer solchen für das Finanzressort, über einen Zeitraum bis zu vier Jahren oder die Dauer zweier aufeinanderfolgender Parlamentsperioden aufzuheben oder aufzuschieben. Aber er hatte nicht die Macht, die Nationalversammlung aufzulösen, Minister würden faktisch nicht ihm, sondern der Nationalversammlung und deren zahlreichen Ausschüssen verantwortlich sein und der König konnte zwar die ersten Schritte zu einer Kriegserklärung oder einem Friedensschluß unternehmen, doch solche Maßnahmen bedurften der Billigung des Parlaments.

Die Streitkräfte waren indessen weitgehend der königlichen Kontrolle entzogen. Sehr viele der bisherigen adeligen Offiziere waren beseitigt worden, oft von den Truppen selbst. Nun stand die Offizierslaufbahn jedem offen. Sämtliche Militärpersonen wurden aufgefordert, einen Treueid sowohl auf die »Nation« wie auf den König zu leisten und die lokalen Behörden hatten das Verfügungsrecht über ihre eigenen Bürgermilizen, die Nationalgarde. So scheiterte Mirabeau ebenso wie Mounier bei seinem Versuch, eine starke Exekutive zu schaffen, in deren Mittelpunkt der Monarch stehen sollte, mit einem absoluten Vetorecht und der Verfügungsgewalt über die Armee ausgestattet und mit Ministern, die aus der Nationalversammlung hervorgingen.

Die wirkliche Macht im Land sollte die Gesetzgebende Versammlung selbst sein, als Gremium mit nur einer Kammer, unbehindert durch Kontrollinstanzen zur Verhütung von Mißbrauch nach englischem oder amerikanischem Vorbild, ausgestattet mit unbeschränkter Vollmacht für die Besteuerung und für alle legislativen Belange, eingeschränkt nur durch das »aufschiebende Veto« und durch die Verpflichtung, jeweils nach zwei Jahren Neuwahlen abzuhalten. Die Majorität wollte zudem dafür sorgen, daß auch bei jeder der folgenden Wahlen wenn schon nicht dieselben, so doch zumindest Deputierte mit ähnlichen Ansichten in die Versammlung einzögen, damit die Richtung gewahrt bliebe. Auf Sieyès' Betreiben wurde eine Klausel aufgenommen, nach der nur Bürger von einigem Ansehen und

Besitz zur Teilnahme an den zwei Wahlgängen berechtigt sein sollten. Die Deklaration legte zwar das Recht aller Bürger fest, »persönlich oder durch ihre Repräsentanten bei der Schaffung von Gesetzen mitzuwirken«, sagte aber nichts über das eigentliche Wahlrecht aus. Die Bürger waren nun in »Aktive« und »Passive« einzustufen, wobei das Wahlrecht nur den »Aktiven« zustand. Um sich für die aktive Bürgerschaft zu qualifizieren, mußte man männlichen Geschlechts und mindestens 25 Jahre alt sein, seit mindestens einem Jahr in dem betreffenden Ort wohnen, durfte nicht dem Domestikenstand angehören und hatte die Entrichtung direkter Steuern im Gegenwert dreier Tagelöhne eines ungelernten Arbeiters nachzuweisen. Bürger, die diese Bedingungen erfüllten, waren zum ersten Wahlgang zugelassen. Aber die zweite Wahlphase, aus der die Deputierten hervorgingen, setzte weitere Siebung voraus: nur je 1 von 100 aller aktiven Bürger durfte daran teilnehmen und zwar nach dem Schlüssel einer direkten Steuer im Gegenwert von zehn Tagelöhnen. Letztlich bedingte die Kandidatur für das Amt eines Deputierten selbst einen bürgerlichen Status, der durch die Steuerleistung einer *Marc d'argent* gegeben war (52 Livres). Für Historiker bildete das Thema, wie weit das Wahl- und Vertretungsrecht durch ein solches System eingeengt wurde oder eingeengt werden sollte, eine hitzig erörterte Streitfrage. Sie ist schwer zu klären und wird noch komplizierter angesichts der Tatsache, daß die Nationalversammlung im August 1791 die Bestimmungen für die Zulassung zum ersten Wahlgang erheblich strikter faßte, während gleichzeitig jene für die Kandidatur gelockert wurden. Formal mag R. R. Palmers Schluß zutreffen, daß bis zum August 1791 fast 70 von 100 Bürgern das Stimmrecht für die ersten Wahlgänge hatten, etwa 50 von 100 konnten sich als Wahlmänner qualifizieren und vielleicht 1 von 100 als Deputierter.*

Doch veröffentlichte Listen deuten darauf hin, daß in der Praxis sowohl »aktive« Bürger als auch Wahlmänner – namentlich letztere – einen höheren Status hatten, als diese Zahlen vermuten ließen. Dennoch ist unbestreitbar, daß die Einschränkungen des Wahlrechts weitaus weniger straff waren als im unreformierten britischen Parlament. Die Gesellschaftsordnung der französi-

* R. R. Palmer: *The Age of the Democratic Revolution*, Bd. I, S. 522–528.

schen Bourgeoisie der Jahre 1789–92 war entschieden demokratischer als die aristokratisch geprägte Gesellschaft jenseits des Kanals.

Durch die Reform der Verwaltung und der lokalen Regierungsinstanzen wurde die Autorität des Königs noch mehr geschwächt. Die durch Kauf erlangten alten Erbämter wurden abgeschafft und ihre Inhaber entschädigt, wie kaum anders zu erwarten, da zwei von fünf der Mitglieder der Nationalversammlung ehemalige Würdenträger waren! Ein ähnliches Schicksal traf das alte komplizierte System von *généralités* und *intendances, baillages* und *sénéchaussées, pays d'états* und *pays d'élection,* privilegierte Körperschaften, und die noch bestehenden Enklaven kirchlicher und seigneuraler Gerichtsbarkeit. Nach der Erklärung über die Menschen- und Bürgerrechte wurde der Weg zu öffentlichen Ämtern durch Wahl oder Ernennung für das individuelle Talent frei. An die Stelle des alten kunterbunten Gefüges lokaler Obrigkeit trat das Konzept eines einheitlichen, nach den Größenordnungen Departement – Distrikt – Kanton – Gemeinde aufgebauten Systems, das sich in seinen wesentlichen Zügen bis heute erhalten hat. Frankreich sollte nun in 83 Departements mehr oder minder gleicher Fläche eingeteilt werden, deren Grenzziehung allerdings mit genauem Bedacht auf die geografischen Gegebenheiten erfolgte. Ihre Namen, wie die der Monate des späteren Revolutionskalenders, wurden sogar von natürlichen Erscheinungsformen abgeleitet – in diesem Fall meist von Flüssen, Bergen und Küstenzonen. Die Departements und deren Unterabteilungen, die Distrikte und Kantone, sollten nicht mehr von ernannten Beamten geleitet werden, wie es im alten Königreich üblich gewesen war, sondern von frei gewählten Komitees. Die Basis der Pyramide bildeten etwa 44000 Gemeinden – *communes* – deren Bürgermeister und Räte von den aktiven Bürgern gewählt wurden und beträchtlichen Einfluß auf die lokale Verwaltung ausübten. Paris sollte seinen eigenen Stadtrat erhalten und in 48 Sektionen eingeteilt werden – anstelle der 60 Wahldistrikte von 1789 –, ausgestattet mit den Befugnissen für Wahlen, Polizei- und lokales Justizwesen. Damit wurde nicht nur die absolute Monarchie, sondern das gesamte alte System der Zentralregierung abgebaut. Und Frankreich wurde in diesem Stadium der Revolution faktisch eine Föderation von Departements und Gemeinden, die ein hohes Maß lokaler Autonomie besaßen, vom Zentrum aus durch eine starke Legislative, aber eine schwache Exekutive zusammengehalten.

Die gleichen Erwägungen waren auch für die Justizreformen bestimmend. Im neuen Bürgerstaat konnte die Rechtsprechung nicht mehr dem königlichen Prärogativ unterworfen oder durch den jeweils ansässigen Schwert-, Amts- oder Kirchenadel gehandhabt werden. So gehörten *parlements*, *lettres de cachet* und Adels- oder kirchliche Gerichte ebenso bald der Vergangenheit an, wie die Bastille und die alten hohen Würden. Das Rechtswesen wurde als von der Exekutive unabhängig erklärt, dafür der »Nation« anheimgegeben, d.h., den mündig gewordenen Bürgern. Die neue Justiz basierte auf den Prinzipien von Freiheit und Gleichheit. Für schwere Kriminalfälle wurde auf der Ebene der Gemeinden, der Departements und des Gesamtstaates ein ganzes Netz von Tribunalen mit gewählten Richtern und Geschworenen geschaffen. Die Spitze dieser Hierarchie bildeten zwei Tribunale der Nation: ein Berufungsgericht und ein Oberster Gerichtshof, dieser war, mit den Verfahren gegen Minister, Beamte und Staatsfeinde befaßt, bereits eine Vorstufe zum Revolutionstribunal von 1793. Und bald – nach dem März 1792 – würde die Guillotine als große Gleichmacherin das aristokratische Richtschwert oder Beil und den plebejischen Galgenstrick als das einzige Hinrichtungswerkzeug für alle zum Tod Verurteilten ersetzen.

Das alte Fiskalsystem war bereits im Sommer 1789 größtenteils ausgemerzt worden. Damals fegte die bewaffnete Nation *taille*, *gabelle*, *aides*, Zehnt, Zollschranken und Steuerfreiheiten wie die der Provinzialversammlung hinweg. Diese Institutionen zu ersetzen stellte die neuen Männer vor eines der schwierigsten Probleme. Um den dringendsten Erfordernissen zu entsprechen, wurde eine Grundsteuer für alle Liegenschaften eingeführt, die nach den Vorausberechnungen jährlich 240 Millionen Livres einbringen sollte. Ferner wurden persönliche Einkünfte und beweglicher Besitz sowie Revenuen aus Handel und Industrie besteuert. Außerdem brachte eine von Mirabeau vorgeschlagene »patriotische« Kontribution weitere 100 Millionen Livres. Aber diese Maßnahmen reichten nicht aus, um die wachsende Ver-

Ballonfahrt der Brüder Montgolfier
in Versailles
am 19. September 1783

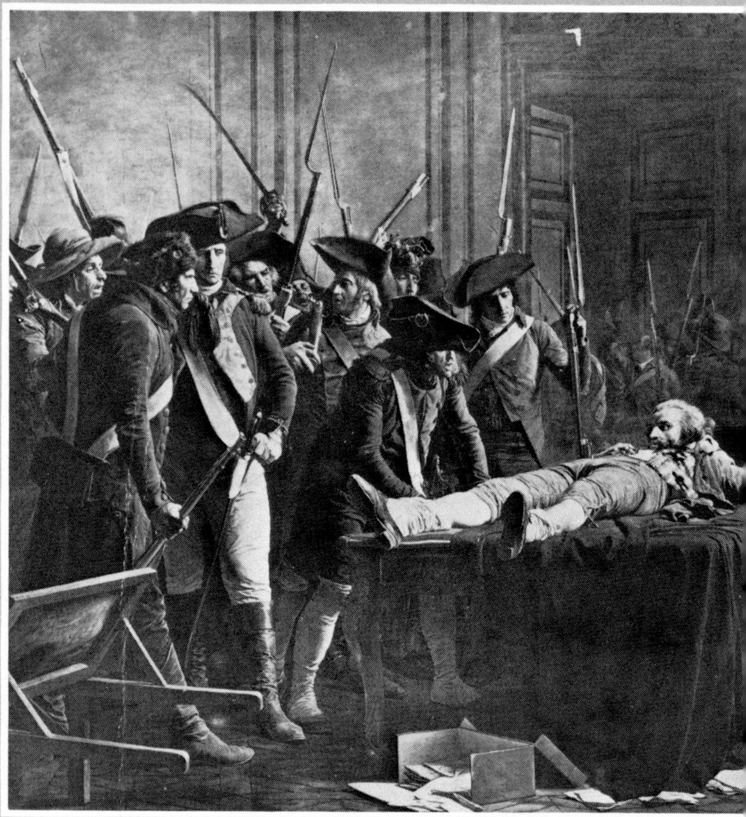

Die Ermordung Robespierres
am 28. Juli 1794

Herzog Charles Maurice
Talleyrand-Périgord

Die Eröffnung der Reichsstände
in Versailles am 5. Mai 1789

Englische Karikatur
auf die Hinrichtung Ludwigs XVI.
Radierung aus dem Jahre 1793

Schlacht bei Austerlitz
am 2. Dezember 1805.
Napoleon im Biwak

Rechte Seite:
Napoleon krönt sich selbst.
Zeichnung von Jacques Louis David
aus dem Jahre 1804

Englische Karikatur
aus dem Jahre 1805 auf
Pitt und Napoleon
bei der Aufteilung der Erde

schuldung, die Entschädigungszahlungen und die laufenden Ausgaben zu decken und riefen heftige Erbitterung hervor, besonders bei den Bauern. Diese beschwerten sich darüber, daß sie wieder zu große Steuerlasten zu tragen hätten und organisierten in vielen Distrikten Gegenaktionen, regelrechte Steuerstreiks. Deshalb mußte durch Ausnahmeverfügungen Abhilfe geschaffen werden, die wichtigste davon war der Beschluß, den kirchlichen Grundbesitz zu verstaatlichen und öffentlich zu versteigern. Zur Finanzierung dieser Vorgänge wurden verzinsliche Staatsschuldverschreibungen ausgegeben, sogenannte *assignats*, die allmählich als Banknoten in Umlauf kamen und ab 1790 einer stetigen Entwertung ausgesetzt waren. Die Einführung der Assignaten war, modern ausgedrückt, eine »Belebungsspritze« und half der Nationalversammlung aus ihren momentanen Schwierigkeiten. Aber damit war auch ein bedenklicher Wechsel auf die Zukunft ausgestellt. Denn bald folgte, durch Kriegseinwirkungen ausgelöst und Spekulationen angeheizt, die Inflation, die sehr viel menschliches Leid und heftige allgemeine Unruhen bringen sollte.*

Der Adel hatte seine Rechte der Privatjustiz, der Steuerfreiheit, der Feudalleistungen und andere Privilegien eingebüßt. Außerdem wurden Titel und Erbadel abgeschafft und die Aristokratie hörte als Stand des Königreichs zu existieren auf. Die Abschaffung der Titel, wodurch der bisherige Adelige auf den Status des einfachen Bürgers herabgewürdigt wurde, entsprach der Forderung breiter Schichten nach sozialer Gleichheit. Doch viel weiterreichende Folgerungen hatte die Aufhebung feudalistischer Grundbelastungen, welche die Nationalversammlung im August 1798 proklamierte (kurz im vorigen Kapitel erwähnt). Wir wissen bereits, daß die Nationalversammlung zwischen zwei Arten von Verpflichtungen unterschied, was das ängstliche Bestreben der Deputierten verriet, nicht krasser als unbedingt notwendig gegen ihr eigenes deklariertes Prinzip der Unverletzlichkeit des Eigentums zu verstoßen. Sie hielten sich dabei an die Auffassung von Merlin aus Douai, daß gewisse Rechte usurpiert oder willkürlich eingeführt wurden. Dazu zählten das Recht auf Herrschaftsgerichtsbarkeit, auf die Jagd-

* S. E. Harris: *The Assignat*, Harvard University Press 1930

und Fischereihoheit, auf Kaninchen- und Taubenzucht und den Betrieb von Mühlen und Keltern, ferner die Rechte, Maut, Marktgebühren und persönliche Steuern einzuziehen und die Verpflichtung zum Robot – *corvée* – aufzuerlegen vor allem aber die Dienstbarkeit der Bauern. Solche Rechte und Monopole wurden für unrechtmäßig erklärt und ohne Entschädigung abgeschafft. Aber andere Einrichtungen wurden als gesetzlich anerkannte Besitzrechte deklariert, obzwar gerade sie in vielen Fällen schwerere Belastungen der Bauern bedeuteten. Das waren die diversen Zahlungen im Zusammenhang mit der Bewirtschaftung oder Verpachtung von Grundbesitz, wie die *cens*, Pachtzins, *champart* und *lods et ventes*. Die Tilgung wurde mit dem Zwanzigfachen der jährlichen Barzahlungen und dem Fünfundzwanzigfachen der Naturalleistungen festgesetzt. Aber die Bauern kümmerten sich nicht um solche subtile Unterscheidungen und verweigerten jegliche Ablöse – bis der Jakobinerkonvent vier Jahre später die Schulden für null und nichtig erklärte.

Auch von der Aufhebung des Zehnten profitierte der Bauer mit eigenem Grundbesitz, die große Masse der Naturalpächter und der bloßen Landarbeiter ging bei diesen Regelungen freilich leer aus. Die Verstaatlichung und der Verkauf von Kirchenbesitz bot an sich eine Möglichkeit, nur kam die Verkaufsform der Versteigerung zumeist den finanzkräftigeren Interessenten zugute, und die Nationalversammlung unternahm wenig, um kleine Areale zu veräußern oder die Landbevölkerung zum Zusammenschluß anzuregen. So blieb das Agrarproblem im wesentlichen ungelöst und an der Unzufriedenheit der Bauern änderte sich nichts.

Wie es einer Versammlung zukam, in der die Interessen der Mittelschichten eine so große Rolle spielten, erwiesen sich die Deputierten bei der Beschäftigung mit Reformen des Handels und der Industrie als beharrlicher und gründlicher. Diese Fragen waren aus uns bereits bekannten Gründen bei der Erklärung der Menschen- und Bürgerrechte ausgeklammert worden. Indessen verschärfte sich die allgemeine Ablehnung der Unregelmäßigkeiten und Kontrollmechanismen des *Ancien régime*, und die Nationalversammlung erließ eine Reihe von Gesetzen, welche viele der bisherigen Restriktionen im Wirtschaftsbereich beseitigten und den Inlandsmarkt für den Freihandel öffneten. Ein einheitliches Maß- und Gewichtssystem wurde eingeführt. Binnenzölle und *péages* wurden aufgehoben und die Zollstationen an die Staatsgrenzen verlegt. Im Februar 1791 wurden schließlich die Zunftordnungen und die Kontrolle über die Fabrikerzeugnisse – eine Streitfrage in den *cahiers* des Dritten Standes – beseitigt. Was den Außenhandel betraf, so war eine weniger entschiedene Haltung festzustellen, sie verriet die Zwänge auseinanderstrebender oder gegenläufiger Tendenzen. So büßte etwa die Indien-Compagnie ihr Monopol ein, Handel über das Gebiet des Kaps der Guten Hoffnung hinaus wurde von Einschränkungen befreit und Marseille verlor seine Privilegien des Levantehandels.

Eine Frage für sich allerdings war die Freiheit des Handels im Zusammenhang mit den Wirtschaftsbeziehungen zu anderen europäischen Ländern. Schutzzölle zugunsten der französischen Industrie wurden beibehalten, wenngleich es den Erzeugern im Moment nicht gelang, die Nationalversammlung zu einer Annullierung des »Freihandels«-Vertrages mit England aus dem Jahr 1786 zu bewegen. Doch angesichts des Arbeitsproblems bildeten alle Parteien eine geschlossene Front. Im Juni 1791 ließen die Deputierten aus Angst vor den Arbeitslosen die öffentlichen Werkstätten auf – jene *ateliers de charité*, die 1789 zur Aufnahme und Beschäftigung ebensolcher Arbeitsloser eingerichtet worden waren. Im selben Monat verabschiedeten sie die berühmte Lex Le Chapelier, durch welche Vereinigungen von Arbeitern, ja Berufsverbände überhaupt, für ungesetzlich erklärt wurden. Dies in einer Zeit, in der die Lebensmittelpreise infolge mangelnder Kontrollen steigende Tendenz aufwiesen. Das neue Gesetz löste in Paris Streiks der Schreiner und anderer Handwerker aus und wurde auf die Petitionen von Fabrikanten hin erlassen. Niemand in der Nationalversammlung, nicht einmal Robespierre, erhob Einwände. Gewerkschaften blieben während der gesamten Revolutionsära verboten, und das Gesetz wurde sogar erst 1884 aufgehoben.

Das schwierigste und in seinen Konsequenzen schicksalhafteste aller von den Deputierten zu bewältigenden Probleme betraf die Regelung mit der katholischen Kirche. Die Lösung, die sie fanden, war keineswegs von philosophischer Geringschätzung der Religion, antikatholischen Vorurteilen oder auch nur speziell klassenbedingten Erwägungen bestimmt. Und die tieferen Spaltungen und Feindeligkeiten, die diese Regelung bewirkte, waren zumindest zum Teil durch Umstände herbeigeführt, auf welche die Nationalversammlung keinen Einfluß hatte.

Es war allgemein anerkannt – nicht zuletzt von Bischöfen und Priestern in den Pfarreien –, daß die Kirche dringend der Reformen bedürfe. In ihrer Gesamtheit hatte sie in Frankreich über immensen Reichtum, über Privilegien und Machtvollkommenheiten verfügt. Ihr Grundbesitz mit Jahreserträgen zwischen 50 und 100 Millionen Livres umfaßte etwa zwischen zwei Fünftel und der Hälfte der Ländereien in den Provinzen des Königreichs. Besitz, der von jeder Steuerleistung befreit war, abgesehen von freiwilligen Zuwendungen an das Schatzamt in der Form des *don gratuit*. Ein großer Teil dieser Güter gehörte nicht dem Säkularklerus, sondern Klöstern und Domkapiteln, die als Nutznießer von Zehnt und anderen Einkünften dem in der Seelsorge tätigen Pfarrer oder Kaplan vielfach eine jährliche Dotation, die *portion congrue* zukommen ließen und deren eigene Leistungen für das religiöse Leben von Priestern und Laien immer mehr in Zweifel gezogen wurden. Die rein kontemplativen Orden genossen sogar so geringes Ansehen, daß bereits nach einer Untersuchung im Jahr 1768 nicht weniger als 1000 Niederlassungen aufgehoben und ihre Besitzungen weltlicher Verwendung zugeführt wurden. Eine soziale Kluft trennte den hohen Klerus aristokratischer Bischöfe und Äbte von der großen Schar der Pfarrherren. Während ein Bischof von Straßburg 400 000 Livres und ein Abt von Angers 50 000 Livres an Revenuen bezog, erwartete man, daß ein einfacher *curé* mit Einkünften aus dem Zehnt oder der *portion congrue* in Höhe von 1000 oder nur 700 Livres jährlich sein Auskommen fand.

Auch andere Spaltungen hatten sich vollzogen. Anno 1762 hatten sich gallikanische Bischöfe, Universitäten und *parlements* zusammengetan, um die Gesellschaft Jesu aufzuheben und aus dem Land zu vertreiben. Der Jansenismus, obwohl nach der Mitte des Jahrhunderts als geistige Kraft im Niedergang, stiftete weiterhin in Fragen der Glaubenswahrheiten bei Predigern und Pfarrkindern Verwirrung. Und das bezeichnendste

Phänomen: die Pfarrer, verstimmt über die wachsende Anmaßung der Bischöfe, waren nun stark von dem richeristischen Postulat beeinflußt, daß die Kirche nicht nur von Bischöfen und Kanonikern, sondern von der gesamten priesterlichen Gemeinschaft geführt werden sollte.

So war die katholische Kirche als in sich uneinige Macht in die Revolution hineingezogen worden, allerdings keineswegs als desinteressierter Zuschauer. Während Bischöfe und Äbte die »aristokratische Revolte« unterstützt und die Einberufung der Generalstände verlangt hatten, erkannte der Pfarrklerus die Möglichkeit, alte Rechnungen zu begleichen, als ihm die Instruktionen des königlichen Rates vom Januar 1789 das Recht zubilligten, persönlich an den Wahlgängen teilzunehmen, Mönche und Kanoniker hingegen konnten nur Repräsentanten entsenden.

Der Pfarrklerus nützte die Vorteile dieser Verfügung vollauf, verfaßte seine eigenen *cahiers* für umfassende Reformen, für die Selbstregierung der Kirche nach richteristischen Grundzügen und sogar für das Recht, seine Bischöfe selbst zu wählen. Diese Priester herrschten in den lokalen Versammlungen der Geistlichkeit vor und stellten je zwei von drei Deputierten ihres Standes in Versailles. Dort war es, wie wir sahen, gerade der Pfarrklerus, der die Forderungen des Dritten Standes am lebhaftesten unterstützte, und die Lossagung der Priester von ihren kirchlichen Oberen trug nicht wenig zu der Entscheidung des Königs bei, gegen seine eigenen Intentionen den beiden höheren Ständen die Weisung zu geben, der selbsternannten Nationalversammlung beizutreten. Nach alldem ist es nicht verwunderlich, daß das Gros des Klerus sich weitgehend zustimmend verhielt, als die Nationalversammlung im August 1789 die Abschaffung von Zehnt, Annaten und Ämterkumulierung dekretierte und den alten korporativen Status der Kirche und deren Recht auf Besteuerung aufhob.

Ebenso waren die Priester nicht übermäßig beunruhigt, als auf Antrag Mirabeaus und Talleyrands, der damals Bischof von Autun war, der Beschluß gefaßt wurde, kirchlichen Grundbesitz zu verstaatlichen und zu versteigern. Die *curés* und ihre *vicaires* zumindest hatten wenig zu verlieren – und wahrscheinlich viel zu gewinnen, zudem gab es genügend Präzedenzfälle für die

Meinung, daß solche Güter nur als Lohn für erbrachte Leistungen zuerkannt werden sollten. Und als die Nationalversammlung im Februar 1790 daranging, die kontemplativen Orden aufzulösen oder neu einzustufen, vergoß außer den unmittelbar Betroffenen kaum jemand Tränen. Keine dieser Maßnahmen brachte die Kirche und die Revolutionäre in ernstlichen Konflikt. Dies geschah erst nach der Einführung der Zivilverfassung für die Geistlichkeit im Juli 1790.

Selbst dann kam es nicht sofort zu Auseinandersetzungen, und diese wären vielleicht sogar gänzlich zu vermeiden gewesen. Einige Punkte der Verfassung waren für die Mehrheit des Klerus durchaus akzeptabel. Weder Bischöfe noch Pfarrer hatten besondere Einwände gegen ihre Eingliederung in die Gruppe der besoldeten Staatsdiener. Die in der Seelsorge tätigen Priester zumindest sollten besser bezahlt werden als zuvor. Und obwohl die Gesetzgeber den Protestanten – wie später auch den Juden – größere Freiheiten in der Religionsausübung zugestanden, hatten sie nicht die Absicht, an den Grundfesten der katholischen Kirche zu rütteln oder gar deren privilegierten Status als einzige Staatskirche Frankreichs aufzuheben. Der Klerus war auch bereit, eine längst überfällige Neueinteilung der Diözesen und der Pfarrsprengel zu akzeptieren. Aber die drastische Reduktion der Bistümer von 135 auf 83 – in Übereinstimmung mit der Zahl der neuen Departements – bedeutete, daß eine Reihe von Bischöfen und noch viel mehr Priester aus den Pfarreien ihren Lebensunterhalt verlieren würden.

Noch schwerer wog die Weigerung der Nationalversammlung, die Verfassung vor ihrem Inkrafttreten einer kirchlichen Synode zur Sanktionierung vorzulegen. Auf solche Weise hätten sowohl der richeristische Klerus als auch die gallikanischen Bischöfe beschwichtigt werden können. Aber »Korporationen« waren abgeschafft und einer kirchlichen Versammlung eine Entscheidungsgewalt zu übertragen, die einzig und allein der »Nation« zustand, dies hätte nach den Einwänden Robespierres u.a. bedeutet, den »allgemeinen Willen«, so wie er von den Repräsentanten der Nation ausgelegt wurde, dem Veto einer einzigen Körperschaft zu unterwerfen. In diesem Punkt blieb die Nationalversammlung, mit Ausnahme ihrer klerikalen Mitglieder, unerbittlich. Deshalb mußte – wenn überhaupt – beim Papst um die kanonische Sanktion nachgesucht werden. Doch Pius VI., obgleich ein Feind der Revolution, war mit heiklen Verhandlungen über den künftigen Status der alten päpstlichen Enklave Avignon beschäftigt, und da er befürchtete, durch eine übereilte Entscheidung in einer Grundsatzfrage seine politischen Interessen zu beeinträchtigen, zögerte er seine Antwort einige Monate hinaus.

Der Nationalversammlung hingegen ging es um rasche Erledigung. Die Bischofssitze und Pfarreien wurden vakant und aus Mangel an fester Führung und Autorität griffen im Klerus Verwirrung und Spaltungstendenzen um sich. Im November 1790 entschloß sich die Nationalversammlung zu einem radikalen Schritt. Sie erklärte die neue Regelung für gültig und befahl den amtierenden Priestern, einen Treueid auf die Verfassung des Königreichs zu leisten und damit auch die Zivilkonstitution des Klerus anzuerkennen. Die Deputierten aus dem Laienstand waren fest davon überzeugt, daß eine Einigung erzielt werden würde und zeigten sich vom Resultat höchst verblüfft. Nur zwei von den 44 Bischöfen in der Nationalversammlung und ein Drittel der Mitglieder aus der Priesterschaft reagierten positiv. Und der Klerus in seiner Gesamtheit teilte sich in zwei mehr oder minder gleich große gegensätzliche Blöcke, die »Eideswilligen« und die »Eidverweigerer« – eine Trennung, die noch endgültiger wurde, als Pius VI. im März und April 1791 schließlich jede Brücke zu einem Kompromiß abbrach, indem er die Zivilverfassung generell verwarf, die konformistischen Bischöfe – Talleyrand und Gobel aus Lydda – ihrer Ämter enthob und alle Priester ausdrücklich anwies, diese neue kirchliche Regelung entweder a priori abzulehnen oder einen bereits geleisteten Gefolgschaftseid zu widerrufen.

Nach dieser Entscheidung des Papstes wurden jene Priester, die seine Autorität anerkannten oder auch nur ihrem Gewissen folgten, durch die Verweigerung des Eides zwangsläufig zu erklärten Gegnern nicht nur der Zivilverfassung, sondern auch der Revolution selbst und als solche von »Patrioten« mit den Aristokraten und Gegenrevolutionären identifiziert. Daraus ergaben sich wiederum die tragischen, schicksalhaften Folgeerscheinungen der Emigration, der Ächtung und sogar der Massaker an »widerspenstigen« Priestern, des Bürgerkriegs in der Vendée, des Terrors und des Gegenterrors. Eine andere Konsequenz war, daß mit der Zeit die neue konstitutionelle Kirche, welche dieselben Glaubenssätze vertrat wie die geächteten »Fanatiker«, ebenfalls ihren Ruf einbüßte, die Bindung an den Staat verlor und in den Zeiten der »Entchristianisierung« verfolgt und von den Kulten der Vernunft, des »Höchsten Wesens« und der Theophilanthropie abgelöst wurde – bis Bonapartes Konkordat aus dem Jahre 1801 die alte Kirche auf neuen Fundamenten wiederherstellte.

Doch dies ist bereits ein Vorgriff auf Ereignisse, die sich erst lange nach der Ära der Gesetzgebenden Versammlung vollzogen. Nehmen wir es als Hinweis darauf, daß die Konstituenten nicht die einzigen Gesetzgeber waren, welche die Neuordnung Frankreichs nach dem Zusammenbruch des *Ancien régime* beeinflußten. Die Revolution durchlief viele Phasen und bei weitem nicht alle Resultate der Tätigkeit der Konstituenten waren von Dauer. Die wichtigsten politischen Bestimmungen der Verfassung von 1791 wurden schon ein Jahr nach ihrer Annahme wieder außer Kraft gesetzt. Das Jahr 1792 brachte den Sturz der Monarchie und die Ausrufung der Republik. Zugleich wurde die Unterscheidung zwischen »aktiven« und »passiven« Bürgern beseitigt und – mit einigen Ausnahmen – erhielten alle männlichen Erwachsenen das Wahlrecht. 1793 schuf der Konvent ein Sondergericht für die Ahndung von Verbrechen gegen den Staat. So trat das Revolutionstribunal als Instrument politischer Justiz in Aktion – eine Schöpfung, die natürlich völlig von den Vorstellungen der Konstituenten von einem unabhängigen Gericht abwich.

Die jakobinische Verfassung vom Juni 1793 war wesentlich demokratischer und viel stärker auf die Erfordernisse der Armen orientiert als jene von 1791. Aber bedingt durch den Krieg und die innenpolitischen Entwicklungen wurde sie »auf Eis« gelegt, und auf der Basis der beiden mächtigen Komitees, des Wohlfahrtsausschusses und des Sicherheitsausschusses, wurde eine straff zentralisierte »Revolutionsregierung« gebildet. Ihre Mitglieder kamen aus der Gesetzgebenden Versammlung und sie hatte Repräsentanten »in besonderer Mission« und »Nationalagenten« zu ihrer Verfügung, die ermächtigt waren, Entscheidungen der Lokalverwaltungen in den Departements und Gemeinden umzustoßen. So ersetzte das Konzept der »einen und unteilbaren« Republik jenes der locker gefügten föderativen Monarchie von 1791.

Auch in der Sozialgesetzgebung ging der Konvent weit über die von den Konstituenten gezogenen Grenzen hinaus. Das Preisgebaren und der Versorgungsmodus mit allen lebenswichtigen Gütern wurden unter Kontrolle gestellt. Die Schulden der Bauern an ihre Grundherren wurden annulliert, wie bereits erwähnt. Und es gab einige, wenngleich zögernde Schritte, um zu gewährleisten, daß ein Teil des ausgebotenen Besitzes der Kirche und der emigrierten Adeligen den Kleinbauern zugute kommen sollte. Die Konstituenten hatten an der Einrichtung der Sklaverei in den Kolonien nicht gerüttelt, die Jakobiner schafften sie 1794 ab. Und sowohl vor wie nach dem Sturz Robespierres im Thermidor (Juli 1794) schuf der Konvent die Grundlagen für ein gesamtstaatliches Unterrichtssystem und für ein Gesetzeswerk, das seine endgültige Form im Code Civil, bzw. Code Napoléon, fand.

Doch die meisten dieser Gesetze, Dekrete und Erlässe traten nur kurzfristig in Kraft. Robespierres »Republik der Tugend« wurde durch die Thermidor-Republik der Besitzenden und schließlich durch das Direktorium abgelöst. Dieses wiederum wich Napoleons Militärdiktatur des Konsulats und des Kaiserreichs. Und 1814 fand die Restauration des Königtums der Bourbonen statt. Zur Zeit des Direktoriums trat eine zweite Kammer – der Senat – in Erscheinung und sie wurde in ihrem Kern, wenn auch nicht unter derselben Bezeichnung, von Napoleon und der Restauration übernommen. Die Republik des Jahres II hinterließ nachhaltige Erinnerungen. Ihr Geist lebte wieder auf und einige ihrer großen Augenblicke wiederholten sich während der Revolutionen von 1830, 1848 und 1871. Doch das Gros ihrer Leistungen – darunter die Preiskontrollen, die Beteiligung des Volkes an der lokalen Verwaltung und die Befreiung der Negersklaven – wurde von dem einen oder anderen ihrer Nachfolger zunichte gemacht.

Dennoch, trotz aller Irrwege, politischer Notlösungen und Experimente, überlebte ein solider Kern konstruktiver Gesetzgebung die Revolutionsepoche und wurde über Napoleons Niederlage und Verbannung hinaus in das Königreich, das Zweite

Kaiserreich und die Republik des ausklingenden 19. Jahrhunderts weitergetragen. Zwar war den Ideen der Freiheit und der Demokratie ein wechselvolles Schicksal beschieden, das immer wieder Höhen und Tiefen brachte, und der einfache arbeitende Mensch hatte durch die Revolution weniges von dauerndem Nutzen gewonnen, aber mit Steuerfreiheit und Privilegien war es vorbei. Die Gleichheit vor dem Gesetz und der Grundsatz »Freie Bahn dem Tüchtigen« blieben bestehen. Frankreich wahrte seine wirtschaftliche und administrative Einheit. Und der Bauer behielt den Grund und Boden, den er erlangt hatte, und seine Freiheit von Zehnt und feudalistischen Verpflichtungen. Sehr viele der überzeitlichen, bleibenden legistischen Leistungen der Revolutionsjahre entstammen der Ära der Gesetzgebenden Versammlung, wurden von ihr entweder abgeschlossen oder begonnen. Und man kann ohne Übertreibung feststellen, daß das eigentliche Erbe der Revolution den eindeutig bürgerlich geprägten Geist der »Männer von 1789« aufweist.

VII Der Kampf um die Macht

Als König Ludwig XVI. am 28. September 1791 die Verfassung proklamierte und sie den Franzosen mit einem Aufruf zu nationaler Einheit überantwortete, erklärte er feierlich: »Die Revolution ist zu Ende.« Dies war eine Hoffnung, welche die Mehrheit und sogar manche Vertreter der demokratischen Opposition ehrlich teilten. Doch binnen eines Jahres war die Verfassung hinweggefegt, der Herrscher hatte seinen Thron verloren, die führenden konstitutionellen Monarchisten waren geächtet oder emigriert und die Revolution war noch keineswegs am Ziel, sondern trat in eine neue, entscheidende Phase.

Die Entwicklung resultierte aus einer Reihe von Gründen, einige ergaben sich aus den bereits geschilderten Situationen und Konflikten, andere aus Ereignissen, die sich zunächst nur undeutlich abzeichneten. Erstens hatte der König die Verfassung nur mit großen inneren Vorbehalten akzeptiert. Lange vor der Unterzeichnung, am 20. Juni, hatte er einen rasch vereitelten Fluchtversuch unternommen, und nachdem er schmählich in die Hauptstadt zurückgebracht worden war, schmiedete er insgeheim weiterhin Pläne mit den Herrschern Schwedens, Spaniens, Preußens und Österreichs, um seine frühere Autorität mit Waffengewalt wiederherzustellen. Deshalb konnte man dem König nicht vertrauen – und noch weniger der Königin. Die »Desertion« und das verräterische Intrigenspiel des Paares machte es den konstitutionellen Monarchisten – den Urhebern der Verfassung von 1791 – einfach unmöglich, weiterhin zu regieren oder jenen Kompromiß zu erreichen, der in der Konstitution vorgesehen war.

Auch hatte nur eine kleine Minderheit des Adels den Entzug seiner alten Rechte und Privilegien ruhig hingenommen. Viele waren dem Grafen von Artois und Breteuil ins Exil gefolgt oder hatten sich der Emigrantenarmee Condés in Koblenz und Worms angeschlossen. Aber dies gilt nur für etwa ein Zwölftel der Aristokratengeschlechter Frankreichs. Eine andere Minderheit bekämpfte die Revolution von innen und 1250 Personen aus dieser Gruppe fielen der Guillotine zum Opfer.*

Einige arrangierten sich mit der Revolution und viele ehemalige Adelige beteiligten sich an der Arbeit der Versammlungen, Ausschüsse und Tribunale, selbst während der schlimmsten Zeiten der Schreckensherrschaft. Dem Konvent von 1793 gehörten sogar 23 Ex-Aristokraten an, von denen 7 den Titel Marquis geführt hatten und einer Bourbone war, nämlich Louis-Philippe Herzog von Orléans, der sich nun »Philippe Egalité« nannte.

Doch die Anpassungsfähigkeit dieser Männer war natürlich nicht typisch für das Verhalten des Adels, und die große Mehrheit ihrer Standesgenossen, die in Frankreich verblieben und denen es gelang, den Terror zu überleben, fand sich niemals mit der neuen Ordnung ab. Als Träger eines inneren Widerstands und »Regimegegner«, wie man es heute bezeichnen würde, reizten sie die revolutionäre Obrigkeit zu immer schärferen, rigoroseren Maßnahmen, um die Freiheiten der Unruhestifter noch weiter zu beschränken und sie in Schach zu halten.

Noch schwerer wogen vielleicht die Auswirkungen der Spaltung des Klerus durch die im vorigen Kapitel dargelegte neue kirchliche Regelung. Die Revolutionäre von 1789 hatten einen großen Teil der in der Seelsorge tätigen Priesterschaft vor den Kopf gestoßen und damit einen Kurs eingeschlagen, der nicht nur viele Pfarrer, sondern auch weite Kreise der frommen, sozial rückständigen bäuerlichen Bevölkerung des Westens und Nordwestens, wo die traditionelle Ergebenheit gegenüber dem *seigneur* und dem Priester nach wie vor fest verwurzelt war, ins Lager der Gegenrevolution trieb. Es kam zu dem mit erschrekkender Grausamkeit geführten Bürgerkrieg und den Partisanenkämpfen in der Vendée und Gebieten Südfrankreichs, be-

* Siehe D. Greer: *The Incidence of the Emigration during the French Revolution,* Harvard University Press 1951; und *The Incidence of the Terror during the French Revolution,* Harvard University Press 1935

waffnete Konflikte, welche der künftigen Republik stetige Verluste an Menschen und Material zufügten und immer drakonischere Schritte zur Unterdrückung der Aufständischen heraufbeschworen.

Schon diese inneren Spannungen hätten es unmöglich gemacht, den Verlauf der Revolution abzubremsen und ihre Errungenschaften auf der Basis der Regelungen von 1791 zu stabilisieren. Doch nicht der Widerstand von Kräftegruppen, die durch die Umwälzungen mehr zu verlieren als zu gewinnen hatten, wirkte als Beschleunigungsfaktor, sondern die weiteren Anstöße gaben Schichten, die sich 1789 beim Ausbruch der Revolution eine Lösung ihrer Probleme erwartet hatten und deren Hoffnungen durch die Resultate enttäuscht oder nur zum Teil erfüllt worden waren. Wie bereits erwähnt, wurden die Bauern vom Zehnten, drückenden Steuerlasten und feudalistischen Verpflichtungen befreit. Aber wenige von ihnen hatten Grundbesitz erlangt, die Verschuldung blieb und die Kleinbauern und Naturalpächter litten, ebenso wie die Stadtbevölkerung, unter dem Anstieg der Lebensmittelpreise und hatten außerdem geringen oder gar keinen Schutz gegen die Schmälerung ihrer überlieferten Gemeinschaftsrechte durch Großbauern und Grundbesitzer. So ging die Revolution im Dorf weiter, wenn auch nicht mit der explosiven Gewalt von 1789, und trug auf ihre Weise dazu bei, den Hader zwischen rivalisierenden politischen Fraktionen anzuheizen.

Zum anderen wurden durch die auf Sieyès' Antrag im Oktober und Dezember 1789 verhängten Beschränkungen viele Angehörige des städtischen Kleinbürgertums vom Wahlrecht ausgeschlossen und einem noch größeren Prozentsatz das Recht auf Sitze in der Nationalversammlung vorenthalten. Solche Männer sollten bald die führende Rolle bei der Kampagne zur Abschaffung des Unterschiedes zwischen »aktiven« und »passiven« Bürgern spielen und die Qualifikationsbedingung der *marc d'argent* anfechten. Vor allem aber blieb, namentlich in Paris, die Unzufriedenheit der großen Masse städtischer Sansculotten – jener Kleinhändler, Werkmeister und Arbeiter, die durch ihr Eingreifen den Erfolg der Revolution von 1789 gesichert und dafür noch keine entsprechende Belohnung erhalten hatten, sei es in Form politischer Rechte oder materieller Vorteile, nämlich höherer Löhne oder einer billigeren, ausreichenden Versorgung mit Lebensmitteln. Die Probleme dieser Schicht bestanden schon seit langem, ebenso waren die Bestrebungen zur Abhilfe nicht jüngsten Datums. Aber im Zusammenhang mit der Revolution hatten diese Fragen eine neue Bedeutung und ein schärferes Profil erhalten – durch die Beteiligung dieser Menschen an den Ereignissen und durch die Aneignung der neuen mitreißenden Parolen und Ideen der »Menschenrechte« und der »Souveränität des Volkes«, Gedankengut, das der geistigen Sphäre bürgerlicher Schriftsteller und Journalisten entstammte, doch von den militanten Wortführern der Volksmassen ihren Zwecken angepaßt wurde. So entwickelten sich die Sansculotten nach und nach zu einer politischen Kraft, mit der man rechnen mußte, und als sie bei den um die Macht ringenden Fraktionen Bundesgenossen und Verfechter ihrer Sache fanden, vertieften sie die Gegensätze zwischen den bürgerlichen Gruppierungen und gaben der Revolution einen Schwung nach links, in eine Richtung, die die »Männer von 1789« ganz und gar nicht ansteuern wollten.

Dennoch, hätte das revolutionäre Frankreich mit dem übrigen Europa Frieden gehalten wie während der ersten drei Jahre nach dem Umsturz, dann wäre die Revolution trotz aller Spaltungstendenzen vielleicht auf dem erreichten *status quo* geblieben oder zumindest nicht weit über die Regelungen von 1791 hinausgegangen. Aber aus Gründen, die im folgenden darzulegen sind, brach im April 1792 der Krieg aus und die Wucht dieses Geschehens verschärfte alle bestehenden internen Spannungen und Zwistigkeiten ungemein. Friedrich Engels schrieb einmal an Victor Adler, die gesamte Französische Revolution sei vom Koalitionskrieg beherrscht gewesen, der all ihre Regungen beeinflußt habe. Unweigerlich gab der Krieg jenen Kräften neuen Auftrieb, die die Revolution von innen und von außen zerstören wollten, und andererseits provozierte er Sondermaßnahmen gegen Konterrevolution, Aristokratie und »Fanatismus«. Er offenbarte das verräterische Doppelspiel des Königshofes und brachte den Sturz der Monarchie. Er bewirkte Geldentwertung und Preisanstieg und löste damit den heftigen Widerstand und die Agitation der städtischen Sansculotten aus. Inflation, heimtückische Machenschaften, Niederlagen und sozialer Aufruhr zwangen die Nationalversammlung, entgegen ihren eigenen bisher hochgehaltenen Prinzipien eine starke Revolutionsregierung einzusetzen, die Schreckensherrschaft aufzurichten, die Preisgebarung strengen Kontrollen zu unterwerfen und die Nation für den Feldzug zu mobilisieren. Vor diesem deutlich sichtbar werdenden Hintergrund von Krieg und Frieden und sozialem Konflikt strebten Führernaturen und Parteien nach der Macht und die Revolution ging weiter, durchlief neue Phasen und Versuchsstadien.

Das Jahr 1790 hatte einen Abschnitt relativer sozialer Ruhe gebracht. Der Brotpreis war vorübergehend auf seinen normalen Stand aus der Zeit vor der Revolution gesenkt worden. Die Bevölkerung verhielt sich abwartend, und die Nationalversammlung sah sich in der Lage, fast ungestört an ihrem wichtigsten Vorhaben, einer Verfassung, weiterzuarbeiten. In den ersten Monaten des Jahres 1791 jedoch kam es wieder zu Unruhen. Pariser Mitglieder des Klubs der Cordeliers hatten sich für das traurige Schicksal der Arbeitslosen zu interessieren begonnen, deren Sonderwerkstätten – die bekannten *ateliers de charité* – damals aufgelassen wurden. Diese Demokraten unterstützten Streikbewegungen, sie waren zum Kampf gegen die Institution der *marc d'argent* und gegen die Entmündigung der »passiven« Bürger angetreten und nahmen kleine Handwerker und Lohnempfänger in »Bruderschaften« auf, die dem Stammklub in der Rue Dauphine angeschlossen waren.

Solche bewußte politische Beeinflussung der Sansculotten durch die Demokraten sollte in der Zukunft reiche Ernte bringen, aber die Ergebnisse wären wohl erst später zu gewärtigen gewesen, hätte der König nicht versucht, über die Grenze zu flüchten. Um seine Absichten zu tarnen, hatte Ludwig XVI. seinen Minister, den Comte de Montmorin, angewiesen, im April 1791 an die ausländischen Höfe Briefe zu senden, in denen die Errungenschaften der Revolution sehr positiv beurteilt wurden, freilich bezeichnet als »die Beseitigung vieler Mißstände, die sich seit Jahrhunderten durch die Irrtümer des Volkes und die Selbstherrlichkeit von Ministern angesammelt hatten«. Aber vorher und nachher führte der König seine Geheimkorrespondenz mit Madrid, Stockholm und Wien, darin erklärte er, alle Zugeständnisse an den Dritten Stand und die Konstituenten seien ihm abgepreßt worden, und seit dem Ende des Jahres 1790 wurden Vorbereitungen für die Flucht der Königsfamilie getroffen. Die Schlüsselfigur dabei war Marie Antoinettes ergebener Ritter und Favorit, der schwedische Graf Hans Axel von Fersen. Der Plan sah vor, Paris nachts in Verkleidung zu verlassen und bei den Österreichern in der östlichen Grenzstadt Montmédy Schutz zu suchen. Dort sollten die Herrscher Europas zum Eingreifen gegen die Revolution aufgerufen werden.

Am 20. Juni reiste das Königspaar mit seinen Kindern inkognito ab, laut den mitgeführten Pässen als »Familie Korff«. Doch eine Verkettung von Mißverständnissen und Fehlentscheidungen und nicht zuletzt die Wachsamkeit eines Postmeisters vereitelten das abenteuerliche Vorhaben. In Varennes endete die Flucht, unter starker militärischer und ziviler Bedeckung wurde die königliche Familie am 25. Juni nach Paris zurückgebracht. Diese für den König demütigende Episode hatte eine elektrisierende Wirkung und zerstörte viele Illusionen. Aus Furcht vor einer Invasion wurden die Truppen an den Grenzen in Alarmbereitschaft versetzt. Die Pariser politischen Klubs intensivierten ihre Propaganda, und bei Demonstrationen wurden Ludwigs Abdankung und die Ausrufung der Republik gefordert. In der Nationalversammlung waren die Meinungen geteilt, aber man einigte sich auf einen Kompromiß: Der König wurde seines Amtes enthoben, jedoch wieder in seine Würden eingesetzt, nachdem er sich zur Billigung der neuen, noch nicht rechtskräftigen Verfassung verpflichtet hatte. Auch wurde ausgestreut, er sei von Feinden der Revolution »entführt« worden!

Die Demokraten und die republikanischen Journalisten aus dem Klub der Cordeliers und selbst viele Mitglieder des etwas gemäßigteren Jakobinerklubs weigerten sich, diese Entscheidungen anzuerkennen, sie protestierten dagegen mit einer Reihe von Petitionen. Im letzten dieser Dokumente wurde zwar nicht ausdrücklich der Übergang zur republikanischen Staatsform gefordert, wohl aber die Abdankung Ludwigs XVI. Ein Massenaufgebot auf dem Pariser Champ de Mars unterstützte die Aktion. Etwa 6000 Personen hatten bereits die auf dem »Altar des Vaterlandes« niedergelegte Petition unterschrieben, als die Kommune von Paris unter der Führung von Bailly sich entschloß, die Demonstration für gesetzeswidrig zu erklären. Die

Behörden verhängten das Kriegsrecht und erteilten Lafayette den Befehl, mit 10000 Mann Nationalgarde loszumarschieren und die Versammlung aufzulösen. Als die Nationalgarde auf Widerstand stieß, eröffnete sie das Feuer, 60 Tote und Verwundete blieben auf dem Platz, weitere 200 Unterzeichnungswillige wurden verhaftet, während die Führer des Cordeliers-Klubs – unter ihnen auch Danton – ihr Heil in der Flucht suchten.

Diesen Vorfällen kam schicksalhafte Bedeutung zu, weniger deshalb, weil sie der erst im Anfangsstadium befindlichen republikanischen Bewegung neue Anhänger brachten, sondern vielmehr weil von nun an der alte Dritte Stand von 1789 unwiderruflich gespalten war. Bereits drei Wochen früher hatte die Mehrheit der konstitutionellen Monarchisten unter der Führung von Barnave und der Brüder Lameth zum Zeichen ihrer Ablehnung der königsfeindlichen demokratischen Agitation mit dem Jakobiner-Klub gebrochen. Bisher hatte dieses Gremium die gemeinsame Plattform für Deputierte der Linken und des Zentrums geboten, nun gründeten die Monarchisten eine eigene Körperschaft, den »Club der Feuillants«. So gingen die Jakobiner, bei denen Robespierre stetig an Ansehen und Bedeutung gewann, aus dieser Entwicklung als die unbestrittenen Spitzen der Linken innerhalb der Nationalversammlung und der Volksbewegung hervor. Jakobiner, Demokraten des Cordeliers-Klubs und Sansculotten rückten nun enger zusammen, in gemeinsamer Opposition gegen die Majorität der Konstituenten, die jetzt der doppelte Vorwurf traf, daß sie dem einfachen Bürger nicht nur das Wahlrecht vorenthielten, sondern auch auf dem Champ de Mars das Blut aufrechter Franzosen vergossen hatten.

Die kläglich mißlungene Flucht des Königs hatte trotz der Beschwichtigungs- und Vertuschungsmanöver und der Versuche der Nationalversammlung, das Volk durch die neue Verfassung zu verbinden, noch andere weitreichende Konsequenzen. Sie spielte, zumindest indirekt, eine Rolle bei einigen Kettenreaktionen, die zum Beginn des Krieges mit Österreich und Preußen (20. April 1792) führten. Kaiser Leopold II., seit 1790 Nachfolger seines Bruders Joseph II., hatte sich entschieden zu handeln geweigert, obgleich ihn der Graf von Artois und die Kerngruppe der Emigranten drängten, energisch gegen die Revolution einzuschreiten. Zweifellos bedauerte Leopold die Demütigungen, welche seine Schwester Marie Antoinette erdulden mußte, aber es gab genug brennende Probleme in seinen eigenen Ländern. Auch neigte er wie das britische Kabinett Pitt dazu, ein gewisses Maß konstitutioneller Reformen in Frankreich gutzuheißen. Die Lage änderte sich durch Ludwigs Flucht aus Paris und seine darauffolgende Amtsenthebung. Da Kaiser Leopold glaubte, die französische Herrscherfamilie sei in persönlicher Gefahr, erließ er am 5. Juli von Padua aus ein Rundschreiben, in dem er die Souveräne Europas aufrief, »energische Maßnahmen« abzustimmen, »um die Freiheit und Ehre des Allerchristlichsten Königs« wiederherzustellen.

Indes, diese Drohung wurde in den »Pillnitzer Deklarationen«, welche Österreich und Preußen am 27. August gemeinsam abgaben, erheblich abgeschwächt. Zu jener Zeit war Ludwig XVI. bereits wieder in seine Rechte und Pflichten eingesetzt, die Verfassung war im Werden und überdies hatten die anderen europäischen Mächte auf das kaiserliche Rundschreiben frostig oder lau reagiert. Deshalb dienten die Deklarationen eher dazu, das Gesicht zu wahren als effektiv zu drohen, sie enthielten bloß den Vorschlag an die anderen Staaten, gemeinsam die Ordnung in Frankreich wiederherzustellen, *sofern* sie sich darüber einigen könnten. Es war also nicht von sofortiger bewaffneter Intervention die Rede. Doch welche Absichten die Initiatoren auch immer damit verfolgen mochten, die Erklärung gab den Anstoß zu zwei getrennten Vorgängen: Sie förderte die Bildung einer geeinten gegenrevolutionären Front im In- und Ausland, indem sie dieser ein Ziel setzte, und sie lieferte der Kriegspartei in Frankreich einen weiteren Vorwand, um die Trommeln zu rühren.

Denn von den vorgeblichen Verbrechen der Revolution ganz abgesehen existierte bereits die Möglichkeit eines Bruches zwischen Frankreich und Österreich. Der Kurfürst von Trier, auf den der Kaiser große Stücke hielt, hatte der Condé-Armee emigrierter Adeliger erlaubt, auf seinem Territorium, nämlich in Koblenz, Truppen auszubilden und zu bewaffnen. Und die deutschen Fürsten, welche über Herrschaftsgebiete im Elsaß verfügten, weigerten sich, die Aufhebung oder Abgeltung ihrer Feudalrechte laut Dekret der französischen Nationalversammlung aus dem August 1789 anzuerkennen. Doch Trier hatte sich dem französischen Druck gebeugt und bereiterklärt, die gegenrevolutionäre Streitmacht in Koblenz aufzulösen. Und Verhandlungen über die Ansprüche der deutschen Fürsten hätten wohl, trotz des Eingreifens des Kaisers und des Frankfurter Reichstages, mit einer einvernehmlichen Regelung geendet, wenn auf beiden Seiten ein gewisses Maß an Vernunft und gutem Willen vorhanden gewesen wäre.

Aber das erwies sich als unmöglich. Am 1. März 1792 war Kaiser Leopold II. gestorben, ihm folgte sein etwas aggressiverer ältester Sohn Franz II. auf den Thron. Und in Frankreich selbst trat nun eine merkwürdig zusammengewürfelte Kriegspartei in Erscheinung. Da war einerseits der Königshof, der nun damit rechnete, daß eine militärische Niederlage Frankreichs das beste Mittel zur Wiederherstellung der königlichen Autorität wäre. Diese Auffassung wurde von Marie Antoinette und deren Beratern besonders befürwortet. In enger Verbindung mit den Hofkreisen stand der Kriegsminister Louis Graf Narbonne, zu jener Zeit der Liebhaber von Neckers Tochter Madame de Staël. Sein Plan bestand darin, einen begrenzten Krieg vom Zaun zu brechen, mit dem Ziel, die Macht der Krone durch eine Militärdiktatur zu stärken.

Aber die größte Dynamik, um das Land zur Kriegsbegeisterung mitzureißen, entwickelte der linke Flügel der neuen Gesetzgebenden Versammlung – die am 1. Oktober 1791 eröffnet worden war – unter der Führung von Jacques-Pierre Brissot, des Deputierten für Eure und Loire, eng verbündet mit einer Gruppe anderer Abgeordneter, einige davon aus dem südwestlichen Departement Gironde.*

Seit Oktober 1791 predigte Brissot einen bewaffneten »Kreuzzug« der Völker gegen die gekrönten Häupter Europas, in dessen Verlauf die Völker, durch eigene Aktionen oder durch den französischen Sieg befreit, sich um das Banner der Revolu-

* Damals allgemein »Brissotins« und nach dem September 1792 »Girondins« genannt. Wie M. J. Sydenham in seinem Buch *The Girondins* (London 1961) hervorhob, hatten sie kein klar umrissenes Profil und keine eindeutig vorgezeichnete politische Linie außer der einer ziemlich standhaften Opposition gegen die Hauptmacht der Jakobiner in der Zeit nach dem Oktober 1791. Aber diese Haltung – und ihr späteres Schicksal – verleiht ihnen, wie den Jakobinern selbst, ein gewisses gemeinsames Profil, und ich werde sie im folgenden jeweils bei ihrem traditionellen Namen nennen.

tion scharen würden. Dadurch würde sich zudem der König gezwungen sehen, Anhänger Brissots in Spitzenpositionen zu berufen. Brissot selbst trug seine Argumente aus der Gesetzgebenden Versammlung in das Forum des Jakobinerklubs, wo im Dezember eine hitzige Debatte über dieses Thema zwischen ihm und Robespierre stattfand. Als einziger Jakobinerführer jener Phase – wenn wir Marat ausnehmen, den Herausgeber des radikalen *»L'Ami du Peuple«* – wandte sich Robespierre gegen Brissots Plan eines ideologisch motivierten Krieges, und zwar mit der Begründung, ein solcher Vorstoß würde der Sache der Revolution im Ausland keineswegs nützen, sondern nur ihren Gegnern, und dem Minister Narbonne die Handhabe bieten, sein Ziel einer Militärdiktatur in Frankreich zu verwirklichen. Doch Brissot überspielte seinen Widersacher. Das Gros der Jakobiner, die Pariser Sektionen und Klubs und die Mehrzahl der Deputierten der Gesetzgebenden Versammlung schlossen sich seiner Meinung an. Und nach dem Scheitern der Verhandlungen mit Kaiser Franz II. und den deutschen Fürsten im März, erklärte Frankreich am 20. April 1792 Österreich den Krieg und sah sich bald der vereinigten Heeresmacht Österreichs und Preußens unter dem Oberbefehl des Herzogs von Braunschweig, eines alten Friederizianers, gegenüber.

Aber Brissots Triumph war nur von kurzer Dauer und es war Robespierre, der auf längere Sicht recht behalten und dessen Partei die Früchte ernten sollte. Zunächst schien alles nach Brissots Vorstellungen zu verlaufen. Noch vor Ausbruch des Krieges wurde der König gezwungen, Narbonne und die »Feuillant«-Minister zu entlassen und Männer mit hohen Ämtern zu betrauen, die in Verbindung zu Brissot standen: Charles François Dumouriez, Berufsoffizier und Sprecher der antiösterreichischen Partei, Etienne Clavière, Genfer Finanzexperte, und Jean-Marie Roland, Staatsbeamter und Ehemann jener Madame Manon Roland, die sich als Politikerin der Gironde einen Namen machte.

Doch die französischen Verbände kamen nicht dazu, als »bewaffnete Sendboten« der Revolutionsidee zu agieren, da sie für eine Schlacht nicht gerüstet waren, geschweige denn für eine Offensive. In Auflösung flohen sie vor den Truppen des Herzogs von Braunschweig, Frankreich lag offen und ungeschützt vor dem Feind. Im Süden brach eine bewaffnete Gegenrevolution aus. Die Assignaten waren im Januar auf 63 Prozent ihres Nennwertes gefallen, und in den Provinzen gab es Hungerkrawalle. In Paris hatte sich infolge des Bürgerkriegs in den karibischen Kolonien der Zuckerpreis verdreifacht. Ergrimmte Bürger stürmten Lebensmittelläden in den Faubourgs und zwangen die Händler, die Waren zu den früheren Preisen zu verkaufen.

List und Verrat auf hoher Ebene lieferten zusätzlichen Zündstoff: In weiten Kreisen argwöhnte man Intrigen der Königin mit dem Wiener Hof, die Überzeugung wuchs – und wurde propagandistisch weidlich ausgenützt –, daß ein »Österreichisches Komitee« die Wiederherstellung der absoluten Monarchie mit fremder Waffenhilfe plane. Brissot hatte sich gerühmt, daß solche verräterische Machenschaften letztlich seiner eigenen Partei zum Vorteil ausschlagen würden – »il nous faut des grandes trahisons« hatte er behauptet, »wir brauchen den großen Verrat« –, er und sein Anhang zögerten deshalb nicht, die Volksmassen gegen den Königshof aufzuputschen, und zwar so radikal, daß Ludwig XVI. sich bewogen fühlte, die Minister aus den Reihen der Brissotins zu entlassen – eine Entscheidung, die in Paris gewaltige Demonstrationen bewirkte. Am 20. Juni marschierten rund 10000 Menschen aus den beiden revolutionären Hauptstützpunkten, den Faubourgs St. Antoine und St. Marcel, zuerst zur Gesetzgebenden Versammlung und defilierten in Abteilungen durch den Sitzungssaal, dann aber drangen sie in den Tuilerien-Palast ein, wo sie den widerstrebenden König zwangen, die rote phrygische Mütze der Revolutionäre aufzusetzen und mit ihnen auf das Wohl der Nation zu trinken.

Diese Mobilisierung des »Volkszorns« erwies sich als die Generalprobe für den noch größeren und gewaltsameren Aufruhr am 10. August, als die Tuilerien gestürmt wurden und damit der endgültige Sturz der Monarchie vollzogen war. Aber die Partei der Brissotins, die das Feuer geschürt und die zeitweilige Wiedereinsetzung ihrer Minister erreicht hatte, konnte nun doch keinen Gewinn aus dieser Entwicklung ziehen. Faktisch hatte sie damals die Führerrolle der Volksbewegung bereits an Robespierre und ihre anderen jakobinischen Widersacher verloren. Den Brissotins erging es wie dem Zauberlehrling, gleich so vielen anderen politischen Kräftegruppen im Verlauf der Geschichte waren sie nicht fähig, die Folgen des Sturmes zu bewältigen, den sie selbst entfesselt hatten. Nachdem sie demagogisch die Sektionen und Faubourgs gegen das Königtum aufgehetzt und mit dem Sturz der Bourbonen gedroht hatten, wichen sie nun zurück und stellten sich sogar hinter den Herrscher. Sie wollten sich nicht eine Republik einhandeln, die von den Wahlstimmen und Waffen der bisher »passiven« Bürger oder gar der Sansculotten abhing. Deshalb sprangen die Jakobiner, die mit den Demonstrationen des 20. Juni wenig zu schaffen gehabt hatten, rasch in die Bresche. Pétion, der Nachfolger Baillys als Bürgermeister von Paris und ein Mann aus dem Kreis Brissots und der Gironde, war noch immer der Held des Tages, als am 14. Juli das alljährliche Bundesfest gefeiert wurde.

Doch bis zum Ende des Monats hatte sich ein Stimmungsumschwung vollzogen, und 47 der 48 Sektionen der Hauptstadt erklärten sich für die Abdankung des Königs. Damals galten Sieyès' Unterscheidungen nicht mehr, »passiven« Bürgern war es freigestellt, an den Sektionsversammlungen teilzunehmen. Doch noch immer vertrat Robespierre den Standpunkt, daß über die Zukunft der Monarchie, ebenso wie über die Verfassung als solche eher durch einen vom Volk gewählten Konvent als durch einen Gewaltstreich entschieden werden sollte. Aber die konkreten Befürchtungen eines gegenrevolutionären Putsches – die Luft schwirrte von Gerüchten über Komplotte, und vor kurzem hatte Lafayette die Front gewechselt und riet dringend zu drastischen Schritten gegen die Demokraten –, und der Druck von seiten der Sektionen und der Klubs bewogen die Jakobinerführer, sich für eine bewaffnete Erhebung einzusetzen. Vorbereitungen dazu waren bereits im Gang, als die Ängste und Haßgefühle der Menge von außen noch weiter aufgestachelt wurden: In einem Manifest vom 1. August 1792 drohte der Herzog von Braunschweig den Pariser Sektionen und der Nationalgarde summarische strenge Bestrafung an, falls die Invasoren sie bewaffnet antreffen sollten. So kam es, teils als Resultat eines vorgefaßten Planes und teils als spontane Maßnahme der Selbstverteidigung, zu einer Vereinigung von Jakobinern, in die Stadt verlegten Milizkontingenten aus Marseille, Brest und anderen Städten, und den Pariser Sektionen sowie der Nationalgarde unter der Führung einer neugebildeten revolutionären Kommune, um die Tuilerien mit Waffengewalt zu besetzen. Rasender Pöbel schlachtete die königlichen Schweizergardisten ab und verwüstete die Säle und Gemächer des Palastes. Ludwig XVI. selbst suchte in der Gesetzgebenden Versammlung Zuflucht. Dort wies man ihm einen Platz in einer engen Stenografenloge zu. Sechs Wochen später setzte ihn der neue Konvent ab und rief die Republik aus.

Im Gefolge der Ausschreitungen vom 10. August kam es auch zu den grausigen »September-Massakern«, als bewaffneter Mob in die Pariser Gefängnisse eindrang, eilig »Volkstribunale« einsetzte und circa 1100 bis 1400 Häftlinge umbrachte – darunter Priester und politische Gefangene, größtenteils aber kleinere Rechtsbrecher: Diebe, Prostituierte, Fälscher und Landstreicher.*

Dies war eine düstere, mysteriöse Episode, welche sich genauer Durchleuchtung entzieht. Doch sie scheint in erster Linie eine Reaktion der panischen Angst vor Gegenrevolution und Invasion gewesen zu sein. Verdun, kaum 200 Meilen von der Hauptstadt entfernt, war eben den Preußen in die Hände gefallen. Nach dem Aufruf des neuen Justizministers Danton meldeten sich die wehrtauglichen Pariser scharenweise zum Militärdienst, dadurch wurde die Metropole noch mehr ihres Schutzes entblößt. Während der Massenhinrichtungen und einige Tage danach gab es in Spitzenpositionen Männer, die bereit waren, das Blutbad als einen notwendigen Akt der Volksjustiz durchaus zu billigen und sogar als exemplarisch zu bezeichnen. Aber sobald die Krise gebannt war, wollte plötzlich keine Partei der Fraktion die Massaker rechtfertigen oder dafür verantwortlich sein. Und der Vorwurf, die Greuel provoziert, gutgeheißen oder auch nur nicht verhindert zu haben, wurde zu einer gängigen Waffe im Parteienhader, in dem die Jakobiner die Girondisten zu diskreditieren und die Girondisten die Jakobiner anzuschwärzen suchten, während Royalisten und Gemäßigte die Anklage beiden Parteien entgegenschleuderten.

Doch ungeachtet ihrer nicht durchschaubaren Beweggründe und bei all ihrer Abscheulichkeit kam diesen Massenhinrichtungen historische Bedeutung zu: Sie schienen die Vernichtung

* P. Caron: *Les Massacres de septembre*, Paris 1935

des Feindes binnen weniger Wochen zu beenden, bevor die Freiwilligen am 20. September die Armee des Herzogs von Braunschweig durch die artilleristische Meisterleistung der berühmten »Kanonade von Valmy« zum Rückzug über die Grenzen veranlaßten.

So wurde die in jenem Herbst 1792 ausgerufene Republik, wie es schien, auf festen Fundamenten errichtet – durch den Sieg der Revolution über ihre inneren und äußeren Feinde. Die neue Nationalversammlung, der von den stimmberechtigten männlichen Erwachsenen gewählte »Konvent«, trat erstmals am 20. September zusammen.*

Von den 750 Mitgliedern waren nur 96 ehemalige Konstituenten, 190 hatten der Gesetzgebenden Versammlung angehört. Es gab also viele neue Männer – unter ihnen den jünglinghaften Louis-Antoine Saint-Just, der Robespierres treu ergebener Mitarbeiter und Stellvertreter werden sollte. In sozialer Hinsicht unterschieden sie sich kaum von den Deputierten der beiden Vorgängergremien: Ähnlich wie dort überwogen Beamte, Anwälte und Kaufleute, wenngleich die Provinzen durch Advokaten, Ärzte und Lehrer stärker vertreten waren. Wie zuvor entfielen keine Mandate auf Kleinbauern und nur zwei auf Männer aus dem Arbeiterstand: Noël Pointe, aus der Munitionsfabrik von St. Etienne, und Jean-Baptiste Armonville, Wollkämmer aus Reims.

Politisch bestand der Konvent aus drei Hauptgruppen. Die Mehrheit bildeten die vielen unabhängigen Deputierten, die keine bestimmte Fraktion repräsentierten, bekannt als »Marais« – Sumpf – oder »Ebene«. Natürlich würde es darauf ankommen, daß die übrigen Gruppen im Kampf um die Kontrolle über den Konvent die Unterstützung möglichst vieler dieser Abgeordneten gewännen. An zweiter Stelle standen die »Girondisten«, wie die früheren Brissotins nun von ihren Gegnern genannt wurden, unter der Führung von Vergniaud, Brissot, Gensonnet und Guadet. Sie konnten zwar aus eigenem keine Majorität bilden, gaben aber im allgemeinen bei den Abstimmungen den Ausschlag und

* Doch Arbeiter und zur Untermiete Wohnende scheinen bis zu den Umwälzungen des Mai und Juni 1793 vom Wahlrecht ausgeschlossen gewesen zu sein. Selbst danach hatten »Domestiken« keine Stimme.

stellten die meisten Minister. Gegen sie traten die Jakobiner oder »Montanen« an – der »Berg« –, so genannt, weil sie in der Kammer die obersten Sitzreihen innehatten. Zu ihnen zählten 23 der insgesamt 24 Pariser Deputierten, an ihrer Spitze Robespierre, Marat und zeitweise Danton.

Diese erste Phase der Geschichte des Konvents war sogar durch eine langwierige, erbitterte Fehde zwischen Gironde und Montanen gekennzeichnet, die erst endete, als die Führer der ersteren durch einen weiteren Volksaufstand im Juni 1793 aus der Versammlung vertrieben wurden. Die Gironde war zahlenmäßig überlegen, hatte die meisten Pariser Zeitungen zur Verfügung und beträchtlichen Anhang in den Provinzen. Doch andererseits hatte sie wegen ihrer schwankenden Haltung während der August-Revolte an Gefolgschaft unter den Pariser Militanten eingebüßt. Hingegen hatten die Montanen, obgleich schwach in den Provinzen, als anerkannte Sieger des August soliden Rückhalt in den Klubs und den Sektionen der Hauptstadt. Mithin traten die Jakobiner nun konsequent als die Repräsentanten von Paris als der Hochburg der Revolution in Erscheinung, während die Girondisten teils aus eigenem, teils durch die Abstimmungsvorgänge und die Taktiken ihrer Gegner dazu getrieben, in bewußter Opposition zu den Führungsansprüchen der Hauptstadt eine »föderalistische« oder national-provinziale Politik verfolgten. In anderen Belangen unterschieden sie sich nicht wesentlich von den Konstituenten der Jahre 1789–91.

Alle Parteien fühlten sich, freilich mit wechselnder Begeisterung, verpflichtet, die Weiterführung des Krieges zu bejahen, doch waren die Girondisten als entschiedene Verfechter des Wirtschaftsliberalismus und als Sprecher der Wirtschaftsinteressen im starren Festhalten an »laissez-faire«-Lösungen bei allen Fragen der Nationalökonomie, der Lebensmittelversorgung und der allgemeinen kriegsbedingten Maßnahmen viel beharrlicher und doktrinärer als ihre Rivalen. Auch die Jakobiner waren vorwiegend *bons bourgeois* und zeigten geringen Enthusiasmus für Wirtschaftslenkung und noch weniger für Besitzaufteilung. Aber sie waren volksnäher, flexibler in ihrer Einstellung, besser befähigt und eher bereit, dem Druck der Massen geschickt nachzugeben und ihre Anschauungen den

Erfordernissen des Augenblicks anzupassen. So erregten die Girondisten, denen die Hauptlast der Regierungsaufgaben zufiel, durch ihren Widerstand gegen Sonderverfügungen und Kontrollen wachsenden Anstoß in den Pariser Sektionen und Volksbewegungen, und als die Republik im Frühjahr 1793 wieder eine Reihe von Hochverratsfällen und Niederlagen zu bewältigen hatte, wurde die Gironde dafür verantwortlich gemacht und büßte an Glaubwürdigkeit ein. Es waren diese ungünstigen Entwicklungen und die verstärkte Tendenz, die »föderalistischen« Bestrebungen der Provinzen gegen das jakobinische Konzept der »einen und unteilbaren Republik« zu unterstützen, was den Gegnern zuletzt die Möglichkeit bot und den Vorwand lieferte, die Gironde aus dem Konvent auszuschließen.

Mittlerweile vollzog sich der Machtkampf in der Form von Schlachten und Einzelgefechten je nach der Situation des Tages. In der ersten Phase gelang es der Gironde, den Konvent zur Auflösung der revolutionären Kommune zu bewegen, welche am Vorabend der August-Revolte die Autorität in Paris an sich gerissen und Sondervollmachten usurpiert hatte. Sobald die Krise beigelegt war, mußten solche selbstherrlichen Verfahrensweisen bei den gewählten Repräsentanten der Nation zwangsläufig Anstoß erregen. Deshalb taten die Jakobiner wenig, um die ungesetzlichen Aktionen der Kommune zu rechtfertigen, und nach einigen hitzigen Rededuellen stimmten sie der Liquidation zu.

Zäher und langwieriger gestalteten sich die Auseinandersetzungen wegen des Prozesses gegen Ludwig XVI. Nach seiner völligen Kapitulation vor der Gesetzgebenden Versammlung war der König mit seiner Familie im Temple untergebracht worden, um sein weiteres Schicksal zu erwarten. Robespierre stellte nun im Namen der Jakobiner den Antrag, Ludwig vor den Konvent zu zitieren und als Verräter an der Nation zum Tod zu verurteilen. Es sollte kein formelles Gerichtsverfahren stattfinden, betonte er in einer berühmt gewordenen Rede, und zwar deshalb nicht, weil das Volk den Ex-König bereits verurteilt habe. »Das Recht, den Tyrannen zu bestrafen und das Recht, ihn vom Thron zu stoßen, sind eins. Sie tragen nicht verschiedenes Gepräge«, rief Robespierre aus. Da das Volk seinen Spruch gefällt habe, bleibe dem Konvent nur, ein Todesurteil zu bestätigen.

Das Gremium akzeptierte zwar einige dieser Argumente, entschied sich aber doch für einen Prozeß, in dem es selbst zugleich Ankläger und Richter sein sollte. Einige Gironde-Deputierte wollten das Leben des gestürzten Herrschers geschont wissen, der im übrigen, all seiner Titel und Würden verlustig, nur mehr als der »Bürger Louis Capet« figurierte. (Der Name leitet sich von einem mittelalterlichen französischen Geschlecht her.) Doch die Beweise gegen ihn wogen so schwer – kurz vorher hatte man in den Tuilerien eine eiserne Kassette entdeckt, in der seine Geheimkorrespondenz verwahrt war –, daß sie sich entschlossen, beim Votum dem Schuldspruch beizupflichten. Danach verlegten sie sich aufs Manövrieren. Da es ihnen nicht gelungen war, ein Todesurteil zu verhindern, forderten sie ein Referendum. Doch wieder wurden sie überstimmt, und am 21. Januar 1793 endete Ludwig XVI. unter dem Fallbeil. Marie Antoinette, nunmehr die »Witwe Capet«, durfte ihn um einige Monate überleben. Am 16. Oktober wurde auch sie enthauptet.

Aber solange französische Siege zu melden waren – die Truppen der Republik hatten nach den Erfolgen gegen die Preußen bei Valmy und Jemappes vor kurzem Belgien annektiert und gingen nun an die Besetzung Hollands – solange also die Kriegsereignisse günstig verliefen, erhielten die Girondisten innerhalb des Konvents das Gleichgewicht der Macht aufrecht. Doch im März wurde Dumouriez aus den Niederlanden zurückgedrängt, und da er seine Armee nicht zum Marsch auf den Konvent bewegen konnte, um die Jakobiner auseinanderzujagen und mit dem Dauphin als König Ludwig XVII. die monarchische Verfassung von 1791 wiederherzustellen, ging er zum Feind über. Diese Wendung löste im Konvent wechselseitige Anschuldigungen aus. Die Girondisten, als enge Verbündete des Generals, boten die größere Angriffsfläche. Zu ihrer Verteidigung kehrten sie den Angriff gegen Danton, der mit Dumouriez noch kurz vor dessen Desertion verhandelt hatte. Der Abwehrversuch schlug fehl. Danton, bisher ein Vermittler zwischen den einander befehdenden Fraktionen, wurde zur direkten Annäherung an die Jakobiner getrieben, und die Gironde ging aus dem Zwist noch angeschlagener hervor als zuvor.

Ein anderes Resultat dieser Krise: Unter dem Zwang der Ereignisse traf der Konvent eine Reihe von Sonderverfügungen, die sich für die spätere Revolutionsregierung als äußerst wichtig erweisen sollten; dazu zählten die Schaffung eines Revolutionstribunals, eines *comité de salut public* oder Wohlfahrtsausschusses und eines Systems von Revolutionskomitees in den Sektionen bzw. den Gemeinden, außerdem die Entsendung von bevollmächtigten Vertretern des Konvents in die Provinzen, der sogenannten »Repräsentanten in besonderer Mission«.

Indessen arbeitete auch die wirtschaftliche Entwicklung für die Montanen und zum Nachteil ihrer Widersacher. Im Februar waren die Assignaten auf die Hälfte ihres Nennwerts gefallen, und die Lebensmittelpreise, während des vorigen Sommers und Herbstes relativ stabil, waren im Frühjahr neuerlich sprunghaft gestiegen. Vor allem bei den »Kolonialwaren« – Kaffee, Zucker, Kerzen, Seife – geriet die Preisgebarung völlig außer Kontrolle. Doch diesmal erfaßte die Verteuerung eine viel größere Zahl von Verbrauchsgütern als im Februar 1792. Gleichsam proportional wuchs auch die Erregung, die Teuerungskrawalle nahmen bösartigere Formen an als im Vorjahr. Am 25. und 26. Februar wurden die Lebensmittelläden in fast allen Pariser Sektionen von Sansculotten gestürmt, die sich weigerten, für die Waren mehr zu bezahlen als 1790, oder sogar einfach »requirierten«. Der Stadtrat, der Jakobinerklub und die Fraktionen im Konvent verurteilten einhellig diese Ausschreitungen gegen das Besitzrecht. Barère, der bald darauf aus dem Marais zur Montagne überwechseln sollte, erging sich in dunklen Andeutungen über »perfide Verhetzung durch verkleidete Aristokraten«, allerdings ohne den geringsten Beweis für seine Behauptungen. Robespierre beklagte es, daß »Patrioten« so sehr irregeleitet wurden, daß sie wegen *chétives marchandises*, armseliger Waren, den Aufruhr in der Stadt entfachten. Zwar zeigte sich kein Sprecher des Konvents bereit, solche Gewaltaktionen zu billigen, aber wieder einmal waren es die Girondisten als die regierende Partei und als entschiedenste Verfechter der Marktfreiheit, denen die Schuld an all den Übeln angelastet wurde, während ihre Gegner in gleichem Maß profitierten.

Im März beschloß die Kommune Paris unter der Führung von Anhängern der Jakobiner, den Brotpreis durch eine Subvention für die Bäcker auf 3 Sous pro Pfund festzusetzen – nur 50 Prozent über dem normalen Stand aus der Zeit vor der Revolution, und dies zu einem Zeitpunkt, als sich andere Preise bereits mehr als verdoppelt hatten. Zwei Monate später trug auch der Konvent den Gegebenheiten Rechnung, indem er das erste *Maximum*-Gesetz erließ, welches die lokalen Behörden im ganzen Land ermächtigte, die Preise von Mehl und Brot und die Versorgung mit diesen Gütern zu kontrollieren.

Inzwischen agierte in den Pariser Sektionen, den Klubs und auch auf der Straße eine Bewegung für eine »Volkserhebung«, um die führenden Girondisten im Konvent auszuschalten. Am 10. März probte eine kleine Gruppe revolutionärer Extremisten den Aufstand, sie wurden als »Enragés«, die Wütenden, die Tollen, bezeichnet, ihre Rädelsführer waren Jacques Roux, der »rote Priester« der Sektion Gravilliers, Théophile Leclerc und Jean Varlet. Diese Enragés standen damals den Sansculotten auf den Straßen und Märkten am nächsten, und als einzige der politischen Kräfte unterstützten sie aktiv die Forderung, für alle Verbrauchsgüter eine obere Preisgrenze festzusetzen, den »Plafond«. Jacques Roux war – mit welcher Berechtigung steht nicht fest – mit den Februarunruhen in Verbindung gebracht worden. Auf der »Terasse des Feuillants« bei den Toren des Konvents forderte Varlet vor großen Zuhörerscharen die Todesstrafe für Hamsterer und Spekulanten, die öffentliche Anklage gegen den Innenminister Roland und die Entfernung Brissots aus dem Konvent. Und der Ruf dieser Männer nach einer Erhebung würde ein sehr starkes Echo gefunden haben, wären die Kommune Paris, der Faubourg St. Antoine und die Jakobiner bereit gewesen, das Signal zu geben.

Aber die Spitzen der Montanen und der Jakobiner hatten im Moment keine Eile. Aus Erfahrungen hatten sie die Lehre gezogen, daß politische Klugheit nottat. Anders als ihre Gegner von der Gironde waren sie durchaus gewillt, die Volksbewegung für ihre eigenen politischen Zwecke zu benutzen, hatten aber keineswegs die Absicht, die Lenkung fremden Händen zu überlassen – weder den Enragés etwa noch Hébert, dem Herausgeber des populären Blattes *Père Duchesne*, dessen Einfluß im Cordeliers-Klub und in der Kommune Paris stetig wuchs. Außerdem befürchteten sie, daß eine verfrühte Revolte eine zu drastische Säuberung des Konvents bewirken würde und ein »Rumpfparlament« nicht fähig wäre, den wirtschaftlichen Forderungen der Sansculotten ein klares Nein entgegenzusetzen, und daß außerdem die Begleiterscheinungen neuerliche Massaker in den Gefängnissen wären, und Paris isoliert der geeinten feindseligen Front der Provinzen gegenüberstünde. Deshalb gingen die Montanen vorsichtig zu Werk. Doch Anfang April war für sie die Zeit gekommen, ihr Programm zu formulieren, die Schützenhilfe der Sektionen zu gewinnen und den extremistischen Gruppen die Führung der Volksbewegung zu entreißen.

In diesem Sinn bot Robespierres jüngerer Bruder Augustin am 5. April im Jakobinerklub den Sektionen ganz offen an, sie möchten vor den Schranken des Konvents erscheinen und »uns zwingen, die illoyalen Deputierten dingfest machen zu lassen«. Die Antwort darauf erfolgte prompt, und binnen einer Woche hatten die Sektionen 22 Deputierte der Gironde »nominiert«, deren Enthebung der Forderung des »Volkes« nach einer Selbstreinigung des diskreditierten Konvents entspräche und den Montanen die interne Arbeitsmajorität sichern würde.

Bis Mitte April hatten je drei von vier Sektionen unterstützend eingegriffen, viele von ihnen noch mehr durch die Torheit der Gironde gereizt, den populären Marat vor das Revolutionstribunal zu zitieren. Die Kommune billigte die Forderungen, und einen Monat später bildete auf ihre Anregung hin die große Mehrheit der Sektionen im ehemaligen Erzbischöflichen Palais ein Revolutionäres Zentralkomitee, das mit fast militärischer Präzision den Putsch der drei Tage (31. Mai bis 2. Juni) organisierte und befehligte. Die Nationalgarde wurde verstärkt, als ihr Kommandeur löste Hanriot, der Sohn eines Kammerdieners und vormaliger Schreiber der Zollbehörde, den reichen Bierbrauer Santerre ab. Überdies wurde beschlossen, in den Sektionen eine revolutionäre Miliz von 20 000 Sansculotten aufzustellen, die für ihren Verdienstentgang mit einem Tagegeld von 40 Sous entschädigt werden sollten. Hornisten und Tambours gaben Alarm, Werkstätten und *barrières* (Zollschranken) wurden geschlossen, und nach einigen verfehlten Anläufen wurden die Tuilerien am 2. Juni von einer Streitmacht aus Nationalgarden und bewaffneten Sansculotten umzingelt. Nachdem die Deputierten einen kühnen Ausbruch aus dem Sitzungssaal versucht und alle Wege ins Freie versperrt gefunden hatten, fügten sie sich ruhmlos dem Diktat der Putschisten. 29 Abgeordnete und zwei Minister der besiegten Partei wurden unter Hausarrest gestellt. Im Augenblick redete niemand über die vordringlichsten Programmpunkte der Volksbewegung – die Kontrolle der Lebensmittelpreise –, aber die Montanen hatten jedenfalls ihre Nahziele erreicht.

Von nun an verfügten die Führer der Jakobiner über eine gesicherte Arbeitsmajorität, und mit beachtlichem Tempo gingen sie daran, ihre Position auszubauen, indem sie die Verfassung vom Juni 1793 durchpeitschten, eine Charta von größter historischer Bedeutung, denn damit wurde erstmals, zumindest dem Buchstaben nach, einer Nation ein sowohl republikanisches als auch demokratisches Regierungssystem gegeben, in dem allen männlichen Bürgern das Wahlrecht und die Möglichkeiten genauer Kontrolle ihrer Repräsentanten und Regierungsorgane zustanden. Sicherlich hatte die Verfassung auch ihre Lücken. Wie Roux dem empörten Gremium auseinandersetzte, wurden darin die wirtschaftlichen Bedürfnisse der Armen nicht berücksichtigt.

Doch mittlerweile hatten die Jakobiner andere, brennendere Probleme zu bewältigen. Durch »föderalistische« Agitation aufgereizt, hatten die Stadt Lyon sowie Landstriche des Südens und des Südwestens ihre jakobinischen Obrigkeiten gestürzt und sich bewaffnet gegen den vor kurzem gesäuberten Konvent erhoben. Toulon war nahe daran, vor den Briten zu kapitulieren, die seit dem 1. Februar 1793 mit Frankreich im Krieg lagen. Und die Insurgentenkämpfe der ihren Priestern und angestammten Grundherren treuen Bauern in der Vendée hatten seit dem März das militärische Potential des Staates geschwächt, noch dazu sollte die antirevolutionäre aktive Bewegung bald auch auf die Bretonen und die normannischen *chouans* übergreifen. Ihren Taktiken nach waren diese Kämpfer Partisanen, etwa Vorläufer des *Maquis* und der *Résistance* des Zweiten Weltkriegs. Sogar in Paris hatten die Gemäßigten – unter ihnen der allbekannte Marquis de Sade – noch immer ein Dutzend Sektionen im Zentrum und im Westen in der Hand. Die wirtschaftliche Situation verschlechterte sich weiterhin. Die Assignaten hatten einen rasanten Kurssturz zu verzeichnen, von 36 Prozent ihres Nennwertes im Juni fielen sie auf 22 Prozent im August. Im Sommer kam es neuerlich zu Preissteigerungen, der Brotpreis war zwar festgelegt, aber im Juni, August und September gab es Verknappungen und Käuferschlangen vor den Bäckerläden. In dieser gespannten Atmosphäre war es unmöglich, sich noch länger der beharrlichen Forderung der Bevölkerung nach generellen Preiskontrollen zu widersetzen, ebenso notwendig erschienen Sonderverfügungen gegen Hamsterer und Spekulanten und Schritte zur Sicherung der Lebensmittelversorgung von Paris und anderen Städten.

Durch eine weitere Intervention der Pariser Sansculotten spitzten sich die Dinge immer mehr zu. Im Juli und August waren in den letzten Bastionen der Gemäßigten die bürgerlichen und konservativen Elemente ausgeschaltet worden. Während des Augusts und der ersten Septembertage ergossen sich fast pausenlos Resolutionen für Maßnahmen zur Festsetzung einer Preisobergrenze – des *Maximums* –, zur Eindämmung der Inflation und zur Verhinderung von Hortung und Spekulation über den Konvent. Diesen Forderungen der Kleinhändler und anderer *petit bourgeois*, die nun in den Sektionsversammlungen dominierten, verliehen massive Sansculotten-Demonstrationen am 4. und 5. September entsprechenden Nachdruck.

Der »Aufstand« begann in den frühen Morgenstunden mit Zusammenrottungen von Bauarbeitern und Handwerksgesellen der Bezirke Temple und St. Denis nördlich des Rathauses. Ein anderes Kontingent marschierte von den Boulevards nahe dem Kriegsministerium heran, das Vincent leitete, einer von Héberts engsten Vertrauten. Mit dem Ruf nach Brot zogen die Demonstranten zur Place de Grève und zum Rathaus. Die Führer der Kommune, Hébert und Chaumette, versuchten zuerst, sie mit rhetorischen Feuerwerken zu blenden. Doch auf Héberts Vorschlag kam man letztlich überein, daß die Demonstranten sich am nächsten Morgen wieder versammeln und zum Konvent marschieren sollten, um ihre Forderungen nach strengen Repressalien gegen Hamsterer und politisch Verdächtige vorzubringen. Der Jakobinerklub sagte seine Beteiligung zu. Am selben Abend gab die Kommune zwar die Weisung, Bauarbeiter, die Lohnerhöhungen forderten, zu zerstreuen, verfügte aber für den nächsten Morgen die Schließung der Werkstätten, damit Meister und Gesellen an der Demonstration teilnehmen konnten.

In der Redeflut, die am 5. September im Konvent entfesselt

wurde, gingen die Fragen nach dem Preislimit und der Versorgung wieder einmal unter, wurden geschickt überspielt, obwohl gerade sie die Hauptthemen und Triebkräfte der Agitation am 4. September gewesen waren. Dennoch kam es zu wichtigen Entscheidungen: Die Sektionen sollten von nun an nur zweimal wöchentlich zusammentreten, aber bedürftige Sansculotten sollten jeweils eine Anwesenheitsprämie von 40 Sous erhalten. Verdächtige sollten dingfest gemacht werden. Und nach mehrmonatiger Verzögerung wurde eine aus den Sansculotten der Stadt rekrutierte *armée révolutionnaire* aufgestellt, die als ein Instrument des Terrors – der nun zu einem alltäglichen Phänomen wurde – die ausreichende Versorgung von Paris aus dem Umland zu gewährleisten hatte.*

Nachdem jedes andere Mittel erprobt oder erörtert worden war, gab der Konvent schließlich dem Druck der Massen nach und verabschiedete am 29. September das Gesetz des »Maximum Général«. Dadurch wurden Preise, nicht nur für Brot, sondern für eine große Zahl wichtiger Güter und Leistungen, nach dem Schlüssel der Marktsituation, die im Juni 1790 in den Departements vorwiegend zutreffend gewesen war, plus einem Zuschlag von einem Drittel der damaligen Preise festgesetzt, auf derselben Basis wurden die Löhne um die Hälfte erhöht. Diese Regelung fand den Beifall der kleinen Ladeninhaber, Handwerksmeister und Gesellen in Paris, welche als die eifrigsten, beharrlichsten Verfechter einer solchen Reform aufgetreten waren. »Hocherfreut nahm das Volk die Dekrete des Nationalkonvents zur Kenntnis, durch welche die Preise wichtiger Güter festgesetzt wurden«, schrieb ein Beamter des Innenministeriums am nächsten Tag. Dieses Bremsmanöver schuf allerdings auch neue Probleme, aber diese waren nicht sofort abzusehen.

Damit hatte eine neue, markante Phase der Revolution begonnen. Wie ihre Vorgänger verdankten die Jakobiner als nun herrschende Bewegung ihren Aufschwung größtenteils dem Eingreifen der Massen, doch zum Unterschied von den früheren Machthabern hatten sie das Volk umworben und akzeptierten es als ihre Verbündeten. Als Gegenleistung für ihre Schützen-

* Ausführlich behandelt in C. Cobb: *Les Armées révolutionnaires*, 2 Bde., Paris 1961–63.

hilfe hatten die Sansculotten wesentliche Vorteile erhalten: Sie besaßen nun das Wahlrecht, und ihre Forderung nach billigen Lebensmitteln und Lenkung der Versorgung war erfüllt. Nicht nur dies: Zu jenem Zeitpunkt zeichnete sich eine gewisse Teilung der Macht zwischen der regierenden Partei und ihren Bundesgenossen aus dem Volk ab. Während der Konvent und die Regierungsorgane, von denen die Sansculotten fast gänzlich ausgeschlossen waren, eine Domäne der Jakobiner bildeten, hatten die Militanten ihrerseits Positionen in der Kommune und gaben in den Sektionsversammlungen, den Klubs, den lokalen Revolutionskomitees und in den Bataillonen der Nationalgarde den Ton an. Doch solch eine Partnerschaft voller Widersprüche konnte nicht von langer Dauer sein. Bereits am Morgen des gemeinsamen Sieges waren die Gegensätze zutage getreten, und in den kommenden kritischen Monaten sollten sie sich noch erheblich verschärfen. Schon im Oktober 1793 lockerten sich die Bande, und bis zum Sommer 1794 war das Bündnis zerfallen, und der politische Erdrutsch riß beide Gruppen mit. Im nächsten Kapitel wird zu untersuchen sein, wie es dazu kam.

VIII Robespierre

Die neue Revolutionsregierung trat erst im Oktober 1793 in Erscheinung. Aber die neue Phase der Revolution begann bereits in dem Augenblick, als Robespierre und dessen engster Kreis im Juli in den Wohlfahrtsausschuß einzogen. Bis dahin hatte dieses *Comité de salut public* kaum mehr Tätigkeit entfaltet, als ihm seine ursprüngliche Funktion vorschrieb, nämlich die Überwachung des Exekutivrates der Minister. Nun wurde daraus das Kernstück einer starken Regierung, der ersten, welche die Revolution hervorbrachte.

Die zwölf Männer, aus denen sich bis zu Robespierres Sturz, d.h. ein Jahr lang, der Wohlfahrtsausschuß zusammensetzte, waren ein ungewöhnliches Konsortium. »Eine seltsamere Schar von ›Regenzauberern‹ hatte die Welt noch nie gesehen«, schrieb der britische Historiker Thomas Carlyle über sie in seinem Werk *The French Revolution.* Sie bildeten keineswegs eine parteilich homogene Gruppe, und es waren nur die vordringlichen Probleme des Augenblicks, die sie zu Einigkeit und gemeinsamer Zielstrebigkeit zwangen. Die schwächste und kurzlebigste von ihnen war Hérault de Séchelles, ehemaliger *parlementaire* und Adeliger, der sich zeitweilig einen gewissen Ruf erworben hatte, und zwar aufgrund seiner Rolle als Vorsitzender der Gesetzgebenden Versammlung während der Austreibung der Girondisten im Juni. Gegen Ende Dezember hatte er seine Rolle im Wohlfahrtsausschuß ausgespielt, drei Monate später mußte er mit Danton den Weg zum Schafott antreten. Zwei Mitglieder waren seit dem Juni aus dem Plenum des Marais hervorgegangen: Bertrand Barère, ein Advokat mit dem Scharfblick für das gerade Opportune, und Robert Lindet, ebenfalls Jurist, der das Ressort der Lebensmittelversorgung übernahm. Vier Persönlichkeiten sollten sich vor allem mit militärischen Fragen und dem Nachschub für die Armee befassen: Prieur »von der Marne«, Anwalt und Kommissar bei den im Feld stehenden Truppen, sein Namensvetter Claude-Antoine Prieur-Duvernois, genannt »Prieur von der Côte d'Or«, Pionieroffizier und nun Zeugmeister, Jeanbon Saint-André, ehemaliger evangelischer Pastor und im Wohlfahrtsausschuß Fachmann für Marinewesen, und schließlich der große Lazare Carnot, ein militärisches Genie, sogar Napoleon bezeichnete ihn als den »Organisator des Sieges«. Nach den September-Unruhen wurden zwei starke Männer der Linken aus dem Cordeliers-Klub angeworben: Jean-Marie Collot d'Herbois, früherer Schauspieler und übrigens der einzige gebürtige Pariser der Spitzengarnitur, und Jean-Louis Billaud-Varenne, Advokat und Pamphletist. Ihnen ebenbürtig an Energie und Beredsamkeit waren zwei der vertrautesten Kampfgefährten Robespierres: Georges Couthon, Anwalt auch er und zudem Experte für Verfassungsfragen, infolge einer Lähmung der Beine an den Rollstuhl gefesselt, und Louis-Antoine Saint-Just, kaum sechsundzwanzig Jahre alt, Phantast und zugleich Mann der Tat, stolz und mutig; seine Gegner sagten von ihm, er trage den Kopf wie eine Monstranz. Und letztlich Maximilien Robespierre selbst, der zwar kein konkret definiertes Amt innehatte, aber bald als die herausragende Führerpersönlichkeit des Ausschusses anerkannt war.

Bis vor kurzem verfuhren die Historiker mit Robespierre sehr hart. Da sie sich auf die Hinweise jener Männer stützten, die seinen Sturz herbeigeführt hatten, neigten sie dazu, ihn als trokkenen, pedantischen Fanatiker abzuqualifizieren, als einen kleinlichen Tyrannen, einen »Blutsäufer«, der auf die Guillotine schwor und sich zum Diktator aufschwingen wollte. Selbst sein Ruf der Unbestechlichkeit wurde als Belastungsmoment gegen ihn ausgelegt, und der englische viktorianische Historiker John Acton nannte ihn den »hassenswertesten Charakter unter den berühmtesten Gestalten der Geschichte seit Machiavelli das System erfand, die Verworfenheit von Männern des öffentlichen Lebens bloß nach ihren Erfolgen zu bewerten«. In neuerer Zeit, seit Albert Mathiez zu seiner Verteidigung in die Schranken trat, wurde Robespierre, wenn schon nicht als Inkarnation aller Tugenden, so doch als der führende Kopf der Französischen Revolution dargestellt, ihr beharrlichster Demokrat und überzeugendster Sprecher.

Am 6. Mai 1758 als Sohn und Enkel von Juristen in Arras geboren, besuchte er das Pariser Collège Louis-le-Grand, wo seine Rhetoriklehrer in ihm den Sinn für die Klassiker und eine Vorliebe für Rousseau weckten. Von diesem übernahm er den Glauben an die Souveränität des Volkes und an den Nutzen einer vom Aberglauben gereinigten Religion und sein soziales Ideal einer Republik der nicht durch Reichtum verdorbenen und hoffärtig gewordenen Mittelschichten. Diese Anschauungen lagen vielen seiner Reden über »Korruption« und »Tugend« zugrunde. Bereits als Armenadvokat bekannt, wurde er 1789 als Repräsentant seiner Vaterstadt in die Generalstände gewählt. In Versailles und in der Gesetzgebenden Versammlung zeichnete er sich bald als Liberaler, Demokrat und unentwegter Verfechter der Menschenrechte aus. Nach dem September 1791, als er, wie andere Konstituenten, rch eine von ihm selbst biantragte »Verfügung der Selbstentäußerung« seinen Sitz in der Gesetzgebenden Versammlung verloren hatte, widmete er seine Energien dem Jakobinerklub und der Verwaltung der Hauptstadt. Während des Winters 1791 und des Frühjahrs 1792 kostete ihn seine Opposition gegen Brissot in der wichtigen Frage des »Revolutionskrieges« für einige Zeit seine Popularität bei den Pariser Sektionen und Klubs, aber bis zum Sommer war sein Ruf wieder gefestigt. Er spielte – allerdings hinter den Kulissen – eine entscheidende Rolle beim Sturz des Königtums, dann schloß er sich der Kommune an und wurde im Nationalkonvent zum Wortführer der Montanen in ihren Rededuellen mit der Gironde. Er beteiligte sich nicht direkt an dem Putsch des Mai/Juni 1793, durch den die Gironde ausgeschaltet wurde, war aber in vielem der Spiritus rector jener Vorgänge. Damals bewogen ihn, der lange Zeit der glühendste Verfechter der Unverletzlichkeit der politischen Versammlung und der uneingeschränkten Rede- und Pressefreiheit war, seine Erfahrungen mit Krieg und Revolution, sich von seinen liberalen Überzeugungen zu distanzieren. Nun erklärte er, die Rettung der Revolution und der Sieg über die inneren und äußeren Feinde sei nur dann möglich, wenn mit Hilfe der bewaffneten Sansculotten eine starke Zentralregierung eingesetzt werde, um mit den Relikten der Aristokratie und dem

»Egoismus« der Reichen aufzuräumen. »Was wir brauchen, ist ein *einziger* Wille«, schrieb er. »Diese Erhebung muß weitergehen, bis die zur Rettung nötigen Maßnahmen getroffen sind. Das Volk muß sich mit dem Konvent verbünden, und der Konvent muß die Kräfte des Volkes nützen.« Dies war ein Programm, das sich über die Juni-Ereignisse hinaus an den Aufgaben orientierte, die dann im Herbst und Winter 1793 auf den Wohlfahrtsausschuß zukamen.

Nach der Entfernung der Anhänger Dantons, die vergeblich versucht hatten, die fremde Invasion durch Verhandlungen und den »föderalistischen« Aufstand in den Provinzen durch Aussöhnung zu beenden, unternahm der neue Ausschuß energische Schritte, um die Verteidigung der Nation zu organisieren. Auf dem westlichen Bürgerkriegsschauplatz wurde durchgegriffen, eine entsprechend ausgerüstete Truppenmacht erzielte in der Vendée bald Erfolge. Caen, Bordeaux, Nantes, Marseille und Lyon wurden den »Föderalisten« entrissen und wieder der Revolutionsregierung unterstellt. Der von der britischen Flotte belagerte Hafen Toulon wurde entsetzt, vor allem dank des Geschicks und der Initiative eines jungen Artillerieoffiziers namens Napoleon Bonaparte.

Am 23. August erklärte sich der Konvent prinzipiell bereit, die Nation für den Krieg zu mobilisieren, und zwar durch die Anordnung eines *levée en masse* der gesamten französischen Bevölkerung. Dieses Generalaufgebot sah vor, daß die ledigen jungen Männer als Soldaten ins Feld zogen, die verheirateten Männer und Familienväter Waffen herstellten, die Frauen Zelte und Uniformen nähten und die Kinder Verbandzeug machten, nach dem damaligen Stand der Militärmedizin in erster Linie »Scharpie«, das waren mullartige Bausche aus zerzupften Leinwandresten. Sogar die Greise sollten mittun, nämlich »die Sammelplätze instandsetzen, den Mut der Krieger anfeuern, die Einheit der Republik preisen und den Haß gegen die Könige predigen«.

Zur Waffenerzeugung wurden staatliche Werkstätten eingerichtet. Das Organisationsgenie Carnot schuf die Möglichkeiten, um Armeen zu rekrutieren, auszurüsten und auszubilden. Indessen wurden Repräsentanten der Zivilgewalt, sogenannte Kommissare, laufend in die Operationsgebiete entsandt, um die

Kampfmoral der Truppen zu heben und den Nachschub zu überwachen. So begann die Republik mit fast einer Million Mann unter Waffen ihr Territorium vom Feind zu befreien: Jourdan besiegte den Herzog von Coburg im Oktober 1793 bei Wattignies, Hoche verfolgte den Gegner über die Vogesen, Kellermann eroberte Savoyen, die Spanier wurden über die Pyrenäen zurückgedrängt, und schließlich vertrieb Jourdans Sieg über Coburg bei Fleurus im Juni 1794 den letzten Soldaten der Koalitionsmächte über die Grenze.

Mittlerweile war es durch »Wirtschaftsterror« schließlich gelungen, Währungsspekulation und Inflation unter Kontrolle zu bringen. Die Assignaten, die im August 1793 auf 22 Prozent ihres Nennwertes gefallen waren, stiegen im November auf 33 Prozent und im Dezember auf 48 Prozent. Während jener Monate war zudem – trotz des Krieges! – die Nahrungsmittelversorgung der Bevölkerung in den Städten wahrscheinlich besser geregelt und gesichert als zu jedem anderen Zeitpunkt seit dem Herbst 1791. Auch weiterreichende soziale Maßnahmen wurden nicht völlig außer acht gelassen. Im Juli 1793 wurden die Schulden der Bauern an ihre früheren Grundherren durch einen Federstrich getilgt, womit die legislative Ausrottung des Feudalismus abgeschlossen war. Es gab einige, allerdings wenig energische Versuche, Kleinbauern zum gemeinsamen Erwerb von Grundbesitz der Emigranten anzuregen, der nun in kleineren Arealen versteigert wurde. Der Absicht nach vielleicht radikaler, aber ohne greifbare Resultate, waren die von Robespierre und Saint-Just angeregten späteren Verordnungen des Konvents, beschlagnahmten Besitz von »Verdächtigen« unter armen, bedürftigen »Patrioten« aufzuteilen – die Ventôse-Dekrete (Februar/März 1794). Noch vor dem Konvent plante der Wohlfahrtsausschuß bereits für die Zukunft, und zwar durch die Vorlage einer Reihe von Konzepten für das Schulwesen, die Industrie, das Zivilrecht und die staatliche Fürsorge. Einige dieser Projekte überlebten den Sturz ihrer Verfechter nicht, andere wurden in die Gesetzeswerke aufgenommen, welche einen Teil der Erbmasse der Revolution bildeten. Es ist kaum verwunderlich, daß der Wohlfahrtsausschuß bei gewissen Handlungen und Entscheidungen sogar den Beifall mancher seiner schärfsten Kritiker errang.

Aber um ihre Ziele zu verwirklichen, sahen sich die neuen Beherrscher Frankreichs viel eher durch logische Erwägungen und den Druck der Ereignisse als durch die Lehren der *philosophes* veranlaßt, sich von den wahllosen Regierungsmethoden ihrer Vorgänger zu distanzieren. Robespierres Konzept der von »einem einzigen Willen« geleiteten Autorität, im Juli eilig in großen Zügen festgelegt, gewann während des Herbstes allmählich Gestalt. Die Grundlage dazu war, wie schon erwähnt, bereits durch die Sondermaßnahmen geschaffen, mit denen man der Krise des März 1793 zu begegnen suchte. Andere Ausnahmeverordnungen waren im August und September gefolgt. Aber die Nation zu den Waffen zu rufen und den Hamsterern und Spekulanten einen gnadenlosen Kampf anzusagen, war eine Sache, die Durchführung der Bestimmungen zu erreichen oder zu erzwingen, war freilich ein anderes Kapitel. Während der Herbstmonate herrschte in einigen Departements bei der Abwicklung administrativer Aufgaben ein geradezu anarchischer Wirrwarr. Denn lokale Ausschüsse, *armées révolutionnaires* – viele davon ohne Billigung der Nationalversammlung formiert –, und mit außerordentlichen Vollmachten ausgestattet, zudem selbstherrliche »Prokonsuln« wie Fouché, Tallien und Carrier, neigten dazu, das Gesetz nach eigenem Gutdünken zu interpretieren und anzuwenden.*

Deshalb waren es mehrere Faktoren gemeinsam, nämlich die Erfordernisse der Kriegführung und die Gewährleistung inneren Friedens und öffentlicher Ordnung, die – ganz unabhängig von persönlichen Motiven – bei Robespierre und dessen engstem Kreis den Entschluß reifen ließen, durch weitere Sonderverordnungen ihre Kontrolle in Paris zu verstärken. Natürlich konnten solche Maßnahmen, sollten sie wirksam sein, kaum mit den liberal-demokratischen Bestimmungen der Verfassung aus dem Juni 1793 im Einklang stehen. Am 10. Oktober wurde der Konvent bewogen, den ersten Schritt durch folgende Erklärung zu tun: »Die provisorische Regierung Frankreichs ist bis zum Frieden revolutionär.« Dieser programmatische Satz verlieh den Sonderverordnungen längere Gültigkeitsdauer, und die demokratische Verfassung von 1793 wurde, zumindest bis auf weiteres, in die Schreibtischlade gelegt.

* R. C. Cobb: *Les Armées révolutionnaires*, 2. Bd.

Doch aus diesem Faktum den Schluß zu ziehen, daß eine solche Kursänderung schon seit geraumer Zeit beabsichtigt war und daß die Revolutionsregierung damit dem lange gehegten Wunsch der jakobinischen Führer entsprach, das hieße, ihre Prinzipien und die Entwicklung ihrer Politik falsch zu deuten. Wir haben keine Möglichkeit, festzustellen, ob diese Männer ehrlich hofften, die Verfassung nach dem Kriegsende in Kraft zu setzen. Aber wir wissen sehr wohl, daß nicht sie, sondern ihre Nachfolger die Verfassung schließlich in der Versenkung verschwinden ließen und deren Befürworter ächteten. Sicherlich, Marat hatte schon lange eine Ein-Mann-Diktatur nach römischem Vorbild gefordert, doch ihn kümmerten differenzierte philosophische Auffassungen wenig, zudem war er bereits von der politischen Bühne abgetreten, allerdings unter dramatischen Umständen. Am 13. Juli 1793 traf ihn im Badezuber der tödliche Dolchstoß der jungen Charlotte Corday, die mit diesem Attentat die Opfer der Schreckensherrschaft rächen wollte. Robespierre und die anderen Führer waren für die Lehren der Philosophen der Aufklärung sehr empfänglich, und diese rieten nicht zu einer Diktatur oder einer »revolutionären« Regierung, sondern zu der Teilung in eine starke Legislative und eine schwache Exekutive und zum Prinzip der »Gewaltentrennung«.

Rousseaus Schriften über das Staatswesen und über den »gemeinsamen Willen« mögen allerdings ein Argument bieten. Hatte er nicht zu verstehen gegeben, daß es nötig werden könnte, »Menschen zu ihrer Freiheit zu zwingen«? Aber weder bei Rousseau noch bei Montesquieu war ein Rezept für jenes Regierungssystem zu finden, das durch das Gesetz vom 4. Dezember 1793 rechtskräftig wurde – ein System wohlgemerkt, das in der damaligen Situation vom Marais ebenso bereitwillig akzeptiert wurde wie von den Montanen. Die beiden Gremien, der Sicherheitsausschuß und der Wohlfahrtsausschuß, die ihre Autorität einzig und allein vom Konvent herleiteten, wurden mit der vollen Exekutivgewalt ausgestattet. Dem Sicherheitsausschuß wurde die Verantwortung für die Polizei und die innere Sicherheit übertragen. Demgemäß sollten auch das Revolutionstribunal und die Tätigkeit der lokalen Überwachungs- und Revolutionskomitees in seine Kompetenz fallen. Der Wohlfahrtsausschuß hatte viel weiterreichende Vollmachten: die

Kontrolle der Minister und der Generale, die Agenden der Außenpolitik sowie die Säuberung und Beaufsichtigung lokaler Regierungsinstanzen. De facto wurde die Verlagerung der Autorität und die Zentralisierung der Regierungsgewalt weniger auf Kosten des Konvents als auf die der Departements und Gemeinden erzielt.

Lediglich in einem Punkt erlitt die Volksvertretung eine scheinbare Autoritätseinbuße: durch die Schmälerung der Unabhängigkeit der »Repräsentanten in besonderer Mission«, die der Konvent seit dem April aussandte. Sie wurden nun der rigorosen Kontrolle durch den Wohlfahrtsausschuß unterworfen. Aber die Aktionsfreiheit der lokalen Behörden wurde erheblich eingeschränkt. Den Departements blieben die reinen Routinefunktionen, die Distrikte erhielten die Kompetenz für die Durchführung revolutionärer Verordnungen, und die *procureurs* der Departements und der Gemeinden wurden durch »Nationalagenten«, die der Zentralregierung unterstellt waren, ersetzt. Die Selbständigkeit der Stadt Paris, lange Zeit der Hauptstützpunkt der Jakobiner in ihrem Kampf um die Macht, wurde weiter eingeengt. Die Kommune verlor das Recht, Kommissare in die Provinzen zu entsenden und konnte nicht mehr völlig nach eigenem Ermessen über die Nationalgarde verfügen, auch wurden die Revolutionskomitees der Sektionen an die Weisungen des Sicherheitsausschusses gebunden. Der Terror blieb, doch sollte er künftig »institutionalisiert« und vom Zentrum aus gesteuert werden. Dies bedeutete das Ende der Anarchie, aber auch den Anfang vom Ende der Initiativen breiterer Bevölkerungsschichten.

So war letztlich eine starke Regierung auf den Plan getreten, und es ist zweifelhaft, ob ohne sie die Leistungen der Republik möglich gewesen wären. Doch schon ihrem Wesen nach mußte sie fast zwangsläufig frühere Anhänger wie benachteiligte Gruppierungen zu einmütigem Protest herausfordern. Die Opposition erhob sich zunächst aus den Reihen der Jakobiner und ihrer Bundesgenossen im Cordeliers-Klub. Aber dies war keineswegs eine geeinte Front, sie spaltete sich vielmehr bald in zwei einander befehdende Lager. Die Gegnerschaft vom rechten Flügel sammelte sich um Danton und die sogenannte Partei der *indulgents*, der Duldsamen, die der Linken um Hébert und die

Anführer der Pariser Kommune und des Cordeliers-Klub. Danton, der bei den Umbesetzungen am 10. Juli aus dem Wohlfahrtsausschuß entlassen worden war, zog sich vorerst mit seiner neuen Frau auf sein Landgut in Arcis-sur-Aube zurück und schien nach seiner Niederlage in der Stille Abstand zu den Dingen gewinnen zu wollen. Doch von alten Freunden – unter ihnen der Journalist Camille Desmoulins – neuerlich angefeuert, kehrte er im November in die Hauptstadt zurück und setzte sich an die Spitze einer Gruppe, die abwechselnd als *pressure group* und als organisierte Opposition innerhalb des Konvents auftrat. Soweit die Dantonisten überhaupt ein präzises politisches Programm hatten, bestand es in der Absicht, die Revolutionsregierung aufzulösen, die Aktionsfreiheit der lokalen Behörden wiederherzustellen, die Maschinerie des Terrors abzubauen, die Volkswirtschaft von den Kontrollmechanismen zu entlasten und Friedensverhandlungen einzuleiten – als ersten Schritt zu einer Trennung Englands von den kontinentaleuropäischen Koalitionspartnern.

Sie gingen je nach »Kompetenz« vor: Danton selbst war ihr Sprecher in Fragen der Verwaltung und der höheren Politik, Desmoulins gründete eine neue Zeitung *»Le Vieux Cordelier«*, in der er sich für größere »Milde« und die Freilassung von »Verdächtigen« einsetzte, während andere, die vielleicht praktischer veranlagt waren, ihre Geringschätzung der Wirtschaftslenkung dadurch bewiesen, daß sie sich in allerlei fragwürdige Geldgeschäfte einließen.

Zum Unterschied von den Dantonisten hatte die linke Opposition im Konvent nur eine schwache Gefolgschaft. Ihre wichtigsten »Werbebezirke« waren der Cordeliers-Klub, die Pariser Kommune, die *armées révolutionnaires* und die Klubs und Sektionen, wo sie unter den Militanten weiterhin einen beträchtlichen Anhang hatten. Ihre Hauptrivalen im Kampf um die Gunst der Massen, die Enragés, hatten die Anführer der Jakobiner bereits ausgeschaltet, z. T. durch die Verhaftung der Spitzenpersönlichkeiten. Jacques Roux hatte im Oktober im Gefängnis Selbstmord begangen. Seitdem hatte Hébert dessen Programm übernommen und seinem eigenen integriert. Tagaus, tagein rief er in seinem vielgelesenen, wunderlichen Presseorgan *»Le Père Duchesne«* nach einer energischeren Fortsetzung des Krieges und einem häufigeren Einsatz der Guillotine gegen Hamsterer und Spekulanten, gegen jene Kaufleute, die, wie er mit großer Berechtigung behauptete, durch ihre anfechtbaren Machenschaften die Anwendung der vom Konvent verfügten Preiskontrollen hintertrieben.

Hébert und sein Adlatus Chaumette betätigten sich im Verein mit Fouché auch als Anstifter einer Hetzkampagne gegen den christlichen Glauben in Paris und in den Provinzen. Während die Gesetzgebende Versammlung ihre Repressalien im allgemeinen auf den »eidverweigernden« oder »widerspenstigen« Teil des Klerus beschränkt hatte, geriet nun auch die Konstitutionelle Kirche unter Beschuß. Im Verlauf der »Entchristianisierungs«-Welle, die sich von Paris und dem Departement Nièvre aus – wo sich Chaumettes Gefolgschaft konzentrierte – ausbreitete, wurden Kirchen generell geschlossen, Priester und Bischöfe zum Rücktritt gezwungen, und unter Gesängen erhoben die Bürger die »Göttin der Vernunft« in der Kathedrale Notre Dame feierlich auf den Thron. Wahrscheinlich zielte die Agitation der Hébertisten anfangs eher darauf ab, die Jakobiner und den Konvent zu energischerem Handeln anzuspornen, als deren Macht zu usurpieren. Aber das Gesetz vom 4. Dezember, durch das die Autorität der Auschüsse auf Kosten der Kommune ausgeweitet wurde, die Denunziationen der Dantonisten und die wachsende Feindschaft Robespierres trieben sie allmählich zu immer unverhüllterer Opposition.

Auch die Sansculotten hatten ihre Gründe, gegen die neuen Maßnahmen der Regierung Einspruch zu erheben. Denn diese waren zum Teil gegen sie selbst gerichtet. Die Sansculotten waren zu einer Kraft geworden, mit der die Machthaber rechnen mußten, entweder als Verbündete oder als Widersacher. Durch einige Säuberungswellen hatten die Pariser Sektionen und die Kommune nach und nach ihr einstiges soziales Gepräge wiedererlangt. Während dieser Phase der Revolution stellten kleine Gewerbetreibende, Händler und Handwerker fast zwei Drittel der Mitglieder lokaler Komitees, und von den 132 Räten der Kommune entstammten 93 ähnlichen Berufszweigen.*

* Siehe A. Soboul: *Les sans-culottes parisiens en l'an II*, Paris 1958, S. 444–445, und P. Sainte-Claire Deville: *La Commune de l'an II*, Paris 1946, S. 42ff.

In manchen Provinzstädten mag der Anteil der Sansculotten in den lokalen Regierungsausschüssen noch höher gewesen sein.*

Dieses Verhältnis schuf problematische Meinungsverschiedenheiten, denn es ist begreiflich, daß die politischen Anschauungen und sozialen Bestrebungen solcher Männer trotz vieler Gemeinsamkeiten in wichtigen Punkten von jenen der Begüterten, Anwälte, Lehrer, Ärzte und Kaufleute abwichen, die im Konvent saßen, oder sogar von den Maximen der bescheidenen Advokaten, Händler und Staatsbeamten, die in den Jakobinerklubs und -gesellschaften der Provinzen weitgehend den Ton angaben.**

Während sowohl das Plenum als auch die Montanen nun für eine starke Regierung waren, um die Feinde der Revolution zu vernichten und den Krieg zu gewinnen, bekannten sich die Sansculotten zu der abgetanen Verfassung von 1793. Sie waren felsenfest davon überzeugt, daß die Souveränität des Volkes vor allem in den unteren Gremien und daher in den Pariser Sektionen ihren Ausdruck finde, und sie forderten den häufigen Wechsel der Deputierten, die ihren Wählern stets Rechenschaft schuldeten. Bei solchen Standpunkten konnte es kaum ausbleiben, daß sie die These der Jakobiner anfochten, »bis auf weiteres« die Entscheidungen im Sinn des »gemeinsamen Willens« einzig und allein dem Konvent und dessen Ausschüssen zu überlassen.

Andererseits ergaben sich gerade in manchen Fragen merkwürdig konträre Auffassungen: Die Jakobiner und der Konvent – sogar einschließlich der Anhänger Robespierres – hielten Kontrollen und staatliche Lenkung der Volkswirtschaft nur als außerordentliche, befristete Maßnahmen für vertretbar, den Sansculotten hingegen schienen sie die Gewähr für Sicherheit und sozialen Frieden auf längere Sicht zu bieten. Im September hatte eine Pariser Sektion sogar eine fixe Höchstgrenze für Einkünfte und Umfangsbeschränkungen für Unternehmen und landwirtschaftliche Anwesen gefordert. Und während die Jakobiner als Arbeitgeber und Mitglieder von Parlaments- und Re-

* Siehe N. Hampson: *A Social History of the French Revolution*, 1963, S. 209 ff.
** C. Craine Brinton: *The Jacobins*, Neuausg. New York 1961, S. 46–72, Anhang II.

gierungsausschüssen daran interessiert waren, den Anstieg der Löhne einzudämmen, hatten die Lohnempfänger unter den Sansculotten – besonders zahlreich in Paris – alle Motive und infolge des Arbeitskräftemangels während des Krieges auch alle Möglichkeiten, mit ihren Lohnforderungen bis zum Äußersten zu gehen. So begann gegen Ende des Jahres 1793 das alte Bündnis zwischen den Jakobinern und den Volksmassen brüchig zu werden.*

Zunächst waren es die Aktionen der Hébertisten, welche für die Jakobiner die größte Gefahr brachten. Die Umtriebe der »Entchristianisierer« in Paris und in den Provinzen machten ihnen erhebliche Sorgen. Es war für sie schon schwierig genug, die Ausbreitung des Bauernaufstands im Westen zu verhindern, und all dies wurde noch problematischer, wenn sie befürchten mußten, daß viele nach wie vor gläubige Franzosen, empört über die gehässigen Angriffe gegen die Priester und die Schließung der Kirchen, in die Arme der gegenrevolutionären Bewegung getrieben würden. Als die Kommune im November alle Andachtsstätten in Paris schloß, konterte Robespierre damit, daß er Fouché, Chaumette und deren Genossen als Atheisten und Abtrünnige anprangerte und eine Rückkehr zu dem vom Konvent gewährten Recht auf freie Religionsausübung forderte. Der eilig aus Arcis herbeigeholte Danton, der eine Chance sah, einen Keil zwischen Robespierre und dessen beide einstige »hébertistische« Gefährten Collot d'Herbois und Billaud-Varenne zu treiben, beteiligte sich an der Fehde. So entbrannte ein schwer überschaubarer, abwechselnd im Jakobinerklub, im Konvent und den beiden Regierungsausschüssen ausgefochtener Kampf nach drei Seiten, in dessen Verlauf die Sprecher der Regierung mit Robespierre als Spiritus rector je nach der Lage der Dinge in der einen oder anderen Fraktion Verbündete zu werben suchten, wobei sie sich aber häufiger Danton und den *indulgents* näherten, um die Linke zu schwächen und auszuschalten.

Dadurch ermutigt, intensivierten die *indulgents* ihre Kampagne. Ihre immer schärferen Attacken, namentlich gegen Desmoulins in *»Le Vieux Cordelier«* zwangen Robespierre, mit den

* Ausführliche Darstellung in Soboul: *Les Sans-culottes parisiens en l'an II;* und auf die Provinzen bezogen Cobb: *Les Armées révolutionnaires,* II. Bd.

Dantonisten zu brechen und sich gegen beide Gruppen zu wenden. Zudem war ein Mann aus der Führungsgruppe Dantons, nämlich Fabre d'Eglantine, für schuldig befunden worden, in gewinnsüchtiger Absicht ein auf die Ostindien-Compagnie bezogenes offizielles Dekret gefälscht zu haben. Und letztlich gefährdeten Dantons eigene Bemühungen um eine Beendigung des Krieges die militärischen Entscheidungen der Regierung.

Die Reaktion auf all diese Querschüsse war die fast gleichzeitige Vernichtung beider Gruppen. Anfang März versuchten Hébert und seine Bundesgenossen aus dem Cordeliers-Klub durch die Androhung eines neuerlichen Aufruhrs nach dem Muster der Unruhen vom Juni und September 1793 das Tempo zu forcieren. Doch das war eher ein Verzweiflungsschritt als eine Geste der Stärke, da sie zu diesem Zeitpunkt die Kommune und die Sektionen nicht mehr fest in der Hand hatten. Die Verschwörer wurden verhaftet und am 25. März guillotiniert. Chaumette folgte ihnen drei Wochen später aufs Schafott. Damit war auch Dantons und Desmoulins' Schicksal besiegelt, denn ihre Schonung nach der Eliminierung Héberts hätte zu einer Verschiebung nach rechts und zum Sturz des Ausschusses geführt. Robespierres persönliche Sympathien für Desmoulins ließen ihn bei der Unterzeichnung des Todesurteils zögern. Aber Saint-Just, Collot und Billaud fegten seine Skrupel beiseite, und nach einem raschen, schmählichen Verfahren wurden Danton und seine Kampfgefährten am 5. April 1794 hingerichtet. Den Tod vor Augen, prophezeite Danton seinem Erzfeind mehrmals den baldigen Untergang, zuletzt auf dem Blutgerüst. Als ihn ein Henkersknecht festschnallen wollte, sagte er: »Ein Riemen genügt. Heb dir den zweiten für Robespierre auf!«

Dantons Opferung erregte zwar bei früheren Freunden im Konvent Abscheu, bewirkte aber in den Sektionen oder unter den Sansculotten keinerlei Protestbewegung. Auch Héberts Ende wurde ruhig hingenommen. Es herrschte eher Apathie als Zorn und Empörung. Dennoch verhieß diese Stille Unheil. Hébert hatte zwar nicht die Liebe der Massen gehört wie einst Marat, aber er war ein vertrautes Sprachrohr für die aufgepeitschte Psyche und die vorgefaßten Meinungen des Volkes gewesen, und seine Beseitigung zerriß das Band zwischen den Sansculotten und der Kommune, die nun gesäubert und zu einem Stützpunkt Robespierres umorganisiert war. Außerdem erfolgte zugleich mit Héberts Sturz ein gezielter Schlag gegen jene Institutionen des Volkes, in denen sein Einfluß am stärksten spürbar war. Nach ihren Ablegern in den Provinzen wurde auch die Pariser *armée révolutionnaire* aufgelöst, ebenso die Komitees zur Fahndung nach Hamsterern und bald die meisten »Volks«-Gesellschaften in den Sektionen, die, anders als die ursprünglichen *sociétés populaires*, der strikten Lenkung und Kontrolle durch den Jakobinerklub entzogen waren. Da sich die Revolutionskomitees bereits fest im Schlepptau des Sicherheitsausschusses befanden, war abzusehen, daß die Sektionen selbst nicht mehr lange als Foren freier Meinungsäußerung und als Aktionsbereiche der Sansculotten dienen würden. Nach und nach wurden sie zu bloßen Handlangern für Direktiven der Jakobiner und Entscheidungen der Regierung. Saint-Just beobachtete diese Veränderungen und resümierte sie in dem Satz: »La Révolution est glacée.« – Die Revolution ist erstarrt.

Bei den politisch geknebelten Sansculotten riefen die wirtschaftlichen Maßnahmen der Staatsführung gesteigerte Erbitterung hervor. Die zunächst mit Begeisterung aufgenommenen *Maximum*-Gesetze hatten sich als Enttäuschung erwiesen. Einige Zeit blieben die Preise zwar stabil. Aber in einem Land, in dem Kleinerzeuger und ebensolche Verteilerapparate vorherrschten, konnten diese Gesetze nur durch weitere Zwangsmaßnahmen und Repressalien zur Anwendung gebracht werden. Doch die Regierung, die ängstlich darauf bedacht war, sich die Anhängerschaft der Bauern, Händler und Fabrikanten zu erhalten, zeigte sich nicht zu drastischen Schritten bereit. Deshalb wurde bei den kleinen und den großen Güterproduzenten die Gesetzesübertretung bald allgemein üblich, und die Händler ihrerseits wälzten die sich daraus ergebenden höheren Preise auf die Verbraucher ab. Die Sansculotten als Durchschnittskonsumenten reagierten mit roher Gewalt, sie demonstrierten gegen Metzger und Lebensmittelhändler und forderten schärfere Kontrollen. Im Januar standen die Behörden vor der Wahl, entweder gegen die Gesetzesbrecher unter den Erzeugern und Händlern mit drakonischen Mitteln vorzugehen oder offiziell die Bestimmungen zu lockern –, und zwar zuungunsten der protestierenden Bevölkerung.

Auf Barères Betreiben entschieden sie sich für letzteres. Gegen Ende März wurde ein erweitertes *Maximum* veröffentlicht, das die rechtliche Deckung für die Erhöhung der Preise und der Gewinnspannen bot. Währungsspekulanten durften sich wieder offen zeigen, und die Assignaten sanken bis zum Juli auf 36 Prozent ihres Nominalwertes. Die Folge davon war, daß es auf den Märkten wieder zu erregten Szenen kam, und die Beschimpfungen und Verwünschungen, die die Leute den Händlern und Spekulanten entgegenschleuderten, galten zum Teil auch den Jakobinerführern.

Aber es sollte noch schlimmer kommen. Das *Maximum*-Gesetz vom September 1793 bot die Handhabe, nicht nur die Preisgebarung, sondern auch die Löhne bei einer bestimmten Höchstgrenze abzubremsen. Unter den gegebenen Umständen bedeutete dies, daß die lokalen Behörden dazu angehalten wurden, die Löhne auf dem Stand von 1790 mit einem maximal 50prozentigen Zuschlag einzufrieren. Dies war in vielen Distrikten geschehen, wo man kaum mit aktivem Widerstand der Arbeiter rechnen mußte, nicht aber in Paris, wo die Löhne seit den Zeiten vor der Revolution auf das Doppelte und Dreifache gestiegen waren, und wo die Kommune, solange die Hébertisten am Ruder waren, kaum die Absicht hegte, diese gesetzlichen Bestimmungen anzuwenden.

Die Regierung selbst war jedoch für die Lohnpolitik in den staatlichen Werkstätten kompetent und hatte für die in den Rüstungsbetrieben und anderen Fabriken Beschäftigten neue, auf Grund der Erfahrungen etwas gemäßigte Staffelungen eingeführt. Um zu verhindern, daß die Löhne in der Privatindustrie der Kontrolle entglitten, war die Regierung des öfteren gegen Arbeiterzusammenschlüsse nach der Lex Le Chapelier vorgegangen und hatte Streikende sogar vor das Revolutionstribunal gestellt. Doch die schwererwiegenden Probleme blieben bestehen, und selbst nach dem Sturz Héberts zögerte die Kommune viele Wochen, ehe sie sich zu dem bedenklichen Schritt entschloß, die laufenden Einkünfte eines großen Teils der Pariser Bevölkerung auf die Hälfte oder noch weniger herabzusetzen. Als sie schließlich den entscheidenden Schritt wagte und am 23. Juli die neuen Tarife veröffentlichte, war dies ein sehr ungünstiger Zeitpunkt, und die Feindseligkeit der Lohnempfänger spielte zweifellos eine Rolle bei Robespierres Sturz, der wenige Tage später erfolgte.

Robespierre und seine Anhänger hatten seit einigen Wochen im Konvent und in den regierenden Ausschüssen zusehends an Terrain verloren. Obwohl der Konvent die sukzessiven Säuberungen von Girondisten und Dantonisten ohne besondere Einwendungen hingenommen hatte, löste ihre Entmachtung unterschwellige Befürchtungen und Widerstände aus, die bei einer weiteren Krise offen zutage treten mußten. Diese wurden durch das Gesetz vom 22. Prairial (10. Juni 1794) und die Geschwindigkeit, mit der es in der Versammlung durchgepeitscht worden war, neuerlich geweckt. Dieses Gesetz, das Robespierre und Couthon nach einem mißlungenen Attentat auf ihn selbst, Robespierre, und Collot, konzipiert hatten, sah eine Beschleunigung der Verfahren des Revolutionstribunals vor und entzog dem Angeklagten den Beistand eines Verteidigers. Doch viele Deputierte erblickten darin auch eine Bedrohung ihrer parlamentarischen Immunität. Es war dieses Gesetz, das die Lawine der »Großen Schreckensherrschaft« ins Rollen brachte, der in Paris fast 1300 der insgesamt 2600 Guillotinierten zum Opfer fielen.

Aber noch nachhaltiger dürfte sich bei der Verschlechterung der Beziehungen zwischen Robespierre und den Deputierten des Plenums der am 26. Juni bei Fleurus errungene Sieg ausgewirkt haben. Mit diesem begann die Gegenoffensive, die die Invasoren zum Rückzug aus dem Gebiet der Republik zwang, der Weg nach Belgien war wieder frei.

Nun wurde, zunächst hinter vorgehaltener Hand, die Frage gestellt: Warum weiterhin eine Politik des Terrors und der Entbehrungen, die notgedrungen in einer Krisensituation eingeschlagen worden war, warum also diesen Kurs beibehalten, wenn die Krise überwunden war? Außerdem war die Gefahr von links beseitigt, die »Wilden« der Kommune waren zum Schweigen gebracht, den Sansculotten waren die Flügel gestutzt, ihre Führer saßen im Gefängnis. Die Allianz hatte also ihren Sinn verloren, sie begann brüchig zu werden, und das gute Einvernehmen zwischen den Bündnispartnern verkehrte sich in Abneigung und Mißtrauen –, um so mehr, da Robespierres Feinde Gerüchte verbreiteten, er und seine Gruppe dächten nicht im entferntesten daran, die rigorose Linie des revolutionären Regierungsstils zu lockern, sondern planten weitere Ächtungen und arbeiteten auf die Errichtung der Diktatur eines Triumvirates hin.

Indessen war es zu tieferen Spaltungen in den Regierungsgremien gekommen, innerhalb des Wohlfahrtsausschusses sowohl, als auch in den Beziehungen zwischen den beiden Körperschaften. Seit dem Gesetz vom Dezember 1793, das ihre Kompetenzen festlegte, hatten sich in der Praxis immer gewisse Überschneidungen ergeben. Nominell war der Sicherheitsausschuß für alle Polizei- und Sicherheitsfragen zuständig, doch der Wohlfahrtsausschuß hatte das Recht auf Zutritt zum Revolutionstribunal. In neuer Zeit bedingten die unklaren Abgrenzungen ernstlichere Schwierigkeiten, als der Wohlfahrtsausschuß im April sein eigenes Polizeidepartement zur Verfolgung von Amtsmißbrauch im Bereich der staatlichen Verwaltung schuf. Diese Entscheidung lenkte unweigerlich den Grimm der Mitglieder des rivalisierenden Sicherheitsausschusses gegen Robespierre und Saint-Just, die dem neuen Departement ihre besondere Aufmerksamkeit zuwandten. Wie wir bereits wissen, stammte der Entwurf des Gesetzes vom 22. Prairial von Robespierre und Couthon, und in ihrem Bestreben, den Antrag rasch einzubringen, hatten sie es unterlassen, jene Stellen zu konsultieren, die sich als für die Durchführung unmittelbar zuständig betrachteten.

Der Sicherheitsausschuß übte auf seine Weise Rache: Indem er im Juni und Juli Scharen von Opfern zur Richtstätte karrte, trug er selbst zu jener *nausée de l'échafaud* – der Abscheu vor der Guillotine – bei, die nach Meinung breitester Kreise auf die bekanntesten Politiker zurückfiel. Außerdem hatte Robespierre in seiner Begeisterung für eine Bürgerreligion nach Rousseauschem Vorbild dem Konvent dringend nahegelegt, seine eigene Schöpfung, den Kult des »Höchsten Wesens«, zu sanktionieren (7. Mai 1794), eine Maßnahme, die darauf abzielte, »Atheisten« und »Fanatiker« zu beunruhigen, aber den Glaubensbedürfnissen des Gros der religiös eingestellten Revolutionäre, ob christlichen oder anderen Bekenntnisses, eine neue Idee zu bieten. Die Frage nach der möglichen Entwicklung dieser Ersatzkonfession erübrigt sich, denn der Kult verschwand zwei Monate später zusammen mit seinem Schöpfer, doch die spontane Reaktion darauf war heftige Ablehnung durch die »Entchristianisierer« und die Deisten voltairescher Prägung, die ein Wiederaufleben katholischen Zelotentums befürchteten und Robespierre verdächtigten, er wolle sich zum »Papst« einer neuen Religion aufschwingen. Zu diesen Kritikern zählten Amar und Vadier, beide Mitglieder des Sicherheitsausschusses.

Innerhalb des Wohlfahrtsausschusses wurde seit dem Mai ein Konflikt der Grundsätze und der Persönlichkeiten ausgetragen. Zwischen Carnot und Saint-Just waren erbitterte Fehden über die Führung der militärischen Operationen ausgebrochen. Carnot beschuldigte Saint-Just, der erfolgreich als Kommissar bei der Elsaß- und der Nord-Armee gewirkt und in der Schlacht bei Fleurus eine wichtige Rolle gespielt hatte, der Überschreitung seiner Kompetenzen. Die »Praktiker« Carnot und Lindet, die eher zu den Gemäßigten gehörten, stießen immer heftiger mit den »Ideologen« Robespierre, Couthon und Saint-Just zusammen, denen sie allzu große Nachsicht mit den Sansculotten vorwarfen. Lindet z.B. lief gegen die Ventôse-Gesetze Sturm, Robespierre seinerseits geriet immer mehr in Widerspruch zu den Anschauungen der »Terroristen« Billaud und Collot, die weiterhin ihre Sympathien für die »Hébertisten« unverhohlen zeigten. Collot war Fouchés Helfer bei der grausamen Befriedung von Lyon gewesen und unterhielt enge Verbindungen zu einer Gruppe anderer »Terroristen«, die ähnliche Gewalttaten verübt hatten – Barras und Fréron in Toulon, Tallien in Bordeaux und Carrier in Nantes. Als sich die Krise innerhalb des Ausschusses zuspitze, fanden es die Männer, die die Feindschaft Robespierres fürchteten, da er einige von ihnen für ihre Exzesse zur Verantwortung ziehen ließ, opportun, sich um Billaud und Collot zu scharen und sich gemeinsam gegen ihre Ankläger zur Wehr zu setzen.

Bis Ende Juni war die Atmosphäre im Wohlfahrtsausschuß bereits so gespannt und von Mißtrauen und Hader vergiftet, daß Robespierre angewidert den Sitzungen fernblieb und seine Tätigkeit auf seine Privatkanzlei in der Rue Saint-Honoré und das Forum des Jakobinerklubs beschränkte. Auf lange Sicht mußte diese demonstrative Geste das Mißtrauen gegen ihn noch steigern. Die Fronten verhärteten sich immer mehr, als er Barères

Vermittlungsangebot ablehnte und, offenbar ohne Ahnung von seinem schwindenden Rückhalt im Plenum, den Entschluß faßte, an den Konvent zu appellieren und gegen seine andersdenkenden Kollegen Beschwerde zu führen. So verteidigte er in einer langen Rede am 8. Thermidor (26. Juli 1794) leidenschaftlich sein Verhalten seinen Kritikern gegenüber und machte geltend, daß die Revolution noch einmal gerettet werden und die »Tugend« schließlich triumphieren könne, wenn nur ein letzter »chirurgischer« Eingriff durchgeführt werde – die Ausmerzung einer kleinen Gruppe »Befleckter«, über deren Identität er sich in Andeutungen erging, wiewohl er es beharrlich vermied, Namen zu nennen. Das war eine verderbliche Fehleinschätzung der Lage – oder aber ein bewußtes Spiel mit der Gloriole des Märtyrertums. Sei dem wie ihm wolle, Saint-Just, der einen Kompromiß anstrebte, schien diese Vorgangsweise lebhaft zu mißbilligen. Der Konvent hörte sich Robespierres Ausführungen schweigend an, verweigerte ihm aber die übliche Vergünstigung, seine Rede drucken zu lassen. Barère, schon immer eine Wetterfahne, schlug sich zu der neuen Mehrheit.

Am selben Abend fand die gleiche Ansprache den begeisterten Beifall der Jakobiner. Aber die Allianz aus gemäßigten Jakobinern, Plenum und »Terroristen«, bis auf weiteres durch gemeinsame Befürchtungen geeint, erwies sich als stärker. Während der Nacht stimmten die Bundesgenossen ihren Aktionsplan für die Konventssitzung des nächsten Vormittags ab. Saint-Just, der eine Rede vorbereitet hatte und sich erhob, um seinen Kollegen zu verteidigen, wurde niedergeschrien, Robespierre empfingen die Versammelten mit dem Ruf: »Nieder mit dem Tyrannen!« und ließen ihn nicht zu Wort kommen. Saint-Just, die beiden Brüder Robespierre und deren Schwager Lebas wurden verhaftet und unter strenger Bewachung in den Sicherheitsausschuß überstellt.

Doch selbst jetzt wäre ihre Sache vielleicht noch nicht verloren gewesen, hätten sich die Pariser Sektionen und ihre bewaffneten Einheiten zur Hilfe für die Jakobinerführer versammelt, wie im August 1792 und im Juni 1793. Nicht nur der Jakobinerklub, auch die Kommune trat weiterhin für die Verhafteten ein. Hanriot, Kommandeur der Nationalgarde und Anhänger Robespierres, entkam der Patrouille, die ihn ergreifen sollte, und der

Kerkermeister des Gefängnisses, in das Robespierre und seine Mithäftlinge eingeliefert wurden, weigerte sich, den Auftrag der Eskorte anzuerkennen. Die Gefangenen hätten also bei ihren Freunden von der Kommune Zuflucht suchen können.

Aber trotz der Saumseligkeit ihrer Gegner waren die Robespierristen nicht imstande, ihr Schicksal zu wenden, teils deshalb, weil ihnen selbst der Wille oder der Wunsch fehlte, eine Revolte anzuzetteln, vor allem aber, weil die Sansculotten nun, als es darauf ankam, kaum bereit waren, für eine Sache, an die sie nicht mehr glaubten, zu den Waffen zu greifen. Ganz gewiß mangelte es weder an Zeit noch an Gelegenheit, um Enschlüsse zu fassen. Im Lauf des Nachmittags und des Abends sandten die beiden gegnerischen Parteien, gestützt auf die Kommune bzw. den Konvent, an die Sektionen und die Nationalgardebataillone einander widersprechende Befehle, Drohungen, Beschwörungen und Deklarationen und appellierten an ihre Loyalität.

Einmal zogen, einem Anruf der Kommune folgend, mehr als 3000 Bewaffnete mit 32 Geschützen vor dem Rathaus auf. Aber ihnen fehlte die energische Führung, und als sich bei den Debatten in den Sektionsversammlungen und den Revolutionskomitees das Blatt gegen die Robespierristen wendete, verlief sich diese Streitmacht allmählich wieder. Inzwischen hatte der Konvent die »Verschwörer« für geächtet erklärt und mit dem Mandat des Konvents ausgestattet, stieß Barras auf keinerlei Widerstand, als er in den ersten Morgenstunden des 10. Thermidor (28. Juli) mit 6000 Mann vor dem Rathaus erschien, um die Gefangenen zwecks formeller Identifikation durch das Revolutionstribunal abzuführen.

Als die Soldaten eindrangen, fiel ein Schuß. Robespierre stürzte mit zerschmettertem Unterkiefer zu Boden. Es ist ungeklärt, ob er Selbstmord verüben wollte, oder von einem nervösen Musketier getroffen wurde. Man schaffte den Schwerverletzten in den Konvent, wo ihn ein Militärarzt operierte – völlig sinnlos, denn wenige Stunden später wurden zweiundzwanzig Verurteilte zur Hinrichtung auf die Place de la Révolution gekarrt. Robespierre war der vorletzte, dessen Kopf unter dem Beil fiel. Nach einjähriger Tätigkeit in einer hohen Position soll er ein Vermögen hinterlassen haben, dessen Summe nach heutiger

Umrechnung kaum mehr als 100 Pfund Sterling betrug. Dies war vielleicht typisch für ihn. Über den Verdacht der Bereicherung war dieser Mann ohne jeden Zweifel erhaben.

Am nächsten Tag folgten ihm 71 Räte der Kommune, die ebenfalls in die »Verschwörung Robespierres« verwickelt waren, auf die Guillotine. Diese Massenhinrichtung war der letzte große Holocaust der Revolution in Paris. Damit ging nicht nur ein Mann oder eine Gruppe, sondern auch ein ganzes System unter. Und die weitere Entwicklung nach dem Thermidor entsprach kaum den Wünschen und Erwartungen selbst der aktivsten Gegner Robespierres, ganz zu schweigen von der passiven Masse der Pariser Sansculotten.

IX Die Bürgerrepublik

Der Sturz Robespierres bewirkte einen Umschwung. Die Revolution ging zwar weiter, aber das Tempo verlangsamte sich, und die Republik – eine neue »Republik der Besitzenden« – lavierte durch eine Reihe von Krisen, bis Bonapartes Grenadiere sie beim Staatsstreich des Brumaire (9./10. November 1799) hinwegfegten.

Barère hatte, ebenso wie seine Gesinnungsgenossen, gehofft, daß alles seinen üblichen Lauf nehmen werde, sobald Robespierre beseitigt war. In einem Bericht an den Konvent am 28. Juli bezeichnete er die Ereignisse des 9. Thermidor als »ein Beben, das die Regierung unversehrt überstand«. Er begriff einfach nicht, welcher Art die Kräfte waren, die er gemeinsam mit anderen freigesetzt hatte. Es konnte keine Rede davon sein, daß die Revolution Fortschritte machte, sie machte vielmehr eine scharfe Rechtswendung – manche behaupteten sogar, sie sei völlig zum Stillstand gekommen. Binnen eines Monats war der Apparat der »revolutionären« Spitze kassiert oder umgebildet, und binnen eines Jahres waren Barère selbst und dessen Freunde aus der Zeit des Terrors als *»la queue de Robespierre«* – der Rattenschwanz des Robespierre – als Feinde abgestempelt unterwegs zur Teufelsinsel. Die Sansculotten wurden wieder einmal entwaffnet und ausgeschaltet, und nach einer Phase des Zögerns, versuchten die führenden Köpfe von 1795 zu den »Prinzipien von 1789« zurückzukehren.

Wie sich zeigte, waren es nicht die letzten versprengten Jakobiner, sondern Gruppen aus dem Marais, welche die Nachfolge Robespierres antraten. Neue Männer drängten in den Vordergrund: Boissy d'Anglas, der unentwegte Verfechter einer Umkehr zu der Regierung durch »Besitzende«, auch Gladiatorentypen und »geläuterte« Terroristen wie Barras, Tallien und Fréron, und zwei Anwälte, Merlin aus Douai und Merlin aus Thionville. Sieyès tauchte wieder aus dem Marais auf, nachdem er während der Monate der jakobinischen Schreckensherrschaft »nur existiert« hatte, wie er sagte. Und kurze Zeit übten Cambon, der Finanzexperte des Jakobinerkonvents, und Lindet als Gegner Robespierres einen gewissen Einfluß aus, doch bald fielen sie, wie viele andere, wegen ihrer einstigen belastenden Verbindungen in Ungnade. Später erhielten diese Gruppen Zuzug von 75 vormaligen Girondins, die Robespierre vor der Guillotine bewahrt hatte, und einer Handvoll Royalisten, die alle in den Konvent zurückkehrten. Sie bemühten sich, dort einen rechten Flügel zu bilden. Indessen formierten die durch die Säuberungen des 9. Thermidor und die Abgänge zum Marais geschwächten Montanen eine von weiterem Schwund bedrohte, schweigende Fraktion auf dem linken Flügel.

Die Vertreter des Marais gingen also als Sieger des Thermidor hervor. Unter ihnen gab es Idealisten und »Ideologen«. Aber in der Mehrheit waren sie nüchtern denkende Männer, für welche die Revolution ein einträgliches Geschäft bedeutet hatte. Sie hatte ihnen Autorität und Rang verschafft. Viele hatten sich durch den Aufkauf von »Nationalbesitz« bereichert, andere durch lukrative Staatsaufträge – eine Entwicklung, der die Annexion der angrenzenden Gebiete neue Möglichkeiten eröffnen sollte. Als Königsmörder waren sie republikanisch gesinnt und fürchteten eine Restauration – selbst die einer konstitutionellen Monarchie. Ihre Vorwürfe gegen die Anhänger Robespierres betrafen weniger die Tatsache, daß diese die Nation für den Krieg mobilisiert und ein Terrorregime aufgerichtet hatten, sondern daß sie die soziale Demokratie verfochten, den Sansculotten zuviel Spielraum gewährt und sich Eingriffe in das Privateigentum und die Freiheit des Marktes geleistet hatten. Nach Robespierres Sturz verfolgten die neuen Männer daher die Ziele, die Maschinerie der jakobinischen Diktatur abzubauen, dem – nun sinnlos gewordenen – Terror Einhalt zu gebieten, die Sansculotten wieder in ihre Schranken zu verweisen, zu einer liberaleren Wirtschaftsordnung zurückzukehren und den Krieg siegreich zu beenden. Außerdem hofften sie, daß das neue Regime mit der energischen, freiwilligen Unterstützung durch die »Patrioten von 1789« gefestigt werden könne.

Aber gerade diese Erwartung erwies sich als zu optimistisch, und zwar infolge der Spaltungen unter den »Patrioten« und des Auftretens eines neuen, fragwürdigen »Verbündeten« von außerhalb des Konvents. Nach dem Thermidor entbrannte ein politischer Dreifrontenkampf in den Pariser Sektionen, die sich nun in Gemäßigte, Neo-»Héberisten« und Jakobiner teilten. Die Gemäßigten – in der Majorität – identifizierten sich im allgemeinen mit den Bestrebungen des Marais. Die Neo-»Hébertisten«, deren Feindschaft gegen Robespierre sie in die Arme von dessen thermidorianischen Widersachern getrieben hatte, gründeten einen Wahlmännerklub, von dem aus sie die »revolutionäre« Regierung angriffen und nach der Anwendung der Verfassung von 1793 riefen. Damals gehörten zu ihren Wortführern Jean Varlet, der einstige Enragé, und Gracchus Babeuf, Herausgeber des *»Tribun du Peuple«*. Indessen distanzierten sich die Jakobiner zwar von ihrer früheren Gefolgstreue zu Robespierre, verfochten aber weiterhin die »revolutionären« Prinzipien und Methoden von 1793/94. Sie beherrschten etwa acht bis zehn Sektionen, und zwei Monate nach dem Thermidor setzten sie die Bestattung der Leiche Marats im Pantheon durch.

Aber ihre Erfolge waren von kurzer Dauer. Durch die Entzweiung der »Patrioten« ermutigt, stürzte sich eine neue Gruppe ins Getümmel: die *jeunesse dorée*, auch *muscadins* genannt, was im Französischen einfach Stutzer, Laffen bedeutet. Ihr Führer war der »bekehrte« Terrorist Fréron, sie rekrutierten sich aus der Jugend der Mittelschicht, Schreibern aus Banken und Anwaltskanzleien, Handlungsgehilfen, Deserteuren und Söhnen der »Verdächtigen« und der Opfer der Guillotine – Kinder der Revolution. In Banden vereinigt unternahmen sie Vorstöße in die dichtbevölkerten Bezirke, verprügelten jakobinische Arbeiter, riefen Parolen gegen die Schreckensherrschaft und übertönten die *»Marseillaise«* mit ihrem eigenen Kampflied *»Réveil du Peuple«*. Diese Umtriebe lösten in den Sektionen eine wahre Hexenjagd auf wirkliche und angebliche Jakobiner und »Terroristen« aus. Es kam zu mehreren Säuberungswellen. Die Gemäßigten erlangten die Kontrolle über die Sektionen zurück, und unter dem Druck der aufgeputschten öffentlichen Meinung sah sich der Konvent gezwungen, im November den Jakobinerklub zu schließen. Zu jener Zeit begannen die Neo-»Hébertisten« –

besonders Babeuf – ihr Glaube an die Führer des Thermidor bereits zu reuen. Aber es war schon zu spät, bald wurde der Wahlmännerklub ebenfalls geschlossen und kurz darauf Babeuf selbst verhaftet.

Mittlerweile hatte der Konvent seine Reformen fortgesetzt. Am Tag nach Robespierres Hinrichtung wurde auf Talliens Antrag hin beschlossen, allmonatlich ein Viertel der Mitglieder der Regierungsausschüsse neu zu bestellen. Dadurch sollte vermieden werden, daß die Machtbefugnisse weiterhin in den Händen einiger weniger Männer konzentriert blieben. Das war nur ein erster Schritt. Am 24. August wurden sechzehn Komitees gebildet, zwölf von ihnen mit Exekutivgewalt, um die Arbeit zu leisten, die früher dem Wohlfahrtsausschuß und dem Sicherheitsausschuß zugefallen war. Dies bedeutete für die beiden Körperschaften eine Einbuße an Macht und Unabhängigkeit. Der Sicherheitsausschuß erlangte zwar die unbestrittene Kontrolle über die Polizei und den Sicherheitsapparat zurück, allerdings wurden seine Funktionen stetig reduziert. Dem Wohlfahrtsausschuß, Hauptstützpunkt des Robespierre-Anhangs, wurde alle Entscheidungsgewalt über die Regionalverwaltungen und die Streitkräfte entzogen, die nun einem eigens gebildeten, dem Konvent verantwortlichen Militärausschuß unterstellt wurden.

Ähnliche Erwägungen lagen den Veränderungen in der Regionalverwaltung zugrunde, obwohl hier die Entfernung von als sozial unerwünscht geltenden Elementen das deutlicher erkennbare Motiv war. Die alten Überwachungs- und »revolutionären« Komitees wurden samt und sonders kassiert oder unter zentrale Kontrolle gestellt. In Paris wurde die Kommune abgeschafft und die 48 »revolutionären« Komitees wurden zu 12 *comités d'arrondissement* zusammengefaßt, von denen alle militanten Jakobiner ausgeschlossen waren. Das vorherrschende soziale Element war nicht mehr der kleine Händler und der Handwerker, sondern der Kaufmann, der Staatsbeamte und der Freiberufliche. Nach ähnlichen Taktiken wurden die Bürgerkomitees der Sektionen gesäubert, der direkten Kontrolle des Konvents unterstellt und mit Personen besetzt, die das legislative Komitee des Konvents bestimmte. Auch hier wichen die Sansculotten und die Jakobiner des Jahres II den Begüterten und

Gemäßigten, die vor dem Juni 1793 die Macht ausgeübt hatten. Schließlich wurde in den Sektionsversammlungen, die nun nur mehr an jedem zehnten Tag stattfinden sollten, der Einfluß der Sansculotten noch weiter eingedämmt, indem man die bisher übliche Anwesenheitsgebühr von 40 Sous einfach strich.

Auch der Schreckensherrschaft wurde offiziell ein Ende gesetzt, und nach dem letzten Blutbad vom 28. und 29. Juli und einigen Hinrichtungen da und dort hatte die Guillotine als politisches Instrument praktisch ausgedient. Das Gesetz vom 22. Prairial wurde aufgehoben, die Gefängnisse wurden geöffnet und »Verdächtige« freigelassen – in Paris allein 500 in einer Woche. Es gab wohl noch einige wirkungsvoll inszenierte Schauprozesse, so gegen Jean-Baptiste Carrier, dem man den Massenmord in Nantes zur Last legte, wo er alle Opfer hatte ertränken lassen – er selbst hatte dies zynisch die »vertikale Deportation« genannt –, und gegen Antoine-Quentin Fouquier-Tinville, den berüchtigten Öffentlichen Ankläger der schlimmsten Tage des Terrors, danach aber wurde das Revolutionstribunal stillschweigend ins Abseits gestellt.

Doch inoffiziell kamen nun die Tage der Rache. Als »Verdächtige« freigelassen wurden und einige Emigranten zurückkehrten, wuchs proportional die Zahl jener, die alte offene Rechnungen mit Jakobinern, Helfershelfern der Henker und früheren Ausschußmitgliedern begleichen wollten. In Paris beschränkte sich dieser »Weiße Terror« auf die Aktionen der *muscadins*. Es wurde geprügelt, denunziert und eingeschüchtert, aber wenig Blut vergossen.

In den Provinzen allerdings brach sich der Haß mit Gewalt und Grausamkeit Bahn. Im Lyonnais warf die »Jesus-Compagnie« die Leichen ihrer Opfer, Männer wie Frauen, in die Rhône, und Verhaftete wurden im Gefängnis oder auf dem Weg dorthin niedergemacht. In anderen Städten Südfrankreichs töteten Einsatzkommandos der »Jesus- und Sonnen-Compagnien« unterschiedslos Belastete aus der Zeit der Schreckensherrschaft, »Patrioten von 1789« und – in erster Linie – Käufer früheren Kirchenbesitzes. Solche Ausschreitungen und Massaker wurden in Paris bedauert, doch der Konvent und seine Ausschüsse, welche diesen Kräften freien Lauf gelassen hatten, waren ziemlich machtlos dagegen.

Auch die wirtschaftliche Situation geriet außer Kontrolle, aber nun trugen die neuen Männer an der Spitze, die entschlossen waren, die Wirtschaft von den Lenkungsmaßnahmen ihrer Vorgänger zu befreien, die direkte Verantwortung. Als erstes wurde im Oktober 1794 das Maximum-Gesetz dahingehend novelliert, daß Preisanstiege bis zu zwei Drittel über den Stand von 1790 dadurch gedeckt waren. Bald darauf wurden die Strafen für Verstöße bei der Preisgebarung gemildert, und zwecks Belebung des Außenhandels wurden Importbeschränkungen abgeschafft. Am 23. Dezember wurden die Höchstpreisgesetze praktisch aufgehoben, und innerhalb der Republik war der freie Getreidehandel wieder gestattet. In Paris wurde der Preis des rationierten Brotes mit 3 Sous pro Pfund noch immer gehalten – allerdings konnte nun Brot auch auf dem freien Markt verkauft werden. Ebenso wurde für die Grundration an Fleisch ein neuer Preis von 21 – früher 14 – Sous pro Pfund festgesetzt. Im übrigen aber konnte sich die Preisgebarung im Rahmen des »Angemessenen« bewegen.

Die Folgen waren katastrophal. Zwar waren die Erzeuger vorläufig zufriedengestellt, aber die Inflation geriet in eine rasche Aufwärtsentwicklung, und die Preise schnellten für alle Bürger mit Ausnahme der Großeinkäufer in unerschwingliche Höhen empor. Die Assignaten, die im Oktober bereits auf 28 Prozent und im November auf 24 Prozent ihres Nennwerts gefallen waren, fielen noch weiter: auf 20 Prozent im Dezember, auf 17 Prozent im Februar und auf $7^1/_2$ Prozent im Mai 1795.

In den Provinzen, wo die Kontrollen fast gänzlich abgeschafft waren, entwickelten sich im Winter und im Frühjahr Verhältnisse, die nahezu einer Hungersnot gleichkamen. In Verdun z. B. wurde die tägliche Brotration der Arbeiter auf ein halbes Pfund gekürzt, und der Preis stieg auf 20 Sous pro Pfund! In Paris war rationiertes Fleisch oft nicht zu haben und die Brotration, im März 1795 auf $1–1^1/_2$ Pfund pro Kopf festgesetzt, wurde während der folgenden Monate auf 8, 6, 4 ja sogar 2 Unzen verringert, so daß die »Normalverbraucher«, wie man heute sagt, gezwungen waren, ihre Rationen auf dem freien Markt aufzubessern und dies bei einem Preisanstieg von 25 Sous pro Pfund am Stichtag 25. März bis auf 16 Livres – das ist mehr als das Zwölffache – in einem Zeitraum von nur sieben Wochen.

Indessen bestand nicht die geringste Aussicht, daß die Löhne, obgleich von den Einschränkungen durch das unglückselige *Maximum* aus dem Juli 1794 entlastet, mit dieser Entwicklung Schritt halten würden. Und es ist sehr wahrscheinlich, daß die Reallöhne der Pariser Arbeiter im April und Mai 1795 nicht nur weitaus niedriger lagen als 1793/94, sondern auf das katastrophale Niveau der ersten Monate des Jahres 1789 abgesunken waren.

Das war der Hintergrund der großen Volksaufstände des Germinal und Prairial (März und Mai 1795). Auch politische Motive spielten eine Rolle. Viele der Sansculotten waren für die Hébertisten-Forderung nach der Verfassung von 1793 gewonnen worden. Doch es waren vor allem die wirtschaftlichen Maßnahmen der Regierung und deren Konsequenzen, die sie aus ihrer Apathie rissen. Im Januar 1795, als sich die Preise vieler Waren seit der Aufhebung des *Maximums* bereits verdoppelt hatten, wurden die altbekannten Drohungen gegen Kaufleute und Kleinhändler wieder laut. Doch Aktionen folgten auf die Drohungen erst, als in den letzten beiden Märzwochen die Lieferung der Brotrationen stockte. Am 12. Germinal (1. April) blieb sie in manchen Sektionen völlig aus. Frauen stürmten die Bäckerläden, Bauarbeiter rotteten sich zusammen, um gegen eine Verfügung zu protestieren, die sie als nur kurzfristig Zugezogene von der Brotzuteilung ausschloß, Sektionen von beiden Seineufern vereinigten sich, um gemeinsam zum Konvent zu marschieren. Als Boissy d'Anglas eine Ansprache an den Konvent richtete, schrien die Aufrührer – Männer und Frauen – im Chor: »Brot! Brot!« Einige trugen an den Mützen die Parole »Brot und die Verfassung von 1793«. Aber ihnen fehlten die Führer, und da sie keine konkreten Pläne hatten, brachten sie im Konvent widersprüchliche Forderungen vor. Sie fanden wenig Unterstützung bei den Deputierten der Montanen, und als Merlin aus Thionville an der Spitze eines aus loyalen Nationalgardisten und *jeunesse* zusammengewürfelten Haufens auftauchte, zerstreuten sie sich, ohne den geringsten Versuch, Widerstand zu leisten.

Als die Unruhen abflauten, ergriff der Konvent Polizeimaßnahmen, um die Ordnung wiederherzustellen, alte Rechnungen zu begleichen und ein abermaliges Aufflammen zu verhindern.

Über Paris wurde der Belagerungszustand verhängt, und die in der Stadt stehenden Truppen wurden dem Kommando eines regulären Offiziers unterstellt, General Pichegru. Weitere Ex-»Terroristen« wurden verhaftet oder in den Sektionen entwaffnet. Auch etwa zwölf Deputierte der Montanen – unter ihnen Robespierres alte Feinde Amar und Cambon – landeten im Gefängnis. Und das unglückselige Trio Barère, Billaud und Collot wurde gemeinsam mit Vadier aus dem einstigen Sicherheitsausschuß zur Deportation verurteilt.

Aber da der Konvent praktisch nichts tat, um die eigentlichen Ursachen des Übels zu beseitigen, dauerten die Härten – und auch die Agitation dagegen fort. In der Normandie wurden Proviantransporte auf der Seine geplündert. Der Name Robespierre hatte plötzlich wieder einen guten Klang. Am 16. Mai, als in Paris die Brotration wieder auf 2 Unzen gesenkt wurde, warnten Polizeispitzel vor einer neuerlich drohenden Erhebung, eine Vermutung, die mehr und mehr zur Wahrscheinlichkeit wurde, als drei Tage später überall in der Stadt und in den Faubourgs Aufrufe zum bewaffneten Aufstand verteilt wurden – darunter ein gedrucktes Manifest mit dem Titel *Insurrection du Peuple pour obtenir du Pain et reconquérir ses Droits,* in welchem der Aktionsplan genau festgelegt und die Hauptparole der Bewegung nochmals formuliert war: »Brot und die Verfassung von 1793!«

Der Aufstand, der nun folgte, eine der härtesten, markantesten Auseinandersetzungen der gesamten Revolutionsära, war im wesentlichen ein sozialer Protest, vom Hunger und dem Haß gegen die Neureichen diktiert, doch verbanden sich damit auch die politischen Forderungen, die seit dem Thermidor ins Bewußtsein des Volkes gedrungen waren: Freilassung der inhaftierten »Patrioten«, eine frei gewählte Kommune und die Verfassung von 1793. Die Revolte dauerte vier Tage, sie begann am 1. Prairial (20. Mai) damit, daß Hausfrauen und Marktweiber den Konvent besetzten, gleichsam als Vorhut ganzer bewaffneter Bataillone aus den Innenbezirken und den Faubourgs. Die Forderungen der Aufrührer wurden den Deputierten vorgelesen, die, von den Montanen unter ihnen dazu veranlaßt, kaum eine andere Wahl hatten als sie anzunehmen. Doch wie im Germinal fehlten wieder die Führungspersönlichkeiten und eine klare Linie. Als die Eindringlinge ihr Nahziel erreicht hatten, vergeudeten sie Stunden mit hitzigen Debatten, bis sie von den abends herbeigerufenen loyalen Einheiten der westlichen Sektionen auseinandergejagt wurden.

Aber diesmal hielt der Widerstand im Faubourg St. Antoine an. Das Rathaus wurde besetzt, die Geschützmannschaften der loyalen Sektionen desertierten, und wie im Juni 1793 wurde der Konvent eingekreist, belagert und bedroht. Doch dann ließen sich die Rebellen mit Zusicherungen abspeisen, zogen ab, gingen einfach nach Hause und räumten so ihren Gegnern das Feld. 20000 Mann regulärer Truppen unter dem Befehl des Generals Menou rückten in den Faubourg St. Antoine ein, der von den Verbündeten verlassen war und sich ohne einen einzigen Schuß ergab. Diesmal griffen die Sieger hart und rücksichtslos durch. Vierzehn Deputierte der Montanen wurden verhaftet und sechs von ihnen hingerichtet. Ein Militärtribunal verhandelte gegen 149 Personen und verurteilte 36 zum Tod und 37 zu Gefängnisstrafen und Deportation. In den Sektionen kam es zu beträchtlichen Abgängen durch Ausschließungen, bei denen Rachsucht und Sorge für die Zukunft eine viel größere Rolle spielten als die Erfassung und Bestrafung der eigentlichen Schuldigen des Mai 1795. Binnen einer einzigen Woche wurden 1200 Personen verhaftet und 1700 entwaffnet, später gab es weitere Verhaftungswellen.*

Dies war ein wichtiger Wendepunkt. Mit der Ächtung und Ausschaltung ihrer – tatsächlichen oder potentiellen – Führer hörten die Pariser Sansculotten als politische und militärische Kraft zu existieren auf. Die Phase der Volksbewegung im Verlauf der Revolution war vorbei. Von nun an konnten die Bourgeoisie, die »Notablen« und die *honnêtes gens* ihre Tätigkeit ohne störende Einmischung ihrer einstigen Bundesgenossen fortsetzen.

Die Thermidorianer hatten zwar das innenpolitische Programm der Jakobiner abgelehnt und annulliert, doch sagte es ihnen durchaus zu, in der Kriegführung den jakobinischen Richtlinien zu folgen und daraus materiellen Nutzen zu ziehen.

* Ausführlich geschildert in K. D. Tönnesson: *La Défaite des sansculottes*, Oslo–Paris 1959.

Die Sieger von Fleurus waren zur Armee von Sambre-et-Meuse geworden. Im Oktober 1794 stieß sie unter dem Befehl Jourdans über die Ruhr vor und warf die Österreicher über den Rhein zurück. Inzwischen besetzten die Mosel- und die Rhein-Armee die Pfalz. Die Nord-Armee unter Pichegru – der bald darauf von royalistischen Agenten für die Gegenseite gewonnen wurde – nahm Maastricht ein, überquerte die Meuse und den Unterrhein und besetzte Holland. Im Januar 1795 wurde dort die Batavische Republik ausgerufen. An der Spanienfront hatte Moncey San Sebastian erobert und befand sich auf dem Vormarsch gegen Bilbao und Vitoria.

Preußen begann nach den Niederlagen auf französischem Boden mit dem Rückzug seiner Verbände aus dem Westen, nicht zuletzt deshalb, weil die abermalige Teilung Polens zur Sicherung eines entsprechenden Gebietszuwachses den vollen Einsatz im Osten erforderte. Im April 1795 trat Preußen aus der Koalition aus und schloß mit Frankreich den Frieden von Basel, durch welchen die Republik im Besitz des linken Rheinufers blieb. Auch die Holländer beendeten nun formell den Krieg. Durch den Vertrag von Den Haag (Mai 1795) verbündeten sie sich mit Frankreich, überließen diesem den nördlichen Teil der Provinz Zeeland in Flandern, Venloo und Maastricht und erklärten sich bereit, für 25 000 Mann Besatzungstruppen aufzukommen sowie Reparationen in Höhe von 100 Millionen Gulden zu zahlen. Spanien folgte diesem Beispiel, im Juli 1795 trat es in Basel die Kolonie San Domingo an die Franzosen ab und unterzeichnete ein Jahr später einen Bündnisvertrag mit ihnen.

Mittlerweile hatte sich der Konvent nach langwierigen Debatten entschlossen, Belgien zu annektieren. Österreich und Britannien kämpften weiter, bald trat Rußland an ihre Seite. Aber die Situation hatte sich verändert. Der revolutionäre Verteidigungskrieg jakobinischen Gepräges war in fast unmerklichen Phasen in einen Eroberungskrieg übergegangen.*

Die Thermidorianer standen nun vor der Aufgabe, Frankreich eine Verfassung zu geben, die ihren eigenen politischen Überzeugungen und Ambitionen entsprach. Die demokratische Verfassung von 1793 mit ihren trügerischen Verheißungen und

* Siehe XI. Kapitel

Aufrufen zu »Anarchie« und Umsturz mußte endgültig verschwinden. Aber die Konstitution von 1791, die manche entschieden bejahten, konnte natürlich nicht wiederhergestellt werden. Die Republik, so hoffte man, würde Bestand haben. Das Einkammern-System hatte seine Schwächen offenbart, und man würde weitere Absicherungen gegen den Druck der Volksmassen einerseits und die Aktionen der Royalisten andererseits brauchen. Die neue Verfassung – bekannt als die des Jahres III – war bezeichnenderweise weitgehend das Werk von Boissy d'Anglas, dem Wortführer der neu zu Besitz gelangten Schichten.

Die parallel dazu ausgearbeitete Deklaration der Rechte und Pflichten wurde, generell betrachtet, im Geist der liberalen »Prinzipien von 1789« konzipiert, indes, mit einigen deutlichen Abweichungen davon. Aus der Gleichheit wurde im wesentlichen die Gleichheit vor dem Gesetz, Eigentumsrechte wurden klarer definiert und gesichert, und die Pflichten des Bürgers ebenso wie seine Rechte wurden genau festgelegt. Das Wahlrecht für Männer aus dem Jahr 1793 fiel, man führte die Einschränkungen und das System der indirekten Wahl nach dem Muster von 1791 wieder ein, doch die Bestimmungen für die Wahlberechtigung waren großzügiger. Die Kategorie der »aktiven« Bürger umfaßte nun alle steuerzahlenden Franzosen ab dem 21. Lebensjahr – außer Priestern, zurückgekehrten Emigranten und eingekerkerten »Patrioten«.

Aber um legislative Experimente zu steuern, wurde der Konvent in zwei Gremien geteilt: einen »Rat der Fünfhundert« (ab dem 30. Lebensjahr), mit der Befugnis, Gesetzesanträge einzubringen, und einen »Rat der Alten«, bestehend aus 250 Mitgliedern im Mindestalter von vierzig Jahren und ermächtigt, die »Resolutionen« der untergeordneten Kammer in Gesetzesform zu bringen. Die Exekutive wurde fünf »Direktoren« mit jeweils fünfjähriger Amtszeit übertragen. Aber die »Gewaltentrennung« wurde wieder eingeführt, und obwohl die Direktoren von den Räten ernannt waren, hatten sie in diesen Gremien weder Sitz noch Stimme für rein legislative Entscheidungen. Die Lokalverwaltungen erhielten einen Teil ihrer Autonomie zurück, aber in weit geringerem Maß als 1791. Und schließlich: Um der Gefahr einer royalistischen Erhebung entgegenzuwirken, dekretierte der Konvent, daß bei den kommenden Wahlen zwei Drittel der Deputierten der neuen Legislative aus seinen eigenen Reihen hervorgehen müßten.

Die Vorversammlungen, zu dem doppelten Zweck einberufen, die »Zwei-Drittel«-Dekrete zu billigen und die Verfassung zu ratifizieren, fanden im September 1795 statt. Die neuen konstitutionellen Regelungen wurden sehr rasch akzeptiert. Ganz andere Reaktionen bewirkten die »Zwei-Drittel«-Dekrete in Paris. Ehe der Konvent sich Ende Oktober auflöste, hatte er einem royalistischen Aufstand zu begegnen, der fast den Sturz der Körperschaft herbeigeführt hätte. Royalistische und gegenrevolutionäre Agitation in der einen oder anderen Form war schon seit 1789 ein Problem gewesen, aber bis zum Ausbruch des Krieges hatte sie geringe Erfolge zu verzeichnen gehabt. Nach der Hinrichtung des Königs hatten Royalisten von außen und von innen die Rebellionen in der Vendée und in den »föderalistischen« Departements im Süden, Westen und Norden unterstützt und gefördert. Doch solange die Jakobiner an der Macht blieben, waren diese Gefahrenmomente unter Kontrolle und hatten sich kaum auf die Hauptstadt ausgewirkt.

Aber angesichts der liberaleren Politik der Nachfolger der Jakobiner hatten die Royalisten neuen Mut geschöpft. Nun gliederten sie sich in zwei Hauptgruppen: die »Ultras«, die eine Rückkehr zum Status von 1787 und die totale Restauration des *Ancien régime* forderten, und die konstitutionellen Monarchisten, die – mutatis mutandis – für die Wiederherstellung der Verfassung von 1791 eintraten. Zum Unglück für die »Konstitutionalisten« war der Graf der Provence, der nach Ludwigs XVI. Tod zunächst als Regent für den minderjährigen Ludwig XVII. fungierte und schließlich selbst als Ludwig XVIII. den Thron besteigen sollte, ein erklärter Verfechter der Prinzipien der Ultras. Diese Spaltung und damit Richtungslosigkeit dokumentierte sich in dem Debakel des von den Engländern ausgerüsteten und finanzierten exilfranzösischen Expeditionskorps, das im Juli 1795 in der Bucht von Quiberon an der Atlantikküste landete.

Das Unternehmen war von Anfang an zum Scheitern verurteilt, und General Hoche wurde leicht mit den Invasoren fertig. Das war ein schwerer Rückschlag für beide royalistische Fraktionen. Aber bald darauf gelang es den Konstitutionalisten in Paris mit großem Geschick, sich die in den Sektionen weitverbreitete Mißstimmung über die »Zwei-Drittel«-Dekrete des Konvents zunutze zu machen. Dabei gaben die Royalisten faktisch nur in einer einzigen Sektion – nämlich jener von Lepeletier, im Finanzviertel der Stadt – den Ton an. Aber die ehrenwerten Bourgeois und die Staatsbeamten, die nun im Gros der Sektionen dominierten, ließen sich leicht davon überzeugen, daß die Dekrete des Konvents eine gefährliche Einschränkung der Rechte der Wahlmänner mit sich brächten.

Und als der Konvent, der Unruhen gewärtigte, in der Hauptstadt Truppen zusammenzog und es zuließ, daß sich ehemalige »Terroristen« bewaffneten und an den Sitzungen teilnahmen, erschien auch das Eigentum gefährdet. Alle Sektionen mit Ausnahme der der Quinze Vingts im Faubourg St. Antoine lehnten die Dekrete ab. Mehr noch: Nach Ausübung der ihnen zustehenden Rechte weigerten sich die Sektionsmitglieder, die Versammlungen aufzulösen. Am 13. Vendémiaire (5. Oktober 1795) brach der Aufstand aus. 25 000 Pariser griffen zu den Waffen, und die Mannschaften aus einem Dutzend Sektionen marschierten unter der Führung Lepeletiers zum Konvent.

Aber Barras, nun Kommandant der in Paris stationierten Truppen, denn General Menou hatte seine Sympathien für die Royalisten offen eingestanden – rief Bonaparte und mehrere andere junge Generale zu Hilfe. Die heranrückenden Sektionen wurden mit Artilleriefeuer empfangen. Das war Bonapartes berühmter »Schrotschuß«, und damit war die Rebellion niedergeschlagen. Sie wurde erstaunlich milde geahndet. Es gab nur zwei Hinrichtungen, und die meisten der Rädelsführer kamen glimpflich davon. Ein bemerkenswerter Zug der ganzen Affäre war das Verhalten der Sansculotten. Obwohl vom Thermidor-Konvent ausgehungert und unterdrückt, lehnten sie jegliche Schützenhilfe für die royalistischen Aufrührer ab.

Die neue Verfassung trat nun in Kraft, und die Männer des Jahres 1795, die Rebellionen von Links und von Rechts abgewehrt hatten, schienen fest im Sattel zu sitzen. Dennoch erwies sich die Ära des Direktoriums als eine Zeit der Wirren und der politischen Instabilität. Zum Teil lag dies im Wesen der Verfassung an sich begründet. Durch die Maßnahme alljährlicher

Neuwahlen – eines Drittels der Räte und eines der fünf Direktoren – bot sie stetigen Anreiz für Querelen und Intrigen. Und da keine entsprechenden Handhaben für die legale Schlichtung von Streitfällen zwischen der Exekutive und der Legislative vorgesehen waren, ertönte immer wieder der Ruf nach dem »starken Arm«. Was noch schwerer wog: Bald zeigte sich, daß der neuen Spitze der Rückhalt im ganzen Land fehlte, der ihr beständige Mehrheiten und eine solide Regierungsbasis gesichert hätte. Durch ihre politischen Schachzüge und ihre besondere Wahlarithmetik hatten die neuen Männer nicht nur Royalisten und Jakobiner vor den Kopf gestoßen, sondern auch die gemäßigten Bourgeois und begüterten Schichten der Metropole. Von diesem Fehlstart erholten sie sich nie. Zu Ausweichmanövern und Manipulation gezwungen, um sich an der Macht zu halten, verfolgten sie die Schaukelpolitik, eine Fraktion gegen die andere auszuspielen – abwechselnd ermutigten sie die royalistische Rechte gegen die jakobinische Linke und stützten sich dann wieder auf die Linke, um die Rechte in den Griff zu bekommen. Als sie mit dieser Taktik den unvermeidlichen Schiffbruch erlitten, blieb nur ein einziger Ausweg offen: der Ruf nach der Armee, die bereits vor dem Vendémiaire in Paris einmarschiert war, um das Gleichgewicht wiederherzustellen. So kam es dazu, daß hinter der Fassade einer liberalen Verfassung bei politischem Hader die Generale zur letzten Instanz wurden, und schon lange vor dem endgültigen Staatsstreich des Brumaire war das Terrain für die Militärdiktatur Bonapartes bereitet.

Im Vendémiaire war das Pendel wieder nach links ausgeschlagen, und die neue Nationalversammlung tagte, während draußen aufrüttelnde Mahnungen zu republikanischer Einheit und Eintracht erschollen. Die Jakobiner begannen sich wieder zu betätigen, Klubs wurden wiedereröffnet, und Babeufs Zeitung *»Tribun du Peuple«* war neuerlich in den Straßen zu sehen. Aber der Einklang schlug bald in einen Mißton um. Die Angriffe ihrer »patriotischen« Kritiker wirkten auf die Mächtigen alarmierend, zumal die wirtschaftliche Situation sich noch weiter verschlechterte. Zu Ende des Jahres 1795 waren die Assignaten von 100 Livres nur mehr 15 Sous wert, und im Februar 1796 wurden sie überhaupt aus dem Verkehr gezogen. Binnen sechs Monaten war auch die nächste Notgeldform, das *mandat terri-*

torial, wie Spreu verweht. Die Preise stiegen weiterhin rasant, im Frühling 1796 wurde auf dem freien Markt Brot um 80 Livres und Fleisch um 100 Livres pro Pfund verkauft. Während die Neureichen bedenkenlos mit ihrem Luxus prahlten, sank die Armut nach den Worten eines Zeitgenossen »auf die tiefste Stufe der Erniedrigung«. Spitäler und Asyle waren mit Kranken und völlig Mittellosen überfüllt. Auch waren es nicht nur die Sansculotten, die unter dieser Entwicklung zu leiden hatten, kleine Rentiers und Beamte, deren Pensionen und Einkünfte unter der Wucht der Inflation zerbröckelten, mußten sich ebenfalls mit krassesten Entbehrungen abfinden.

Vor diesem Hintergrund organisierte Babeuf seine »Verschwörung der Gleichen«, den ersten Versuch in der Geschichte, eine kommunistische Gesellschaftsordnung auf politischem Weg zu errichten – und dennoch im Gesamtablauf der Revolutionsära bloß eine Episode, da das Vorhaben kaum Unterstützung fand und rasch vereitelt wurde. Seit 1789 war Babeuf für das »agrarische Gesetz« eingetreten, d. h. den gemeinsamen Besitz von Gütern als ein Mittel, wirtschaftliche Gleichheit zu erreichen. Zum Zeitpunkt von Robespierres Sturz hatte er diesen Plan als undurchführbar verworfen und arbeitete auf ein komplizierteres System kollektiver Besitz- und Produktionsverhältnisse hin. Dies war im wesentlichen noch immer sein Endziel, als er im Winter 1795/96 mit einer Gruppe ehemaliger Jakobiner, Klubmitglieder und »Terroristen« konspirierte, um das Direktorium gewaltsam auszuschalten.

Seine Untergrundbewegung war in Form konzentrischer Kreise gestaffelt. Es gab ein inneres Insurrektionskomitee, bestehend aus einer kleinen Schar Eingeweihter, nur sie allein wußten genau über die Ziele der Verschwörung Bescheid. Den nächsten Ring bildeten Sympathisanten, Ex-Jakobiner und andere, darunter Robespierres alte Gegner Amar und Lindet. Und schließlich als Peripherie die Pariser Militanten, die für die Sache gewonnen werden mußten, von Babeuf auf etwa 17000 Mann geschätzt.

Aber die seit dem Prairial eingeschüchterten und zum Schweigen gebrachten Sansculotten reagierten nicht. Ein Polizeispitzel verriet die Verschwörer an Carnot, der nun dem Direktorium angehörte und rasch zum rechten Flügel überwechselte. 131 Personen wurden verhaftet und 30 von ihnen sofort erschossen. Babeuf und einige seiner engsten Vertrauten wurden vor Gericht gestellt und ein Jahr später guillotiniert.

Wieder einmal schwang das Pendel nach rechts aus, diesmal gefördert durch einen massiven Zustrom von Royalisten in die Volksvertretung. Nach den Teilwahlen im April 1797 verblieben von insgesamt 216 nur 11 ehemalige Deputierte des Konvents. Die meisten anderen waren konstitutionelle Monarchisten, welche nun die erste royalistische Mehrheit bildeten. Pichegru wurde zum Vorsitzenden des »Rates der Fünfhundert« gewählt, Barbé-Marbois, ebenfalls Royalist, sollte fortan dem »Rat der Alten« präsidieren. Noch dazu war der Amtsgenosse Carnots, der selbst fast ein Royalist war, Barthélémy, ein überzeugter Monarchist. Es sah beinahe so aus, als könnte das Königtum auf verfassungsgemäßem Weg durch Wahl wieder eingesetzt werden.

Während Barras noch zögerte, unterstützten die beiden anderen republikanisch gesinnten Direktoren Reubell und La Revellière-Lépaux radikale Aktionen zum Schutz der Republik. Aber wie? In einem Appell an das Volk wurden alle Schrecknisse von 1793 heraufbeschworen, und die Jakobiner waren zu schwach, um ein Gegengewicht zu bilden. Blieben einzig und allein die Generale, als Repräsentanten republikanischer Gesinnung und auch als unmittelbar Beteiligte in einem Krieg, den die Royalisten möglichst rasch beenden wollten. Bonaparte, der kurz vorher seine Siege in Italien errungen hatte, und Hoche, der neuernannte Befehlshaber der Sambre-et-Meuse-Armee, sagten ihre Unterstützung zu. Und bald darauf marschierten Bonapartes Stellvertreter Augereau und einige von Hoches Truppenkontingenten auf Paris. Barras schloß sich seinen energischeren Kollegen an, und am 18. Fructidor (4. September 1797) führten sie einen Schlag gegen die royalistische Majorität. Barthélémy und Pichegru wurden verhaftet, Carnot entzog sich ihrem Zugriff durch die Flucht. In den beiden Ratsgremien wurden 214 Deputierte ihrer Ämter enthoben, 65 Personen wurden auf die »trokkene Guillotine« geschickt, d.h. nach Guinea deportiert. Zurückgekehrte Emigranten mußten das Land wieder verlassen, Hunderte Priester traten den Weg in die Verbannung an, andere wurden gezwungen, neuerlich den Treueid zu leisten. Die siegreichen Direktoren statteten sich mit neuen Machtvollkommenheiten aus. Aber die liberale Verfassung hatte sich bereits als funktionsfähig erwiesen.

Von nun an lag das Geschick der Republik weniger in den Händen der Politiker als denen der Generale – vor allem des jungen, ehrgeizigen Napoleon Bonaparte, dessen Einsatz beim Staatsstreich des Fructidor ihm wegen seiner gewagten, wenngleich selbstherrlichen Regelung der Italien-Frage offizielle Anerkennung eingetragen hatte.*

So bestimmte er bereits die Außenpolitik der Republik. In Campo Formio, wo er die Bedingungen des Friedens mit Österreich festlegte und den Vertrag unterzeichnete (Oktober 1797), hob er deutlich Frankreichs Mission im Mittelmeerraum hervor. Und im nächsten Frühjahr machte er alle Chancen einer baldigen Verständigung mit England dadurch zunichte, daß er die Direktoren bewog, ihn nach Ägypten zu entsenden, dort wollte er das Tor zu einem Reich des Ostens aufstoßen. Achtzehn Monate später sollte er zurückkehren, um sich zum Herrn Frankreichs aufzuschwingen.

Doch sobald Bonaparte im fernen Ägypten war, gab es für die Regierung keinen unmittelbaren Grund, eine derartige Möglichkeit im geringsten in Betracht zu ziehen. Sie war aus ihrem Sieg im Fructidor mit einer starken republikanischen Mehrheit in den beiden Kammern hervorgegangen. Die Royalisten erlebten augenblicklich einen Tiefstand, und strenge Maßregeln gegen zurückgekehrte Priester und Emigranten bewirkten nur geringe offene Opposition. Wieder einmal konnte die Regierung ihre Aufmerksamkeit der Gefahr von links zuwenden, und als der jakobinische Gegner bei den Wahlen im Mai 1798 wieder profilierter in Erscheinung trat, war die Antwort darauf das Gesetz vom 22. Floréal, durch welches 106 Deputierte von den Sitzungen der Kammern ausgeschlossen wurden.

Auf solche Weise neuerlich abgesichert, war das Direktorium in der Lage, sich in Ruhe mit einigen verdienstvollen – allerdings beschränkten – Reformen zu befassen. Besonders wichtig waren Schritte zur Stabilisierung der Währung. Das wertlose Papiergeld, das niemand wollte, wurde aus dem Verkehr gezogen und

* Siehe XI. Kapitel

ein Moratorium für alle Außenstände erklärt – damit wurde der Weg für die Finanzreformen des Konsulates bereitet. Das Steuersystem wurde revidiert, den neuen Erfordernissen angepaßt und auf einen annähernd modernen Stand gebracht. Nach den guten Ernten der Jahre 1796–98 fiel der Getreidepreis – unerfreulich für den Produzenten, aber eine dringend notwendige Erleichterung für den seit langem notleidenden Konsumenten. Dennoch war die Regierung nach wie vor den Empfängern von Staatsaufträgen, den Spekulanten und den Finanziers ausgeliefert, und trotz der Kontributionen aus den annektierten und besetzten Ländern blieb das Budget unausgeglichen. Auch die Industrie stagnierte weiterhin. Und der Seekrieg gegen England – ganz zu schweigen von Bonapartes ägyptischem Abenteuer – spielte dem Außenhandel sehr übel mit.

Lösungen für derartige langfristige Probleme konnte natürlich nur eine konsolidierte Regierung finden, die entweder gewillt war, auf die drakonischen Maßnahmen des Jahres II zurückzugreifen oder aber – wenn sie dazu nicht imstande war – über beträchtliche Reserven aus Vasallenstaaten oder eroberten Gebieten verfügte. Die Direktoren neigten natürlich zu letzterer Alternative. Aber ihre Aggressionsgelüste riefen eine zweite Koalition auf den Plan, diese vereinigte Britannien, Österreich, Rußland, die Türkei und Schweden. Der Krieg begann unter ungünstigen Vorzeichen, denn die französischen Heere, obwohl durch gemäß Jourdans Gesetz vom 5. September 1798 neu aufgebotene Kontingente verstärkt, wurde von Erzherzog Karl in Deutschland und in der Schweiz geschlagen und vom russischen General Suworow aus Italien vertrieben. Mittlerweile revoltierten die belgischen Provinzen, und im Westen Frankreichs griffen die bäuerlichen »chouans« wieder zu den Waffen.

Die Direktoren beschworen erneut das propagandistische Schreckensbild des doppelköpfigen Ungeheuers Royalismus und Anarchie, aber bei den Wahlen des Jahres 1799 erlitten zwei Drittel der Regierungskandidaten eine Schlappe, und die jakobinische Minderheit hatte Zuwachs zu verzeichnen. Sieyès, bekannt als Kritiker der Verfassung, übernahm das bisherige Mandat Reubells, und mit parlamentarischer Rückendeckung führte er einen Coup gegen seine Kollegen durch (30. Prairial). Die darauf folgenden ministeriellen Umbesetzungen brachten sogar einem Jakobiner, nämlich Robert Lindet, Robespierres altem Mitstreiter aus dem Wohlfahrtsausschuß, den Posten des Finanzministers ein. Wieder zwangen die Erfordernisse eines Defensivkrieges die Republik, die »öffentliche Sicherheit« straffer zu handhaben und den Jakobinern größeren Spielraum zu gewähren. Die jakobinischen Zeitungen erschienen wieder, die Klubs konstituierten sich neu – so der wichtige »Club du Manège« unter der Leitung von Drouet, dem einstigen »heldenhaften Postmeister« von Varennes und Gefährten Babeufs. Die Konskription wurde allgemein durchgeführt, Zwangsanleihen wurden erhöht, und Verwandte von Emigranten und royalistischen Agitatoren wurden als Geiseln in Gewahrsam genommen. Als auf die Rückschläge des Frühjahrs im Sommer die Landung einer britisch-russischen Streitmacht in Holland folgte, legte Jourdan den »Fünfhundert« sogar nahe, wieder den alten Aufruf *La Patrie en Danger!* an das Volk zu richten. Damit provozierte er eine scharfe Entgegnung von Napoleons jüngstem Bruder Lucien Bonaparte, der beantragte, die Exekutivgewalten eher zu erweitern als sie »von einer revolutionären Woge mitreißen zu lassen«. Jourdans Vorschlag wurde abgelehnt. Es war das alte Dilemma: Sollte man an die Massen appellieren oder die Autorität der wenigen stärken?

Wie nach der Schlacht bei Fleurus wurde diese Frage nicht durch die Niederlage, sondern durch den Sieg der republikanischen Waffen entschieden. Im September 1799 schlug Masséna Suworow in Norditalien und zwang ihn zur Räumung der Schweiz, und der britisch-russische Verband unter dem Befehl des Herzogs von York geriet in Holland in arge Bedrängnis. Die Gefahr einer Invasion des Vaterlandes war gebannt, die »Grande Nation« lebte wieder auf. Indessen hatte Bonaparte in Ägypten zwar die Türken in offenen Feldschlachten besiegt, aber in der Bucht von Abukir hatte Admiral Lord Nelson die vor Anker liegende französische Orient-Flotte durch einen Überraschungsangriff praktisch vernichtet. Der General beschloß, in die Heimat zurückzukehren, um in Europa nach neuen Lorbeeren zu trachten. Er ließ seine Armee in Ägypten zurück, wich geschickt den im Mittelmeer kreuzenden britischen Schiffen aus und landete heimlich am 9. Oktober 1799 in Fréjus. Niemand sprach von seinen jüngsten Mißerfolgen, das Volk begrüßte ihn vielmehr begeistert als den großen Sieger von Italien, den Friedensstifter von Campo Formio, den einzigen Mann, der fähig war, Europa einen für Frankreich ehrenvollen Frieden abzutrotzen. Nach wie vor schwelte die Royalistenkrise. Maßnahmen zur Gewährleistung der »inneren Sicherheit« und die neuerliche Gewichtsverlagerung zugunsten der Jakobiner wirkten auf die Begüterten alarmierend, sie stellten düstere Prognosen von Anarchie und einer Wiederkehr der Zustände von 1793. Weiterhin wurde die Notwendigkeit einer Verfassungsänderung und einer Stärkung der Exekutive erörtert.

In diesem politischen Klima plante Sieyès – jener »Maulwurf der Revolution«, wie ihn Robespierre genannt hatte – wieder einen noch radikaleren Staatsstreich. Wie bereits im Fructidor mußten die Putschisten sich auf die Armee stützen können, um der Volksvertretung ihren Willen aufzuzwingen – aber diesmal eben einer republikanischen Mehrheit. Zuerst sondierten Sieyès und dessen Mitverschwörer Fouché und Talleyrand nacheinander bei Joubert und Moreau – aber der eine fand kurz danach den Tod, und der andere lehnte eine Beteiligung ab –, dann wandten sie sich an Bonaparte, den Mann der Stunde und durch seine Popularität, seine militärische Stellung, seinen Ehrgeiz und seine jakobinische Vergangenheit bestens für die ihm zugedachte Rolle geeignet. Die Furcht vor einem Komplott der »Terroristen« für ihre Zwecke nutzend, bewogen sie die Räte, sich am 19. Brumaire (10. November) außerhalb von Paris, im Schloß von Saint-Cloud, unter dem Schutz von Bonapartes Grenadieren zu versammeln. Die »Alten« waren rasch dafür gewonnen, aber die »Fünfhundert« zeigten sich widerspenstig, und als vollends Bonaparte ungebeten erschien, um zu ihnen zu sprechen, schallten ihm die Rufe »Hinaus mit dem ehrlosen Verräter! In die Acht mit ihm!« entgegen. Der General ließ sich zu Schmähungen der Anwesenden hinreißen und wurde sogar von einigen Räten attackiert, aber sein Bruder Lucien, der – welch ein günstiges Zusammentreffen! – gerade den Vorsitz führte, rettete die Situation, indem er die Soldaten hereinholte. Mit gefällten Bajonetten trieben sie die »Fünfhundert« aus dem Saal. Das Direktorium wurde aufgelöst, die Vollzugsgewalt dem Triumvirat der neu ernannten »provisorischen Konsuln« Sieyès, Bonaparte und Roger-Ducos übertragen. Zu jenem Zeitpunkt zwar noch nicht deutlich erkennbar, war dennoch das Ende der Bürgerrepublik gekommen, und die Macht im Staat ging in die Hände eines Militärdiktators über.

Drei Wochen später war der Entwurf einer neuen »cäsarischen« Verfassung fertig und wurde dem Parlament vorgelegt, gemeinsam mit einer Proklamation der Konsuln. Ihr Kernsatz, der zehn Jahre weltgeschichtlicher Entwicklung abschloß, lautete: »Die Revolution ist an die Prinzipien gebunden, nach denen sie begann. Sie ist zu Ende.«

Dritter Teil

Europa im Umbruch

X Europa und die Französische Revolution

Wie in einem früheren Kapitel erwähnt, gab es bereits vor der Französischen Revolution in mehreren europäischen Ländern politische Bewegungen, die in der einen oder anderen Form den überkommenen Traditionen, Einrichtungen und hierarchischen Bindungen des alten aristokratischen Gesellschaftsgefüges die Fehde ansagten. Solche Kräfte machten sich in den Österreichischen Niederlanden (Belgien), den Vereinigten Provinzen (Holland), England, Irland, der Schweiz und sogar in Österreich und in Polen bemerkbar. Aber nirgends – vielleicht mit Ausnahme Englands – gelang es diesen Bewegungen, ob von »aufgeklärten« Monarchen, »Patrioten« der Mittelschicht oder vom einfachen Volk selbst unterstützt, irgendwelche greifbaren Resultate zu erzielen. In Frankreich und nur dort fand 1789 eine Revolution statt, die nicht bloß die Führung und deren politische Institutionen stürzen, sondern die bisher bestehende Gesellschaftsordnung als solche ausmerzen und radikale Veränderungen schaffen sollte.

Doch es ist kaum verwunderlich, daß die Ereignisse in Frankreich während der nächsten zehn Jahre den älteren Bewegungen neue Stoßkraft und in manchen Fällen einen neuen revolutionären Inhalt gaben. Dies geschah entweder durch die Propagierung der Ideen der Französischen Revolution oder durch den rasanten Vormarsch der französischen Armeen und in geringerem oder größerem Ausmaß in den betreffenden Ländern durch die Aktionen der Völker selbst gegen ihre Herrscher. Das Resultat sollte das Europa des *Ancien régime* so tiefgreifend wandeln, daß es am Ende der gesamten Revolutions- und Napoleon-Ära, im Jahr 1815, kaum einen Staat westlich von Rußland und der Türkei und nördlich der Pyrenäen gab, dessen Gesellschaftsordnung und politische Einrichtungen nicht wesentlich davon beeinflußt waren. Aus diesen Ereignissen und den vorhergegangenen Abläufen folgerten manche Historiker, daß die Französische Revolution nicht unbedingt ein einzelnes, besonderes Phänomen war, sondern eher eine »Phase« einer viel weiterreichenden, umfassenderen Umwälzung, für die sie die Bezeichnungen »westliche« oder »Atlantische Revolution« oder auch »Weltrevolution« prägten.*

Dies ist eine wichtige Frage, der wir uns im nächsten Kapitel zuwenden werden.

Eines der ersten Ergebnisse der Französischen Revolution war die Spaltung der Europäer in zwei deutlich profilierte, feindliche Lager – in dem einen standen die Anhänger oder »Patrioten«, im anderen deren Widersacher oder »Gegenrevolutionäre«. Aber eine solche Polarisierung war nicht sofort erkennbar, da der Sturm auf die Bastille und andere Aktionen des ersten Stadiums allgemein positiv bewertet wurden. Natürlich gab es auch Ausnahmen: Zarin Katharina, die Könige von Spanien und Schweden und der englische Konservative Edmund Burke verhielten sich von Anfang an scharf ablehnend. Doch die häufigeren, spontanen Reaktionen waren Begeisterung, Erleichterung, wohlwollende Neutralität oder sogar eine gewisse Schadenfreude. Kaiser Joseph II. und sein Nachfolger Leopold II., obwohl Brüder der Königin von Frankreich und als solche um deren Zukunft besorgt, waren zunächst nicht übermäßig beunruhigt. Englische Dissidenten, liberale polnische Adelige und Reformer allenthalben, ob Aristokraten oder Plebejer, schöpften aus dem erfolgreichen Vorgehen gegen die »Despotie« in Frankreich Hoffnung und Mut.

Noch eindrucksvoller waren die enthusiastischen Äußerungen in den Kreisen der Intellektuellen und der Künstler von Ma-

* Diese Ansicht vertreten R. R. Palmer in *The Revolution of the West 1763–1801* in *»Political Science Quarterly«*, März 1954, und in *The Age of the Democratic Revolution*, 1. Bd. *The Challenge*, S. 4–6; sowie J. Godechot in *La Grande Nation*, 2 Bde., Paris 1956, Bd. 1, S. 7–37, und in *Les Révolutions (1770–1799)*, Paris 1963; und Godechot und Palmer in einem gemeinsam verfaßten Beitrag für den 10. Geschichtswissenschaftlichen Kongreß, Rom 1955, unter dem Titel *Le Problème de l'Atlantique du XVIIIe au XXe siècle*, in *»Relazioni del X Congresso Internazionale di Scienze Storiche«*, Florenz, o. J., S. 172–239. Siehe auch P. Amann (Hg)., *The Eighteenth-Century Revolution: French or Western?*, Boston 1963.

drid bis St. Petersburg, von englischen Dichtern und Wissenschaftlern wie Blake, Burns, Coleridge, Southey, Wordsworth, Priestley und Telford, von deutschen Dichtern und Philosophen wie Wieland, Klopstock, Fichte, Kant, Hegel und Herder, von italienischen Illuminaten, Rationalisten und Freimaurern, von Beethoven ebenso wie von Pestalozzi. Viele von ihnen gingen später ins andere Lager über. Aber während jener Phase mochten sie Wordsworths poetischen Jubelrufen Beifall gezollt und sich Samuel Romillys Meinung zu eigen gemacht haben, die Französische Revolution sei »das glorreichste und für die Menschheit segensreichste Ereignis, das je stattfand seit vom Tun der Menschen schriftlich Zeugnis gegeben wurde«.

In einigen Ländern, namentlich in England, gab es freilich auch andere Gründe für die allgemeine Genugtuung über die Wendung in Paris. Frankreich war der Erbfeind, und die Wirren würden es, wie man vermutete, für lange Zeit als wirtschaftlichen Rivalen und militärischen Gegner schwächen. Viele besonnene Franzosen erkannten diese Möglichkeit, und einige erklärten in Gesprächen mit Arthur Young bereits vor dem Fall der Bastille: »Die Engländer müssen über den bei uns herrschenden Aufruhr Befriedigung empfinden.« Diese Erwägung deckte sich gewiß mit dem Standpunkt des Kabinetts Pitt, und der damalige britische Innenminister Lord Grenville schrieb im September, die Franzosen würden auf Jahre hinaus nicht in der Lage sein, »den kostbaren Frieden zu stören, dessen wir uns nun erfreuen«. Pitt selbst äußerte bis 1792 ähnliche Ansichten.

So stand aus dem einen oder anderen Grund der Beginn der Französischen Revolution unter günstigen Zeichen. Während des Jahres 1789 und bis tief in das Jahr 1790 hinein war eine generelle Bereitschaft festzustellen, dieser Entwicklung ihren Lauf zu lassen, und verhältnismäßig selten erhoben sich Stimmen, die auf mögliche gefährliche, gewaltsame Konsequenzen für Frankreichs Nachbarn hinwiesen. Aber die folgenden Ereignisse und ihre Deutung aus den Perspektiven des Auslands sollten bald einen Umschwung herbeiführen und besonders die privilegierten, begüterten Schichten mit Furcht und Besorgnis erfüllen.

Die Französische Revolution war, wie sich nun zeigte, völlig verschieden von der Amerikanischen. Die drastischen Bodenreformen, die Enteignung des Kirchenbesitzes, die Emigration von

Adeligen und Gemäßigten und deren Augenzeugenberichte – all dies bewirkte in der konservativ orientierten Meinungsbildung heftige Unruhe. Indessen waren Demokraten und Reformer aus anderen Ländern – Scharen von Belgiern, Holländern und Deutschen, in geringerer Anzahl Engländer, Schotten und Iren und vereinzelt Italiener, Spanier und Russen – nach Paris gezogen, sie nahmen die neuen revolutionären Ideen in sich auf und gründeten, entweder nach der Rückkehr oder auf dem Weg des Briefwechsels mit der Heimat, Klubs und Zeitungen nach französischem Muster. Zugleich begann sich die französische Presse ihrerseits, etwa das Blatt, das Camille Desmoulins herausgab, in wachsendem Maß mit den Problemen der ausländischen »Patrioten« zu beschäftigen.

Diese Erscheinungen alarmierten die ehrbare Gesellschaft nur um so mehr, so daß Edmund Burke, der im November 1790 seine *Reflections on the Revolution in France* veröffentlichte, eine auf ihn eingestimmte Leserschaft fand. Binnen eines Jahres wurden 30 000 Exemplare seines Werks verkauft, das waren immerhin elf Auflagen. Anders als die Mehrheit der Intellektuellen seiner Epoche verurteilte er die Revolution von Anfang an und in ihrer Gesamtheit. Weit davon entfernt, sie als notwendiges Mittel zu billigen, um Frankreichs uralte Übelstände zu beseitigen, beklagte er die Ausmerzung des Erbes der Vergangenheit, predigte die Unantastbarkeit des Eigentums und der Tradition, die großen Vorzüge allmählicher Veränderungen und pries sogar die Verdienste des französischen hohen Klerus und der Königin Marie Antoinette. Unter der Devise der »Menschenrechte«, so argumentierte er, seien die Franzosen im Begriff, nicht nur in Frankreich, sondern überall das gesamte soziale Gefüge zu zerstören und blindlings einen Weg totaler Neuerung einzuschlagen. »Jeder Mensch sollte nur mit äußerster Behutsamkeit an das Wagnis herangehen, ein Gebäude abzutragen, das seit Äonen in erträglichem Maß den Zwecken der Gemeinschaft diente, oder eines neu zu errichten, ohne bewährte Vorbilder und Muster vor Augen zu haben«, erklärte er. Zarin Katharina gratulierte dem Autor zu seinem Werk. Er fand sehr viele Bewunderer und Nachahmer im Ausland – unter ihnen Friedrich Gentz, der die *Reflections* ins Deutsche übersetzte und später zu Metternichs engstem Kreis gehörte, und der Schweizer Mallet du Pan. Burkes Buch wurde zur fast unumstrittenen politischen Bibel der Feinde der Revolution in allen Ländern Europas.

Aber er selbst stand im Kreuzfeuer von Zustimmung und Ablehnung, und in England griff keiner seiner Kritiker die Verteidigungsschrift des französischen *Ancien régime* und Burkes Eintreten für den Gedanken konservativer Evolution energischer und erfolgreicher an als Thomas Paine, der sich bereits als radikaler Pamphletist der Amerikanischen Revolution einen Namen gemacht hatte. In seinen *Rights of Man* (1791) erwiderte er auf Burkes Verteidigung des französischen Königshofes mit dem denkwürdigen Satz: »Er trauert den Schmuckfedern nach, vergißt aber den sterbenden Vogel.« Und auf den Kernpunkt der Argumentation seines Gegners zielend verkündete er: »Die eitle Anmaßung, über das Grab hinaus regieren zu wollen, ist die lächerlichste und hoffärtigste aller Tyranneien.«

Paines Buch fand bei den Engländern der besitzenden Schicht ein negatives Echo, besonders als der Verfasser in einem zweiten Band einen Frontalangriff gegen die britische Monarchie und die etablierte Kirche führte. Aber es wurde von Reformern, protestantischen Dissidenten, Demokraten, Londoner Handwerkern und Facharbeitern im neuerdings industrialisierten Norden mit großem Interesse gelesen, fand reißenden Absatz und mag hinsichtlich der verkauften Exemplare die Millionengrenze erreicht haben.

So hatte nun die große »Debatte« über die Französische Revolution begonnen, und allenthalben vollzog sich in der öffentlichen Meinung die Spaltung in Freunde und Bewunderer der Franzosen – generell, wenn auch mit Ausnahmen, in der berufstätigen Mittelschicht der Fabrikanten und der Händler sowie unter den städtischen Handwerkern stark vertreten – und jene Gruppen, welche ihre Furcht vor allgemeiner Gefährdung des Eigentums, der Religion oder der Kronen zu den erbittertsten Feinden der Revolution machte.

Die somit einsetzende Gegenrevolution trat in den einzelnen Ländern in unterschiedlicher Gestalt auf. Sie mochte sich darauf beschränken, »Patrioten« und Demokraten zu verfolgen und Reformen zu verhindern, wie es lange Zeit in England der Fall war. Oder unter der Devise »König und Kirche« Bauern und städtische Arbeiter gegen die Revolution zu mobilisieren, wie es in Birmingham, Manchester, Brüssel, Neapel und Madrid geschah. Oder aber sie ging zur offenen Intervention in Frankreich selbst über, sei es durch Finanzhilfe für die Aktionen der französischen Emigranten und ihrer Agenten, oder durch den Beitritt zu Militärbündnissen mit dem Ziel, in Frankreich die alte Ordnung wiederherzustellen. In allen Ländern außerhalb Frankreichs und der benachbarten Territorien tendierte die Gegenrevolution dazu, die Religion wieder stärker ins Bewußtsein zu rücken, die Aufklärung zu diskreditieren und Reformen einzudämmen. Einigen dieser Aspekte werden wir uns später zuwenden. Zunächst wollen wir uns vor allem mit den Auswirkungen der Französischen Revolution auf die demokratischen und revolutionären Bewegungen im übrigen Europa befassen.

Es muß nicht betont werden, daß die Intensität solcher Einflüsse in den verschiedenen Regionen sehr unterschiedlich war. Einige Länder, etwa Rußland und die Türkei, lagen sehr weit von Frankreichs Grenzen entfernt, zudem machten ihre Traditionen und sozialen Entwicklungen sie gegen das Eindringen revolutionären Gedankengutes fast immun. Andere Gebiete, wie z. B. Bayern und Teile Belgiens, wurden durch die Frömmigkeit der Bauernschaft und die dominierende Stellung des Klerus vor dem Übergreifen bewahrt. In Spanien, das zwar eine gemeinsame Grenze mit Frankreich hatte, waren die Verhältnisse ähnlich, überdies gab es nur eine kleine gebildete Mittelschicht, die zur Aufnahme und Weitergabe der neuen Ideen in Betracht gekommen wäre. Englands Entwicklung war ganz anders verlaufen, aber infolge seines hohen Lebensstandards, seiner insularen Sonderstellung und seiner traditionellen Feindschaft gegen Frankreich erwies es sich als widerstandsfähiger. Andererseits gab es Länder, deren geographische Lage, kulturelle Überlieferungen und soziale Entwicklung sie für revolutionäre Ideen und den Vorstoß französischer Heere anfälliger machten. Dies waren Holland, Belgien, das Rheinland, die Schweiz und Italien. Und obwohl die Bebenausläufer der Ereignisse in Frankreich überall spürbar waren, kam es nur in den erwähnten Gebieten zu Revolutionen nach französischem Vorbild. Doch selbst dort konnte sich keine Revolutionsregierung halten, sobald der militärische Schutz Frankreichs fehlte. Davon wird noch zu berichten sein.

Wir haben bereits gesehen, daß England zu jenen Ländern zählte, in denen der Ausbruch der Französischen Revolution Begeisterung auslöste. Dafür gab es mehrere Gründe: In England existierte eine freie Presse. Die Führungsschicht war über die Tatsache, daß die Franzosen gegen ihre eigene »Despotie« Sturm liefen, eher entzückt als empört. Religiöse Dissidenten, parlamentarische Reformer und Lords der Whig-Opposition waren einhellig der Meinung, daß aus den Geschehnissen jenseits des Kanals irgendein politischer Vorteil zu gewinnen sei. Und last not least: England befand sich zu jener Zeit in der krisenreichen Übergangsphase der Industriellen Revolution.

Natürlich bewirkte Burkes Aktivität bei einem Teil der Bevölkerung einen Meinungsumschwung. Doch selbst als sich die Haltung den Franzosen gegenüber zu verhärten begann, fanden diese Sympathisanten in einer aus sozial verschiedenen Elementen zusammengesetzten Gruppierung, der Radikale der Mittelschicht und Reformer, Whig-Aristokraten und Sprecher der Londonder Handwerker sowie Industriearbeiter des Nordens angehörten. Sie betätigten sich auf unterschiedliche Weise. In London benützte Dr. Richard Price die Plattform der zur Erinnerung an die »glorreiche Revolution« Wilhelms von Oranien (1688) gegründeten »Revolution Society«, um die Tugenden der Franzosen zu preisen, und sandte eine Glückwunschadresse an die Gesetzgebende Versammlung in Paris. Unter dem Eindruck der Ereignisse in Frankreich wurden alte Reformbünde wieder ins Leben gerufen und neue gebildet. Major Cartwrights »Society for Promoting Constitutional Information«, 1780 gegründet und seit langem dahinsiechend, erhielt 1791 neuen Auftrieb und geriet unter den radikaleren Einfluß von John Horne Tooke und Thomas Paine.

Spontan traten in Manchester, Sheffield, Norwich, Leeds, Nottingham und anderen englischen Städten Konstitutionelle und Reformbünde auf den Plan, korrespondierten mit Frankreich und sammelten Stiefel und Gebrauchsartikel für die französische Armee. Die Whigs von Fox gründeten eine gemäßigtere »Society of the Friends of the People« und ließen sich im Parlament auf lange Rededuelle mit Pitt und Grenville ein.

Das bezeichnendste Faktum aber war: Im Januar 1792 rief Thomas Hardy eine »London Corresponding Society« ins Leben, die nicht nur in Briefwechsel mit den Franzosen und deren zahlreichen Anhängern im Inland stand, sondern auch als Zentrum für die Agitation der englischen Radikalen fungierte. Aus Handwerkern und Kleinhändlern bestehend, war dies die erste politische Vereinigung arbeitender Menschen überhaupt. So hinterließ die Revolution in keinem anderen Land außerhalb Frankreichs deutlichere Spuren bei den Industriearbeitern als in England, doch in jenem Stadium noch nicht nachhaltig genug, um Verfolgung und Krieg zu überdauern.

Nach 1792 unternahm die Regierung Pitt aktive Schritte zur Unterdrückung der »Jakobiner« und der Reformbünde in England und Schottland. Die härteste Ahndung traf die schottischen »Märtyrer« – Muir, Palmer, Margarot und Konsorten – die wegen ihrer Beteiligung an dem Versuch, einen britischen Konvent zu bilden, 1793 in die australische Strafkolonie Botany Bay deportiert wurden. Die Londoner Geschworenengerichte verfuhren weniger rigoros als die schottischen Tribunale, aber allmählich erlahmte die radikale Bewegung und machte sich fast fünfzehn Jahre lang nicht mehr bemerkbar. Ein letztes Aufflakkern stellten die Meutereien an den südenglischen Flottenankerplätzen Spithead und The Nore im Jahr 1797 dar. Dies waren in erster Linie Matrosenrevolten aufgrund geringen Soldes, brutaler Handhabung der Disziplin und schlechter Verpflegung. Aber der Rädelsführer in The Nore, ein Seemann namens Parker, war Mitglied der »United Irishmen«, und der auf Parkers Schiff gebildete Ausschuß stellte den Antrag, nach Texel zu segeln und die französische Nationalversammlung um Schutz zu bitten. Indes ist es ebenso bezeichnend, daß kein einziges Schiff dem Signal zum Auslaufen gehorchte und daß die Meuterer von Spithead sogar forderten, gegen die Franzosen eingesetzt zu werden, sobald Abhilfe für ihre Beschwerden geschaffen war. Denn damals war die erste Phase des »Jakobinismus« in England fast vorbei.

Seltsamerweise hatte dieser sogenannte »Jakobinismus« in Irland größere Erfolgschancen als je in England oder Schottland. Man sollte annehmen, daß die Iren, in der Mehrheit katholische Bauern und daher etwa den Spaniern oder den Bayern ähnlich, für die Ideen der Aufklärung und der Französischen Revolution weit weniger aufgeschlossen gewesen wären als die

Engländer und die Schotten. Zweifellos hätte es sich auch so verhalten, wäre nicht das Faktum ins Spiel gekommen, daß die irische Rebellion, durch die Zugeständnisse von 1782–84 vorläufig beschwichtigt, unter dem Deckmantel des europäischen Krieges 1794 wieder ausbrach.

Zwei Gründe wirkten als treibende Kräfte: die nationale Unabhängigkeitsbewegung der »United Irishmen« unter der Führung des Katholiken Lord Edward Fitzgerald und des Protestanten Wolfe Tone und die massive Agrarrevolte der landhungrigen irischen Bauern. Die dem Adel und der Mittelschicht entstammenden Führer waren ohne Frage Männer der Aufklärung. Sie hatten Rousseau gelesen, sie verkündeten die »Menschenrechte«, riefen zu religiöser Toleranz auf, und Tone und Lord Fitzgerald reisten nach Frankreich, um ihre Pläne mit der Pariser Nationalversammlung zu erörtern. Die katholischen irischen Bauern stifteten Kerzen für den Sieg der französischen Waffen und waren bereit, französische Invasoren als Befreier zu begrüßen – so groß war der Haß gegen den englischen Feind.

Der erste Landungsversuch des Generals Hoche im Winter 1796/97 kam zu früh und schlug fehl. Ein zweiter Vorstoß war für das Frühjahr 1798 geplant, aber die britische Regierung erfuhr davon und verhaftete die Rebellenführer, als sie eben in Richtung Frankreich in See stechen wollten. Im Juni brach der Bauernaufstand aus – nach den ursprünglichen Plänen zugleich mit der Landung, die aber nicht erfolgte – und wurde erbarmungslos niedergeworfen. Als General Humberts Truppenmacht im September 1798 auf einem Flottenverband schließlich eintraf, war es bereits zu spät. Dies war der letzte derartige Versuch, und England entging – vielleicht weniger wunderbar als es damals den Anschein hatte – der schwersten direkten Gefährdung vor der drohenden Invasion Napoleons im Jahr 1805.

Auch Polen, obwohl seiner sozialen Struktur nach völlig ungeeignet, dem durch die Französische Revolution vorgezeichneten Kurs zu folgen, wurde durch die Geschehnisse in Paris erheblich beeinflußt. Frankreich war lange Zeit mit Polen verbündet gewesen und von allen Ländern dasjenige, auf das die polnischen Patrioten, die sich um den Weiterbestand ihrer Heimat sorgten, ihre größten Erwartungen setzten, von dem sie sich konkrete Hilfe bei der Abwehr der räuberischen Ambitionen der

Nachbarn Rußland, Preußen und Österreich erhofften. Der Ausbruch der Revolution in Frankreich wurde von polnischen Intellektuellen, den liberalen Mitgliedern der *schlachta* und sogar von König Stanislaus Poniatowski, dem einstigen Liebhaber und Günstling der Zarin Katharina, mit unterschiedlicher Begeisterung begrüßt. Wie im Fall der Iren war es die Angst vor fremder Vorherrschaft, welche die Polen ins Lager der Französischen Revolution führte. Aber sie gingen noch weiter. In der Residenz des Fürsten Radziwill gründeten sie einen »philosophischen« Klub, der ihnen von der erzürnten Zarin die Bezeichnung »Jakobiner« eintrug, und durch einen politischen Coup zwangen sie den Reichstag im Mai 1791 zur Annahme einer Verfassung, die in vieler Hinsicht der im selben Jahr von den Franzosen gebilligten ähnelte. Dadurch wurden bedeutsame Neuerungen eingeführt, der Reichstag wurde zum Repräsentanten der »gesamten Nation« erklärt. Das »liberum veto«, welches lange Zeit alle gesetzgeberischen und exekutiven Initiativen behindert hatte, wurde abgeschafft. Die Thronfolge wurde erblich und die Richter sollten gewählt werden.

Aber diese Verfassung, die Schöpfung liberaler Adeliger, blieb im wesentlichen aristokratisch. Nur eine kleine Gruppe Bürgerlicher wurde in den Reichstag aufgenommen und – was noch stärker ins Gewicht fiel – an der sozialen Ordnung änderte sich durch diese Reformen ebensowenig wie in Rußland und Preußen während der Ära der »aufgeklärten Despoten«. Gewiß, die Bauern wurden unter den Schutz des Gesetzes gestellt, aber die Leibeigenschaft blieb bestehen. Doch selbst diese geringfügigen Reformen gingen den konservativeren Magnaten zu weit, sie baten die Zarin, den Einmarsch russischer Truppen zu befehlen, um König Stanislaus zur Aufhebung der Verfassung zu zwingen.

Bald danach erfolgte die Zweite Teilung Polens zwischen Rußland und Preußen. Diese neuerliche nationale Demütigung bewog den berühmten Patrioten Tadeusz Kościuszko, der sich als »Held in fremdem Dienst« während des Amerikanischen Unabhängigkeitskrieges hervorgetan hatte, im Frühjahr 1794 einen Aufstand zu entfesseln. Diesmal entwickelte sich eine einigermaßen profilierte Volksbewegung, und Kościuszko hatte die Masse der Handwerker und der einfachen Menschen von

Warschau hinter sich. Aber die Franzosen waren weder in der Lage noch gewillt, Hilfe zu leisten – bei ihnen hatten die liberalen polnischen Aristokraten nun alle Sympathien eingebüßt. Es kam zur Dritten Teilung, und für einige Jahre verschwand Polen von der Landkarte.

Ähnliche hierarchische und soziale Strukturen wie Polen wies Ungarn auf. Auch dieses Land hatte seine »nationalen« Probleme. Die Auseinandersetzungen mit Maria Theresia und vor allem mit Kaiser Joseph II. wurden in diesem Buch schon erörtert. Doch der ungarische Nationalismus, soweit er überhaupt bereits existierte, war bloß oberflächlich. Die Magnatenfamilien sprachen untereinander meist Deutsch und trugen ihre Verbundenheit mit der magyarischen Sprache und den magyarischen Überlieferungen nur zur Schau, um die Sympathien des Volkes für ihre privaten Fehden mit den Habsburgern zu gewinnen, die ihre »Freiheiten« beschränkt hatten. Die Anführer der Aristokratenrevolte gegen Joseph II. zitierten Rousseau und Voltaire, doch als Leopold II., der bisherige Großherzog von Toscana, seinem Bruder auf den Kaiserthron folgte, bestanden sie darauf, daß zum Lohn für ihre Treue auf ihren Besitzungen die Leibeigenschaft wieder eingeführt werde.

Dennoch verhehlte der ungarische Adel weiterhin seine umstürzlerischen Absichten keineswegs, und im Jahr 1793 erließ der Ungarische Reichstag ein Verfassungsdokument und eine Deklaration der Menschenrechte nach französischem Vorbild. Doch als der neue Kaiser Franz II., der die liberalen Experimente seiner Vorgänger ablehnte, ihnen energisch entgegentrat, wichen sie betroffen zurück.

Die einzigen echten »Jakobiner« in Ungarn und in Österreich, die nicht nur an Demokratie glaubten, sondern auch ein soziales und politisches Programm hatten, waren kleine Zirkel von Schriftstellern, Juristen, Gelehrten und Staatsbeamten bürgerlicher Herkunft – Männer wie Johann Laczkovics, ein ehemaliger Offizier, und Condorcets Freund Ignaz Martinovics, den die Schule des Josefinismus ebenso geprägt hatte wie die Aufklärung und die Französische Revolution. Martinovics und seine sechs Mit-»Verschwörer« wurden im Mai 1795 hingerichtet, wenige Monate nachdem zwei seiner österreichischen Gesinnungsgenossen in Wien am Galgen geendet hatten. Sie scheiterten, weil sie vom Volk distanziert und zudem nicht fähig waren, den Landhunger und die Kriegsmüdigkeit der Bauern politisch zu nutzen. Aber ihre Ideen blieben lebendig, daher waren nicht die rebellierenden Adeligen der Jahre 1788-90, sondern viel eher die einstigen Träger dieser Ideen die wahren Vorläufer der ungarischen nationalen Revolution von 1848.

Von den an Frankreich grenzenden Ländern wurde keines vom Vorbild von dessen Revolution so wenig berührt wie Spanien. In einem früheren Kapitel wurde dargelegt, daß die spanischen Institutionen und Gesellschaftsformen des 18. Jahrhunderts in mancher Hinsicht den französischen ähnelten. Aber die Mittelschicht war kleiner und weniger reif, die Bauernschaft war ärmer, ohne Bildung und innerlich wie äußerlich in höherem Maß von der Autorität des Priesters und des *senor* abhängig. Der spanische Adel sah daher keinen zwingenden Anlaß, sich um die Herrschaft über die Zentralregierung zu bemühen.

Vor allem aber war das Land in zwei scharf abgegrenzte Hälften geteilt: einen relativ wohlhabenden Norden und Osten und eine von Armut heimgesuchte Mittel- und Südregion. Aus diesen und anderen Gründen hatte die Aufklärung außerhalb städtischer Gebiete geringe Fortschritte gemacht, es hatte keine »aristokratische Revolte« stattgefunden und die Französische Revolution selbst in ihrem Anfangsstadium kaum Sympathien geweckt, geschweige denn Handlungen bewirkt. Überdies reagierten die spanische Regierung und die Kirche sofort mit systematischer Unterdrückung der »Patrioten« und aller Nachrichten aus Frankreich. Sogar Burkes *Reflections* waren wegen der in diesem Buch aufgeworfenen Probleme suspekt und lange Zeit mit dem Bann der Inquisition belegt!

Infolgedessen konnten die spanischen Demokraten kaum mehr tun als über die Grenze zu gehen. In Bayonne und anderswo auf französischem Boden sammelten sich kleine Gruppen solcher emigrierter »Jakobiner«. Als die französischen Armeen 1793 erstmals spanische Städte und Provinzen besetzten, stießen sie auf beträchtlichen ideologischen Widerstand. Es wurde zu einem Kreuzzug für »Glauben, König und Land« gegen die gottlosen Franzosen aufgerufen, und diese Bewegung gewann sogar in großen Städten wie Barcelona und Madrid Rückhalt. In den Jahren 1797 und 1798 kam es in Guadalajara,

Sevilla und Asturien wegen der steigenden Nahrungsmittelpreise zu Volkserhebungen, aber damals war Spanien bereits mit Frankreich gegen Britannien verbündet. Der bezeichnendste Punkt ist, daß ein Krieg gegen die Engländer unpopulärer war als ein Krieg gegen die Franzosen, und daß Spanien ein frühes Beispiel jenes militanten, auf »Kirche und König« orientierten Konservativismus bietet, der sich, besonders in bäuerlich-katholischen Gebieten, als wichtiger Helfer der Heere von Frankreichs Feinden erwies.

In Rußland, auf dem Balkan oder in Skandinavien existierte zwar ebenfalls ein »Jakobinismus«, aber ohne nennenswerte Resultate, gar nicht zu reden von so entfernten Vorposten wie Konstantinopel, Aleppo oder Smyrna. Es bleibt uns also nur, die frühe Auswirkung der Revolution auf die Völker an Frankreichs Ost- und Südostgrenzen zu betrachten. Wie wir sahen, waren die Holländer, die Belgier und die Genfer bereits vor 1789 in politische Auseinandersetzungen mit ihren Herrschern verwickelt. Die holländischen »Patrioten«, von ihren französischen Verbündeten vor dem Oraniersieg von 1787 im Stich gelassen, hatten ihre Klubs und Bünde faktisch aufgelöst, doch zwei Jahre später, auf die Nachricht von der Revolution in Frankreich hin, traten diese Organisationen wieder in Erscheinung. Indes, die Holländer verhielten sich weitgehend vorsichtig und ziemlich untätig. Im Januar 1793, nach der französischen Invasion in Belgien, meldete der französische Repräsentant in Amsterdam dem Außenministerium in Paris, daß in Den Haag keine Patriotische Partei existiere und sie in Rotterdam und Amsterdam nur schwach sei. Überdies bestand sie, im Gegensatz zu der Jakobinermacht in Frankreich, zum Großteil aus reichen Kaufleuten und Manufakturbesitzern, die, wenn auch mit dem Statthalter und den Stadtregenten unzufrieden, sich eine gesunde Achtung vor dem Eigentum bewahrt hatten und für ihre Geschäfte und Vermögen fürchteten. Deshalb zeigten sich die Patrioten kaum geneigt, mit den französischen Truppen zusammenzuarbeiten, die im Februar 1793 kurze Zeit Holländisch-Brabant besetzten. Während der folgenden Wochen, als sich Dumouriez durch Belgien zurückzog, bevor er zu den Österreichern überging, lebte die Aktivität der Patrioten wieder auf. Aber zwei der sieben Provinzen – Zeeland und Gelderland – hielten dem Statthalter die

Treue, und selbst in anderen Gebieten schien die Mehrheit der einfachen Stadt- und Landbevölkerung die Franzosen nur als Verbündete des Bürgertums zu betrachten. So blieb, entgegen den anfänglichen französischen Hoffnungen, die langerwartete holländische Patriotenrevolution aus und brach erst los, als die Franzosen im Januar 1795 das Land besetzten.

In Belgien hatte, wie schon im II. Kapitel erwähnt, im Jahr 1787 aktiver nationaler Widerstand gegen die Neuerungen Josephs II. begonnen, und zwar in jener frühen Phase als »Aristokratenrevolte« unter der Führung der Grundbesitzerpartei van der Noots. Aber bald trat als Rivale um den Führungsanspruch die gemäßigte demokratische Partei auf den Plan, an ihrer Spitze J. F. Vonck. Wie in England und in den Vereinigten Provinzen fand der Ausbruch der Französischen Revolution im ganzen Land begeisterte Zustimmung. Doch hier wirkte dieses Ereignis auch als zündender Funke für offene Auflehnung. Vonck setzte sich sogleich mit den neuen Pariser Machthabern in Verbindung. »Patrioten« formierten in Brabant und im benachbarten unabhängigen Bistum Lüttich Freiwilligeneinheiten. In Lüttich erhob sich das Volk und zwang den Bischof zur Flucht. Eine »Patrioten«-Armee unter General Vandermersch vertrieb die Österreicher aus Gent und Brüssel, und im Dezember räumten die Österreicher nach geringem Widerstand die belgischen Provinzen. So hatte es den Anschein, als ob die Belgier nach der Erringung ihrer nationalen Unabhängigkeit dem Beispiel der Franzosen folgen würden. Die Vonckisten bereiteten sich darauf vor, die Institutionen nach demokratischeren Richtlinien zu reorganisieren.

Aber die Ereignisse in Frankreich, die im Augenblick den Demokraten die günstigere Position gegenüber ihren Rivalen sicherten, hatten auch den Effekt, die Kluft zwischen den belgischen Parteien noch zu vertiefen und das Land in zwei Lager zu spalten. Die Grundbesitzerpartei hatte in der Katholischen Kirche und den Gilden der Kaufleute festen Rückhalt. Mit deren Unterstützung gelang es ihr, im Januar die »Vereinigten Staaten von Belgien« auszurufen, wie schon die Formulierung besagt nach dem konservativeren amerikanischen Vorbild statt nach dem von ihren Gegenspielern angestrebten Pariser Muster.

Nun begann eine »Hexenjagd« auf die Vonckisten, deren gemäßigt reformerische Ziele als Teil eines finsteren Komplotts zur Vernichtung belgischer Traditionen und grundlegender »Freiheiten« hingestellt wurden. In Brüssel, das im Dezember den »Patrioten« und den Freiwilligen zugejubelt hatte, brach im März ein Volksaufstand gegen sie aus. Die Häuser reicher Vonckisten wurden geplündert und zerstört. Die Freiwilligen wurden gesteinigt und entwaffnet. Und ein Führer der »Patrioten« wurde gezwungen, kniend zu erklären: »Auf Befehl des Volkes von Brüssel gestehe ich ein, daß der Patriotische Bund, dem ich angehöre, nichts als eine Bande von Schurken ist.« Viele Demokraten wurden eingekerkert, andere suchten Zuflucht in Frankreich. Fazit: »Eine »aristokratische Revolte« hatte sich bei der Konfrontation mit den Folgeerscheinungen einer nationalen Erhebung in eine Gegenrevolution verwandelt. Den Nutzen aus dieser Spaltung zogen die Österreicher, im Dezember 1790 marschierten sie neuerlich ein, errichteten das Fürstbistum Lüttich wieder und stellten in den belgischen Provinzen den Status *quo ante* her. Als die patrizischen Rivalen ausgeschaltet waren, kehrten viele Demokraten aus dem Exil zurück, um die »Befreiung« ihrer Heimat durch die Franzosen abzuwarten.

Die Schweizer Kantone und ihnen verbündete Territorien bestanden aus ländlichen Gebieten, von denen manche urtümliche Formen der Demokratie aufwiesen, und Stadtstaaten, die von Bischöfen und Patriziern regiert wurden. Diese Oligarchie hatte man bereits während der 1760er Jahre in Genf mit kurzfristigem Erfolg in Frage gestellt. Die Revolution in Frankreich förderte die Entwicklung einer demokratischen Bewegung und deren Ausbreitung in andere Kantone. Anno 1790 gründeten Schweizer Flüchtlinge und ansässige Schweizer Demokraten in Paris einen Helvetischen Klub. Sie hatten ihre eigene Zeitung, betrieben auf Distanz revolutionäre Agitation in den Kantonen und riefen ihre Landsleute in der Heimat auf, dem französischen Beispiel zu folgen.

Auf die Deutschschweizer griff der revolutionäre Anstoß aus dem benachbarten Elsaß über. In Basel stifteten die »Patrioten« unter der Führung von Peter Ochsel und Gobel – dem späteren konstitutionellen Bischof von Paris – unter der bäuerlichen Bevölkerung solche Unruhe, daß den Bischof die Angst packte und er österreichische Truppen zu Hilfe rief, damit sie Ordnung schafften. Doch nach den ersten französischen Siegen in dieser Region votierten die Demokraten für den Anschluß an Frankreich, und ein Teil des bischöflichen Territoriums wurde zum neuen französischen Departement Mont-Terrible (März 1793).

Zu Bauernaufständen kam es auch in den ländlichen Gebieten von Waadt und Wallis, aber sie wurden niedergeschlagen und die Rädelsführer endeten am Galgen. In Genf übernahmen die Demokraten, die 1782 durch eine französische Intervention um ihren Teilsieg gebracht worden waren, im Dezember 1792 wieder die Macht und erweiterten das Bürgerschaftsrecht auf alle Bewohner. Als Stadtregierung wurde ein Revolutionskomitee gebildet, Jakobinerklubs schossen aus dem Boden – 1793 waren es nicht weniger als fünfzig –, und auf die Einsetzung eines Revolutionstribunals folgte auch in Genf eine Phase der Schrekkensherrschaft, in deren Verlauf Patrizier eingekerkert und hingerichtet oder, wenn sie Glück hatten, nur zu horrenden Geldbußen verurteilt wurden.

Dies waren die extremsten Erscheinungsformen, die die Epoche der Umwälzungen in der Schweiz zeitigte, aber ihre größte Anhängerschaft fand die Französische Revolution wohl in Zürich. Unter den Männern, die sich dazu bekannten, waren Berühmtheiten wie der Maler Johann Heinrich Füssli, der Schulreformer Johann Heinrich Pestalozzi und der Philosoph Johann Kaspar Lavater. Sie gründeten einen Revolutionsklub, der 1794 mit einem umfassenden Programm politischer und sozialer Reformen hervortrat. Die »Verschwörer« wurden ausgehoben, 260 Personen wurden eingekerkert oder verbannt.

Aber die Agitation ging weiter und erfaßte auch die benachbarten ländlichen Gebiete von Glarus und St. Gallen. Im September 1798 erzwangen die St. Gallener Bauern von ihrem Abt die Zustimmung zu der Regelung, einen Teil ihrer Tributleistungen in die Zahlung einer geringen Geldsumme umzuwandeln.

Eine bemerkenswerte Stärke der Schweizer revolutionären Bewegung lag darin, daß sie in einigen Kantonen – anders als in den holländischen und den belgischen Provinzen – sowohl aus städtisch-bürgerlichen als auch aus bäuerlichen Elementen bestand.

Die deutschen Reaktionen auf die Französische Revolution

waren zu Beginn ähnlich wie in England, aber verschiedenartiger, und die Ergebnisse erwiesen sich als dauerhafter. Wir müssen dabei die Gesamtsituation Deutschlands als eines territorialen Konglomerates in Betracht ziehen. Außer den dominierenden Staatsverbänden des Königreichs Preußen und der Kurfürstentümer Sachsen und Bayern existierten Hoheitsgebiete unterschiedlichster Größe und Bedeutung oder Bedeutungslosigkeit bis zu den bekannten »Duodezfürstentümern«, die deshalb so genannt wurden, weil sie gleichsam dutzendweise vorhanden waren.

Nur ein Beispiel: Allein im Gebiet des Rheinlaufes mit einer damaligen Bevölkerung von 1300000 gab es nicht weniger als 97 einzelne Herrschaftsbereiche von geistlichen Kurfürsten, Fürstbischöfen, Herzögen, Markgrafen, Landgrafen und sogar Reichsrittern. Der verwirrenden Vielzahl der politischen Institutionen und Abgrenzungen entsprach die soziale Lage. Die Mittelschicht war im allgemeinen von den Führungsfunktionen ausgeschlossen, und mit Ausnahme der westlichen Regionen und der Markgrafschaft Baden bestand fast überall noch die Leibeigenschaft. Doch in scharfem Kontrast zu diesen zäh sich haltenden Relikten des Mittelalters stand die Entfaltung des deutschen Geisteslebens. Kein anderes europäisches Land verfügte über bessere und zahlreichere Universitäten. Keines hatte eine so rege publizistische Tätigkeit aufzuweisen – in den 1780er Jahren z.B. erschienen 1225 Periodika – und wenige Länder, wenn überhaupt, hatten so bedeutende Dichter und Gelehrte hervorgebracht wie Deutschland in jenen Jahrzehnten des ausklingenden 18. Jahrhunderts, dem Zeitalter eine literarischen und gesamtkulturellen Hochblüte.

Von den Ideen der Aufklärung waren vor allem die Lehren Montesquieus und Rousseaus in Deutschland auf fruchtbaren Boden gefallen, namentlich seit der Amerikanischen Revolution wurden sie in der Presse, auf den Universitäten, in den Freimaurerlogen, in literarischen Kreisen und den Zirkeln der Illuminaten eifrig erörtert. In solchen Zirkeln fand die Französische Revolution fast einmütige Billigung. Johannes von Müller, der Schaffhausener Historiker und Sekretär des Erzbischofs von Mainz, pries die Erstürmung der Bastille als das glückhafteste Ereignis seit dem Untergang des Römischen Imperiums, und

Johann Gottfried Herder bezeichnete sie als den wichtigsten Wendepunkt seit der Reformation.

Zu den Dichtern, welche diese Geschehnisse beifällig begrüßten, zählten Klopstock, Wieland, Bürger, Hölderlin, Tieck und Wackenroder, Goethe und Schiller bekundeten zwar nicht gerade offene Ablehnung, verhielten sich aber eher reserviert. Positiv indes äußerten sich auch die Philosophen Kant, Hegel, Fichte und Schlegel, die politischen Publizisten Friedrich Nicolai und Johann Wilhelm v. Archenholtz in Berlin und Schlözer in Göttingen. Hamburg, Klopstocks Heimatstadt, feierte die Umwälzungen mit Oden und Banketten, und sogar Persönlichkeiten fürstlichen Geblüts, wie der Herzog von Braunschweig, das Herzogspaar von Sachsen-Coburg-Gotha und Prinz Heinrich von Preußen, stimmten in den Chor der Lobeshymnen ein.

Allerdings meldeten sich bereits einige Kritiker und Warner zu Wort, wie etwa die Göttinger August Wilhelm Rehberg und Brandes. Unweigerlich mehrten sich diese Gegenstimmen im weiteren Verlauf der Revolution, als auf das Ende der bourbonischen »Despotie« und der »Privilegienwirtschaft« die Verschacherung kirchlichen Besitzes, die Emigration französischer Adeliger und »Verdächtiger«, der Sturz und die Hinrichtung des Königs, der Terror, die jakobinische Diktatur und untaugliche demokratische Experimente folgten und als Burkes *Reflections* ihre Wirkung auf die konservativeren Geister Europas zu tun begannen.

Einer der ersten, die ihrem Glauben an die Revolution abschworen, war Schlözer, der nach den Oktobertagen von Versailles die »hirnlose Tyrannei des Mobs« beklagte. Johannes von Müller, anfangs so enthusiastisch, schwankte 1790 zwischen Für und Wider und 1793 wetterte er gegen »diese Irren und Ungeheuer in Frankreich«. Noch gründlicher vollzog sich der Umschwung bei Friedrich Gentz, der, einst ein Bewunderer Rousseaus und Mirabeaus, sich Burkes Gedankengänge zu eigen machte, dessen Werk ins Deutsche übersetzte und neben dem Briten zum zweiten Wortführer des großen antirevolutionären Kampfes gegen Frankreich wurde.

Für andere waren es die Kraßheiten der Pariser Schreckensherrschaft und die Hinrichtung Ludwigs XVI., welche ihre Illusionen radikal zerstörten – dies war bei Wieland, Jean Paul,

Schleiermacher, Klopstock und Hegel der Fall. Goethe und Schiller, obgleich keineswegs gleichgültig, wahrten ihre olympische Entrücktheit. Einige freilich verloren ihre Begeisterung nie gänzlich: Bürger, Tieck, Wackenroder, Herder, Fichte und – zögernder – Kant. Zu ihnen zählte Georg Forster, der Mainzer Bibliothekar und Altmeister der Völkerkunde, der nicht nur die Enthauptung des Königs guthieß und die Republik feierte, sondern sich nach der Besetzung von Mainz durch die Truppen des Generals Custine im Herbst 1792 auch als Politiker hervortat.

Auf weitere Sicht war die Haltung der Repräsentanten des Geisteslebens zweifellos von sehr großer Bedeutung für Deutschlands Zukunft. Doch im Augenblick waren die unmittelbaren Auswirkungen der Revolution in anderen Bereichen wichtiger – auf die Bürger, die Politiker und die bäuerliche Bevölkerung in einer Reihe von deutschen Ländern und Städten. Von diesen war der rheinische Raum am stärksten der »Ansteckung« ausgesetzt. Die Territorien der drei geistlichen Kurfürsten von Köln, Trier und Mainz sowie Baden und die Kurpfalz befanden sich praktisch in der Zange revolutionärer Entwicklungen im Elsaß und in Lüttich und waren diesem Druck unmittelbar ausgesetzt. In Baden kam es zu nicht weiter nennenswerten Unruhen, die zudem rasch unterdrückt wurden. In der Pfalz gab es Aufruhr in Landau und Zweibrücken, Bauern empörten sich gegen das Herrenrecht der Jagd und verweigerten die Zahlung der Abgaben. Die Kurfürstentümer Köln, Trier und Mainz waren stärker betroffen, nicht zuletzt durch die Umtriebe des ausgesprungenen Franziskaners und ehemaligen Bonner Universitätsprofessors Elogius Schneider, der, vom Kurfürsten von Trier verbannt, einen Lehrstuhl in Straßburg übernommen hatte, wo er auch eine führende politische Rolle spielte. In Köln forderte der Dritte Stand nach französischem Vorbild die Aufhebung des Systems ungleicher Besteuerung. In Bonn gründeten die »Patrioten« einen revolutionären Klub, während in Mainz, dessen Kurfürst sich durch die Beteiligung am Krieg Österreichs und Preußens gegen Frankreich (April 1792) unbeliebt gemacht hatte, die Stadtbevölkerung erbittert gegen die Teuerungen demonstrierte und die Bauern sich gegen die drükkenden Tributforderungen der Grundherren zur Wehr setzten. Deshalb fanden die siegreichen französischen Armeen von 1792 und 1794 in diesen Gebieten, ähnlich wie in den Schweizer Kantonen, eine für ihre politischen und militärischen Ziele günstige Situation vor.

In anderen Teilen Deutschlands wurde der französische Einfluß erst während der Napoleon-Ära deutlicher spürbar. In Sachsen protestierten die Bauern gegen die feudalistischen Abgaben. Doch im übrigen gehörte Sachsen, ebenso wie Mecklenburg, zu jenen Gebieten, in denen die gesamte Entwicklung von der Revolution bis zu Napoleons Kaiserreich relativ geringe Spuren hinterließ. Bayern wurde von den Ereignissen erst zur Zeit des Direktoriums betroffen, als München kurzfristig von den Franzosen besetzt war und die Illuminaten unter ihrem Führer Maximilian Graf Montgelas beträchtlichen Einfluß auf den kurfürstlichen Hof gewannen. Hamburg begrüßte die Revolution mit Banketten, und ein Jahr später feierten die liberalen hanseatischen Kaufleute auf Anregung des reichen Handelsherrn und Literaturmäzens Georg Sieveking das »Bundesfest«, das sie auch in den nächsten Jahren veranstalteten. Aber die Verbindung mit den Franzosen wurde nicht nur nach politischen, sondern auch nach wirtschaftlichen Gesichtspunkten bewertet. Und als Hamburg an der Seite Britanniens im Kriegszustand mit Frankreich war, schlug die Begeisterung für die Franzosen in eine deutliche Anglophilie um. Nach der Annexion durch Napoleon war Hamburg eines der wenigen deutschen Territorien, deren Bevölkerung sich gegen die Fremdherrschaft auflehnte.

In Preußen wirkte sich die Französische Revolution tiefer und nachhaltiger aus. König Friedrich Wilhelm II., der Nachfolger Friedrichs des Großen, war ein schwacher, uneinsichtiger Monarch, während seiner ziemlich kurzen Regierungszeit (1786–1797) traten kirchliche und aristokratische Kräfte wieder in den Vordergrund. Aber die Franzosen fanden Freunde am Königshof: Prinz Heinrich von Preußen, Bruder Friedrichs des Großen und einer der besten Heerführer des Siebenjährigen Krieges, und Ewald Heinrich Graf Hertzberg, ebenfalls ein alter Friederizianer, Staats- und Kabinettsminister. Er war der Spiritus rector einer Friedenspartei, die sich für die Verkürzung des 1792 ausgebrochenen Krieges gegen Frankreich einsetzte. Das liberale Bürgertum legte sich zwar nicht eindeutig fest, stand der

Revolution aber niemals völlig negativ gegenüber. In Schlesien entstanden zwischen 1794 und 1796 Geheimbünde rund um eine Kerngruppe, der ein Händler, ein Hauptmann und zwei Beamte angehörten, das Land war auch der Schauplatz erheblicher Unruhen unter der Bevölkerung. Im Winter 1792 verweigerten Bauern die Tributzahlungen an die Junker. Kurz darauf demonstrierten Weber wegen der zu niedrigen Löhne und forderten die Franzosen auf, ihnen zu Hilfe zu kommen. 1793 gab es Krawalle in Breslau und eine blutige Revolte oberschlesischer Polen. Und 1796 wurde ein weite Kreise der schlesischen Bauernschaft erfassender »Geist des Aufruhrs« der Agitation entlassener Soldaten des Frankreichfeldzugs zugeschrieben. Insgesamt betrachtet erfuhr fast ganz Deutschland im Zeitraum zwischen 1789 und 1815 radikale Veränderungen. Aber in jenen frühen Jahren waren es nicht der Süden, der Norden oder die Mitte, sondern hauptsächlich die Grenzregionen – das Rheinland und Schlesien –, die am stärksten davon betroffen wurden.

Auch in Italien gab es Faktoren, die das Vordringen französischen revolutionären Gedankengutes begünstigten: eine große, gebildete und in ihrer Mehrzahl antiklerikale Mittelschicht, die mit den Lehren der Aufklärung bereits gründlich vertraut war, weitverbreitete Abneigung gegen fremde Vorherrschaft – die der Österreicher in Nord- und Mittelitalien und der Spanier im Süden, einen Adel, der in vielem mit den fortschrittlichen Anschauungen und politischen Tendenzen der gebildeten Mittelschicht konform ging, und eine noch in stummem Ingrimm verharrende, unzufriedene bäuerliche Bevölkerung. Doch nach dem ersten Begeisterungssturm wurden auch die Schwächen offenbar. Es bereitete erhebliche Schwierigkeiten, in einem so vielfach geteilten Land die divergierenden Bestrebungen der verschiedenen Gruppierungen, die nun in den revolutionären französischen Doktrinen eine neue Zielvorstellung der nationalen Befreiung und Einigung fanden, aufeinander abzustimmen.

Noch problematischer war das Vorhaben, für die beiden Potentiale – hier die begüterten mittelständischen oder adeligen »Jakobiner«, dort die verarmten Bauern und die Masse der Stadtbevölkerung – eine gemeinsame politische Ebene zu schaffen. Den Weg zur Überwindung der Zersplitterung wies Bonaparte selbst, indem er diktatorisch für den Großteil der

Halbinsel ein annähernd einheitliches Verwaltungssystem einführte.

Das zweite große Problem war, wie sich zeigte, im wohlhabenderen, antiklerikalen Norden leichter zu lösen als im armen, frommen Süden. Außerdem war es aus der Sicht der bereits revolutionär Gesinnten von Vorteil, daß das Königreich Piemont-Sardinien direkt an Frankreich grenzte und die Provinz Savoyen umfaßte, wo bereits seit langem eine Bewegung für die Vereinigung mit Frankreich existierte. Savoyen war denn auch das erste Gebiet Italiens, in dem es zur Rebellion kam. Schon 1789 verweigerten Bauern, welche die Befreiung von den Grundlasten errungen hatten, ihren Herren jegliche Gegenleistung. Bald darauf erklärten sich in Piemont Bauern, die energisch Bodenreformen forderten, zu französischen Bürgern, und 1794 erfolgte in der Hauptstadt Turin ein »jakobinischer« Putschversuch. Auch in Bologna und in anderen Teilen Norditaliens vereinigten frankophile Tendenzen die Gebildeten und das einfache Volk, aber weiter im Süden standen bürgerliche Freidenker, Illuminaten und »Jakobiner« der Mittelschicht weitgehend allein oder begegneten beim Gros der Bevölkerung tiefem Haß und Mißtrauen. In Neapel waren die Freimaurerlogen und »patriotischen« Bünde wahrscheinlich stärker und zahlreicher als anderswo in Italien, doch als die neapolitanischen »Jakobiner« anno 1794 einen Aufstand anzetteln wollten, hielten sich die Massen strikt davon fern.

Es liegt auf der Hand, daß die Kirche und die herrschenden Kreise, ähnlich wie in Spanien und in Belgien, diese Antipathien für ihre eigenen Zwecke nutzen konnten. Im Januar 1793 wurde ein französischer Gesandter namens Hugo de Bassville im Verlauf eines Aufruhrs ermordet. Und in Neapel reagierten die *lazzaroni*, die Armen der Stadt, in ihrer Feindschaft gegen den »Jakobinismus«, der sich für sie in der reichen Mittelschicht verkörperte, um so spontaner auf die Parole »Kirche und König!«.*

Die Reaktionen Europas während der ersten Revolutionsjahre waren also sehr differenziert. Wenn wir im Augenblick die Ab-

* Vgl. E. J. Hobsbawm: *Primitive Rebels*, Manchester 1954, S. 112–113, und *The Age of Revolution*, London 1962, S. 82–83.

wehr in allen ihren Formen außer acht lassen, welches Resümee der Auswirkungen der Revolution in jener Phase kurz vor der militärischen Expansion Frankreichs können wir dann ziehen? Da sind zunächst jene Länder und Gebiete zu nennen, die trotz »jakobinischer« Einsprengsel zumindest in diesem Abschnitt von den Pariser Ereignissen ziemlich unberührt blieben: die Türkei, Rußland, Spanien, der Balkan, Österreich, Ungarn und Skandinavien. In England und Schottland hingegen war die anfangs positive Einstellung zu den französischen revolutionären Ideen bis zum Jahr 1795 geschwunden, ausgemerzt oder durch Gegenmaßnahmen und die Folgeerscheinungen des Krieges in den Untergrund getrieben. Anders wiederum waren die Verhältnisse in Irland und in Polen, wo die Französische Revolution aus ganz ungewöhnlichen Gründen entschieden bejaht wurde, aber Aufstände rasch niedergeschlagen werden konnten, da diese Länder außerhalb des Aktionsradius französischer Militärhilfe lagen. Im näheren Umkreis Frankreichs hatte die 1787 gescheiterte patriotische »Revolution« in Holland durch die Pariser Ereignisse neue Impulse erhalten, aber bis zum Frühjahr 1793 war kaum ein Losschlagen abzusehen. Einzig und allein in Belgien war bereits im Sommer 1789 eine revolutionäre Situation gegeben, die sich besonders in Lüttich und Brabant durch das mitreißende Beispiel der Umwälzungen in Frankreich immer mehr zuspitze. Doch in der Folge wurde die demokratische Bewegung durch die innere Gegenrevolution und die Wiedererrichtung der österreichischen Oberhoheit geschwächt. Schließlich hatte die Französische Revolution in Teilen Deutschlands und der Schweiz und in den meisten Gebieten Italiens tiefgreifende Auswirkungen. Aber wie in Holland blieb die Begeisterung für die neuen Ideen in erster Linie auf die städtischen Mittelschichten und auf die Kreise der Gebildeten beschränkt, und nur in einigen Schweizer Kantonen, im Rheinland, in Preußisch-Schlesien sowie in Piemont und Savoyen hatten sich bis 1793 spontan revolutionäre Bewegungen auf etwas breiterer Basis gebildet.

Wenden wir uns nun der Frage zu, wie diese unterschiedlichen Kräftegruppen durch Frankreichs Kriegseintritt, seine Siege und seine militärische Expansion beeinflußt wurden.

XI Die Koalitionskriege

In einem früheren Kapitel wurde angedeutet, daß der Krieg, der am 20. April 1792 begann, keineswegs nur einen einzigen, bestimmten Grund hatte. So war er z.B. niemals ein erklärter »Kreuzzug« der gekrönten Häupter Europas gegen das revolutionäre Frankreich. Allerdings spielte dieser Faktor eine gewisse Rolle. Edmund Burke hatte nach 1790 zu solch einem Abwehrkampf aufgerufen und Papst Pius VI. hatte diesen Tendenzen im April 1791 durch seine generelle Verurteilung der Revolution den moralischen Rückhalt gegeben. Der Gedanke schien für einige europäische Herrscher verlockend, er sagte Zarin Katharina, König Gustav III. von Schweden, König Karl von Spanien und König Friedrich Wilhelm II. von Preußen zu. Der eher liberal gesinnte Kaiser Leopold II. hatte gute Gründe, diese Frage sorgsam zu erwägen, da er sich seiner Schwester Marie Antoinette verpflichtet fühlte und außerdem durch die beharrlich angebotenen, wenn auch unerwünschten Ratschläge des Grafen von Artois und seine Geheimkorrespondenz mit dem französischen Königshof beständig an seine Verantwortung erinnert wurde. Aber ungeachtet ihrer persönlichen Einstellung zu dem Thema Revolution waren die Monarchen Europas auch von anderen, für sie unmittelbar wichtigen Problemen in Anspruch genommen: Spanien und Schweden waren militärisch zu schwach, um irgendwelche Initiativen gegen ihren einstigen Verbündeten zu unternehmen. Für Schweden hatte überdies im Moment der Anspruch auf Finnland Vorrang. Rußland und Preußen waren gemeinsam mit Polen beschäftigt, und Leopold II. hatte außer seinen Interessen an Polen und dem türkisch beherrschten Balkan den noch viel zwingenderen Beweggrund, seine Autorität in Belgien – den Österreichischen Niederlanden – und in Ungarn wiederherzustellen. Und England war trotz Burkes Warnungen bereit, der Französischen Revolution ihren Lauf zu lassen und beobachtete im übrigen voll Mißtrauen Rußlands Schachzüge im Osten. Unter diesen Bedingungen war es schwierig, eine umfassende Allianz des alten Europa gegen die Revolution zu schaffen, und selbst als dieses Ziel erreicht schien, wie in den Jahren 1793–95, gaben dabei nicht rein ideologische Motive den Ausschlag, sondern andere Faktoren, die aber zugleich das Bündnis stetig beeinträchtigten und die Gefahr seines Zerfalls heraufbeschworen.

Es erübrigt sich, hier nochmals genauer auf die Gründe einzugehen, welche Österreich und Preußen im April 1792 zum Krieg gegen Frankreich bewogen. Die Abneigung des neuen Kaisers Franz II. gegen die Revolution, der Streit über die Ansprüche deutscher Fürsten im Elsaß und Brissots Agitation für einen Volkskrieg gegen den »Despotismus« trugen dazu bei.* Außerdem rechneten die Höfe in Berlin und Wien in dem Glauben, daß Frankreich kampflos zusammenbrechen werde, nur mit einem kurzen Feldzug.**

Indessen bot Zarin Katharina Verbände in der Stärke von 15000 Mann an – aber erst nach der Regelung der polnischen Frage. Von den deutschen Fürstentümern stellten nur Hessen und Kur-Mainz je ein Kontingent, und nach den Pariser August-Ereignissen, die zum Sturz des Königtums führten, zeigten Britannien, Rußland, Spanien, Holland und Venedig ihr Mißfallen durch den Abbruch der Beziehungen zu Frankreich. Rußland bestärkte zwar die Preußen und die Österreicher in ihrer Haltung, betrachtete aber für sich selbst weiterhin Polen als ergiebigeres Aktionsgebiet. Spanien, Britannien und Holland traten im Frühjahr 1793 der Koalition bei. Holland wurde durch die Gefahr einer französischen Invasion dazu getrieben, und für die anderen Staaten boten die Hinrichtung Ludwigs XVI. am 21. Januar und die darauffolgenden diplomatischen Proteste den unmittelbaren Vorwand.

* Siehe VII. Kapitel

** Siehe G. Lefebvre *The French Revolution from its Origins in 1793*, London/New York 1962, S. 220–223

Doch während Spanien trotz seiner revolutionsfeindlichen Vorbehalte gegen seinen Willen hineingezogen wurde – monatelang lief in Frankreich eine Kampagne der Brissotins zur Entthronung aller Bourbonen, die somit auch Madrid betroffen hätte – lagen die Verhältnisse in England ganz anders. Es war sicherlich weder Burkes flammender Aufruf noch das antijakobinische Ungestüm des Königs Georg III., die Pitt zwangen, seine Neutralität aufzugeben, sondern vielmehr die Überzeugung, daß Britanniens eigene lebenswichtige, angestammte Interessen bedroht waren. Seit den Zeiten Ludwigs XIV. war Frankreich der Erbfeind, und während des nun zu Ende gehenden Jahrhunderts waren die beiden Staaten in fast allen bewaffneten Konflikten, in denen es um Europa oder überseeische Besitzungen ging, in feindlichen Lagern gestanden. Die damals strittigen Fragen waren ungelöst geblieben und würden nun im Verlauf zwanzig Jahre dauernder Auseinandersetzungen wieder aufstehen. Dennoch waren es nicht diese allgemeinen Ursachen, ebensowenig wie die Befürchtungen um Eigentum und Autorität, welche England veranlaßten, zu den Waffen zu greifen, sondern die konkreten Gefahren, die London in der französischen Okkupation Belgiens erblickte, die Öffnung der Schelde für die Schiffahrt – unter Mißachtung des Vertrages von Utrecht – und der drohende Einmarsch in das mit Britannien verbündete Holland. Die britische Führung reagierte demnach in erster Linie auf die Bedrohung der insularen Sicherheit, wie einst in den Zeiten Philipps II. und Ludwigs XIV. Die augenblickliche Staatsform der Franzosen war dabei von durchaus zweitrangiger Bedeutung.

Nach dem Beitritt Britanniens, Spaniens und Hollands schlossen sich auch Neapel, der Kirchenstaat, Venedig und Sardinien der Ersten Koalition an. So sah sich Frankreich im Frühjahr 1793 einem fast einhellig feindlichen Europa gegenüber. Aber es war ein Europa, das seine Differenzen keineswegs beigelegt hatte, sondern weiterhin uneinig war. Das Resultat: Im Verlauf des Krieges, mit der Steigerung der französischen militärischen Fähigkeiten und der Hebung der Kampfmoral, folgte eine Koalition der anderen und jede zerbrach, zerstört sowohl durch die Siege der Franzosen als auch durch die eigenen inneren Schwächen und Widersprüche. Spanien und Holland wechselten nach ihren Niederlagen 1794/95 ins andere Lager über. Preußen, im deutschen Raum der Gegenspieler Österreichs und sehr darauf bedacht, diesem Rivalen in Polen zuvorzukommen, schloß einen Separatfrieden und schied als kriegführender Staat aus. Österreich selbst und dessen verbliebene Bündnispartner auf dem Kontinent wurden durch Bonapartes Siege in Italien zum Frieden von Campo Formio gezwungen. Und England, im Kampf allein gelassen, vergrößerte sein wirtschaftliches und koloniales Empire auf Kosten seiner Rivalen, baute seine Seemacht im Mittelmeer auf und zeigte geringes Interesse am Landkrieg in Europa. Katharinas Nachfolger in Rußland, Zar Paul, faßte die französische Besetzung der Insel Malta als Provokation auf und trat 1798 im Rahmen einer Zweiten Koalition an die Seite Britanniens, Österreichs und der Türkei gegen Frankreich und dessen Verbündete. Auch diese Allianz zerfiel, als Rußland, das mit Österreich wegen Italien haderte und auf dem Schweizer Kriegsschauplatz von Masséna geschlagen wurde, ein Jahr später seine Armee zurückzog. Der völlige Zusammenbruch des Bündnissystems erfolgte, als Bonaparte nach seiner Rückkehr aus Ägypten die Österreicher bei Marengo besiegte (14. Juni 1800) und ihnen den Friedensvertrag von Lunéville diktierte (9. Februar 1801). So stand Britannien im Kampf gegen Frankreich wieder allein, aber diesmal hatten die britischen Ansprüche auf die Seeherrschaft einstige Alliierte aufgereizt und zur bewaffneten Neutralität bewogen. Der britischen Führung machten wirtschaftliche Schwierigkeiten und eine innenpolitische Krise zu schaffen, deshalb erklärte sie sich bereit, im Mai 1802 in Amiens Frieden zu schließen. Diese Beendigung des Kriegs bot zwar eine Atempause, brachte aber keine dauerhaften Regelungen. In Frankreich blieb das neue Regime intakt, und der Eroberer behielt seine territoriale Beute von Holland bis Neapel. Britannien trat zwar einen Teil seiner neugewonnenen Kolonialgebiete wieder ab, wahrte aber seinen Rang als Herrin der Meere. Als der Krieg abermals ausbrach, kam es zu neuen Allianzen unter wechselnden Namen, und die Abfolge von Niederlage und Abfall wiederholte sich. Erst viele Jahre später erlangten die europäischen Staaten jene zielbewußte, stoßkräftige Einmütigkeit, die sie in die Lage versetzte, die Machtverhältnisse zu ihren Gunsten zu verändern.

Aber natürlich bedurfte es mehr als der Spaltungen und Rivalitäten im Lager der Gegner, um Frankreichs militärische Erfolge zu sichern. Die französische Armee, die im April 1792 gegen die vereinigten Heere Österreichs und Preußens antrat, war auf einen Krieg ziemlich schlecht vorbereitet, von einer Offensive ganz zu schweigen. Und zwar nicht etwa, weil ihr die militärwissenschaftliche Basis und die Kenntnisse des Einsatzes moderner Waffen gefehlt hätten. Gribeauval, der große Generalinspekteur der 1760er und 1770er Jahre hatte ein verbessertes Modell des Steinschloßgewehres und leichtere, dabei wirksamere Feldgeschütze eingeführt. Seit dem Siebenjährigen Krieg hatte der französische Generalstab die Prinzipien der neuen Offensivstrategie studiert, die durch die waffentechnische Weiterentwicklung möglich geworden war. Bourcet, Leiter der Kriegsschule in Grenoble, hatte eine Abhandlung über den Gebirgskrieg geschrieben, darin stellte er die These der Überlegenheit offensiver vor defensiver Operationen auf und betonte die Bedeutung der Verbindung zwischen Schützengefecht und Angriffskolonne, also einer Kampfweise aufgelockert und geschlossen vorgehender Einheiten. Somit negierte er das Prinzip der streng linearen Formation, auf das damals sogar die besten Taktiker schworen.

Guibert hatte in seinem *Essai général de tactique* aus dem Jahr 1772 die Erörterung sogar noch weiter geführt. Er hatte die Vorteile der einfachen Bataillonskolonne gegenüber der breiten Front kompakter Truppenmassen aufgezeigt und eindringlich darauf hingewiesen, daß sich eine Armee aus ihrem Operationsgebiet versorgen müsse, was den Einsatz des kostspieligen, schwerfälligen Trosses und Fuhrwesens überflüssig mache. Da Guibert zudem ein philosophischer Kopf im Sinn der Aufklärung war, hatte er den Rat gegeben, eine Armee aus Bürgern zu rekrutieren, die ihr Land liebten und wenn nötig selbständig zu handeln vermochten, statt aus Söldnern, Vagabunden und Kriminellen, die durch Hunger, Zwangswerbung oder Furcht vor dem Galgen zum Militärdienst getrieben wurden.

Und schließlich hatte Du Teil in einem 1778 verfaßten Essay die Taktiken der neuen Feldartillerie dargelegt, mit der strikten Forderung nach Konzentration der Feuerkraft auf die entscheidenden Punkte und des gemeinsamen Einsatzes von Artillerie und Infanterie. Solche Ideen, für die Strategie und die Taktik von umwälzender Bedeutung, blieben nicht auf die Bereiche bloßer Theorie beschränkt. Sehr vieles davon war in das 1788 ausgearbeitete und 1791 an die Truppen ausgegebene Reglement aufgenommen worden. Dies sollten die Leitlinien sein, nach denen eine ganze neue Generation von Offizieren und Wehrtechnikern der Revolutions-Ära ausgebildet wurde und ihr besonderes Gepräge erhielt. Mehr noch: Nur die Revolution, welche die Privilegien ausmerzte und die ganze Nation zu den Waffen rief, konnte die Bedingungen schaffen, unter denen die neuen Männer in Aktion zu treten vermochten.

Aber im Augenblick war die Armee kaum in der Lage, die günstigen Gegebenheiten zu nützen. Sie verfügte zwar über die zahlenmäßige Stärke und den revolutionären Elan, aber die Koordination, die Disziplin, der Nachschub und vor allem die Führungspersönlichkeiten fehlten. Die adeligen Offiziere des *Ancien régime* waren zu Hunderten von den Truppen selbst verjagt oder einfach niedergemacht worden. Bürgerkrieg und Meuterei hatten ganze Regimenter zersprengt, und von den 9000 Rängen des alten Offizierskorps hatten nur 3000 ihre Kommandos behalten. Um die Lücken im regulären Heer aufzufüllen und im Sinn der neuen Ideale waren aus der seit dem Juli 1789 formierten Nationalgarde Freiwilligenbataillone aufgestellt worden – insgesamt etwa 100 000 Mann. Diese Bürgersoldaten waren von patriotischem Opfermut erfüllt, verhältnismäßig gut besoldet und wählten ihre Offiziere selbst. Aber sie besaßen mehr Begeisterung als Disziplin und militärische Ausbildung, die Generale sahen voll Verachtung auf sie herab, gewisse Bevorzugungen beim Dienst erregten den Grimm der »Regulären« und bewirkten immer wieder Reibereien. Ein solches Heer konnte sich nicht mit den 70 000 Mann starken, gut gedrillten und bewährten Truppen messen, die der Herzog von Braunschweig an der Grenze sammelte. Brissots militärpolitisches Vabanquespiel endete mit einem Dekabel. Eine in Richtung Tournai und Lüttich in Marsch gesetzte Invasionsstreitmacht flüchtete nach dem ersten Zusammentreffen mit dem Feind in voller Auflösung und zog sich mit dem Gros der französischen Armee bis nach Tournai und Lille zurück. Nur die Tatsache, daß der Herzog von Braunschweig, von einem traditionsverhafteten Führungsstil bedächtigen Abwägens geleitet, seinen Vorteil nicht nützte, bewahrte Frankreich vor einer weiteren Katastrophe.

Faktisch war es also nicht die eigene innere Kraft, sondern eher die Unentschlossenheit der Gegner, welche den Franzosen eine erste Atempause verschaffte und ihnen die Möglichkeit bot, die Niederlage in einen Sieg zu verwandeln. Zur Zeit der ersten französischen Erfolge bei Valmy und Jemappes im September 1792 war das sogenannte »Österreichische Komitee«, das Zentrum des höfischen Widerstandes, ausgeschaltet, die Monarchie gestürzt, Brissot und sein Anhang von Phrasendreschern und Schwarmgeistern hatten bereits wesentlich an Einfluß verloren, einige verräterische Generale – unter ihnen Lafayette – waren abgesetzt oder zum Feind übergegangen, die Artillerie war verbessert und die Zahl der ausgerüsteten und ausgebildeten Freiwilligeneinheiten wuchs. Doch die Hauptprobleme blieben noch zu lösen: die neuen bewaffneten Bürger mit den alten Soldaten aus dem königlichen Heer zu einer einzigen Nationalarmee zusammenzuschweißen, aus der Masse von *citoyens*, die durch die Revolution für den Wehrdienst verfügbar waren, das Maximum an militärischem Wert herauszuholen, ein fähiges, verläßliches Offizierskorps neu aufzubauen und die Armee ständig mit modernsten Waffen zu versorgen, indem man die Industrie auf Rüstungsproduktion umstellte.

Diese verschiedenartigen Aufgaben wurden durch die gemeinsamen Anstrengungen des Konvents, des Wohlfahrtsausschusses und einzelner Männer wie Carnot und des jakobinischen Militärexperten Dubois-Crancé mit beachtlichem Erfolg bewältigt. Die Nationalarmee auf der Basis der allgemeinen Wehrpflicht kam erst nach Jourdans Gesetz vom September 1798 zustande. Aber Zwischenformen – das *amalgame* vom Februar 1793 und das *levée en masse* vom August – dienten dazu, die Unterschiede zwischen den »Blauen« (nach ihren Uniformröcken so bezeichnet) und den Berufssoldaten auszugleichen und sicherten ein Aufgebot von Großverbänden, die das einstige Heer des Königtums an Truppenstärke weit übertrafen: im Februar 1793 300000 Mann, im August 650000 Mann und im Jahr 1794 schließlich eine dreiviertel Million. Natürlich garantierten solche Zahlen an sich noch keine konkrete Überlegenheit, und viele Generale alter Schule waren über den Zustrom von Rekruten eher betroffen als entzückt. Doch der geniale Carnot wußte genau, was er damit anfangen konnte. Er holte sich Ausbilder, trieb Waffen auf, organisierte ein militärisches Versorgungs- und Nachschubsystem und paßte die Lehren Bourcets und Guiberts den Erfordernissen der neuen Riesenheere an, die die Revolution auf den Plan gerufen hatte.

Sehr wichtig war es auch, Generale aus dem *Ancien régime*, die übergelaufen, kassiert oder auf die Guillotine geschickt worden waren, durch neue Kommandeure zu ersetzen, viele von ihnen bei Ausbruch der Revolution Mittzwanziger bis Anfangdreißiger, Männer wie Bonaparte, Hoche, Augereau, Jourdan, Murat und Masséna. Nun begann eine Ära der »jungen Generale«, die im Blitztempo Karriere machten, ähnlich wie später die Truppenführer der Roten Armee während des russischen Bürgerkriegs 1919–1921. Diese Jugend der Revolution von den höchsten Rängen bis zu den Namenlosen in Reih und Glied war es, die nach den Niederlagen von 1792 und der schweren Schlappe in Belgien (Februar/März 1793) seit dem Juni 1794 Siege gleichsam »am laufenden Band« errang, den Krieg ins Feindesland trug und mehrere gegnerische Bündnissysteme zerschlug. Der bedeutendste der neuen französischen Befehlshaber, Bonaparte, hatte die Lehren Bourcets, Guiberts und Du Teils in den Militärakademien von Valence und Auxonne studiert und den Bericht über Maillebois' fünfzig Jahre zurückliegenden Feldzug in Piemont gelesen.

Diese Schriften dienten, fast wörtlich genommen, als Muster für die Italien-Campagne von 1796/97. Aber es gehörte eben mehr, viel mehr dazu, als die bloße Fähigkeit, sich nach Vorlagen zu richten und aus Präzedenzfällen zu lernen, um solche hervorragende eigene Taten zu vollbringen. Die Franzosen waren gewiß nicht in der Übermacht. Zu Beginn hatten sie 38000 Mann zur Verfügung, ihre österreichischen und sardinischen Gegner stellten zusammen 47000 Mann ins Feld. Auch waren die Franzosen nicht besser ausgerüstet. Sechs Wochen nach der Eröffnung der Feindseligkeiten sagte der junge General zu seinen Soldaten: »Ihr habt Schlachten ohne Kanonen gewonnen, Flüsse ohne Brücken überquert, Gewaltmärsche ohne Schuhe gemacht und oft mit leeren Mägen biwakiert«, womit er kaum übertrieb. Es hieß sogar, daß zwei seiner Ordonnanzoffiziere sich mit einer einzigen Hose behelfen mußten! Und doch hatte der neue Befehlshaber binnen eines Monats nach seinem Eintreffen auf dem Kriegsschauplatz vier große Siege errungen, einen gefährlichen Keil zwischen die österreichischen und die sardinischen Verbände getrieben und König Viktor Amadeus gezwungen, sich ohne Rücksicht auf österreichische Proteste um einen Separatfrieden zu bemühen.*

Unbeirrbar und unaufhaltsam setzte dieser junge General Bonaparte seinen Weg fort, er vertrieb die Österreicher aus Nord- und Mittelitalien und führte seine – nun beträchtlich verstärkte – Armee bis auf 80 Meilen vor Wien, ehe er die ersten Schritte zu einem allgemeinen Friedensschluß unternahm. Während jeder Phase dieses ungewöhnlichen Feldzugs folgte er genau den Unterweisungen seiner Lehrmeister. Sein Marschtempo, seine Beweglichkeit, die Konzentration der Feuerkraft seiner Batterien und seine Fähigkeit, immer gegen den schwächsten Punkt des Gegners mit voller Wucht vorzustoßen und zu treffen – all dies zeigte, daß er begriffen hatte, worauf es strategisch und taktisch ankam.

Aber Revolutionskriege kann man nicht mit militärischen Mitteln allein ausfechten – andere bewaffnete Konflikte übrigens ebensowenig. Viel deutlicher als den Generalen war den politischen Führern Frankreichs diese Tatsache stets bewußt und sie betrachteten diesen Krieg fast in gleichem Maß als politische wie als militärische Operation. Die Zeit hatte einen neuen Begriff geformt: den Propagandakrieg. Einer der ersten Schritte in dieser Richtung war der Versuch, prominente Ausländer – »Patrioten«, Reformer und *hommes des lettres* – mit der Sache Frankreichs zu identifizieren, und zwar durch die Verleihung der Ehrenbürgerschaft. In den letzten Tagen der Gesetzgebenden Versammlung wurde dieser Titel folgenden Persönlichkeiten zuerkannt: den Engländern Joseph Priestley, Jeremy Bentham, Thomas Paine und William Wilberforce, den Deutschen Friedrich Gottlieb Klopstock und Friedrich Schiller, den Amerikanern George Washington und Alexander Hamilton, dem Polen Tadeusz Kościuszko und einigen anderen.

* Ausführliche Darstellung in Spenser Wilkinson: *The Rise of General Bonaparte*, Oxford 1930

Die Reaktionen entsprachen nicht ganz den Erwartungen, und einige der Ausgezeichneten waren durch die Ehrung eher peinlich berührt als erfreut. Wichtiger waren mehrere Deklarationen der Gremien über den Krieg, Art und Ausmaß der Kriegführung, die Kriegsziele und die durch einen solchen Waffengang eröffneten Möglichkeiten – Erklärungen, deren Form wechselte, nicht nur deshalb, weil neue Führer an die Stelle der bisherigen traten, sondern auch, weil sich neue politische Situationen ergaben.

In ihrer ersten Stellungnahme zum Thema Krieg und Frieden hatte die Nationalversammlung im Mai 1790 betont: »Die französische Nation verwirft jegliche Kriegshandlung, die auf Eroberung abzielt und sie wird ihre Kräfte niemals gebrauchen, um die Freiheiten eines anderen Volkes zu verletzen.« Diese berühmte Absage an den Gedanken der Eroberung fand als Klausel ihren Platz in der Verfassung von 1791 und wurde von der Gesetzgebenden Versammlung am 14. April 1792 in einer Botschaft wiederholt – wenige Tage vor der Kriegserklärung an Österreich.

Im Licht späterer Ereignisse erscheint die mehrfach von Historikern geäußerte Vermutung zunächst nicht völlig abwegig, die Deputierten hätten dies ironisch gemeint und wären natürlich ganz und gar nicht gesonnen gewesen, sich an diese fromme Absicht zu halten. Aber das hieße, hinterher klüger zu sein und diesen Männern einen Zynismus und eine Vorausschau zu unterstellen, die ihnen bestimmt nicht eignete. Für die Mitglieder aller Fraktionen war es fast ein Dogma, daß Eroberung und territoriale Expansion, jene elementaren Beweggründe der Kriege einer dynastischen Vergangenheit – wie auch der militärischen Aktionen der gegenwärtigen Feinde – mit den neuen Ideen der Brüderlichkeit und der Menschenrechte unvereinbar seien. Und als es dann dennoch zum Krieg kam, glaubte die Mehrheit, was ihr Brissot einredete, nämlich daß die belgischen, holländischen und rheinischen »Patrioten« die Franzosen mit offenen Armen empfangen würden und daß die »Befreiung« rasch und ohne Zwischenfälle vor sich gehen werde. Während jener Phase waren es außer den Männern, die insgeheim für den Königshof arbeiteten, nur Robespierre und die kleine Gruppe seiner Anhänger, die beharrlich zwei Einwände erhoben: erstens, daß die

Armee für den ihr zugedachten Einsatz noch nicht bereit sei und zweitens, daß die Völker »bewaffneten Sendboten« eher Widerstand leisten als sie freudig begrüßen würden.

Was die eine dieser Erwägungen betrifft, so wurde zwei Monate nach Kriegsbeginn die Probe aufs Exempel gemacht, mit Resultaten, die uns bekannt sind. Die andere hingegen konnte erst dann auf ihren Wahrheitsgehalt überprüft werden, als die französischen Heere, nach ihren ersten Siegen im Herbst 1792, zum Einmarsch nach Belgien und Holland bereitstanden und als der Konvent sich mit den Wünschen der »Patrioten« Savoyens, Nizzas und des Rheinlandes zu befassen hatte. Diese Bewegungen erstrebten einen Anschluß ihrer Heimatgebiete an Frankreich. Es war keineswegs selbstverständlich, daß der Konvent diese Wünsche erfüllen werde, hatte er doch im September 1791 erst nach langem Zögern dem Begehren der Bevölkerung von Avignon entsprochen, diese Stadt, eine päpstliche Enklave, einzugliedern. Dabei lag Avignon immerhin mitten in französischem Territorium, und es schien kaum mit dem Prinzip der »Volkssouveränität« in Einklang zu bringen, daß man die »Avignonnais« gegen ihren eigenen, deutlich geäußerten Willen unter fremder Herrschaft beließ.

Mit den gleichen Argumenten wurde die Ablehnung der Ansprüche der deutschen Fürsten auf feudalistische Immunität ihrer Besitzungen im Elsaß begründet. Aber Nizza und Savoyen lagen außerhalb der bestehenden Grenzen Frankreichs und waren Teile des Königreichs Sardinien. Trotzdem wurde zugunsten des Wunsches der Savoyarden nach einer Vereinigung mit Frankreich der Präzedenzfall Avignon angeführt. Diese Frage entfesselte im September 1792 hitzige Debatten, als ein so überzeugter Internationalist wie Camille Desmoulins warnend betonte, mit einer Annexion Savoyens – selbst auf den Wunsch des Volkes hin – würden sich die Kräfte der Revolution auf eine Eroberungspolitik einlassen, welche die Nationalversammlung expressis verbis verurteilt hatte. Deshalb wurde das Begehren zunächst abschlägig beschieden. Doch bald darauf brachten Danton, Gironde-Deputierte und international denkende ausländische »Patrioten« wie der in Paris lebende Preuße Johann »Anacharsis« Cloots mit vereinten Bemühungen den Konvent dazu, eine neue Formel zu suchen, um derartige Maßnahmen zu rechtfertigen. Dies war die berühmte Doktrin von Frankreichs »natürlichen Grenzen«, Carnot definierte sie als erster. Nach seiner Auslegung verliefen sie entlang des Rheins, der Westalpen und der Pyrenäen. Solche Argumente wirkten überzeugend, und am 27. November 1792 beschloß der Konvent bei nur zwei Gegenstimmen die Annexion Savoyens.

Besonders akut wurde das Problem im Fall der Niederlande und des Rheinlandes. Frankreich war im Augenblick feindfrei. Die Österreicher waren aus Belgien vertrieben, die deutschen Fürsten aus den rheinischen Gebieten und die Sardinier aus Nizza. Am 19. November erließ der Konvent eine Deklaration, daß er »allen Völkern, die ihre Freiheit wiedererlangen wollen, brüderliche Hilfe gewähren« werde. Dies war zweifellos eine direkte, vorsätzliche Herausforderung der Herrscher Europas und der Briten. Aber eine solche Erklärung warf noch weitere Fragen auf: Wer sollte im Namen der »Völker« sprechen, wer den Begriff »Freiheit« interpretieren und wie sollte man sich verhalten, wenn ein Volk solche »Befreiung« ablehnte? Im Fall Nizzas gab es keine besonderen Probleme, da die »Niçois«, ebenso wie die Savoyarden, die Vereinigung mit Frankreich ersehnten. Paris trug diesem Wunsch Rechnung.

Aber am 15. Dezember traf der Konvent die Entscheidung, daß die neuen Revolutionskomitees und Nationalversammlungen in den besetzten Gebieten nur von jenen Bürgern gewählt werden sollten, die sich eidlich verpflichteten, »für Freiheit und Gleichheit einzustehen und das Privileg zu verwerfen«. Das hieß, daß einzig und allein »Patrioten« stimmberechtigt sein würden. Nur: wie sich herausstellte, befanden sich die belgischen und die rheinländischen »Patrioten«, die auf die »Befreiung« warteten und für den Anschluß eintraten, in der Minderheit. Wenn sich der Konvent also in der Rolle des Wohltäters wähnte, auf den die »befreiten« Völker nur gewartet hatten, dann war dies zum wenigsten eine Selbsttäuschung. Es waren vielmehr verschiedene Triebkräfte, die den Konvent zu den ersten Schritten auf dem Weg der Eroberung und der Annexion verleiteten: die flammenden Aufrufe der Dantonisten und der Girondisten, die beharrlich vorgetragenen, sehr subjektiv gefärbten Situationsschilderungen in Paris weilender ausländischer »Patrioten«, das scheinbar einleuchtende Prinzip von

Frankreichs »natürlichen Grenzen« und last not least der »Zugzwang« der Kriegsläufe.

Die Girondins und die »Patrioten«-Gruppen in Paris verfolgten auch noch andere Ziele, vor allem die Errichtung von »Schwesterrepubliken« in jenen Ländern außerhalb der »natürlichen Grenzen« Frankreichs, wo man des entsprechenden Rückhalts sicher sein konnte. Bei diesem Plan spielte überdies das Kalkül mit, diese Republiken wie auch die annektierten Gebiete würden die Assignaten in Umlauf setzen, ihre Gold- und Silberbestände Frankreich zur Verfügung stellen und in der Form von Hilfsgeldern und Steuern zur Finanzierung des Krieges beitragen. Solche Pläne waren im Januar 1793 bereits ziemlich weit gediehen, als die Besetzung Hollands aktuell wurde. Aber im Februar traten die Holländer und die Briten der Koalition gegen Frankreich bei, bis zum April waren die Franzosen zum Rückzug aus den Niederlanden und dem Rheinland gezwungen und bald danach wurde die Gironde ausgeschaltet. All diese Faktoren schufen eine neue Situation und neue Männer kamen an die Macht. Ihr führender Kopf Robespierre hatte sich während des »Befreiungskrieges« gegen die militärische Expansion auf Frankreichs »natürliche Grenzen« und gegen die Ausrufung von »Schwesterrepubliken« ausgesprochen. Entgegen diesen Auffassungen erhob er die entschiedene Forderung, bestehende Verträge und die Rechte kleiner Nationen wie auch Neutraler zu respektieren. Im äußersten Fall sollte Frankreich seine Unterstützung bereits ausgebrochener Revolutionen zusagen.

Nun gerieten ausländische Exil-»Patrioten« ins Kreuzfeuer. Cloots, der angeblich in ein *complot de l'étranger* verwickelt war, endete auf der Guillotine. Der Wohlfahrtsausschuß lehnte zwar den Vorschlag ab, Katalonien, wohin französische Truppen im April 1794 vorgestoßen waren, zu annektieren, begünstigte aber den Plan, dieses Land in eine unabhängige Republik unter französischem »Schutz« umzuwandeln.*

Doch ganz allgemein betrachtet hatten sich nicht nur die Prinzipien, sondern auch die Umstände und die Möglichkeiten geändert. Im Zeitraum zwischen dem April 1793 und dem Juni

* R. Herr: *The Eighteenth Century Revolutions in Spain*, Princeton 1958, S. 286–296

1794 konnte die Republik nicht im entferntesten an Expansionen denken, sie mußte sich vielmehr gegnerischer Angriffe erwehren und kämpfte um ihre bloße Existenz. Einen Monat nach dem Sieg bei Fleurus wurde Robespierre entmachtet, und dieser militärische Erfolg stellte den Wendepunkt dar: Nun erst hätten die Beteuerungen der guten Absichten auf ihren Wahrheitsgehalt überprüft werden können.

Robespierres Nachfolger kehrten jedenfalls zu den expansionistischen Zielsetzungen des Konvents der Gironde-Ära zurück. Man muß ihnen zubilligen, daß die Verlockung nun größer war. Im Herbst 1794 waren Belgien und das Rheinland wieder französisches Besatzungsgebiet. Republikanische Truppen marschierten in Amsterdam und Den Haag ein, der Statthalter flüchtete nach England. Was sollte mit den besetzten Territorien geschehen? Carnot war zu jener Zeit von seinem Konzept der »natürlichen Grenzen« abgerückt, sprach sich gegen eine Annexion aus – dazu mögen ihn Erinnerungen an Robespierre oder seine eigene stärkere Hinwendung zum Royalismus bewogen haben. Einige Generale und Armee-Kommissare, unter ihnen Joubert und Kléber, schlossen sich ihm an, sie erklärten, eine Annexionspolitik würde zu einem endlosen Krieg führen. Die Royalisten, die Frieden um jeden Preis anstrebten, stimmten dieser Auffassung bei. Ihnen stand eine mächtige Gruppe von Expansionisten gegenüber, zu diesen gehörten Sieyès und Merlin aus Douai, die neuen Verfechter eines Systems von »Schwesterrepubliken«, der Elsässer Reubell, der energisch für die Rheingrenze und für unverhüllte Annexion eintrat, Barras und La Revellière-Lépaux, beide Mitglieder des Direktoriums, und eine bunt zusammengewürfelte Schar von holländischen »Patrioten«, Generalen, Journalisten, Heereslieferanten und Industriellen. Einigen, wie Barras, ging es in erster Linie um ihre eigenen Interessen. Andere, z.B. Reubell und die Generale, führten Argumente der militärischen Sicherheit ins Treffen. Wiederum andere betonten, welche Vorteile ein »gemeinsamer Markt« mit Belgien und dem Rheinland böte.

Carnot und die Friedenspartei wurden schließlich durch den Staatsstreich des 18. Fructidor (4. September 1797) ausgeschaltet, aber bereits lange vorher hatten die Expansionisten wieder die Oberhand. Dies zeigte sich an den realpolitischen Aktionen:

Im Oktober 1795 wurde Belgien Frankreich als Provinz angegliedert, während das Rheinland vor der Annexion zunächst einer französischen Militärregierung unterstellt wurde. Es kam nie zu der Errichtung einer eigenen Republik, wie es sich rheinische »Patrioten« erhofft hatten. Aber außerhalb der »natürlichen Grenzen« war dies nun die übliche Methode. Dem Drängen holländischer und Schweizer »Patrioten« entsprechend konstituierte sich in Holland 1795 die »Batavische Republik« und in der Schweiz 1798, nach langer Verzögerung, die »Helvetische Republik«.

Mittlerweile hatten Bonapartes siegreicher Italien-Feldzug, sein unermüdlicher Ehrgeiz und seine persönliche Initiative sogar weitere Perspektiven über die Alpen hinaus eröffnet. Die Sardinier waren gezwungen worden, die Abtrennung Nizzas und Savoyens als ein *fait accompli* hinzunehmen. Beim Friedensschluß von Campo Formio fand sich Österreich zum Verzicht auf Belgien bereit – ebenfalls nur die nachträgliche Bestätigung einer vollendeten Tatsache – und erkannte den Verlust der rheinischen Gebiete deutscher Fürsten sowie Frankreichs Anspruch auf die Jonischen Inseln an. Als Gegenleistung wurde, unter Mißachtung jeglicher bisheriger revolutionärer Gepflogenheit, Venedig, das die Franzosen von der Herrschaft der Nobili befreit hatten, an Kaiser Franz übergeben.

Aber auch für die übrigen Teile Italiens mußten Regelungen getroffen werden. Das Direktorium, das sich vorwiegend auf die deutsche Frage konzentrierte, war durchaus darauf bedacht, Tribut zu erheben, überließ aber die Regierungsgeschäfte in den italienischen Staaten lieber den bisherigen Herrschern. Bonaparte indes hatte andere Vorstellungen und befand sich in der Lage, Bedingungen nach eigenem Ermessen zu diktieren, besonders seit sein Anerbieten, den Oberbefehl niederzulegen, erwartungsgemäß abgelehnt worden war. Piemont wurde trotz der Proteste der dortigen Jakobiner in aller Form an Frankreich angegliedert und Genua erhielt einen kurzen Aufschub als nominell unabhängige Republik.

Viele italienische »Patrioten« hegten ähnliche Hoffnungen, und die befreiten Städte Parma, Modena, Ferrara und Bologna erklärten sich rasch zu Republiken. Aber Bonaparte bremste diese Entwicklung sogleich ab und berief ein politisches Gremium in Mailand ein, das die kurzlebige »Cispadanische Republik« schuf. Sie umfaßte die norditalienischen Regionen südlich des Po und ging nach dem Zusammenschluß mit der Lombardei und ehemals venetischen und päpstlichen Territorien in der größeren »Cisalpinischen Republik« auf. Bald darauf wurde an der Nordwestküste die »Ligurische Republik« mit dem Schwerpunkt Genua ausgerufen. Als Bonaparte nach Frankreich zurückkehrte und in Ägypten ein neues Operationsziel fand, dienten diese Staatsgebilde als Modelle und Richtlinien für seine Nachfolger. 1798 wurde der Papst nach Siena abgeschoben und eine »Römische Republik« unter französischem Militärprotektorat gegründet. Und zu Beginn des Jahres 1799 besetzte General Championnet Neapel, dessen König zusammen mit Österreich Rom angegriffen hatte. Ohne Rücksicht auf die Befehle des Direktoriums proklamierte Championnet in Süditalien eine »Parthenopäische Republik«. Diese Staaten erhielten alle Namen, die an vergessene historische oder geographische Überlieferungen aus der Zeit des römischen Imperiums anknüpften. Die »Schwesternrepubliken«, die nicht schon bald Wandlungen durchmachten, sollten in den Epochen des Konsulates und des Kaiserreiches neue politische Gestalt annehmen. Aber im Augenblick entsprachen sie ziemlich genau den revolutionär-expansionistischen Zielen des Direktoriums, und die Möglichkeit, gleichsam als Satrapen auftreten zu können, befriedigte den Ehrgeiz der Generale.

Während der ersten Besetzung Belgiens legte der Konvent in seinem Dekret vom 15. Dezember 1792 bereits schriftlich das Prinzip fest, daß die »befreiten« Völker Truppenkontingente zu stellen und Kontributionen für die französische Armee zu leisten hätten. Nach dieser Methode wurde das Pariser Schatzamt im Verlauf von sechs Wochen um 64 Millionen Livres reicher. Später betrachteten die Sieger Belgien mit seinen großen Getreideanbau- und Weideflächen und seiner harten österreichischen Währung als eine Melkkuh, dazu bestimmt, Frankreich aus den fast eine Hungersnot heraufbeschwörenden Versorgungsengpässen der Jahre 1795/96 herauszuhelfen. Doch die französischen Beamten gingen viel zu weit. Wie die Heuschrecken fielen sie über die annektierten Gebiete her und führten Eintreibungen und Requisitionen in solchem Eiltempo und so gründlich durch, daß ganze Landstriche ihrer Ressourcen beraubt wurden. Wie Frankreich gerieten auch Holland und Belgien in Krisen und die Bevölkerung wurde von Unruhe erfaßt. Holland hatte sich bei seiner Umwandlung zur Batavischen Republik bereit erklärt, den Unterhalt von Besatzungstruppen in der Stärke von 25000 Mann zu bestreiten und eine Reparationssumme von 100 Millionen Gulden in Silber oder in auf ausländische Banken bezogenen Wechseln zu erlegen.

Im weiteren Verlauf des Krieges und mit den wachsenden finanziellen Verpflichtungen des Direktoriums kam es zu immer neuen, höheren Forderungen. Daraus zog Bonaparte Nutzen, denn sehr bald erkannte er, daß die sicherste Taktik, die Direktoren zur Billigung seiner cäsarischen Methoden in Italien zu bewegen, darin bestand, die Tresore der Republik mit Beute und Schätzen aus den besetzten Gebieten zu füllen. Deshalb folgte seinem Eroberungsheer der Steuereinnehmer auf den Fersen. Im Juli 1796 schätzte Salicetti, Kommissar bei der Italien-Armee, daß die ersten drei Monate des Feldzugs bereits 60 Millionen Francs an Tributen eingetragen hatten. Doch Bonaparte verfuhr mit dem Besitz fremder Länder noch selbstherrlicher. In einer Botschaft, die Joubert im November 1797 dem Direktorium überbrachte, präsentierte der General eine erstaunliche Bilanz von Siegen in Form von Gefangenenzahlen, erbeuteten Geschützen, Verträgen und Verhandlungen und »befreiten« Völkern. Dieser Liste hatte er die stolze Feststellung beigefügt: »Nach Paris gesandt alle Meisterwerke von Michelangelo, Guercino, Tizian, Paolo Veronese, Coreggio, Albano, Caracci, Raffael und Leonardo da Vinci.«

Bonapartes Ägypten-Feldzug war noch unverhüllter imperialistischer Natur. Es wurden dabei keine neuen dauerhaften Institutionen geschaffen, die Sklaverei blieb unverändert bestehen und revolutionäre Ziele wurden überhaupt nicht angestrebt, geschweige denn verwirklicht. Dies gilt natürlich nicht für die Europa-Politik der französischen Republik während der Phase ihrer militärischen Expansion vom Herbst 1792 an. Auf Napoleons »Siegesbanner« von 1797 stand vor dem oben zitierten Satz folgende Aufzählung: »Die Freiheit gebracht den Völkern von Bologna, Ferrara, Modena, Massa-Carrara, der Romagna, der Lombardei, von Brescia, Bergamo, Mantua,

Cremona, eines Teils des Veroneser Gebietes, von Chiavenna, Bermio, des Veltlins, dem Volk von Genua, der kaiserlichen Lehensgüter, dem Volk der Departements von Kerkyra (Korfu), des Ägäischen Meeres und Ithakas.«

Und dies war keineswegs bloß Prahlerei oder rhetorische Floskel. Auch wäre es eine Vereinfachung, nur zu sagen, daß Frankreichs Feinde oder die bisherigen Herrscher aus ihren Positionen oder diesen Gebieten vertrieben wurden. Die Armeen der Republik in Italien ebenso wie in Belgien, Holland, der Schweiz, im Rheinland und in Savoyen beschränkten sich nicht auf militärische Operationen, Plünderung des Kulturbesitzes und das Eintreiben von Tributzahlungen – selbst zu Zeiten des Direktoriums. Mit Hilfe der lokalen »Jakobiner«, wo es solche gab, führte die Besatzungsmacht neue Gesetze und neue politische Einrichtungen nach französischem Vorbild ein und veränderte sogar die alten Gesellschaftssysteme. Fürsten, Statthalter und fremde Gouverneure wurden abgesetzt. An ihre Stelle traten neue revolutionäre Hierarchien, Nationalarmeen wurden formiert, französisches Recht und französische Verfassungen erlangten Geltung, häufig glattweg aufgepfropft. Diese Entwicklung setzte sich z. B. in Polen, Neapel und deutschen Staaten sogar während der Ära des Kaiserreichs fort. Natürlich gingen solche Maßnahmen ihrer Natur und mehr oder weniger »revolutionären« oder »demokratischen« Tendenz nach vielfach mit der Entwicklung in Frankreich selbst überein und waren somit ein Gradmesser für das, was politisch in Paris selbst vorging. Die französische demokratische Verfassung von 1793 wurde zwar von zahlreichen »Jakobinern« in anderen Ländern begeistert gutgeheißen, fand aber wenige Nachahmer, weil die revolutionäre Führung Frankreichs damals einfach nicht in der Lage war, ihre Neuerungen zu »exportieren«. Und ausländische »Patrioten«, die sich für diese Errungenschaften begeisterten, wären in jedem Fall für irgendwelche Aktionen auf französische Hilfe angewiesen gewesen.

Eine Ausnahme gab es allerdings: In dem kleinen Stadtstaat Genf setzten die Demokraten, als Mehrheitspartei der neugebildeten Nationalversammlung, im Februar 1794 eine Verfassung durch, die in den meisten Punkten derjenigen ähnelte, die der Jakobinerkonvent wenige Monate zuvor angenommen und dann ad acta gelegt hatte. Aber diese Genfer Verfassung blieb nur zwei Jahre in Kraft, und mit Robespierres Sturz schwand auch bei den Nachbarvölkern das Interesse an den Ideen und Institutionen des Jahres II. Genf gab sich eine neue Verfassung, etwas liberaler als die französische von 1795, aber immerhin nach deren Vorbild.

Faktisch diente nicht die Verfassung von 1793, sondern jene des Jahres III als Modell für Konstitutionen – insgesamt zehn –, die zwischen 1796 und 1799 in den Schwesterrepubliken eingeführt wurden.* In Einzelheiten variierten sie beträchtlich, nicht zuletzt infolge des Modus ihrer Einführung, je nachdem ob der Entwurf dafür Gegenstand freier Erörterungen war oder ob die Sendlinge Frankreichs ein fertiges Muster mitbrachten, um es mehr oder minder willkürlich den gegebenen Verhältnissen aufzusetzen. In der Batavischen Republik z. B. war die Verfassung, die 1798 Gestalt gewann, das Resultat drei Jahre dauernder hitziger Debatten. Die holländischen Demokraten hatten lange Zeit das allgemeine Wahlrecht für männliche Erwachsene und ein Ein-Kammer-System gefordert und verstanden sich nur auf Beharren des französischen Repräsentanten in Den Haag hin zu einem Kompromiß. Anderswo konnten Verfassungen ohne nennenswerte Eingriffe des betreffenden Volkes verordnet oder angenommen werden, direkt nach den aus Paris gelieferten oder von Bonapartes Hauptquartier ausgegebenen Textvorlagen. Aber ungeachtet der Präliminarien war das Endresultat immer gleich: ein mehr oder weniger eingeschränktes Wahlrecht – obwohl oft liberaler gehandhabt als in Frankreich – zwei Wahlgänge, eine Nationalversammlung mit zwei Kammern, Bürgerrechte für die Juden und religiöse Toleranz.

Diese Verfassungen waren zumeist nur kurzlebig. Als auf die Bürgerrepublik das Konsulat und auf dieses das Kaiserreich folgte, paßte man auch die politischen Einrichtungen der Satelliten den neuen Erfordernissen an. Aber manche Neuerungen überdauerten solchen Wandel. Die Ghettos von Rom und Venedig wurden aufgelassen (wie bereits früher in Bonn). In Genua, auf Malta und auf Sizilien wurden die Sklaven befreit. Feudali-

* Vgl. J. Godechot: *La Grande Nation*, Bd. II, S. 418–449

stische Verpflichtungen und Relikte der Leibeigenschaft, wie sie etwa im Rheinland, auf Sardinien und in der Schweiz noch bestanden, wurden abgeschafft. Die privilegierten Orden wurden aufgehoben, Landbesitz der Kirche wurde enteignet und versteigert. So kam es in all jenen Gebieten zu Regelungen, die im großen und ganzen den französischen von 1789–91 ähnelten.

Aber die soziale und die politische Revolution vollzog sich nicht im Geist von 1793, sondern nach den Maximen von 1795. Die Aufteilung von konfisziertem Grund und Boden war bei weitem nicht so häufig wie in Frankreich, und nur wohlhabende Bürger und die begüterten Bauern zogen daraus Nutzen. Namentlich Süditalien war ein Land besitzloser Kleinbauern, bettelarm, aber nicht leibeigen, und diese gewannen durch das neue Regime nichts, hatten sich übrigens auch gar keine Besserung erhofft – eine Tatsache, die z. T. die Feindschaft gegen die Franzosen erklärt und auf die Entwicklung des italienischen Risorgimento im 19. Jahrhundert hinweist, eines der Phänomene des Kampfes um die Einigung war der tiefverwurzelte Haß der Bauern des Südens gegen Grundherren und Stadtbürgertum. In den Schweizer Kantonen wurden der Zehnte und andere Leistungen an die Grundherren nur gegen einen hohen Preis erlassen. In Belgien und manchen Regionen Italiens boten neue Fürsorgemaßnahmen, die von der öffentlichen Hand ausgingen, den Armen keinen vollwertigen Ersatz für die bisherige karitative Tätigkeit der Kirche. Und überall sahen jene Bevölkerungsschichten, denen die Grundentlastung zugute gekommen war, diese Gewinne durch die Preisanstiege und die rigorose Besteuerung wieder verloren.

So ernteten die französischen »Befreier« keinen Dank, sondern begegneten weit verbreiteten feindseligen Kundgebungen der Bauern und der kleinen Leute in den Städten – in Belgien und in der Schweiz 1798/99 und in allen Teilen Italiens in wechselnder Intensität, von der Mißstimmung in Pavia und Verona 1796/97 bis zu den großen Volksaufständen des Jahres 1798/99 in der Toscana, in Rom und Neapel. Häufig erfolgten solche Proteste unter der Fahne der katholischen Kirche. Römische Bürger, toscanische Bauern und neapolitanische Lazzaroni rotteten sich zusammen und plünderten mit dem Ruf »Viva Maria!«. Natürlich gab es auch Ausnahmen. Von holländischen und Genfer Protestanten war kaum zu gewärtigen, daß sie sich an solchen Unruhen beteiligen würden. Die katholischen Rheingebiete, die mehr als andere Völker von der Beseitigung des Feudalsystems profitierten, blieben verhältnismäßig friedlich.

Die merkwürdigste Erscheinung auf diesem Gebiet war die Widerstandsbewegung des Jahres 1799 in Piemont, nach dem Anschluß an Frankreich. Unter der Führung einheimischer Jakobiner erhoben sich Bauernscharen aus Asti, Alba und Mondovi, die keineswegs eine Rückkehr zum alten Regime wünschten und die neue Ordnung an sich bejahten, gegen die Verletzung des geheiligten Rechtes der »Volkssouveränität« durch die Franzosen. Unter mitgetragenen Porträts der Revolutions-»Märtyrer« Marat und Lépeletier forderten sie eine geeinte Italienische Republik.

Der Vorgang ist bezeichnend, er bot ein erstes Beispiel dafür, daß die neue revolutionäre Idee des »Nationalismus« sich gegen die französischen Eroberer selbst wenden konnte. Auch zeigte sich, daß die Piemontesen als einziger italienischer Stamm der 1790er Jahre bereit waren, den Franzosen auf dem Weg einer von breiteren Volksschichten getragenen Revolution zu folgen, als jene tolerieren wollten, die sich von der »demokratischen« Revolution abgewandt hatten.

Der Protest in Piemont, obzwar ein Einzelfall, wirft eine wichtige generelle Frage auf: Bis zu welchem Grad waren die »Patrioten« in den Ländern außerhalb Frankreichs unabhängige Aktivisten, dazu befähigt, die Umwälzungen in ihrer Heimat nach eigener Einschätzung der jeweiligen Situation durchzuführen und wie weit waren sie bloße Handlanger der Franzosen, willfährige Kopisten französischer Vorbilder, sozusagen »Paris-treu«?

Wie bereits erwähnt, gab es in allen Gebieten, die von den Franzosen besetzt wurden oder unter deren politischen Einfluß gerieten, Gruppen von »Patrioten« oder »Jakobinern«, Kräfte, die für französisches revolutionäres Gedankengut empfänglich waren und den Versuch wagen wollten, diese Ideen im eigenen Land zu verwirklichen. Das Etikett »Jakobiner« ist hier etwas irreführend, da die Zeitgenossen, besonders die Feinde der Französischen Revolution, es unterschiedslos allen »Patrioten«

ohne Ansehen ihrer genauen politischen Orientierung beilegten. Die Zarin Katharina II. z.B. verteufelte voller Grimm die Reformen anstrebenden polnischen Adeligen von 1791 als »Jakobiner«. Thomas Paine galt in England als »Jakobiner«, in Paris 1793 hingegen als Gemäßigter, und als girondistisches Mitglied des französischen Konvents entging er mit knapper Not dem Gefängnis, vielleicht sogar der Hinrichtung.

Mit größerer Berechtigung wandte die französische Führung nach 1795 diese Bezeichnung auf die fortschrittlicheren Demokraten in den besetzten Ländern an. Die verschiedenen nationalen »Patrioten«-Gruppierungen umfaßten in ihrer Gesamtheit ein breit gefächertes politisches Spektrum. Bei den Belgiern, Schweizern und Deutschen überwogen die Gemäßigten. Die Holländer teilten sich nach 1792 in Gefolgsleute der Gironde und der Montanen, während die Italiener stärker als alle anderen den radikaleren Anschauungen Babeufs zuneigten. Aber ob Gemäßigte, Girondins, Montane oder »Babouvistes«, für ihre Erfolgschancen gaben weniger die politischen Überzeugungen den Ausschlag, als vielmehr die soziale Entwicklung des Landes, der geschichtliche Ablauf der letzten Jahrzehnte, die Rolle, welche die Kirche im Leben der betreffenden Nation spielte und die geografische Lage, d.h. die größere oder geringere Entfernung von Frankreich.

Solche Faktoren bieten auch die Erklärung dafür, wieso in England, Spanien und Deutschland keine Revolutionen stattfanden, die Ziele und Bemühungen der landeseigenen »Jakobiner« bleiben dabei absolut sekundär. Am Beispiel Spaniens läßt sich feststellen, daß nicht einmal Frankreich selbst, dessen Truppen im Frühjahr 1794 Katalonien besetzten, gegen den entschlossenen Widerstand eines Volkes und gegen die Macht seiner Überlieferung und Geschichte eine Revolution »einschleppen« konnte. Andererseits gab es unter jenen Ländern, die tatsächlich durch die französischen und die eigenen »Jakobiner« revolutioniert wurden, einige, die für Umwälzungen absolut reif waren, weshalb die Botschaft aus Paris dort ein starkes Echo fand. Daraus folgert auch, daß die nationalen »Patrioten« dort selbständiger als politischer Stoßtrupp agieren konnten und bessere Aussichten hatten, die Macht zu ergreifen. Dies war bereits vor 1789 in Lüttich und in Brüssel der Fall, vor 1795 in Savoyen sowie in Regionen der Schweiz und im Rheinland und später in Norditalien.

Aber in anderen französischen Besatzungs- und Einflußgebieten, namentlich in Italien südlich von Piemont, waren die einheimischen »Jakobiner« nicht in der Lage, ohne Rückhalt der französischen Armee das Volk zu einer Erhebung zu veranlassen und zum Umsturz mitzureißen oder die Macht zu übernehmen. Die toscanischen, römischen und neapolitanischen »Jakobiner« waren eifrige Propagandisten, sie halfen mit, das politische Klima für die Besetzung durch die Franzosen vorzubereiten und dienten der neuen revolutionären Obrigkeit als Deputierte und Verwaltungsbeamte. Aber sie waren Advokaten und Intellektuelle, Kaufleute und Adelige, eine Kluft trennte sie von den Massen, denen sie so wenig zu bieten hatten. Und selbst unter französischem Schutz waren sie stets Anfeindungen durch die Bevölkerung ausgesetzt.

Hier kann also von einer eigenständigen Revolution keine Rede sein. Es gab keine sozialen und geografischen Impulszentren, die Veränderungen im Inneren gesteuert und beschleunigt hätten, sondern die Revolution war im wesentlichen durch das militärische Eingreifen Frankreichs von außen hereingetragen, wenn nicht aufgezwungen worden. Sogar dort, wo die »Patrioten« sich nicht im mindesten zu Werkzeugen der Franzosen hergaben, vielmehr ihre eigenen Vorstellungen von der politischen Zukunft ihrer Länder hegten – nochmals sei an Holland, Genf und Piemont erinnert – entsprachen die schließlich erreichten Regelungen eher den Pariser Interessen der Zeit nach dem Thermidor als den Zielen der »patriotischen« Bewegungen. Es ist auch bezeichnend, daß kein einziges dieser neuen Regime eine französische Niederlage oder den Abzug französischer Truppen überlebte.

Damit kehren wir zu der prinzipiellen Frage zurück, die am Beginn des vorigen Kapitels gestellt wurde: Ist der Gegenstand unserer Betrachtung geschichtlich eine autonome, rein *Französische* Revolution mit ihren »Trabanten«-Revolutionen in anderen westlichen Ländern, oder haben die Historiker Godechot und Palmer recht, wenn sie sagen, daß alle diese Revolutionen, die Amerikanische und die Französische eingeschlossen, nur Phasen einer allgemeinen »Demokratischen Revolution« des

Westens waren. Mit einer gewissen Berechtigung könnte man alle Revolutionen, die sich von etwa 1550 bis 1850 in Europa und in der westlichen Hemisphäre ereigneten, unter einen derartigen Sammelbegriff einordnen. In diese Kategorie gehören dann nicht nur die Amerikanische und die Französische Revolution, sondern auch der Kampf der Niederländer gegen die spanische Herrschaft im 16. Jahrhundert, der englische Bürgerkrieg der Cromwell-Zeit sowie die europäischen und südamerikanischen Revolutionen während der ersten Jahrzehnte des 19. Jahrhunderts. Jedes dieser Ereignisse erwuchs in der einen oder anderen Form aus der allgemeinen Problematik von Feudalismus und Kapitalismus, Demokratie und nationaler Souveränität. In solchen größeren Zusammenhängen kann die Amerikanische Revolution der 1760er und 1770er Jahre mit der hundertzwanzig Jahre früher stattgefunden habenden Englischen in ebenso enge Beziehung gebracht werden wie mit der zwanzig Jahre später ausbrechenden Französischen. Aus diesem Blickwinkel betrachtet, erscheinen die Umwälzungen, die im deutschen Raum und in Italien stattfanden, bereits in vollem Gang zu sein und nicht erst in ihren Anfängen zu stecken.

Wenn man sich aber dafür entscheidet, nur die Revolutionen des 18. Jahrhunderts in den Mittelpunkt zu stellen, dann fallen weit eher die Unterschiede als die Parallelen auf und die geringe Zahl jener politischen Veränderungen, die als Revolutionen aus eigenem inneren Antrieb gelten können. In Europa waren es in jener Epoche nur drei demokratische oder genauer gesagt liberale Umbrüche, völlig unabhängig von der Französischen Revolution: in Lüttich, Brüssel und Genf. Doch die beiden Erhebungen im Raum Belgiens waren bis 1790 niedergeworfen und nur die militärische Besetzung durch die Franzosen verhalf den Revolutionären wieder zur Aktionsfreiheit. Das Pariser Beispiel bewirkte Gärung, Widerstand und Aufruhr im Rheinland, in Piemont und in Teilen der Schweiz. Aber erst beim Anmarsch französischer Heere schlug die Entscheidungsstunde. Andernorts in Westeuropa wurde die Revolution im Grunde von den Franzosen herbeigeführt, obgleich auch die einheimischen »Patrioten« und die bestehenden Verhältnisse eine gewisse Rolle spielten. Faktisch waren von 29 in europäischen Ländern außerhalb Frankreichs zwischen 1791 und 1802 in Kraft gesetzten

Verfassungen alle bis auf drei, nämlich zwei in Genf und eine in Polen, die Resultate französischer Interventionen.* Streng genommen war also, von den geschichtlichen Veränderungen in Amerika und in dem kleinen Stadtstaat Genf abgesehen, die Französische Revolution die einzige, die aus sich selbst entstand.

Noch bedeutsamer ist vielleicht die Tatsache, daß die Revolution in Frankreich viel weiter und tiefer ging als anderswo – nicht nur, weil sie gewaltsamer, radikaler, demokratischer und langwieriger verlief, sondern auch, weil sie Probleme aufwarf und Volksschichten mobilisierte, die von anderen Revolutionen in Europa und in Amerika im großen und ganzen unberührt blieben. Dies lag zum Teil an der unterschiedlichen historischen Entwicklung und an der Tatsache, daß die Franzosen nach dem Juli 1794, als sie zur Zwangsbeglückung ihrer Nachbarn übergingen, nicht mehr daran interessiert waren, die demokratischen Ideale von 1793 zu verfechten, und die Piemontesen rücksichtslos unterdrückten, als diese es versuchten. Wenn wir uns nur mit der Verbreitung des Gedankengutes der Aufklärung, der legislativen Modelle revolutionärer Nationalversammlungen und der liberalen »Prinzipien von 1789« beschäftigen, dann freilich erkennen wir die Übereinstimmungen zwischen den Revolutionen in Frankreich und den anderen Ländern. Alle durchliefen mehr oder minder gründlich eine bürgerliche Phase, deren Merkmale die Aufhebung der alten Einrichtungen des Feudalsystems, die Konfiskation des Grundbesitzes der Kirche und der Abbau der Privilegien der Ordenspriester, die Beseitigung der rechtlichen Ungleichheit und das Bekenntnis zu dem Prinzip »dem Talent freie Bahn« waren. Diese Entwicklung setzte sich in veränderter Form noch zur Zeit des Kaiserreichs in Deutschland und in Polen fort.

So wichtig die angeführten Chrakteristika sind, ein wesentliches Element der Französischen Revolution blieb bisher ausgeklammert: die aktive Beteiligung des einfachen Volkes von 1789 an und alle daraus entstehenden Konsequenzen. Schon 1787 kritisierte John Adams, der zweite Präsident der USA, die hol-

* H. B. Hill: *The Constitutions of Continental Europa 1789–1813* in »*Journal of Modern History*«, VIII (1936)

ländischen Patrioten, weil sie »dem Empfinden des schlichten Volkes zu wenig Beachtung schenkten«. Sie verharrten in ihrer Haltung. Diese Unterlassung war jedoch nicht typisch für die Holländer. Auch die belgischen, römischen und neapolitanischen »Jakobiner« trennte ein breiter Graben vom Volk und sie bemühten sich nicht ernsthaft, ihn zu überbrücken. Gewiß, in manchen dieser Länder gab es zeitweise Bewegungen, denen sowohl »Patrioten« als auch Bauern oder unbemittelte Stadtbewohner angehörten, und die Menschen aus den unteren Schichten liehen den Leitsätzen und Ideen der bürgerlichen Mitstreiter ihre Stimmen. Aber das waren kurzfristige Ausnahmen. Einzig und allein in Frankreich wurde infolge der besonderen Umstände, unter denen sich die Revolution anbahnte und ausbrach – und sicherlich nicht auf Grund eines angeborenen gallischen Wesenszuges – der »Vierte Stand« zum unersetzlichen Verbündeten des Dritten Standes, forderte seinen Lohn und baute sogar eine politische Bewegung eigenen Gepräges auf. Deshalb begegnen wir in Frankreichs Phänomenen wie der Bauernrevolution, den Sansculotten-Aktionen von 1793, der Jakobinerdiktatur, dem *levée en masse*, den *armées révolutionnaires*, den sozialen Experimenten und der Republik des Jahres II. Diese Faktoren traten, vielfach in weiterentwickelten Formen, während der europäischen Revolutionen des 19. Jahrhunderts neuerlich in Erscheinung, nicht aber in der Politik der 1790er Jahre und noch weniger unter dem Konsulat und im Kaiserreich. In diesem Sinn blieb die Revolution in Frankreich, obwohl sie ihre Schatten über ganz Europa warf, ein Sonderfall.

Vierter Teil

Die Ära Napoleons

XII Napoleon und Frankreich

Als Sieyès und dessen Mitverschwörer im Brumaire Napoleon Bonaparte zu Hilfe riefen, taten sie dies – ähnlich wie Barère im Thermidor – mit der Hoffnung, die politische Kontrolle fest in Händen zu behalten. Ihr Ziel war es, einen Militärdiktator einzusetzen, der nach ihren eigenen Vorstellungen und Intentionen die »natürlichen Grenzen« Frankreichs verteidigen und die Jakobiner und die Sansculotten in Schach halten sollte. Das Ausweichen auf eine autoritäre Regierungsform als der Weisheit letzter Schluß war in der Revolutionsära kein Novum: Während der Notsituation von 1793 hatte das Marais der Diktatur des Sicherheitsausschusses seinen Segen gegeben. Der »liberale« Konvent von 1795 hatte durch das »Zwei-Drittel«-Dekret den Wählern ihr konstitutionelles Recht vorenthalten, und die Nachfolger unter dem Direktorium hatten sich mehr als einmal über die Verfassung hinweggesetzt, um die beiden Bedrohungen, den Royalismus und den Jakobinismus, wirksam bekämpfen zu können. Aber der nun für diese Aufgabe ausersehene Mann war von ganz anderem Schlag und Temperament. Die Brumairianer blieben keineswegs die Herren der Lage, im Gegenteil, sie merkten nur allzubald, daß der vermeintliche Vollzugsgehilfe fest entschlossen war, das weitere Geschehen selbst zu bestimmen. Mehr noch: Durch eine ungewöhnliche Verbindung von Willensstärke, Intellekt und physischer Durchschlagskraft würde er in den kommenden Jahren Frankreich und ganz Europa seinen Stempel aufdrücken.

Doch so weit es möglich ist, bei solch einem bedeutenden Phänomen die Wirklichkeit vom Mythos zu trennen, erscheint er als Charakter voller merkwürdiger Paradoxa und Widersprüche: ein moderner, romantischer Held, in die Form eines Cäsar

Napoleon während der Eroberung
von Regensburg, 1809

Napoleon empfängt
die Königin Luise in Tilsit.
Von links: Napoleon,
Alexander I. von Rußland,
Königin Luise, Friedrich Wilhelm III.,
Gräfin Voss

Napoleon in Moskau

Verbrennung französischer Fahnen auf dem
Rückzug des Rußland-Feldzuges, 1812

Schlacht bei Waterloo, 1814

Rechts oben:
Die Heilige Allianz: Treffen und Vertrag der drei Monarchen Franz I. von Österreich, Friedrich Wilhelm III. von Preußen und Alexander I. von Rußland gegen Napoleon im Jahre 1813

Rechts unten:
Pariser Szenen aus dem Jahre 1814: die Aufsteckung der weißen Kokarde der Bourbonen

Napoleon begibt sich im
Hafen von Plymouth an Bord der
»Bellerophon«, um nach St. Helena
verschifft zu werden

oder eines Alexander des Großen gegossen, ein Mann der Tat und des raschen Entschlusses, indes auch ein Poet, der von der Eroberung der Welt träumt, ein eminenter politischer Realist, doch zugleich ein gewöhnlicher Abenteurer, der um hohen Einsatz spielte. Ein Gegner von Privilegien, der sich dennoch seines »Oheims« Ludwigs XVI. rühmte und dessen Bestreben dahin ging, eine neue Dynastie zu begründen. Ein genialer Organisator und Staatsmann und dabei ebenso darauf bedacht, das Nest der Bonaparte-Sippe auszupolstern wie das Glück und die Gloire Frankreichs zu mehren. Ein Geschöpf der Aufklärung, das Ideen mißtraute, Intellektuelle und »Systeme« negierte, ein luzider Geist mit ungeheurem Wissensdurst und phänomenalem Gedächtnis, aber zugleich den Kräften, bei deren Freisetzung er selbst mitgewirkt hatte, seltsam unzugänglich. Und das krasseste dieser Paradoxa: der emporgekommene »Soldat der Revolution«, der die »Prinzipien von 1789« durch halb Europa trug und den Ehrgeiz und Menschenverachtung dennoch dazu trieben, eine neue Despotie und Aristokratie auf den Trümmern der alten zu errichten. Dieses Bild wird von der Napoleon-Legende überstrahlt, die aus seinen Monologen auf St. Helena entstand, wo er danach trachtete, sich selbst als den Mann des Friedens darzustellen, der die Länder Europas zu einer Förderation unabhängiger Nationalstaaten vereinigen wollte. Obwohl gerade dies kaum der Wirklichkeit entspricht, waren es eben diese von ihm auf St. Helena bemäntelten und idealisierten Ziele und Wesenszüge – sein Traum von der Welteroberung, seine stetig wache Angriffslust, sein persönlicher Despotismus und die wachsende Ablehnung der Gleichheitsprinzipien der Revolution –, die der Prüfung durch die Zeit am wenigsten standhielten. In gewisser Hinsicht sind Mythos und Realität miteinander verschmolzen. Denn es ist weit eher die Leistung des »Soldaten der Revolution« als jene des Despoten, des Eroberers oder des Schöpfers neuer Aristokratien, die sich als dauerhaft erwies.

Napoleon selbst erkannte sogar in Momenten schärfster Lossagung immer an, was er der Revolution verdankte. Mit gutem Grund. Sicherlich beweist keine Karriere überzeugender als seine eigene, daß die Revolutionäre recht hatten, wenn sie sich das Verdienst zuschrieben, sie hätten dem Talent freie Bahn geschaffen. Er wurde am 15. August 1769 in Ajaccio auf Korsika als Sohn eines Kleinadeligen geboren, der erst ein Jahr zuvor durch die Eroberung der Insel und das Ende der genuesischen Herrschaft zum Franzosen geworden war. Zwischen 1779 und 1785 war der junge Napoleon Zögling der Militärschulen in Autun, Brienne und Paris. Dann diente er als Artillerieleutnant in Auxonne unter dem Kommando Du Teils, des Bruders des Gebirgskriegs-Experten, und in Valence. Wie so viele andere junge Offiziere der Zeit, besonders jene, die so arm waren wie er, begrüßte er die Revolution. Begierig las er Rousseau und verschrieb sich voll Enthusiasmus als Anhänger des Befreiers Paoli der politischen Richtung der korsischen »Patrioten«.

Aber noch vor seinem endgültigen Bruch mit Paoli und seiner Ausweisung aus Korsika kam er nach Paris und wurde im Juni 1792 in den Tuilerien Zeuge der Demütigung König Ludwigs XVI. durch den Pariser Mob. Dieses Erlebnis hinterließ bei ihm einen bleibenden Eindruck. Doch in den Fehden der Parteien erklärte er sich für die Montanen, gegen die Gironde, und zeichnete sich als Artilleriehauptmann im September 1793 beim Entsatz von Toulon aus. Er wurde Brigadegeneral und errang sich die Achtung und Freundschaft Augustin Robespierres, der in politischer Mission bei der Armee in Italien weilte. Diese Beziehung hätte fast das Ende von Napoleons Laufbahn bedeutet. Nach den Ereignissen des Thermidor wurde er als Anhänger Robespierres in Fort Carré in Antibes gefangengesetzt. Einen Monat später wieder aus der Haft entlassen, verbrachte er einige Zeit mit der Suche nach entsprechender neuer militärischer Verwendung. 1795 lehnte er die angebotene Position des Artillerie-Chefs der West-Armee ab. Doch zum Glück für seinen weiteren Aufstieg war er im September in Paris, erregte Barras' Aufmerksamkeit, und nachdem er im Vendémiaire (Oktober) den royalistischen Aufstand in Paris niedergeschlagen hatte, wurde er mit dem nächsthöheren Generalsrang belohnt. Durch Barras lernte er auch Joséphine de Beauharnais kennen, die Witwe eines 1794 hingerichteten Generals, er heiratete sie am 9. März 1796. Wenige Tage zuvor war ihm das Kommando der Armee in Italien übertragen worden – eine Ernennung, die nicht gänzlich unerwartet erfolgte, da er einflußreiche Förderer hatte und seit langem für einen Feldzug eingetreten war. Nun hatte er Gelegenheit, seine Pläne zu verwirklichen.

Wie wir bereits feststellten, waren es Bonapartes ungewöhnliche Erfolge in Italien, seine Popularität bei der Bevölkerung und die Aura des Ruhmes, die ihn während des gesamten Ägypten-Feldzuges umgab, was Sieyès und dessen Kreis bewog, ihn für jene Rolle auszuwählen, die er dann im Brumaire spielte. Doch aus der historischen Distanz erscheint es verwunderlich, daß die Verschwörer glaubten, ein Mann mit solchen Verdiensten und Fähigkeiten werde sich willig ihren Anweisungen fügen. Jedenfalls wurden sie dieser Illusion bald beraubt, denn ehe ein Jahr verstrich, schuf Bonaparte sein eigenes politisches System und danach ging er dazu über, bei jeder sich bietenden Gelegenheit seine persönliche Autorität zu festigen. Sein erster Zusammenstoß mit Sieyès fand im Zusammenhang mit der Frage der neuen Verfassung nach dem Brumaire statt. Als der große Meister konstitutioneller Manipulation schlug Sieyès ein ausgeklügeltes System von Kontroll- und Ausgleichsmöglichkeiten vor, die, wie er sagte, auf dem Prinzip der »Autorität von oben« und des »Vertrauens von unten« basierten. Erwachsene Männer sollten wieder das Wahlrecht erhalten, aber die Wähler in den Grundversammlungen würden ermächtigt sein, nur ein Zehntel ihrer Gesamtzahl für die Departementsversammlungen zu wählen, aus denen wiederum nur ein Zehntel für die Bildung einer »Nationalliste« hervorgehen sollte. Und aus dieser Liste würde ein zentral gewählter Senat ein Tribunal ernennen, das die Gesetzesvorschläge einzubringen, und eine Legislative, welche sie in Kraft zu setzen hätte. Funktionäre der zentralen und der lokalen politischen Verwaltung würden von den Konsuln nach der National- und den Departementslisten bestimmt werden. Die Exekutive würde aus dem »Grand Electeur«, der vom Senat berufen und abberufen werden könnte, und zwei von ihm ernannten Konsuln bestehen, einer für das Ressort Innenpolitik, der andere für Außenpolitik. Auf diese Weise würde die tatsächliche politische Macht in den Händen der »Notabeln« verbleiben, die über den von ihnen kontrollierten Senat die Herrschaft des von ihnen bestimmten Diktators nach eigenem Ermessen beenden könnten.

Napoleon erhob keinen Einwand gegen Sieyès' Plan, die Befugnisse der Wähler einzuschränken, aber er hatte völlig andere Vorstellungen von seiner eigenen Position im Rahmen der Verfassung. Mit dem Ziel, die alleinige Exekutivgewalt zu erringen, spielte er geschickt die einzelnen Gruppen gegeneinander aus und erreichte eine Lösung, die wie ein Kompromiß aussah, aber im wesentlichen seinen vorläufigen Zwecken entsprach. Sieyès' Liste der »Notabeln« sowie sein Senat und Tribunal (letzteres mit verminderter gesetzgeberischer Initiative) wurden beibehalten, aber vor allem verlagerte sich der Schwerpunkt nun auf das Amt eines »Ersten Konsuls«, für zehn Jahre gewählt, mit größeren Vollmachten ausgestattet als seine Kollegen, niemandem unterstellt, allein für die Ernennung von Ministern und Beamten zuständig und mit der Autorität, nach der Konsultation eines von ihm selbst einberufenen Staatsrates Gesetze einzubringen. Diese Verfassung wurde im Februar 1800 durch ein Plebiszit mit 3 Millionen gegen 1500 Stimmen angenommen.

Aber der Senat und das Tribunal sowie die Legislative behielten beträchtliche Macht. Sieyès und sein Anhang glaubten noch immer, daß sie zumindest durch die Kontrolle über diese Körperschaften den Ersten Konsul zwingen könnten, ihnen ein Mitspracherecht einzuräumen. Doch Napoleon hegte keine derartigen Absichten. Die Verfassung bot ihm die Handhabe, die Tätigkeit der Legislative durch Erlässe, die sogenannten *senatus-consulta,* uu ergänzen. Diese Möglichkeit nützte er häufig und mit Erfolg. Außerdem erlaubte er – ohne legale Deckung – dem Staatsrat die Auslegung der von der Versammlung verabschiedeten Gesetze. Es war denn auch faktisch der Staatsrat, der, vom Ersten Konsul aus einigen der bewährtesten Gesetzgeber der Revolutionsära gebildet, gemeinsam mit ihm zahlreiche der sinnvollsten Gesetze des Konsulats ausarbeitete. Viele davon zielten natürlich darauf ab, die Verwaltung zu zentralisieren und die Regierungsgewalt zu stärken.

Schon früh hatte das Thema Polizeiwesen Vorrang. Das vom Direktorium geschaffene Polizeiministerium wurde ausgebaut und erhielt erweiterte Vollmachten. Zum Minister wurde Fouché ernannt, für diesen Posten durch seine Vergangenheit während der Schreckensherrschaft befähigt, wie auch durch die Rolle, die er im Brumaire gespielt hatte. Unter ihm dienten Dubois, der Polizeipräfekt von Paris und in jedem der Departements ähnlich orientierte Präfekten. Dies war nur ein Beispiel für Bonapartes Aufhebung des Prinzips örtlicher Wahl und die neuerliche Transferierung der Kontrolle von den lokalen Instanzen auf die Hauptstadt. Darin folgte er viel eher den Praktiken des *Ancien régime* und des Wohlfahrtsausschusses als jenen der Gesetzgebenden Versammlung und des Direktoriums. Zwar wurde die 1790 geschaffene Einteilung in Gemeinden und Departements beibehalten – und dies bis zum heutigen Tag –, aber ein Gesetz aus dem Februar 1800 übertrug die Leitung der Departements Präfekten, die dem Innenminister unterstanden, nach dem Vorbild der »Intendanten« und »beauftragten Repräsentanten« der Vergangenheit. Nun wurden sogar Bürgermeister von der Regierung ernannt.

Auch im Finanz- und im Justizwesen beseitigte der Erste Konsul die seit 1790 üblichen Verfahrensweisen und kehrte zu den Methoden des *Ancien régime* zurück. Die Erhebung der Steuern wurde den lokalen Behörden entzogen und einer zentralen Körperschaft übertragen. Damit wurde eine bereits vom Direktorium eingeleitete Entwicklung abgeschlossen. Wieder wurden in den Departements Gerichtshöfe mit vom Ersten Konsul persönlich ernannten Richtern zur Verhandlung normaler Kriminalfälle eingesetzt. Außerdem wurden Sondergerichte zur Bekämpfung royalistischer Untergrundtätigkeit gebildet. In einigen Departements wurden Schwurgerichte suspendiert und man griff sogar wieder auf Mittel wie die berüchtigten *lettres de cachet* des Bourbonen-Königreichs zurück.

Auf derartige Sondermaßnahmen reagierte die liberale Opposition im Tribunal und in der Legislative mit heftiger Kritik, und dies führte zu Napoleons endgültigem Bruch mit seinen alten Verbündeten aus dem Brumaire. Zu jener Zeit mußte er auch noch andere Fragen bereinigen, da Paris, als er im Mai 1800 zu seinem zweiten Italien-Feldzug aufbrach, zum Tummelplatz der Intrigen grollender Rivalen und enttäuschter Anwärter auf Ämter wurde. In den Provinzen lebte die royalistische Agitation wieder auf und das neue Regime schien in der Luft zu hängen. Napoleons Sieg bei Marengo am 14. Juni – wenngleich der Ausgang der Schlacht in Wahrheit nicht ganz so entschieden war – und Moreaus klarerer Sieg bei Hohenlinden am 3. Dezember stellten das Vertrauen im Land wieder her und bewogen Österreich zu Verhandlungen. Und nachdem Bonaparte die Basis für den Frieden von Lunéville (Februar 1801) gelegt hatte, der die französischen Gewinne von Campo Formio neuerlich sicherte und ihnen weitere hinzufügte, kehrte er im Triumph in die Hauptstadt zurück.

Er zögerte keinen Moment, seine Macht wieder zu behaupten und weiter zu festigen. Das Tribunal wurde von widerspenstigen Mitgliedern gesäubert, ein militärisches Komplott, in das Moreau und Bernadotte verwickelt waren, wurde im Keim erstickt. Madame de Staël, deren Salon zu einem Zentrum der Opposition geworden war, wurde aus Paris verbannt. Und die Entdeckung einer *machine infernale,* einer Höllenmaschine, welche royalistische Widerstandskämpfer gebaut hatten, um den Ersten Konsul auf dem Weg in die Oper damit zu töten, diente als Vorwand für Deportationen, Erschießungen und Enthauptungen einer großen Zahl seiner jakobinischen Gegner.

So wurde die Ordnung wiederhergestellt. Aber drastischere konstitutionelle Maßnahmen waren erforderlich, um die Opposition im Senat und in der Legislative zum Schweigen zu bringen. Der Friede von Amiens, durch den im Mai 1802 der neunjährige Krieg gegen England endete, bot die Möglichkeit dazu. Inmitten des allgemeinen Jubels brachte der Senat zunächst den Vorschlag ein, die Amtsdauer des Konsulates um weitere zehn Jahre zu verlängern. Aber Napoleon bestand auf einem Plebiszit, das ihm mit 3 1/2 Millionen gegen 8000 Stimmen das Konsulat auf Lebenszeit übertrug. Außerdem wurde die Verfassung im Mai 1802 durch ein *senatus-consultum* dahingehend ergänzt, daß Napoleon praktisch völlige diktatorische Gewalt erhielt. Der Senat, dem er nun präsidierte und dessen Mitgliederstand er durch Kooptation auffüllte, wurde ermächtigt, die Verfassung nach Belieben durch *senatus-consulta* zu revidieren, die Legislative und das Tribunal aufzulösen und die untergeordneten Konsuln zu ernennen. Sieyès' Nationalliste der »Notabeln« wurde schließlich annulliert und durch ein System von Wahlkollegien ersetzt, bei deren Bestellung abermals der Erste Konsul das entscheidende Wort hatte. Und letztlich wurde er in die Lage versetzt, ohne Billigung anderer Instanzen Vertragsverhandlungen zu führen und man bat ihn, selbst seinen Nachfolger zu nominieren.

Gerade durch diese Verfügung hatte Napoleon den ersten

Schritt zur Restauration der Erbmonarchie getan. Er besaß bereits de facto, wenn auch noch nicht nominell, alle Attribute eines absoluten Herrschers. Es fehlten nurmehr die heraldischen Symbole und das offizielle Gepränge: eine Kaiserkrone, ein Kaiserhof und eine neue kaiserliche Aristokratie. Wieder boten äußere Ereignisse die Handhabe, um eine Wendung zu beschleunigen. Anno 1803 kam es neuerlich zum Krieg mit England, und Georges Cadoudal, der Führer der Royalisten, gewann britische Unterstützung für den Plan, Napoleon nach London zu entführen. Es war Méhée de la Touche, ein ehemaliger Jakobiner und nunmehriger Zuträger, welcher der Polizei Informationen über diese Verschwörung lieferte. Moreau und Pichegru waren darein verwickelt. Moreau wurde zu Festungshaft verurteilt, aber bald darauf verbannt, Pichegru wurde in seiner Zelle erdrosselt. Der Herzog von Enghien, Enkel des Condé, wurde auf deutschem Boden aufgegriffen, über die Grenze entführt und nach Verhören als englischer Agent erschossen. Die Aufregung um diese Affäre unterstrich die dringende Notwendigkeit einer Erbfolgeregelung, und im Mai 1804 verkündete der Senat, daß »die Regierungsgewalt der Republik in ein erbliches Kaisertum übergegangen« sei. Da Napoleon noch keinen Sohn hatte, war der designierte Erbe im Augenblick sein Bruder Joseph und nach diesem Louis Bonaparte. Die Polizei wurde noch straffer zentralisiert und verstärkt, und Fouché, dessen Ränkespiel ihn nach der Schlacht von Marengo sein Amt gekostet hatte, wurde erneut als Minister berufen, und von nun an bis 1810, bis zu seiner endgültigen Amtsenthebung, lieferte er dem Kaiser täglich Meldungen seines enorm weitverzweigten Agentennetzes. Im übrigen blieb die Verwaltung ziemlich unverändert. Der Hof, der bereits in der Ära des Konsulats in den Tuilerien entstanden war, profilierte sich nun deutlicher, bildete sein Zeremoniell und seinen äußeren Rahmen aus. Und ein neuer kaiserlicher Adel wurde begründet, hierarchisch aufgebaut wie der alte. Die Brüder Bonaparte wurden in den Fürstenstand erhoben, Bernadotte, Talleyrand und Fouché erhielten erbliche Herzogtümer in Italien, auch achtzehn Marschälle, sechs Großwürdenträger des Kaiserreichs und eine Schar anderer Getreuer wurden nobilitiert. Selbst Sieyès, dieser entschiedene alte Gegner aristokratischer Privilegien, sollte bald im Schmuck aller Insignien eines

Barons des Empire erscheinen. Natürlich dauerte es einige Zeit, bis die neue napoleonische Oberschicht und deren gesellschaftliche Institutionen ihr eigenes, typisches Gepräge entwickelten. Doch indessen wurde der neuen Ordnung der päpstliche Segen zuteil und ohne sich um die Proteste der Emigranten und der royalistischen Dissidenten zu scheren, eilte Pius VII. nach Paris und wohnte am 2. Dezember 1804 der Krönung des neuen Kaisers in Notre-Dame bei.

So war die Republik, nachdem sie fünf Jahre lang dahingesiecht war, schließlich zu Grabe getragen worden. Und als Napoleon im eigenen Land seine Ziele erreicht hatte, begann er seine Aufmerksamkeit anderen Problemen zuzuwenden. Daraus erklärt sich, daß seine konstruktive gesetzgeberische Tätigkeit in Frankreich, die in vieler Hinsicht die der Revolutionäre abrundete und konsolidierte, vor allem mit der Ära des Konsulats verbunden ist. Die zehn Jahre des Kaiserreichs weisen kaum legislative Leistungen auf und haben in dieser Hinsicht wenig von bleibendem Wert für nachfolgende Generationen hinterlassen.

Die meisten der großen Reformen des Konsulats wurden in den drei Jahren zwischen Juli 1800 und Mai 1803 durchgeführt. Während dieser Phase verbrachte Napoleon die meiste Zeit in Paris, umgeben von einer kleinen Gruppe von Ministern und Staatsräten, hauptsächlich gemäßigten Republikanern und früheren Royalisten. Die bedeutendsten von ihnen waren wohl Cambacérès, Lebrun, Talleyrand, Gaudin, Portalis, Treilhard und Thibaudeau. Aber sie fungierten nur als Helfer des Gebieters, der an vielen ihrer Konferenzen teilnahm, ihrer Arbeit Einheitlichkeit verlieh und die Richtlinien vorzeichnete und dem ganzen das besondere Gepräge seiner eigenen Neigung zu Autorität, realistischer Auffassung, Ablehnung von Privilegien und abstrakten Rechtsbegriffen und andererseits seiner Vorliebe für die Genauigkeit im Detail und die Rücksichtnahme auf eine klar aufgebaute soziale Hierarchie verlieh.

Die Revolutionsära in Frankreich hatte schwer mit dem Problem einer unsicheren, wahllosen Finanzpolitik zu kämpfen gehabt. Unter den Feuillants, den Girondins und den Thermidorianern konnte die Inflation kaum gebremst werden, es gab kein Hartgeld mehr und einige Regierungen waren praktisch dem

Druck von Spekulanten, Finanziers und Unternehmern ausgeliefert. Kurze Zeit hatte der Sicherheitsausschuß durch politischen und wirtschaftlichen Terror die Spekulation in den Untergrund gedrängt und die Staatsfinanzen vorübergehend stabilisiert. Auch das Direktorium hatte spät, nach jahrelanger chaotischer Geldentwertung Maßnahmen ergriffen, um die Währung zu sanieren und die Steuereinziehung zu zentralisieren. Aber diese Bemühungen blieben Stückwerk. Der Staatsstreich des Brumaire und Bonapartes Zusicherung einer Regierung der festen Hand hatten das Vertrauen der Bankiers wiederhergestellt und unter aktiver Mitarbeit eines von ihnen, eines Mannes namens Perregaux, wurde im Februar 1800 die Bank von Frankreich gegründet. Ihr ursprüngliches Stammkapital von 30 Millionen Francs wurde drei Jahre später auf 45 Millionen erhöht, als die Bank das Monopol für die Ausgabe von Papiergeld erhielt. Aber die Deckung war strengen Kontrollen unterworfen und Münzen wurden wieder zum allgemein gängigen Zahlungsmittel. Es war ein Resultat der vernünftigen Finanzpolitik jener Epoche – und eine Folge von Napoleons persönlichem Vorurteil gegen Banknoten –, daß zwischen 1799 und 1814 etwa 75 Millionen Francs in Gold und Silber in Umlauf kamen.

Die eindrucksvollste aller gesetzgeberischen Unternehmungen des Ersten Konsuls und seines Staatsrates war der Code Civil, 1804 fertiggestellt und 1807 in Code Napoléon umbenannt. Dies war keineswegs ein eigenständiges Werk, obwohl sich Napoleon dieser Leistung mehr rühmte als seiner vierzig Schlachten. Die Arbeit an der Kodifizierung der zahlreichen Gesetze und Erlässe der Revolution hatte 1792 durch den Konvent begonnen. Ein Jahr später erschien eine erste Fassung des Code mit 779 Paragraphen. 1796, in der Ära des Direktoriums, war die Zahl der Paragraphen auf 1104 angewachsen. Fünf Fassungen standen zur Diskussion, bevor Napoleon und dessen Mitarbeiter im Jahr 1800 ihre Tätigkeit begannen. Es war ein ungeheures, aber bereits seit langem überfälliges Vorhaben. Vor der Revolution hatte die Monarchie hinsichtlich juridischer Einheitlichkeit wenig erreicht. Etwa 360 lokale Gesetzbücher waren in Kraft, und ganz allgemein existierte eine Trennung zwischen dem Römischen Recht, das im Süden vorherrschte, und dem Gewohnheitsrecht, das im Norden galt. Zwar hatte die Revolution das Problem gemildert, indem sie Feudalprivilegien und Erbfolge hinwegfegte und die Besitzverhältnisse der Handhabung durch das Kanonische Recht entzog, aber die schwerwiegenden Fragen blieben dennoch offen: Sollte der neue Codex fest auf dem abstrakten Naturrecht begründet sein und die Traditionen ignorieren? Oder sollte er unter Berücksichtigung aller seit 1789 eingetretenen Veränderungen in den Besitz- und persönlichen Verhältnissen danach streben, einen vertretbaren Ausgleich zwischen den gegensätzlichen Ansprüchen des Römischen und des Gewohnheitsrechtes zu schaffen?

Der Konvent war wesentlich von den rationalen Argumenten der Aufklärung beeinflußt und erkannte absolute Rechte an, wie die Gleichheit der Menschen, die Zivilehe, die Scheidung, die Adoption, das Erbrecht illegitimer Kinder und die paritätische Aufteilung von Besitz unter den Erben. Er wandte sich entschieden gegen die strengen, apodiktischen Satzungen des Römischen Rechtes und begünstigte die freieren Auffassungen des Gewohnheitsrechtes. Der Code Civil von 1804 schuf nun tatsächlich einen Ausgleich zwischen den beiden Formen. Er wahrt die rechtlichen Gleichheitsprinzipien von 1789, aber sie sind durch eine neue, stärkere Betonung des Besitzrechtes und der Autorität des Gatten und Vaters modifiziert. Denn zum Unterschied von seinen Vorgängern bejahte Napoleon viele Einzelheiten des Römischen Rechtes als Positiva. Dies entsprach seinem eigenen autoritären Naturell. Zudem mochte die Anwendung einiges dazu beitragen, die gelockerte Moral der Franzosen der Ära nach dem Thermidor zu straffen. Hatte er diese Erscheinungen nicht zur Genüge bei seiner eigenen Frau Joséphine erlebt?

Deshalb sind es jene Bestimmungen und Klauseln des Code, die die Eheschließung, die Vaterschaft, die Scheidung und die Adoption betreffen, die sich am deutlichsten vom Römischen Recht ableiten und bei deren Textfassung Napoleon am entschiedensten eingriff. So wird die Scheidung rigorosen Einschränkungen unterworfen. Besitz bis zu einem Viertel des Ganzen kann außerhalb der Familie vererbt werden. Illegitime Kinder können nur in Ausnahmefällen anerkannt werden. Die väterliche Gewalt über die Kinder, wie sie unter dem *Ancien ré-*

gime bestand, wird wiederhergestellt, und in den Absätzen über die »wechselseitigen Rechte und Pflichten der Ehegatten« finden wir bezeichnende Formulierungen wie: »Ein Ehemann schuldet seiner Ehefrau Schutz, eine Ehefrau schuldet ihrem Ehemann Gehorsam.« Oder: »Verheiratete Frauen sind nicht in der Lage, Verträge abzuschließen.« Und: »Eine Ehefrau kann die Scheidung nur dann beantragen, wenn der Ehemann eine ständige Maitresse in den Familienhaushalt aufnimmt.«

Aber dies sind natürlich nur Teilaspekte. Über die demokratischen Grundsätze von 1793 geht der Code Civil hinweg, doch die Hinterlassenschaft der Revolutionäre von 1789 an neuen Besitz- und Bürgerrechten wird ungeschmälert übernommen. Die Aufhebung des Feudalsystems und der feudalen Privilegien wird bestätigt, ebenso die Freiheit der Gewissensentscheidung und der Berufsausübung. Doch der wichtigste aller Paragraphen des Code Civil ist vielleicht der, der die gleichmäßige Aufteilung von Gütern unter den Söhnen als absolut bindend festlegt. Solche Bestimmungen haben die soziale Entwicklung nicht nur in Frankreich, sondern auch in etwa dreißig anderen Ländern auf allen Kontinenten mit Ausnahme des australasiatischen Raumes beeinflußt.

Eine ähnliche Verbindung des autoritären Prinzips und des Gedankens der Gleichheit erscheint in der Errichtung der *Legion d'honneur* gegeben, der Ehrenlegion (Mai 1802). Sie war weit eher als der Code Napoleons eigene Schöpfung und sie stieß zunächst im Tribunal, in der Legislative und sogar im Staatsrat auf heftige Mißbilligung. Der Konvent hatte die Orden des Königreichs abgeschafft, da sie dem Gleichheitsprinzip entgegenstanden. Aber einzelnen Personen waren für Verdienste um die Nation »Bürgerkronen« verliehen worden. Napoleon schwebte eine Verschmelzung des Ordens im ursprünglichen Sinn und des modernen Ehrenzeichens vor. Die Legion sollte 116 »Kohorten« zu je 350 »Legionären« umfassen, unter den aus den alten Ordenswesen übernommenen Graden »Offizier«, »Kommandeur« und »Großoffizier«, mit dem Ersten Konsul als Großmeister an der Spitze. Er verfolgte damit eine zweifache Absicht: Er wollte einen neuen Verdienstorden schaffen, der allen verliehen werden konnte, die sich durch persönlichen Einsatz würdig erwiesen, sowohl Militärs als auch Zivilisten, ungeachtet ihrer sozialen

Herkunft, und er beabsichtigte, Sieyès' damals noch bestehender Nationalliste von »Notabeln« eine Institution an die Seite zu stellen, die ausschließlich unter seiner, Bonapartes, Führung stand. Die liberale Opposition, darauf bedacht, seine autokratischen Bestrebungen einzudämmen, konnte die inneren Zusammenhänge kaum falsch deuten. Aber ihre Einwände erwiesen sich, wie auch in anderen Belangen, als wirkungslos. Und die Ehrenlegion besteht noch immer, als ein Erinnerungszeichen an die kühnen Ziele ihres Schöpfers.

Die Bildungsreformen des Konsulats – im Kaiserreich abgeschlossen – spiegeln auch Napoleons soziale Haltung und seine Geringschätzung der Frauen. Wie bei ihm nicht anders zu erwarten, erblickte er den Zweck der Schulbildung darin, junge Menschen für den Dienst am Staat vorzubereiten – die Jungen als künftige Ärzte, Beamte und Offiziere oder auch nur als Handwerker, Arbeiter und gemeine Soldaten, und die Mädchen als künftige pflichtgetreue, gehorsame Hausfrauen und Mütter. Die Armen sollten gerade nur das Allernotwendigste lernen dürfen, daher wurde die Volksschule – die *école communale*, welcher der Konvent große Aufmerksamkeit gewidmet hatte – getrost den Stadtverwaltungen überlassen, ergänzt durch die zahlreichen kirchlichen Schulen, denen das Konkordat von 1801 die Tore öffnete. Der Konvent hatte etwa 100 »Zentralschulen« geschaffen. Diese wurden gemäß einem Gesetz aus dem Mai 1802 reorganisiert und der obersten Leitung eines Direktors des Öffentlichen Unterrichtswesens unterstellt. Danach hatte die Kirche auf diesem Gebiet ein reiches Betätigungsfeld.

Aber Napoleons besondere Schöpfung war das *lycée*, eine auf dem Ausleseprinzip basierende Oberschule für die Heranbildung des Führungsnachwuchses für Staat und Verwaltung, mit strikt weltlichem Lehrplan nach allein vom Staat festgelegten Richtlinien. Zunächst waren 45 durch staatliche Stipendien finanzierte *lycées* mit 6400 Plätzen vorgesehen, von denen 2400 den Söhnen von Offizieren und Beamten vorbehalten waren, die übrigen standen den begabtesten Schülern der normalen Zentralschulen offen. Anfangs war der Zulauf ziemlich gering, zum Teil deshalb, weil die an diesen Schulen herrschende militärische Disziplin vielen Eltern aus dem Mittelstand nicht behagte. Aber um das Jahr 1813 boten die *lycées* wohl die beste, fortschrittlichste Ausbildung in ganz Europa, und 6000 ehemalige Schüler studierten zu jener Zeit an französischen Universitäten. Was die Schulbildung für Mädchen betraf, so wurde ihr relativ geringe Bedeutung beigemessen und sie konnte weitgehend den Nonnenorden überantwortet bleiben, wodurch zudem öffentliche Gelder eingespart wurden. In einem Handschreiben aus seinem Hauptquartier im pommerschen Finkenstein während des Feldzugs von 1807 schärfte der Kaiser seinem Innenminister ein, dafür zu sorgen, daß die Mädchen in der neuen Oberschule in Ecouen eine solide religiöse Grundlage erhielten. »Wir erwarten vom Unterricht nicht, daß Mädchen denken, sondern daß sie glauben«, erklärte er und fügte hinzu: »Man muß darauf achten, daß sie sich nicht mit Latein oder anderen Fremdsprachen befassen.«

Wie jeder »aufgeklärte Despot« widmete Napoleon der Entwicklung der französischen Wirtschaft sein aktives, stetiges Interesse. Seine autoritären Anschauungen bewogen ihn natürlich, eher staatlicher Lenkung den Vorzug zu geben als sich mit den Freihandelstheorien Adam Smiths und der französischen »Economisten« der 1770er und 1780er Jahre auseinanderzusetzen. Aber seine Auffassung von staatlicher Intervention stand dem Merkantilismus von Ludwigs XIV. großem Minister Colbert und somit dem 17. Jahrhundert viel näher als den Praktiken der Wirtschaftskontrolle Robespierres und des Wohlfahrtsausschusses im Jahr II der Revolution.

Die Jakobiner waren natürlich bestrebt, die Wirtschaft nach den Erfordernissen der Kriegführung zu steuern, um die Truppen auszurüsten und die Zivilbevölkerung zu ernähren, aber sie verfolgten auch das weiter gesteckte Ziel, den Gesamtstatus zu heben und die Menschenwürde zu wahren.

Napoleons Intentionen waren konservativer und handfester: Der Staat muß eingreifen, um die Landwirtschaft zu schützen, eine positive Handelsbilanz zu gewährleisten und eine ausreichende Versorgung der Armee mit Geld und Mannschaft zu sichern. Hingegen waren die materiellen Lebensbedingungen des Volkes, vorausgesetzt, daß sie nicht zu öffentlichen Mißständen und Unruhen führten oder die Rekrutierung beeinträchtigten, von relativ geringerer Bedeutung. Importe mußten eingeschränkt werden – besonders solche aus England. Bereits vor der

Verhängung der Kontinentalsperre (1806) verbot er nach dem Beispiel seiner Vorgänger die Einfuhr englischer Waren nach Frankreich.

Seine Leidenschaft für das Reglement ließ ihn trotz der in ihrer Gesamtheit revolutionär ausgerichteten Gesetzgebung sogar mit dem Gedanken spielen, die Zünfte des *Ancien régime* wieder einzuführen. Auf seine Anregung hin bewilligte der Polizeipräfekt von Paris tatsächlich die Neugründung der Zünfte der Bäkker und Metzger der Hauptstadt. Aber Napoleon ging nicht weiter, sondern brach das Experiment ab.

Auf dem Gebiet der arbeitsrechtlichen Beziehungen folgte er der Praxis, welche die Konstituenten von den Bourbonen übernommen hatten: Arbeitern war es durch die Lex Le Chapelier von 1791 verwehrt, sich gewerkschaftlich zu organisieren. In einem Gesetz aus dem April 1803 wurde dieses Verbot wiederholt und im Dezember desselben Jahres wurden die Arbeiter dazu angehalten, ein Lohnbuch mit dem Stempel ihres Arbeitgebers bei sich zu tragen. Derselbe Geist wird im Code Civil von 1804 in allen Regelungen des Verhältnisses zwischen Arbeitnehmern und Arbeitgebern deutlich. Die Garantie des Existenzminimums für die Armen, eine Regelung aus dem Jahr 1793, ist gestrichen und in Streitfällen gilt einzig und allein die Aussage des Arbeitgebers.

Doch bei all seiner durch Temperament und Interessen bedingten Neigung, in punkto Wirtschaft eher in die Vergangenheit als in die Zukunft zu blicken, verließ Napoleon in dieser wie in anderen Fragen nie sein realpolitisches Bewußtsein. Eingedenk der Hungerkrawalle der Revolution – die Gefahr einer Wiederholung war 1801 besonders akut – erkannte er, daß Ruhe, Ordnung und Stabilität und damit der Nachschub an Soldaten für seine Armee in einem nicht geringen Maß davon abhingen, daß die vordringlichsten Bedürfnisse der arbeitenden Bevölkerung befriedigt würden. Daher mußten Grundsätze hier wie anderswo den zwingenden Erfordernissen des Staates untergeordnet werden. So wurde der Getreideexport immer, außer in Jahren mit besonders guten Ernten, strikten Einschränkungen unterworfen. Und 1812 folgte der Kaiser eigentlich dem Beispiel des Konvents, als er Höchstpreise für Brot und Getreide festsetzte.

Aus diesen und anderen Gründen erhielt sich Napoleon die Gefolgschaft und das Vertrauen der französischen Bauern und der städtischen *menu peuple* viel länger als die Loyalität der Bourgeoisie, die ihn an die Macht gebracht hatte. Hätte er die Armee nicht so fest im Griff gehabt, dann wäre es der liberalen Opposition, den Neureichen und den unzufriedenen Offizieren und Ministern – herausragend unter ihnen die unentwegten Intriganten Fouché und Talleyrand – eher gelungen, ihn zu stürzen. An Versuchen dazu hat es ja nicht gefehlt. Aber die einfachen Menschen, für welche politische Freiheit jenes Gepräges, wie die Opposition sie verfocht, wenig Bedeutung oder Anreiz besaß, blieben ihm treu. Dieser Stützpfeiler seiner Macht brach erst unter der Last der Konskriptionen und der allgemeinen Härten der Notjahre 1813/14 zusammen.

Staatspolitische Erwägungen waren es auch, die Napoleon veranlaßten, die katholische Kirche in Frankreich durch den Abschluß eines Konkordates mit dem Papst 1801 wieder in ihre Rechte einzusetzen. Nach den in den früheren Kapiteln erörterten Störmanövern während der ersten Revolutionsjahre wurde die Kirche durch ein Gesetz aus dem September 1795 schließlich aufgehoben. Die Haltung des Direktoriums schwankte zwischen Gewährenlassen und Gleichgültigkeit einerseits und rigoroser Verfolgung andererseits, diese richtete sich besonders gegen jene Priester, die den Eid verweigerten und verräterischer Umtriebe verdächtigt und deswegen sogar verurteilt wurden. Während jener Ära waren verschiedene Kultformen aufgekommen, und zur Zeit des Brumaire-Putsches konnten sich verschiedene Bekenntnisse und Sekten – die vereidigten wie die eidverweigernden Katholiken, die Protestanten, Dekadisten und Theophilanthropen – relativ unbeeinträchtigt religiös betätigen. Dadurch entstand nach den Worten des radikalen Historikers Aulard »eine reiche, vielfältige Blüte religiösen Lebens«.

Indes, dies war eine Situation, mit der sich weder Katholiken noch Emigranten und ebensowenig ein Herrscher von Napoleons autoritärer, auf Ordnung gerichteter Auffassung zufriedengeben konnten. Napoleon selbst war ein Skeptiker im Sinn Voltaires, mit geringem Verständnis für Mystik und christliches Glaubensgut gleich welcher Art. Es ist z. B. zweifelhaft, ob er Robespierres Glauben an die Unsterblichkeit der Seele teilte.

Aber wie so viele Freidenker und Deisten der Epoche, war er überzeugt, daß organisierte Formen der Religion, wenn schon nicht für ihn persönlich, so doch für andere gut und nützlich sein mochten – namentlich für Frauen. Außerdem würde das religiöse Moment zur Erhaltung des sozialen Friedens beitragen. »In der Religion sehe ich nicht das Mysterium der Fleischwerdung, sondern das Mysterium der gesellschaftlichen Ordnung«, schrieb er einmal. Und an anderer Stelle: »Die Gesellschaft ist undenkbar ohne Ungleichheit, Ungleichheit unerträglich ohne einen Moralkodex und ein Moralkodex unannehmbar ohne Religion.« Die Religion konnte auch als wertvolle politische Waffe dienen. In Italien und Ägypten war Napoleon klar geworden, wie gefährlich es ist, wenn man politische Entscheidungen durch vorgefaßte »philosophische« Anschauungen diktieren läßt, die die religiösen Gefühle von Menschen verletzen, die man beherrschen will. In Ägypten hatte er seinen Truppen strikt verboten, die Religionsausübung der Moslems zu stören. Und bei seinen Verhandlungen mit dem päpstlichen Stuhl im Jahr 1797 hatte er sich geweigert, die antiklerikalen Instruktionen des Direktoriums zu befolgen. Wenn er die Ghettos von Rom und Venedig auflieẞ, dann deshalb, um die Unterstützung der Juden zu gewinnen und zugleich seinen eigenen »aufklärerischen« Ansichten Ausdruck zu verleihen. Er sagte einmal, und zwar nicht unbedingt zynisch gedacht: »Wenn ich über Juden herrschte, würde ich den Tempel Salomons wieder errichten.« Dennoch: Ehe er sich entschloß, die katholische Kirche in Frankreich wieder einzusetzen, mußte er die politischen Vorteile daraus sorgfältig gegen die Widerstände abwägen, die er zweifellos provozieren würde. Einerseits hatten rund zwölf Revolutionsjahre und eine noch längere Phase »aufgeklärter« Anschauungen den kirchlichen Einfluß aus dem Denken und Handeln weitgehend verdrängt. Die republikanische Bourgeoisie z. B. hatte sich ganz allgemein vom Religiösen freigemacht und betrachtete Gläubigkeit nicht als eine der erstrebenswerten Bürgertugenden. Und für jene Franzosen, die doch daran festhielten, erfüllten neue Kulte, wie etwa der Theophilanthropismus, den gleichen Zweck. Auch in der Armee war der Antiklerikalismus fest verankert, wie sich nur zu deutlich zeigte, als es schließlich zur Einigung über das Konkordat kam. Andererseits hatte sich die große Masse der französischen Bevölkerung, die Bauernschaft, niemals ganz mit der Abschaffung ihrer alten Andachtsformen abgefunden, daher durfte man mit ziemlicher Sicherheit gewärtigen, daß eine Wiederherstellung des Katholizismus jene schlimmsten Übel beseitigen werde, welche die Gründe für den in der Vendée und Bretagne noch immer schwelenden Bürgerkrieg waren. Zudem hatte sogar in den Kreisen der Intellektuellen der hergebrachte Skeptizismus seine frühere Anziehungskraft verloren und einer romantisch geprägten religiösen Erneuerung den Weg freigemacht. Und schließlich: Seit 1795 hatte sich Frankreich weit über seine Grenzen aus der Zeit vor der Revolution ausgedehnt und durch den beabsichtigten Schritt konnten latente Rebellionen im Keim erstickt werden und der betonte Katholizismus der unterworfenen Völker Belgiens, der Schweiz, des Rheinlandes und Italiens unbehelligt bleiben. Nicht nur dies, ein Modus vivendi mit dem Papst konnte dazu beitragen, einen allgemeinen Frieden nach Frankreichs Bedingungen zu bringen und die Befürchtungen jener vielen Emigranten zu zerstreuen, die eher katholisch als königstreu gesinnt waren und die der Erste Konsul nach Frankreich zurückholen und mit der neuen Ordnung versöhnen wollte. Doch vor einer Vereinbarung mußte der Papst zwei wichtige Punkte akzeptieren. Erstens, wir zitieren Napoleon: »Diese Religion muß in den Händen der Regierung sein«, und zweitens: Die Rückgabe des sequestrierten kirchlichen Besitzes kam nicht in Frage.

Kurz vor der Schlacht bei Marengo war ein neuer Papst gewählt worden, Pius VII. Und unmittelbar vor seinem Aufbruch nach Italien im Juni 1800 hatte Napoleon bereits in Rom vorgefühlt. Die Einigung wurde erst nach einem Jahr emsiger Verhandlungen erzielt, bei denen zwischen den Kontrahenten 1279 Dokumente und zehn verschiedene Vertragsentwürfe ausgetauscht wurden. Folgende Hauptthemen kamen zur Sprache: die Einsetzung und das Gehalt der Bischöfe, die Zukunft des während der Revolution konfiszierten Kirchenbesitzes, der Status der katholischen Kirche in der Gesamtheit der Religionsgemeinschaften und die Beziehungen zwischen Kirche und Staat. Zunächst beharrte der Papst darauf, daß alle Bischöfe, die den Eid verweigert hatten, ihre Sitze behalten, aber die seit der Bürgerverfassung 1790 eingesetzten nicht anerkannt werden sollten. Er weigerte sich, die Rechte der Käufer von Kirchenbesitz gelten zu lassen. Nach seiner Auffassung wären die Gehälter der Priester aus Stiftungen zu bestreiten gewesen. Ferner forderte er die Definition des römisch-katholischen Glaubens als der einzigen *religion d'etat* und die Beschränkung des staatlichen Einflusses in kirchlichen Belangen auf ein Minimum.

Napoleon seinerseits vertrat den Standpunkt, alle Bischöfe, ob dissident oder konstitutionell, sollten auf ihr Amt verzichten und sich um eine Neueinsetzung bewerben. Den Käufern kirchlicher Güter müßten ihre ungeschmälerten Besitzrechte garantiert werden. Die Priester sollten als Staatsbeamte besoldet werden, und der katholische Glaube sollte nicht als das »dominierende Bekenntnis« akzeptiert werden – was eine Einschränkung der Rechte anderer Gemeinschaften bedeutet hätte –, sondern als »die Religion der großen Mehrheit der Bürger«.

Dies war die Formulierung, auf die man sich schließlich einigte. Es wurde auch festgelegt, daß die Regierung alle Hindernisse für freie katholische Religionsausübung zu beseitigen hätte. Die Frage der Wiedereinsetzung von Bischöfen wurde zu Napoleons Zufriedenheit geregelt, wobei dem Papst die Bloßstellung durch eine schmähliche Kapitulation erspart blieb. Die Bischöfe sollten insgesamt zurücktreten und nach der Nominierung durch den Ersten Konsul vom Papst wieder in ihre Diözesen eingesetzt werden. Zu diesem Zweck erließ Pius VII. zwei Bullen, eine für die Vereidigten, die andere für die Eidverweigerer. Außerdem drang Napoleon mit seiner Forderung durch, daß Bischöfe und der von ihnen ernannte Klerus Gehälter vom Staat beziehen sollten und alle Priester einen Treueid auf die Regierung – aber nicht, wie 1790, auf die Verfassung – zu leisten hätten. Zum Schluß wurde eine elegante Formulierung gefunden, um dem Papst den Verzicht auf die der Kirche enteigneten Besitztümer zu erleichtern. Dies war sehr wichtig, denn nicht einmal Napoleon wäre es gelungen, die vielen durch die Revolution reich gewordenen Käufer kirchlicher Güter unter anderen Bedingungen zu einer Billigung der Vereinbarung zu bewegen.

Das Konkordat hatte somit den Anschein einer Kompromißlösung. Doch in allen wesentlichen Punkten hatte der Erste Konsul seine Auffassung durchgesetzt. Dennoch bedurfte es des ganzen Gewichts seines Prestiges, gestärkt durch den kürzlich mit England geschlossenen Frieden von Amiens, um die scharfe Opposition innerhalb des Tribunals, des Staatsrates und der Generalität zu überwinden. Der ernsteste Einwand lautete, der Katholizismus sei ungeachtet der Formulierung im Vertragstext de facto wieder zur einzigen und offiziellen Staatsreligion geworden. Um dem entgegenzuwirken, wurde ohne jede päpstliche Sanktion beschlossen, das Konkordat durch zwei Gesetzeskomplexe zu ergänzen, der eine davon beinhaltete eine Charta der Freiheiten des evangelischen Glaubensbekenntnisses, während der andere die Gallikanische Kirche stärker denn je der weltlichen Macht unterstellte.

Von diesen legistischen Maßnahmen ganz abgesehen, erwies sich das Einvernehmen zwischen dem Papst und dem Kaiser nicht als ungetrübt. Ernstliche Spannungen ergaben sich, als Napoleon später den Anspruch erhob, seinen Herrschaftsbereich auf ganz Italien auszudehnen, einschließlich des Kirchenstaates. 1809 wurde Rom von Frankreich annektiert, Pius VII. wurde zum »Gefangenen des Vatikan«, verbrachte fünf Jahre in Haft, zuerst in Savona, später in Fontainebleau und konnte erst nach Napoleons Sturz 1814 zurückkehren. Aber solche Zwistigkeiten betrafen nur temporäre Fragen und das Konkordat wurde niemals aufgehoben, da es den Zwecken beider Seiten dienlich war. Der Papst hatte als Oberhirte die große Herde Frankreich wieder heimgeführt, während sich Napoleon die Gefolgschaft jener Untertanen sicherte, welche die Autorität des Priesters über die des Kaisers stellten. Es war eine Regelung, die eine lange Reihe nachfolgender Regierungsformen und Verfassungen überlebte. Und für die nächsten hundert Jahre blieben in Frankreich nach Napoleons Konzept Kirche und Staat vereint.

XIII Napoleons Imperium

Bis zum Jahr 1803 erschien Napoleon seinen Untertanen als Friedensstifter, der Frankreichs »natürliche Grenzen« gesichert und zugleich den Krieg mit den europäischen Großmächten beendet hatte, wobei er in Lunéville und Amiens für Frankreich günstige Friedensbedingungen durchsetzte. 1803 kam es neuerlich zum bewaffneten Konflikt mit England, der sich aber erst zwei Jahre später zu einem allgemeinen großen Krieg ausweitete. Von jenem Zeitpunkt an mußten sich die Franzosen mit einer anderen Vorstellung von ihrem Kaiser vertraut machen: das war nicht mehr der Friedensstifter, der seinem Land neue Gesetze und Verfassungen gab, sondern der Eroberer und Begründer eines neuen Imperiums, dessen Herrschaftsbereich den Großteil Europas umfaßte.

Man könnte endlos darüber diskutieren, ob der Krieg gegen Britannien und die bald darauffolgenden größeren militärischen Auseinandersetzungen unausweichlich waren oder ob sie durch geschickte Diplomatie und Verhandlungsbereitschaft hätten vermieden werden können. Generell betrachtet erscheint diese zweite Alternative unrealistisch. Sobald Frankreich den politischen Kurs eingeschlagen hatte, sich auf seine »natürlichen Grenzen« und noch darüber hinaus auszudehnen, konnte es keine unbedingten Einschränkungen seiner Gebietsansprüche an das übrige Europa geben. Zudem bot die bestehende Regelung, vor allem in Italien, für Napoleon einen ständigen Anreiz, zu intervenieren und neue Lösungen herbeizuführen. Auch lag es kaum in seinem Charakter, solch heikel ausgewogene Vereinbarungen, wie sie 1801 mit Österreich und ein Jahr später mit Britannien getroffen worden waren, als Dauerzustand zu akzeptieren. Sagte er doch selbst: »In der gegenwärtigen Situation bedeutet jeder Friedensvertrag für mich nichts anderes als einen kurzen Waffenstillstand.« Man darf nicht vergessen, daß England seinerseits koloniale Ambitionen hatte, die nur durch einen Krieg mit Frankreich verwirklicht werden konnten. Aber von solchen allgemeinen Erwägungen ganz abgesehen, war der zwischen Frankreich und Britannien in Amiens geschlossene Frieden viel zu unsicher, um sich als dauerhaft zu erweisen.

Um eine Atempause zu gewinnen, hatte Pitt die Theorie von Frankreichs »natürlichen Grenzen« anerkannt, das hieß in der Praxis: die Okkupation Belgiens. Aber einige Monate später annektierte Napoleon Piemont, Parma und Elba, wurde zum Präsidenten der neugeschaffenen Italienischen Republik gewählt, fand neue Vorwände für die verlängerte Besatzung Hollands, intervenierte gegen die katholischen Fürsten in Deutschland und zwang der Schweiz eine neue Verfassung auf. So wurde binnen sechs oder acht Monaten nach dem Vertrag von Amiens das Gewicht der machtpolitischen Verhältnisse Europas wieder beträchtlich verlagert – zugunsten Frankreichs. Außerdem gab es Anzeichen dafür, daß Napoleon eine neue Phase kolonialer Expansion einleitete. Er hatte Louisiana von Spanien erworben, entsandte ein, allerdings scheiterndes, Expeditionskorps nach San Domingo und schien sogar einen neuerlichen Vorstoß nach Ägypten und Indien zu planen. Das hatte zur Folge, daß Britannien seine friedensvertragliche Verpflichtung zur Übergabe der Insel Malta nicht einhielt, sondern durch russische Rückendeckung ermutigt, diese Frage vielmehr zum Anlaß eines Ultimatums an die Franzosen machte. So war es offensichtlich nicht Napoleon, sondern das alte »perfide Albion«, das den Vertrag brach und den Krieg provozierte, der im Mai 1803 begann.

Da sich die anderen Kontinentalmächte noch nicht daran beteiligten, mußte er zwangsläufig zur See ausgefochten werden. Und auf diesem Gebiet war Britannien weit überlegen. Die französische Flotte hatte sich von ihrem durch die Revolution bedingten Niedergang nie erholt. Die ehemaligen adeligen Offiziere waren abgesetzt oder bei Meutereien beseitigt worden, Hunderte waren emigriert. Und trotz aller Bemühungen, die Lücken auszufüllen, war es den revolutionären Nationalversammlungen nicht gelungen, einen Carnot der Marine zu finden, der Schlagkraft und moderne Taktiken gewährleistet und den Befehlsapparat einer neuen fähigen Admiralität aufgebaut hätte.

Die Schwäche der Franzosen im Seekrieg hatte sich bereits beim Versagen der schwimmenden Einheiten, die den irischen Rebellen zu Hilfe kommen sollten, und an den katastrophalen Begleitumständen von Napoleons Ägypten-Feldzug deutlich gezeigt. Seit damals verrotteten die französischen Kriegsschiffe in den Häfen. Der einzige hervorragende französische Admiral, Latouche-Tréville, der im Dezember 1792 die neapolitanischen »Patrioten« sehr wirksam unterstützt hatte, starb im Sommer 1804, kurz nach dem Beginn der ersten größeren militärischen Operationen.

Bei Kriegsausbruch besaß Britannien 55 Linienschiffe, Frankreich verfügte nur über 42, von denen bloß 13 einsatzbereit waren. Deshalb behaupteten die Briten unangefochten die Herrschaft über die Meere. Sie blockierten die französischen Häfen und besetzten die karibischen Inseln Santa Lucia und Tobago wieder, außerdem auch Holländisch-Guayana.

Napoleons Hoffnung, einen Ausgleich zu schaffen, beruhte einzig und allein auf dem Plan, einen Schlag direkt gegen London zu führen, das schwer zu verteidigen sein würde, sobald ein Angreifer den Kanal überquert hatte. Gegen Ende des Jahres 1803 begann Napoleon mit den Vorbereitungen für eine Invasion der britischen Insel. In Boulogne zog er eine Flotte von mehreren hundert kleinen Transportschiffen und starke Truppenverbände zusammen, die »England-Armee«. Diese Kräfte sollten mit Unterstützung der Flotte über den Kanal vorstoßen. »Wenn wir sechs Stunden lang Herren der Meerenge sind, dann werden wir die Herren der Welt«, schrieb Napoleon an Latouche-Tréville. Nach dessen Tod wurde das Projekt bis auf weiteres beiseite gelegt, aber Spaniens Kriegseintritt als Verbündeter Frankreichs im Winter 1804 bewog Napoleon, es wieder aufzugreifen.

Villeneuve, der neue Marinekommandeur in Toulon, erhielt den Befehl, Nelsons Mittelmeerflotte auszuweichen, von einem spanischen Geschwader begleitet nach Martinique zu segeln und sich dort mit anderen französischen Eskadern aus Brest und Rochefort unter dem Kommando des Admirals Ganteaume zu vereinigen. Der Plan sah vor, die britischen Seestreitkräfte in den karibischen Raum zu locken und sie zu veranlassen, sich auf der Suche nach dem Feind zu zerstreuen. Dann sollten die Franzosen in geschlossener Formation in die Kanalzone zurückkehren und, nunmehr im befristeten Besitz der Seeherrschaft, das Invasionsheer an die englische Küste eskortieren.

Das Unternehmen begann plangemäß, schlug aber dennoch fehl. Am 30. März 1805 lief Villeneuve von Toulon aus, er wich Nelson erfolgreich aus und erreichte Martinique am 14. Mai, während der britische Admiral, im unklaren darüber, ob der Gegner Kurs nach Osten oder Westen genommen hatte, Westindien erst am 4. Juni ansteuerte. Doch Ganteaume war es nicht gelungen, die britische Blockade vor Brest zu durchbrechen. Und Villeneuve, der wie vereinbart vierzehn Tage auf ihn gewartet hatte und mit dem Herannahen Nelsons rechnen mußte, nahm gemäß seinen Instruktionen Kurs auf den nordspanischen Atlantikhafen Ferrol.

Selbst wenn man nun dem Plan genau gefolgt wäre, hätten sich bei der Durchführung gewaltige, vielleicht unlösbare Probleme ergeben. Denn wie sollte Villeneuve seine Bewegungen mit denen Ganteaumes koordinieren? Zwischen ihnen lag die gesamte britische Flotte. Ein weiteres Problem: günstiger oder ungünstiger Wind! Jeder ablandige Wind, der Villeneuve von Brest entfernte, würde Ganteaume am Auslaufen hindern. Und um alles noch schlimmer zu machen: Nelson war es gelungen, die britische Admiralität über Villeneuves Absichten zu informieren. Ein Detachement der Hauptmacht der Kanalflotte lag bereit, um ihn abzufangen. Diese Situation zwang ihn, südlich seines Zielpunktes einzulaufen, zuerst in Vigo, dann in La Coruña. Dort erwarteten ihn neue Schwierigkeiten. Als er eine Tagesstrecke von La Coruña nordwärts segelte, sichtete er einen Verband, den er für eine britische Eskader hielt. Wie sich später herausstellte, waren es französische Flotteneinheiten unter dem Kommando seines Kameraden Admiral Allemand. Um Feindberührung zu vermeiden und da ein gefährlicher Nordost aufgekommen war, schwenkte der vorsichtige Villeneuve nach Süden ab und ging am 20. August in Cadiz vor Anker.

Damit war das Schicksal der gesamten Aktion besiegelt. Die Schuld daran lag aber weit mehr bei Napoleon als bei dem Admiral. Als Villeneuve am 20. Oktober auf Befehl des Kaisers von Cadiz auslief, war dies nicht mehr der Versuch, sich doch noch mit Ganteaume in Brest zu vereinigen, sondern es geschah, um die französischen Streitkräfte im Mittelmeerraum von der See her zu unterstützen. Und Nelsons großer Seesieg vor Trafalgar am nächsten Tag, ein vernichtender Schlag gegen die französischen und spanischen Flottenverbände, hatte keinerlei Einfluß auf Napoleons Entschluß, seinen Invasionsplan aufzugeben. Diese Entscheidung hatte er schon zwei Monate vorher getroffen. Am 24. August hatte er seinem Generalstabschef Marschall Berthier den Befehl erteilt, das Lager abzubrechen, da die »England-Armee«, nun in »Grande Armée« umbenannt, zum Vormarsch nach Mitteleuropa eingesetzt werden sollte. Die zweite Phase dieses Krieges hatte begonnen.

Die dritte Koalition gegen Frankreich, die zwischen dem April und dem August 1805 Gestalt gewann, war keineswegs vorauszusehen gewesen. Napoleon selbst hatte zwar behauptet, ein solches neues Bündnis seiner Widersacher mit dem Erzfeind Britannien sei unvermeidlich, aber die Koalition entstand gewiß nicht aus irgendeiner momentanen Absicht Österreichs, Preußens und Rußlands heraus, alte offene Rechnungen mit Frankreich zu begleichen, dessen »natürliche Grenzen« anzutasten oder das durch den Frieden von Lunéville errichtete machtpolitische Gefüge umzustoßen. England war nicht in der Lage, auf dem Kontinent die Initiative zu ergreifen. Seine künftigen Alliierten betrachteten den britisch-französischen Krieg zunächst in erster Linie als eine Angelegenheit zwischen maritimen Rivalen. Außerdem hatte Rußland die Übergabe Maltas an die Briten nie voll und ganz akzeptiert.

Preußen war 1795 aus der ersten Koalition ausgetreten, um sich bei der Dritten Teilung Polens Territorien zu sichern und hatte sich von der zweiten Koalition überhaupt ferngehalten. Der vorsichtige, wankelmütige neue König Friedrich Wilhelm III. zog es vor, abzuwarten und ließ sich leicht mit Napoleons wiederholtem Angebot von Hannover ködern.

Österreich war finanziell erschöpft und obwohl es durch die Friedensschlüsse von Campo Formio und Lunéville Belgien und die norditalienischen Gebiete verloren hatte, zeigte es keine Absicht, neuerlich zu den Waffen zu greifen – vorausgesetzt, daß

Kaiser Franz bei der Festigung des habsburgischen Herrschaftsbereichs freie Hand behielt und sein Einfluß auf den süddeutschen Raum unangefochten blieb. Noch dazu beobachtete man in Wien äußerst mißtrauisch und wachsam Rußlands Verhalten, das keinen Zweifel über die unveränderten Machtansprüche in den beiden schicksalhaften Krisenzonen Polens und des Osmanischen Reiches ließ.

Rußland selbst war faktisch der einzige der möglichen Bündnispartner, dessen augenblickliche Bestrebungen ihn in Gegensatz zu Frankreich brachten. Anders als der Kaiser der Franzosen war der junge Zar Alexander I. nicht mit beharrlichem, unbeirrbarem Ehrgeiz begabt, sondern ein unausgeglichener, sprunghafter Charakter, ein Mann jäher Entschlüsse. Aber seine engsten Berater erweckten in ihm eine Neigung für eine Allianz mit England, mit den Zielen, wieder ein geeintes Polen unter russischer Oberhoheit zu schaffen, zwischen Frankreich und England zu vermitteln und dem vorherrschenden französischen Einfluß in Mitteleuropa entgegenzuwirken. Derartige politische Tendenzen waren kaum mit einem russisch-französischen Bündnis zu vereinen, wie Napoleon es ihm anbot. Doch ganz abgesehen von den Bestrebungen des Zaren waren Napoleons eigene aggressive Schritte und seine völlige Mißachtung der empfindlichen Abstimmungen eines europäischen Gleichgewichtes dazu angetan, nicht nur Rußland, sondern bald auch Österreich und Preußen tief zu beunruhigen. Nach dem Beginn der Kämpfe gegen England hatte er Hannover besetzt, in Neapel französische Truppen stationiert und Ägypten neuerlich bedroht. In all dem erblickte Rußland eine Gefährdung seiner Interessen in der Türkei und in Deutschland. Deshalb nahm Alexander I. im September 1804 Verhandlungen mit Pitt auf. In der britisch-russischen Konvention vom April 1805 gewann ein Bündnis Gestalt, das darauf abzielte, dem Usurpator Belgien und das Rheinland zu entreißen.

Indessen war Österreich mit Frankreich in eine Kontroverse über die gegensätzlichen Ansprüche des Kaisers Franz und der süddeutschen Fürsten geraten. Der bayerische Kurfürst Maximilian IV. Joseph wandte sich um Hilfe an Napoleon, der kurz darauf Bündnisse mit Bayern, Württemberg und Baden schloß. Dadurch wurde Österreich zu einer Verständigung mit Rußland getrieben. Aber Wien verhielt sich trotzdem abwartend, bis Napoleon den Vertrag von Lunéville brach und die politische Gewichtsverteilung auf der Appeninhalbinsel noch weiter zu seinen Gunsten veränderte. Im März 1805 nahm er die Krone des neugeschaffenen erblichen Königreichs Italien an und entsprach Genuas Wunsch nach dem Anschluß an Frankreich. Der Kaiser der Franzosen – ein Titel, der schon an sich einen argen Affront für den Römischen Kaiser in Wien bedeutete – schien also nur zu unverhohlen nach der Krone Karls des Großen zu streben. Im August 1805 traten die Österreicher der britisch-russischen Koalition bei und marschierten im September in Bayern ein. Preußen blieb vorläufig noch neutral.

Die Grande Armée, die am 26. August von Boulogne aus in Marsch gesetzt wurde, war wohl die beste Heeresmacht, die Napoleon je ins Feld stellen konnte. Mit Sicherheit war sie die tapferste Kampfkraft ihrer Zeit in ganz Europa. Aber sie war schlecht besoldet, elend uniformiert, hatte keine Troßwagen und bedenklich knappe Munitionsvorräte, all dies ein deutlicher Beweis für die Knauserigkeit des Kaisers, seinen Hang zur Improvisation und seinen Glauben an einen raschen Sieg. Der österreichische General Mack, der mit 60000 Mann in Bayern eingerückt war, bezog Positionen im Donauraum, er hoffte auf eine Vereinigung mit den Russen unter Kutusow, der Wien deckte. Aber Napoleon operierte in solchem Eiltempo, daß er bis Ende September 190000 Mann über den Rhein geführt hatte. Er schloß Mack in Ulm ein und zwang ihn am 20. Oktober mit 25000 Mann zur Kapitulation. Die Russen traten den Rückzug an und Napoleon besetzte am 13. November Wien, wo er die Friedensverhandlungen eröffnete.

Aber die Österreicher wollten sich nicht verfrüht festlegen, denn ihre russischen Verbündeten waren noch immer in der Lage, 90000 Mann in den Kampf zu werfen, und der Zar hatte in Potsdam die Preußen dazu bewogen, als bewaffnete Vermittler zu fungieren, was Napoleon nicht wußte. Alexander I., der den Oberbefehl der österreichisch-russischen Streitkräfte übernommen hatte, gefiel sich in der Rolle des Feldherrn und ließ sich von einem unfähigen Generalstabschef nur zu gern einreden, Napoleon sei in einer schwachen Position und nun bestehe die Möglichkeit, ihn zu schlagen. Von dieser Aussicht betört, suchte der Zar in Mähren, zwischen Brünn und der Kleinstadt Austerlitz, die Schlacht, und dort errang Napolon am 2. Dezember 1805 mit einer genialen Aufspaltungs- und Einkreisungsstrategie den entscheidendsten seiner Siege und fügte dem Gegner Verluste von 27000 Mann zu, das waren 40 Prozent der an der Schlacht beteiligten österreichisch-russischen Verbände.

Diese schwere Niederlage erschütterte die Kampfmoral der Alliierten. Kaiser Franz schloß am 27. Dezember den Frieden von Preßburg, durch den er Venetien, Friaul, Istrien, Dalmatien, Tirol, Vorarlberg und die Österreichischen Vorlande in Südwestdeutschland verlor, Salzburg und Berchtesgaden gewann. Die Preußen unterzeichneten mittlerweile einen Bündnisvertrag mit Frankreich und erklärten sich zu einem Gebietstausch bereit: Ansbach und die hohenzollernsche Domäne Neuchâtel/Neuenburg (die 1707 Friedrich I. zu ihrem Fürsten wählte) gegen das seit langem begehrte Hannover.

Doch Preußen sah sich bald vor die schwierige Wahl gestellt, entweder Napoleons gehorsamer Vasall zu werden oder ihn auf sich allein gestellt zu bekämpfen. Im Februar 1806 wurde Friedrich Wilhelm III. gezwungen, das Herzogtum Cleve abzutreten und seine Häfen für England zu sperren. Im Juli 1806 beraubte ihn die Gründung des Rheinbundes unter Napoleons Protektorat aller Hoffnungen, die führende Rolle in Deutschland zu spielen. Und schließlich verlautete, daß Napoleon sich mit dem Gedanken trage, Hannover an die Briten zurückzugeben, um eine Entspannung der Lage herbeizuführen. Im August mobilisierte Preußen und forderte zwei Monate später Frankreich ultimativ auf, seine Truppen über den Rhein zurückzuziehen. Das Kräfteverhältnis zwischen den Gegnern war ziemlich ausgeglichen, die Preußen konnten, ebenso wie die Franzosen, 130000 Mann ins Feld stellen, aber unter völlig anderen Bedingungen. Das preußische Heer jener Zeit zehrte noch immer vom Ruhm Friedrichs des Großen. Die Truppen waren nicht flexibel und sie wurden von einer überalterten Generalität befehligt, die aus den Revolutionskriegen nichts gelernt hatte. Im Verlauf eines nur drei Wochen dauernden Feldzuges erlitten sie am 14. Oktober 1806 bei Jena und Auerstedt vernichtende Niederlagen, die Preußen bis zur Wende des Jahres 1813 mit einem »Trauma« belasteten, wie die moderne Psychologie sagen würde. König Friedrich Wilhelm III. flüchtete vor dem weiterhin stürmisch vorrückenden Gegner nach Königsberg, während Napoleon Berlin besetzte, nach der Zusicherung der Wiedererrichtung eines geeinten Polen seiner Streitmacht polnische Legionen in der Stärke von 30000 Mann eingliedern konnte, weitere Rekrutierungen in Frankreich anordnete und sich auf die Auseinandersetzung mit den Russen vorbereitete.

Die französische Armee, die zum ersten Mal unter den ungewohnten klimatischen Bedingungen Nordeuropas kämpfte, errang im Februar 1807 im ersten Treffen mit dem Feind nur mit knapper Not und unter schweren Verlusten einen Sieg bei Eylau in Ostpreußen, überrumpelte aber im Juni den russischen General Bennigsen bei Friedland, wo die Russen 25000 Mann verloren. Unerwartet bat Zar Alexander um einen Waffenstillstand – weniger wegen der militärischen Erfolge der Franzosen, als vielmehr wegen wachsender Schwierigkeiten mit seinen britischen und preußischen Verbündeten. Noch erstaunlicher: Von Napoleons Persönlichkeit fasziniert, schloß der impulsive Alexander nicht nur Frieden, sondern unterzeichnete am 9. Juli 1807 in Tilsit sogar einen Allianzpakt, der für die beiden Kaiser das Instrument bot, um das gesamte Kontinentaleuropa praktisch in zwei Herrschafts- und Einflußsphären aufzuteilen – die westliche für Napoleon, die östliche für den Zaren, der im Fall Schwedens und des Osmanischen Reichs freie Hand haben sollte. Preußen sollte gezwungen werden, Staatsgebiet im Westen und im vorwiegend polnisch besiedelten Osten abzutreten, Britannien sollte gefügig gemacht und gezwungen werden, die seit langem umstrittene »Freiheit des Meeres« anzuerkennen.

So hatten die Feldzüge der Jahre 1805–07 Napoleon rundherum glänzende Siege gebracht und ihn auf den Gipfelpunkt seiner »Grandeur« gehoben, was ihm selbst wohl noch nicht bewußt war. Aber es hatten sich auch neue Probleme ergeben: Wie sollte er seine Eroberungen bewältigen und sie dazu nützen, England den Vernichtungsschlag zu versetzen? Die Lösung stellte im einen Fall das organisatorische Konzept für den Aufbau seines Imperiums dar, im anderen die Wirtschaftsblockade gegen England, die »Kontinentalsperre«.

Wie wir sahen, hatte Napoleon seit 1799 die merkantilistische und restriktive Wirtschaftspolitik seiner Vorgänger fortgesetzt, indem er britische Waren von Frankreich und dessen »natürlichen Grenzen« fernhielt. Dies stand im Einklang mit seinen eigenen merkantilistischen Anschauungen und mit den Interessen der französischen Textilindustrie, die seit 1793 den 1786 mit England abgeschlossenen »Freihandels«-Vertrag als nicht mehr bindend betrachtete. Seit dem neuen Krieg wurde die Sperre auch auf die Küstenzone des damaligen Hannover ausgedehnt. Aber weder das ursprüngliche System noch seine Ausweitung waren in erster Linie als Waffe im Wirtschaftskrieg gedacht, die den britischen Handel schwer treffen und das Land dadurch in die Knie zwingen sollte. Die Ostsee und die Adria – ganz zu schweigen vom Atlantik – waren noch immer für die britische Schiffahrt offen und im Unterschied zum Direktorium im Jahr 1798 unternahm Napoleon keine ernsthaften Versuche, mit Neutralen in Konflikt zu geraten, die britische Waren beförderten.

Die Erfolge der Jahre 1806/07 veränderten die Situation: Nun ergab sich die Möglichkeit, den Kontinent gegen britische Schiffe und britische Handelstätigkeit abzuschirmen – unter der Voraussetzung freilich, daß sich Spanien, Portugal, Rußland und Österreich beteiligten. »Ich möchte das Meer durch die Landmacht erobern« sagte Napoleon. Als ersten Schritt dazu erließ er im November 1806 das »Berliner Dekret«, durch das über die Britischen Inseln der »Zustand der Blockade« verhängt wurde. Er verbot jeglichen Handel mit ihnen und befahl die Beschlagnahme aller Güter, die aus oder nach Britannien und dessen Kolonien kamen. Nach dem Vertrag von Tilsit erklärten sich auch Österreich und Rußland zur Einhaltung der Sperre bereit.

Die Briten ergriffen als Antwort darauf Maßnahmen, um sich gegen die Franzosen zur Wehr zu setzen und ihr eigenes Monopol gegen die immer häufigeren Übergriffe der neutralen Staaten neu zu behaupten. Kabinettsbefehle vom November und Dezember 1807 erlegten allen Neutralen, die mit dem Kontinent Handel trieben, die Verpflichtung auf, eine Lizenz zu nehmen und in einem britischen Hafen für ihre Frachten Zoll zu entrichten, andernfalls würden ihre Schiffe als rechtmäßige Prise aufgebracht werden.

Darauf reagierte Napoleon mit der Ausweitung der Kontinentalsperre. In neuen, in Fontainebleau und in Mailand gegebenen Dekreten (Oktober/Dezember 1807) drohte er allen neutralen Schiffen, welche sich an die Londoner Kabinettsbefehle hielten, die Beschlagnahme im Hafen oder die Kaperung auf hoher See an, da sie dann als britischer Besitz gelten sollten. Es waren also nicht die Briten, sondern die Franzosen, welche ein vorwiegend als Schutz zur Einschränkung der Importe aus einem Rivalenstaat geschaffenes Instrument nun zu einer Waffe des Wirtschaftskrieges umschmiedeten. Nun ging es nicht mehr in erster Linie darum, die Industrie Frankreichs vor ausländischem Konkurrenzdruck zu schützen und die Edelmetallreserven zu schonen – obwohl auch dieses Ziel keineswegs aus den Augen verloren wurde –, sondern Britannien an den Rand des wirtschaftlichen Ruins zu treiben und dadurch zur Kapitulation zu zwingen.

Solange England die Seeherrschaft behielt, war solch ein Plan schlechthin undurchführbar, denn Napoleon konnte natürlich niemals mit der Möglichkeit rechnen, die britische Insel buchstäblich auszuhungern und zu beugen, indem er die Verbindungen zu den Kolonien unterbrach und die Versorgung mit Nahrungsmitteln und Rohstoffen aus Übersee lahmlegte. Aber ein Drittel der britischen Direktausfuhren und drei Viertel der Rückexporte gingen normalerweise nach Europa. Wenn daher der Kontinent für die Schiffahrt hermetisch abgeriegelt wurde, mußte sich dies unausweichlich schädigend auf den Handel und das gesamte Wirtschaftsleben Britanniens auswirken.

Zunächst erschienen die Aussichten der Franzosen ungünstig, da sich die Briten durch einen Gewaltakt 1807 neuerlich den Zugang zur Ostsee erzwangen: Sie bombardierten von See her Kopenhagen und kaperten die dänische Flotte. Aber dies erwies sich nur als Teilerfolg, und während des Jahres 1808 hatte der britische Handel mit dem europäischen Festland – selbst auf dem Umweg über die neutrale Flagge – schwere Rückschläge zu verzeichnen. Aber nicht nur in den Beziehungen zu Europa. Die Londoner Kabinettsbefehle veranlaßten die Amerikaner zu einem Embargo für britische Waren, das zwar ein Jahr später aufgehoben wurde, aber die Aufbringung neutraler Schiffe war ein auslösendes Moment für den Britisch-Amerikanischen Krieg von 1812. Die empfindliche Schlappe im Europahandel bewog die Briten, 1808 die Bestimmungen der Kabinettsbefehle zu lokkern und generell Lizenzen an neutrale Schiffe zu vergeben, die das Festland anliefen. Zwischen 1807 und 1812 wurden nicht weniger als 44346 Lizenzen erteilt, davon fast 26000 allein in den Jahren 1809 und 1810.*

Diese Methode, die Barriere zu durchbrechen, funktionierte zumindest einige Zeit. Doch vom Frühjahr 1810 an bis zum katastrophalen Ende des napoleonischen Rußlandfeldzugs von 1812 beeinträchtigte die zu diesem Zeitpunkt am schärfsten gehandhabte Kontinentalsperre den Handel und die Industrie in England und trieb den Brotpreis in die Höhe. Der allergefährlichste Moment kam 1811, als das Land von einer Wirtschaftskrise betroffen wurde und außerdem eine schlechte Ernte zu verzeichnen hatte. Die Folge waren Massenarbeitslosigkeit, Lohnkürzungen, Ausschreitungen der Ludditen und drastische Lebensmittelverknappungen.

Die rigorose Unterbindung jeglicher Zufuhr von Versorgungsgütern hätte sich zu jenem Zeitpunkt als akute Existenzbedrohung des Staates auswirken können, aber Napoleon versäumte es, seinen Vorteil zu nützen. In seinen merkantilistischen Vorstellungen befangen, hatte er sich nie ernsthaft mit der Frage auseinandergesetzt, Britannien wirklich auszuhungern. Im Jahr 1810 stammten 80 Prozent der britischen Weizenimporte aus Frankreich und mit diesem verbündeten Staaten. Und 1811 waren es die kontinentalen Getreidelieferungen, die den Engländern die nötige Atempause zur Überwindung der Krise verschafften.

Aber nur im Jahr 1811 und zu keinem anderen Zeitpunkt hätte mit der Kontinentalsperre Britanniens Lebensnerv getroffen werden können. Denn erstens fanden die Briten, die ihre Verbindungslinien offen hielten, neue Märkte an Stelle der alten: 1806 in Buenos Aires, 1808 in Brasilien, 1809 in der Türkei, auf Grund eines Handelsvertrages, und 1810 wieder an der Ostsee. Inzwischen entzogen sich Napoleons Verbündete, die sahen, daß ihr eigener Handel stagnierte und ihre Hafenstädte einen Niedergang erlebten, unmerklich der französischen Kontrolle. 1809 waren es die Türkei, Portugal, Spanien und die spanischen Kolonien, ein Jahr später folgte Rußland diesem Beispiel, sogar

* G. Lefebvre: *Napoléon*, Paris 1933, S. 344

Holland unter der Regierung von Napoleons Bruder Louis bildete bis 1810 einen Umschlagplatz für britische Erzeugnisse.

Doch nicht nur die Verbündeten und die Vasallen, auch die Franzosen selbst wehrten sich immer entschiedener gegen die wirtschaftlichen Einschränkungen, die ihnen die Kontinentalsperre auferlegte, namentlich nach dem Dekret von Fontainebleau vom Oktober 1810, durch das Sondergerichte zur Ahndung von organisiertem Schmuggel eingesetzt und öffentliche Verbrennungen englischer Schmuggelware angeordnet wurden. Teils zur Entspannung der Lage und teils um neue Geldquellen für seine staatspolitischen und militärischen Zwecke zu erschließen, verfiel Napoleon ebenfalls darauf, Lizenzen für den Export ins feindliche Ausland zu verkaufen, d.h. er übernahm einfach die englische Taktik. Dieses System wurde im März 1809 eingeführt und durch die 1810 in St. Cloud und Trianon erlassenen Dekrete geregelt.

Immerhin schuf es während der Wirtschaftskrise, die Frankreich 1811 durchmachte, gewisse Erleichterungen. Die Verbündeten hatten allerdings keinen Nutzen davon, da Napoleon Lizenzen nur an Franzosen – und in Ausnahmefällen an Amerikaner – vergab und Frankreichs Interessen stets Vorrang hatten, auf Kosten seiner Nachbarländer. Es ist sogar zweifelhaft, ob sich die Kontinentalsperre und die britische Gegenblokkade auf lange Sicht für die Engländer so schädlich ausgewirkt hat wie für die Franzosen. In England hatte sie vermutlich letzten Endes nur eine Verlangsamung der industriellen Expansion und eine Verlagerung der Investitionstätigkeit auf andere Gebiete zur Folge.*

Auf dem europäischen Festland hingegen machte diese Entwicklung sehr viel böses Blut, sie schuf oder steigerte antifranzösische Ressentiments und die wiederum waren Glieder jener Kausalkette von Ereignissen, die zum Sturz des Kaiserreichs führten.

Indessen hatte das »Grande Empire« mit seinem Gefüge von annektierten Gebieten, Vasallenfürstentümern und Satelliten Gestalt gewonnen. Seit 1802 waren die Grenzen in Europa durch

* Ausführlich behandelt von F. Crouzet in seinem Werk *L'Economie britannique et le blocus continental,* 2 Bde., Paris 1958

die Waffentaten oder die diplomatischen Schachzüge der Franzosen häufigen und drastischen Revisionen unterworfen gewesen. An diesen Veränderungen lassen sich mit wechselnder Deutlichkeit die Übergänge von der Republik zum Kaisertum in Frankreich ablesen, sie spiegeln Napoleons dynastische Ambitionen und stellen einen Gradmesser für die Erfordernisse der Kriegführung und die Bedingungen der Kontinentalsperre dar. So weit dieser Machtpolitik eine Idee zugrunde lag, war sie eher durch die Rückschau auf das universale Reich Roms oder Karls des Großen bestimmt als durch ein Modell aus jüngerer Vergangenheit. Am allerwenigsten manifestierte sich darin der ehrliche Wille des Kaisers, den nationalen Bestrebungen der Völker Europas zur Verwirklichung zu verhelfen, mochte er auch gerade dies später auf St. Helena immer wieder beteuern. Was nicht heißen soll, daß Napoleon abgeneigt war, solche Tendenzen zu fördern und zu nutzen, sofern es ihm opportun erschien, wie etwa in Italien und in Polen.

In Italien hatte die Errichtung der Cisalpinischen Republik auf dem Territorium der Lombardei die Hoffnungen der »Patrioten« von 1796 geweckt, obwohl Venetien an Österreich verlorenging und Piemont ohne Rücksicht auf Unabhängigkeitsbewegungen annektiert wurde. Nationale Hoffnungen lebten wieder auf, als die Cisalpinische Republik 1802 den Namen Italienische Republik erhielt. Doch all dies änderte sich mit Napoleons Kaiserkrönung in Paris. 1805 wurde ein Königreich Italien geschaffen, das Napoleons Stiefsohn, der in den Rang eines französischen Prinzen erhobene Eugène Beauharnais im Namen des Kaisers regierte. Um 1810 erstreckte es sich bis an die Adria, umfaßte nun auch das 1806 Österreich wieder entrissene Venetien sowie die Marche, Ancona und Trentino. 1805 hatte sich das französische Kaiserreich Genua einverleibt, 1808 Parma, Piacenza und Toscana – das kurzlebige Königreich Etrurien – und 1809 den Kirchenstaat und als »Illyrien« das adriatische Küstenland von Triest und Fiume, Kroatien, Dalmatien, Görz, Krain und Südkärnten. Im Jahr 1806 war die Krone des Königreichs Neapel, der bisherigen Parthenopäischen Republik, Joseph Bonaparte zugefallen, 1808 ging sie an Joachim Murat über, den Gemahl von Napoleons Schwester Caroline, da Joseph den Thron Spaniens bestieg.

All diese Länder schienen zur schließlichen Eingliederung in das französische Imperium bestimmt, als 1811 der erste und einzige Sohn des Kaiser mit seiner zweiten Gemahlin Marie Louise sofort nach der Geburt am 20. März den Titel »König von Rom« erhielt. Zu jener Zeit war Italien mit Ausnahme winziger Vasallenfürstentümer wie Lucca und Piombino in vier Hauptgebiete geteilt: den langen Streifen kaiserlich-französischen Territoriums an der Mittelmeerküste bis über Rom hinaus, die Satellitenkönigreiche Italien im Nordosten und Neapel im Süden und die verbleibenden antifranzösischen Bastionen Sizilien und Sardinien, welche die britische Flotte hielt.

Aus der Helvetischen Republik war der »Schweizer Staatenbund« geworden. Er bestand aus neunzehn Kantonen, welche die Oberhoheit Frankreichs anerkannten und auf dessen Schutz angewiesen waren. Wallis und Genf waren annektiert, Neuchâtel hatte Napoleon zusammen mit der Herzogswürde seinem Generalstabschef Marschall Alexandre Berthier übertragen. Die Linie setzte sich über das Rheinland nach Belgien fort, das seit 1796 innerhalb der »natürlichen Grenzen« lag. Im Norden schloß die Batavische Republik an, nach 1804 das Königreich Holland, mit Napoleons Bruder Louis als Herrscher. Er regierte seine Untertanen mit allzu milder Hand und stellte deren Interessen allzusehr in den Vordergrund. Diese Haltung paßte nicht ins napoleonische Gesamtkonzept des Grande Empire und führte zu schweren Zerwürfnissen mit dem Kaiser. 1810 dankte Louis ab, Holland wurde daraufhin in den französischen Staatsverband eingegliedert.

Anders als in Italien und im Raum der Niederlande waren die Grenzen und politischen Systeme in Deutschland von Napoleons erster Eroberungsstrategie nicht berührt worden. Doch die Feldzüge der Jahre 1805–07 bewirkten auch dort einschneidende Wandlungen. Der erste Schritt dazu war die Bildung des Rheinbundes im Juli 1806, dem zunächst sechzehn, später achtzehn deutsche Fürsten angehörten, die sich unter französisches Protektorat stellten. Zu den Unterzeichnern zählten die Herrscher Bayerns, Württembergs und Badens, die auf Kosten Österreichs ihre Staatsgebiete erweitert hatten, bald trat auch Sachsen bei. Damit büßte Kaiser Franz endgültig den letzten Rest seiner Autorität als Oberhaupt des de facto nicht mehr bestehenden Heiligen Römischen Reiches ein. Er legte die Krone Karls des Großen nieder. Diese Tatsache verleiht den Vorgängen rund um die Rheinbund-Gründung die Bedeutung einer historischen Wende. Fortan regierte der Habsburger einzig und allein über das »Kaisertum Österreich«, das er selbst bereits 1804 geschaffen hatte, und in diesem Sinn nannte er sich Franz I.

Die meisten Mitglieder der neuen »Confédération du Rhin«, Herrscher aus den angestammten Dynastien, waren nominell unabhängig, doch einige, die Napoleon eine Standeserhöhung verdankten, schuldeten ihm auch treue Gefolgschaft. Bayern, Sachsen und Württemberg wurden Königreiche, Baden ein Großherzogtum. Neben die historisch gegebenen Einheiten traten nun neue deutsche Staatsgebilde unter neuen Monarchen. Das ebenfalls zum Großherzogtum avancierte Herzogtum Berg, bis 1806 preußisches Territorium, erhielt zuerst Marschall Joachim Murat, und als dieser 1808 den Thron des Königreichs Neapel bestieg, folgte ihm in Berg Louis Bonaparte, der junge Neffe des Kaisers. Zwischen 1807 und 1810 wurde aus Teilen von Hannover, Braunschweig, Hessen-Kassel und des nach dem Vertrag von Tilsit Preußen abgenommenen Rheinlandes das Königreich Westfalen zusammengefügt, dessen Krone Napoleons jüngster Bruder Jérôme erhielt. Schließlich erstreckte sich der Rheinbund vom Herzogtum Mecklenburg im Norden bis in das nun bayerische Tirol im Süden. Das Französische Kaiserreich selbst war 1811 durch die Eingliederung der Hansestädte Hamburg, Lübeck und Bremen und des Herzogtums Oldenburg über die holländische Grenze hinaus erweitert worden, so daß seine nördliche Küstenlinie nun bis zur Ostsee reichte. (Hamburgische Feinde der Franzosen flüchteten nach Altona. Dort waren sie auf dänischem Gebiet, und damit in Sicherheit!)

Während der Rheinbund als Gegengewicht zu Preußen und Österreich diente, wurde 1807 aus polnisch besiedelten ehemals preußischen und österreichischen Landstrichen das Großherzogtum Warschau geschaffen und unter die Oberhoheit des Königs von Sachsen gestellt. Diese Staatsgründung diente dem Zweck, eine Pufferzone gegen Rußland zu bilden – um so wirksamer, da die Polen mit dem Köder der Unabhängigkeit gelockt werden konnten. Aus Polen kam auch die neue Geliebte Napoleons, die reizende Gräfin Maria Walewska. Zahllose ihrer Landsleute gehörten zu den besten fremden Soldaten in der Vielvölker-Streitmacht des Kaisers. So erscheinen das Grande Empire und dessen Vasallen kurz vor Beginn des Rußland-Feldzugs von 1812 als ein Gefüge ineinander verzahnter Staaten. Das Französische Kaiserreich selbst dehnte sich zwischen den äußersten Punkten Hamburg und Rom aus. In 130 Departements eingeteilt, umfaßte es eine halbe Million Quadratmeilen und eine Bevölkerung von 44 Millionen Menschen. Jenseits davon lag im Osten und im Süden ein Komplex von Vasallen- und Satellitenstaaten, einige unter der Herrschaft von Mitgliedern der Familie Bonaparte, andere unter Fürsten, die dem Namen nach unabhängig waren, aber ihre Selbständigkeit nicht hätten behaupten können, selbst wenn sie es gewünscht hätten. Zwei Staaten paßten eher theoretisch als praktisch in dieses machtpolitische Konzept: Schweden, wo der französische Marschall Jean-Baptiste Bernadotte, Fürst von Pontecorvo, 1810 auf Betreiben Napoleons von den Ständen zum Kronprinzen und Nachfolger des kinderlosen Königs Karl XIII. gewählt, bereits den Übertritt ins Lager der Gegner plante, und Spanien, wo Joseph Bonaparte, der 1808 gleichsam als eine Schachfigur seines Bruders den verwaisten Thron bestiegen hatte, bald zu der Erkenntnis kam, daß er ein Herrscher ohne Königreich, nämlich ohne Rückhalt im Land war.*

Von diesem gesamten System getrennt existierten die Festlandstaaten Österreich, Preußen und Dänemark, die nominell gleichberechtigt und unabhängig waren, deren Bündnisbereitschaft aber infolge der militärischen Vormachtstellung Frankreichs je nach der Situation erkauft, auf diplomatischem Weg gewonnen oder einfach gefordert werden konnte. Preußen verlor 1812 seine wacklige Selbständigkeit und wurde de facto ebenfalls zu einem Vasallen der Franzosen.

Napoleon träumte davon, seinen Eroberungen ein noch größeres Maß an politischer Einheitlichkeit aufzuzwingen. Da sie das Resultat vergangener Kriege waren und den Zwecken künftiger Kriege dienen mußten, waren sie ständig den jeweils nötigen Anpassungen und Veränderungen unterworfen. Doch bei

* Siehe XIV. Kapitel

all ihrer inneren Verschiedenheit trugen sie das Gepräge der auf Ordnung und Autorität gerichteten Denkweise ihres Schöpfers und der wechselnden Staats- und Verfassungsformen des Kernlandes Frankreich. Kaum vorstellbar, daß Napoleon, sobald er in Frankreich zu diktatorischer Macht gelangt war, die bisherigen Volksvertretungen der »Schwesterrepubliken« und ihrer Nachfolgestaaten unverändert belassen hätte. Seit 1800 machte sich immer deutlicher die Tendenz bemerkbar, das Wahlrecht einzuschränken, die Demokraten abzuschieben, Schlüsselpositionen mit »Notabeln« und Aristokraten zu besetzen, die Exekutive zu stärken und die Verwaltung noch mehr zu zentralisieren. In der Italienischen Republik von 1802 lösten Wahlmännergremien die Einrichtung der Volkswahl ab. Und als 1805 aus der Republik ein Königreich wurde, verschwand die Legislative überhaupt. Im kaiserlichen Frankreich wurde das Tribunat 1807 abgeschafft, die Legislative selten einberufen und der Staatsrat hatte sich nach der Beendigung der Arbeit am Code Civil auf seine rein juristischen Funktionen zu beschränken.

Damit war die Richtung für die neuen Verfassungen des Grande Empire festgelegt und in den 1807 und 1808 für die Königreiche Westfalen und Neapel erstellten Verfassungsentwürfe dokumentiert sich zum erstenmal die eigentliche Absicht des Kaisers, völlig vom Prinzip der freien Wahl abzugehen. Welche Freiheiten Napoleon seinen Untertanen auch zubilligen mochte – z.B. die Religionsfreiheit und den Freihandel im Inland –, die politische Meinungsfreiheit und das Wahlrecht zählten bestimmt nicht dazu. »Es ist lächerlich, daß Du Dich mir gegenüber auf die Ansichten des westfälischen Volkes berufst«, schrieb Napoleon an seinen Bruder Jérôme. »So Du auf die Volksmeinung hörst, wirst Du nichts erreichen. Wenn sich das Volk gegen sein eigenes Glück wehrt, macht es sich der Anarchie schuldig und verdient Bestrafung.«

Zwangsläufig zählten in einem so gearteten Reich zum »Glück« der Bevölkerung die allzu häufigen Heimsuchungen durch den Zollbeamten, den Rekrutenwerber und den Steuereinnehmer. Solche Erwägungen spielten im Kalkül des Kaisers eine wesentliche Rolle. Er verweigerte zwar das Recht auf Demokratie und allgemeine Wahlen ebenso wie das Recht auf nationale Selbstbestimmung, trieb aber in den Ländern seines

Herrschaftsbereichs durchgreifende politische und soziale Reformen voran – weil er sich gerade davon die Sympathien der Mittelschichten und der Bauern versprach und weil es ihm richtig erschien, als Erbe der Revolution jene Prinzipien von 1789, die mit seinen autokratischen und militärischen Forderungen vereinbar waren, in das übrige Europa zu tragen. In dem Begleitschreiben, mit dem er im November 1807 Jérôme die neue Verfassung für das Königreich Westfalen übersandte, steht: »Die [öffentliche] Meinung in Deutschland verlangt, daß Männer ohne Rang aber von besonderer Befähigung einen gleichen Anspruch auf Deine Gunst und ein Amt haben sollen, und daß jeder Rest der Leibeigenschaft oder einer feudalen Hierarchie zwischen dem Souverän und der niedrigsten Klasse seiner Untertanen beseitigt werde. Die Segnungen des Code Napoléon, öffentliche Verfahren und die Einführung von Geschworenengerichten werden die wichtigsten Wesenszüge der Ausübung deines Herrscheramtes sein... Wer wird die preußische Willkürherrschaft wieder herbeiwünschen, sobald er die Vorteile einer weisen, liberalen Regierung kennengelernt hat?«

Westfalen sollte als Musterstaat für den gesamten Rheinbund dienen, nicht zuletzt wegen der möglichen Auswirkungen auf das benachbarte Preußen. Das für Jérôme erstellte Konzept wurde, mit gewissen Modifikationen, auf alle Vasallenstaaten oder Protektorate angewandt. Wie jeder »aufgeklärte Despot« war Napoleon bestrebt, die Regierungsgewalt zu zentralisieren und seine Autorität – oder die seiner Vizekönige – gegen jegliche zwischen dem Souverän und seinem Volk vermittelnde Körperschaft zu stärken. Deshalb finden wir als wichtige Punkte seiner Reformprogramme für alle seine Herrschaftsgebiete den Bau von Straßen und Kanälen, in sich geschlossene Zollgebiete, einheitliche Justiz-, Gewichts- und Maßsysteme, Sparsamkeit im Staatshaushalt, Aufstellung von Nationalarmeen, schriftlich festgelegte Verfassungen, die Säkularisierung des Kirchenbesitzes und die Aufhebung von Klöstern. Wir begegnen Maßnahmen, die an Kaiser Joseph II. gemahnen, wie die religiöse Toleranz, die Bürgerrechte für Juden und – fast überall – die Abschaffung der Leibeigenschaft dort, wo sie noch immer bestanden hatte. Eine Reform anderer Kategorie war das Konkordat, das sich bestens dazu eignete, in den katholischen Gebieten

Belgien, Neapel sowie Süd- und Westdeutschland Anhänger zu gewinnen und Gegner auszuschalten.

Aber weitaus radikaler als jeder »aufgeklärte Despot« vor ihm zerstörte Napoleon die Einrichtungen des *Ancien régime* in jenen Teilen Europas, wo sie am tiefsten verwurzelt waren, statt dessen führte er die Gleichheit vor dem Gesetz ein, die Zivilehe und staatliche Schule, schaffte Privilegien, Zunftordnungen, Zehnten und Grundbelastungen ab und brachte die im Code Civil niedergelegten neuen Erb- und Eigentumsrechte zur Anwendung. Der Code Civil sollte sogar Prüfstein und Maßstab für alle Phänomene sein, das Buch der Bücher, der Weisheit letzter Schluß. Napoleon empfahl ihn seinem Bruder Jérôme als das Instrument zur Einführung des Geschworenengerichtes und des »öffentlichen Verfahrens vor einem Tribunal« in Deutschland, und an König Joseph von Neapel schrieb er: »Du mußt den Code Civil übernehmen... Er wird Deine Macht festigen, denn durch ihn werden alle Fideikommisse aufgehoben und es wird keine großen Besitzungen mehr geben außer jenen, die Du selbst schaffst.« Das heißt, nach dem Ermessen des Herrschers sollte eine Umschichtung von Besitz und Rang vollzogen werden, eine Ablösung der bisherigen Inhaber ererbter Güter und Privilegien durch neue Gesellschaftsgruppen, die im Wirtschaftsleben oder durch Grundstücksgeschäfte reich geworden waren und je nach ihren Verdiensten oder ihrer sozialen Stellung im neuen Staat napoleonischen Gepräges Anrecht auf entsprechende Würdigung hatten. Aber eine Rückkehr zu den Prinzipien von 1793 kam nicht in Frage. Weder die Kleinbauern noch die mittellose Stadtbevölkerung sollten bei der Neuverteilung materieller Güter mehr als geringe Almosen erhalten.

Somit war eine generell geltende Richtlinie gegeben, doch die Veränderungen waren in den Gebieten weiter fortgeschritten, die bereits unter dem Direktorium oder dem Konsulat eingegliedert worden waren, ebenso in Ländern, wo das Auftreten einer gebildeten Mittelschicht solche Entwicklungen begünstigte. Dies war in Belgien, dem Rheinland, Genf und den piemontesischen und ligurischen Teilen Italiens der Fall. Dort wurde das napoleonische System fast einheitlich und ohne Abstriche übernommen.

Es kam eine Zeit, in der sich neue Schichten profilieren konnten, die zwar unter der hohen Besteuerung, dem Mangel an politischen Freiheiten und den materiellen Einschränkungen infolge der Kontinentalsperre zu leiden hatten, aber dennoch aus der wirtschaftlichen Entwicklung, den besseren Aufstiegsmöglichkeiten und der Grundentlastung Nutzen zogen. Außerdem wurden zumindest manche von ihnen durch die Versöhnung Napoleons mit dem Papst religiöser Gewissenszweifel enthoben. Mochten solche Menschen auch insgeheim vieles gegen das Regime einzuwenden haben, so zeigten sie niemals die Absicht, sich offen dagegen aufzulehnen.

Im Königreich Italien hatten die Kräfte der neuen Ordnung überdies Zeit, sich zu konsolidieren. Die alte feudale Aristokratie war, wie sich bald zeigte, schwer zu gewinnen, aber die Mailänder Bürger und die Beamten, unter denen es ziemlich viele Freimaurer gab, gehörten zu den treuesten Gefolgsleuten des napoleonischen Imperiums.

Im übrigen Italien – in Rom und im Süden – lagen die Verhältnisse etwas anders. In Rom hatte der Handel Einbußen erlitten und die Vertreibung des Papstes hatte unter dem frommen Volk böses Blut gemacht. Dort fanden die Franzosen seltsamerweise nur beim liberalen Adel Entgegenkommen. Aus Neapel konnte Königin Caroline, eine Schwester des Kaisers, sogar ungescheut schreiben, daß »ganz Europa unter dem Joch Frankreichs zu Boden gedrückt« werde. Die neapolitanischen Nobili verweigerten jedenfalls ihre Mitwirkung, die Kleinbauern und die Lazzaroni, die zu arm waren, um durch die napoleonischen Reformen eine spürbare Besserstellung zu erreichen, verhielten sich unfreundlich oder, von den Priestern aufgestachelt, offen feindselig. Nach 1806 schlossen sich sogar mittelständische »Patrioten« mit unzufriedenen Adeligen zu antifranzösischen Geheimgesellschaften wie den »Carbonari« und den »Federati« zusammen.

Dabei war Joachim Murats Regierungsstil von der Aufklärung geprägt und bemerkenswert eigenständig, die Reformen wurden zwar erst spät in Angriff genommen, aber es gelang, sie fest zu verankern, so fest sogar, daß es der bourbonische König Ferdinand bei seiner Rückkehr aus dem Exil im Jahr 1815 nicht für ratsam erachtete, den Feudalismus wiederherzustellen oder den napoleonischen Code Civil außer Kraft zu setzen.

Wie Italien hatte auch Holland seit der französischen Okkupation von 1795 eine Reihe konstitutioneller Veränderungen durchgemacht. Doch zum Unterschied von vielen Regionen Italiens gab es dort eine kraftvoll verwurzelte Mittelschicht, keine Leibeigenschaft, wenige feudale Relikte, die Bevölkerung war größtenteils evangelisch und zu Zeiten der Batavischen Republik war Holland zu einem geeinten Staat geformt worden. Darum hatte die napoleonische Verwaltung weniger Veränderungen durchzuführen als anderswo. Dennoch bestanden in Amsterdam die Gilden, obwohl 1796 nominell aufgelöst, zehn Jahre später noch immer. Erst 1809 wurde die steuerliche Diskriminierung der Juden beseitigt. Und der Code Civil kam erst 1810, nach dem Anschluß Hollands an das französische Kaiserreich, voll zur Anwendung. Aber manche Überbleibsel des *Ancien régime* hielten sich. Um die Grundherren nicht zu vergrämen, wurde die Bodenreform niemals so konsequent durchgeführt wie in Frankreich und in Italien. Der Zehnte verblieb als Pachtzins und die Leistungen an den Grundherrn wurden nicht abgelöst.

Die deutschen und die polnischen Gebiete wurden erst nach 1805 in das napoleonische System eingegliedert. Deshalb erfolgten die Reformen dort entweder sehr schnell oder sie blieben Stückwerk. Insgesamt zeigte sich eine weitgehende Bereitschaft, den alten herrschenden Gruppen und den dominierenden Anschauungen Zugeständnisse zu machen. Dies entsprach sowohl den unmittelbaren Erfordernissen als auch der wachsenden Vorliebe des Kaisers für die Aristokratie. Der erste napoleonische Vasallenstaat, der jenseits des Rheins geschaffen wurde, war das bereits erwähnte Großherzogtum Berg mit kaum einer Million Einwohner, zwischen 1806 und 1808 aus dem alten Herzogtum Berg unter Einbeziehung Münsters und Cleves gebildet. Joachim Murat, der erste Landesherr, zentralisierte die Verwaltung, vereinheitlichte die Zölle, führte die Konskriptionen und die Grundsteuern ein – Einrichtungen, welche die Regierungsbeauftragten, die ihm 1808 nachfolgten, noch ausbauten. Aber der Code Civil erlangte dort erst 1811 Geltung und 1812 entstand eine Verfassung, die die Regierungsgewalt ausgewählten »Notabeln« übertrug. Kirchenbesitz wurde kaum angetastet, das Konkordat kam nicht zur Anwendung. Leibeigenschaft, Feudalabgaben und Robot wurden aufgehoben. Aber Pachtverhältnisse wurden der Verpflichtung zur Ablöse unterworfen und Napoleon intervenierte zugunsten der Grundherren, als die Bauern die Zahlung verweigerten. Letztlich war niemand völlig zufriedengestellt und die Angleichung ließ zu wünschen übrig.

Im Gegensatz dazu war Jérômes »Muster«-Königreich Westfalen von Anfang an ganz auf die napoleonischen Reformen ausgerichtet. 1807 wurde eine Verfassung proklamiert. Rasch entstand eine zentralisierte einheitliche Verwaltung. Der Code Civil und das französische Justizsystem wurden eingeführt. Kirchlicher Grundbesitz wurde zur Versteigerung ausgeboten. Leibeigenschaft, Privilegien und Zünfte wurden aufgehoben. Allerdings mußten auch in Westfalen feudalistische Herrenrechte, welche für die Bauern Verpflichtungen zu Abgaben oder Arbeitsleistungen bedeuteten, auf dem Weg einer Ablöse getilgt werden, ebenfalls gegen den Widerstand der bäuerlichen Bevölkerung. Aber die Angleichung an das französische Modell ging schnell vor sich, sie konnte im großen und ganzen als gelungen bezeichnet werden, und ähnlich wie in Norditalien fand das napoleonische System auch in Westfalen die bereitwillige Unterstützung durch den liberalen Adel und das Bürgertum. Anders verhielt es sich in Nordwestdeutschland, das im Dezember 1810 annektiert und einer Militärregierung unterstellt wurde, deren Hauptsorge es war, mit dem Schmuggel aus den schwierig zu überwachenden Küstenzonen gründlich aufzuräumen.

Das Großherzogtum Warschau, als neuer polnischer Staat das Resultat des Vertrags von Tilsit, hatte seine eigenen Probleme. Einerseits waren die Polen, zum Unterschied von den damaligen Deutschen, von einem starken Nationalgefühl beseelt, das sich aus dem Schicksal dieses immer wieder um seine Unabhängigkeit gebrachten oder geprellten Volkes erklärt. Andererseits war die Mittelschicht schwach. Im politischen und im gesellschaftlichen Leben dominierte der Adel, besonders eine aktive, liberal gesinnte Gruppe, die von Rousseau und französischem Gedankengut beeinflußt war und die liberale Verfassung von 1791 durchgesetzt hatte. Diesen Kräften erschienen die Franzosen als die Befreier von russischer oder preußischer Tyrannei und Aggression, somit als natürliche Verbündete. Solche

Gegebenheiten verschafften Napoleon wesentliche Vorteile, solange er als Verfechter und Schutzherr des polnischen Nationalismus auftreten konnte und die Interessen der Aristokratie nicht empfindlich schmälerte. Dem entsprach er mit politischer Klugheit durch die Errichtung eines geeinten Staates, »Freiheiten«, die anderswo der Bevölkerung vorenthalten oder genommen wurden, blieben intakt, ebenso die gesellschaftliche Struktur. Unter der kurzen Herrschaft des Königs von Sachsen, von Napoleons Gnaden Inhaber der Oberhoheit, erhielt das Großherzogtum eine starke Zentralregierung, ein Justizsystem und eine Verwaltung mit Departements, Gemeinden und Präfekten genau nach französischem Vorbild. Die Kirche wurde dem Staat unterstellt und das Recht zur Besetzung der Bischofssitze stand dem Souverän zu. Eine neue Verfassung garantierte allen Bürgern Gleichheit vor dem Gesetz und Meinungsfreiheit. Auf der Basis der Konskription wurde ein eigenes Heer formiert. (Vorher hatten die Polen als »Exil«-Einheiten auf französischer Seite gekämpft.) 1810 trat der Code Civil in Kraft.

So hatte das Land zum erstenmal in seiner Geschichte eine leistungsfähige Führung, eine straff organisierte Verwaltung und begann mit dem Aufbau eines Staatsbeamtenapparates. Obwohl autoritär regiert wurde, trug man den Bestrebungen des Adels durch die Institution eines Reichstags Rechnung, der sich vor allem aus aristokratischen Deputierten zusammensetzte und normal funktionierte. Die Leibeigenschaft verschwand, aber die Bauern gewannen dadurch wenig, da das alte Grundherrschaftssystem mit seinen feudalistischen Verpflichtungen weiterbestand und sich auch am Zehnten und den Kirchengütern nichts änderte. Um Befürchtungen des katholischen Klerus zu zerstreuen, wurden den Juden einige ihrer verfassungsgemäßen Freiheiten entzogen, nämlich die politischen Rechte und das Recht auf Grunderwerb. Hauptnutznießer dieser fragmentarischen Reformen war der Kleinadel. Und es war eher die Gefolgschaftstreue dieser Edelleute als die Loyalität der Magnaten und der Kirchenfürsten, die Napoleon eine starke polnische Truppenmacht für den Rußlandfeldzug von 1812 sicherte.

Die meisten Fürsten des Rheinbundes, der zu jener Zeit den Großteil Deutschlands umfaßte, waren nach außen hin unabhängig und nicht bloße Vasallen Frankreichs, sondern dessen

Verbündete. Deshalb deckten sich die in ihren Ländern durchgeführten Reformen mit denen im Grande Empire nur so weit, als dies den persönlichen Vorstellungen der betreffenden Herrscher entsprach oder mit den militärischen Verpflichtungen gegenüber dem Kaiser in Einklang zu bringen war. In Mecklenburg und den kleinen sächsischen Herzogtümern z.B. wurden bessere Methoden für die Rekrutierung gefunden, aber die alte aristokratische Gesellschaft und das bisherige ausgewogene Verhältnis zwischen dem Souverän und dem Adel blieben von den Veränderungen völlig unberührt. König Friedrich August I. von Sachsen, der im Großherzogtum Warschau notwendigerweise als Reformer auftrat, ließ in seinem Stammland solche Aufgeschlossenheit vermissen. Aber einige der Rheinbundfürsten, besonders in Süddeutschland, hatten ein begreifliches Interesse daran, ihre Gebietsgewinne – weltliche und fürstbischöfliche Territorien aus dem zerfallenen Heiligen Römischen Reich – ihren Staatsverbänden zu integrieren. Dies veranlaßte sie, wenn schon nicht Napoleon nachzuahmen oder seinen Anregungen zu folgen, so doch zumindest den Modus der »aufgeklärten« Könige von Preußen und Schweden zu übernehmen.

König Friedrich I. von Württemberg etwa war ein Autokrat, der seinem Volk jegliche politische Vertretung und die bürgerlichen Freiheiten verwehrte und einen alle Lebensbereiche durchdringenden Polizeiapparat schuf. Indes beseitigte er die Leibeigenschaft, entzog dem Adel die eigene Gerichtshoheit, gewährte Religionsfreiheit, erteilte den Juden die Bürgerrechte und säkularisierte kirchlichen Grundbesitz. Zugleich ließ er die Zünfte, den Feudalismus, die aristokratischen Privilegien und die hergebrachte soziale Ordnung praktisch unangetastet.

»Aufgeklärter« waren König Maximilian I. Joseph von Bayern und Großherzog Carl Friedrich von Baden, sie übernahmen Napoleons Code Civil und führten Verfassungen ein, welche die bürgerlichen Freiheiten und die Gleichheit vor dem Gesetz gewährleisteten.

Doch mit der einzigen Ausnahme des kleinen Herzogtums Anhalt-Köthen – 29000 Untertanen – wurde das französische System nirgendwo genau kopiert, die Privilegien der alten Adelsschicht, ihr System des Grundbesitzes und ihre Berechtigung, nach eigenem Ermessen auf den Robot der Bauern zu verzichten oder auch nicht, blieben im Kern bestehen. Selbst die »aufgeklärtesten« deutschen Fürsten hatten aus den bösen Erfahrungen Kaiser Josephs II. gelernt, daß die enge traditionelle Verbindung zwischen dem Monarchen und der Aristokratie unter allen Umständen gewahrt bleiben mußte.

Die Revolution hatte natürlich eine anderslautende Lehre erteilt. Mochte das Grande Empire in sich noch so sehr mit Widersprüchlichkeiten behaftet und von den noch nicht erkennbaren Anstößen zu seinem eigenen Niedergang wie mit Krankheitskeimen durchsetzt sein, so hatten Napoleons Erobererarmeen dennoch die alten Sozialstrukturen erschüttert und die Grundlagen für den modernen Bürgerstaat bereitet. Bei all seinem Despotismus, seiner hochfahrenden Mißachtung völkischer und staatlicher Eigenständigkeit, seinen dynastischen Ambitionen und seiner immer deutlicheren Hinwendung zu einer streng hierarchischen Ordnung sah sich Napoleon in seinem Verhältnis zu Europa stets als der Erbe und Soldat der Revolution. Und während der Ära des Kaiserreichs befand sich dieses Europa weiterhin in einem, wenngleich nicht totalen, Umbruch, wie zu Zeiten des Direktoriums und des Konsulates.

XIV Napoleons Sturz

Es ist interessant, sich mit der Frage zu beschäftigen, welches historische Datum oder welches Ereignis den Wendepunkt in Napoleons Schicksal markiert. Wann hatte die Kometenbahn seiner Erfolge den Zenit erreicht, um in allmählicher Senkung sich den Endpunkten Waterloo und St. Helena zu nähern? Stellte man dieses Thema in einer Runde von Napoleon-Kennern zur Diskussion, dann würden einige sagen: Der Abstieg begann mit dem Spanien-Feldzug. Andere: in Moskau. Und manche: bei Leipzig im Herbst 1813. Oder: wenn nicht bei Waterloo, so doch im Frühjahr 1814 in der belagerten und berannten »Festung Frankreich«. Napoleon selbst scheint es am besten gewußt zu haben, denn später erklärte er, es sei »das spanische Geschwür« gewesen, das ihn stürzte. Man darf bezweifeln, daß sein Niedergang von jener Phase an unvermeidlich war, und die Entwicklung verlief gewiß nicht in einer schnurgeraden Linie und Abfolge unheilvoller Geschehnisse, die von Baylen und Torres Vedras bis Waterloo führte. Aber es ist ziemlich sicher, daß der Spanienkrieg, der 1808 begann, zu einem »chronischen Leiden« wurde, das die Grande Armée stetig schwächte, Napoleons Feinden in Britannien, Österreich und Rußland neuen Auftrieb und neue Möglichkeiten gab und ganz allgemein jenes »Erwachen der Völker« begünstigte, dem sein schließliches Scheitern zugeschrieben wurde.

Am Anfang stand die Portugal-Frage. Dieses Land war Britanniens ältester Handelspartner, ja fast seine Kolonie, und als Napoleon 1806 die Kontinentalsperre verhängte, ergab sich für ihn die zwingende Notwendigkeit, die gesamte iberische Küste gegen britische Schiffe und Handelsbeziehungen abzuriegeln. Die Portugiesen verweigerten ihre Zustimmung, daher beschloß der Kaiser bei seinem Treffen mit dem Zaren in Tilsit die Besetzung. Aber um nach Portugal zu gelangen, mußte er durch Spanien marschieren. Die Korruption des spanischen Hofes unter dem schwachen, unfähigen König Karl IV. schien für seine Pläne vorteilhaft. Spanien wurde in Wahrheit von Manuel de Godoy, einem dynamischen Emporkömmling, der es vom Leibgardisten bis zum Favoriten der Königin gebracht hatte, regiert und nicht von seinem Monarchen. Seit 1804 bestand zwischen Spanien und Frankreich ein Bündnis, zu dem Godoy die Hoffnung bewogen hatte, als Belohnung Portugal annektieren zu können. Aber militärisch war Madrid, besonders nach dem triumphalen britischen Seesieg bei Trafalgar, ein schwacher, unzuverlässiger Verbündeter. Vor der Schlacht von Jena hatte Godoy sogar davon gesprochen, die spanischen Truppen völlig zurückzuziehen. Deshalb setzte Napoleon im Oktober 1807 einen Heeresverband unter dem Kommando seines ehemaligen Adjutanten General Andoche Junot in Marsch, mit dem zweifachen Ziel, die Portugal-Frage zu lösen und stärkeren Druck auf die Spanier auszuüben.

Godoy war durch die Zusicherung des südlichen Teils von Portugal rasch wiedergewonnen. Doch während Junots Armee durch Spanien zog, brach eine Krise aus, deren Bereinigung im Moment Vorrang hatte. Der spanische Kronprinz Ferdinand, der den Verdacht hegte, Godoy spinne Intrigen, um nach dem Tod des Königs den Thron zu usurpieren, bat Napoleon, ihn beim Sturz des Günstlings zu unterstützen. So war, gänzlich unerwartet, die Frage der spanischen Thronfolge in die Hand des Kaisers gelegt. Dies war ein lohnendes Objekt, und während er die Möglichkeiten erwog, Ferdinand als Souverän einzusetzen oder aber einen Mann aus der Sippe Bonaparte, entsandte er Murat mit einer Armee nach Madrid. Godoy war verhaßt, und als Murat sich der spanischen Hauptstadt näherte, kam es zu einer Militärrevolte zugunsten des Kronprinzen. König Karl IV. dankte ab, Godoy wurde eingekerkert. In stetigem Vormarsch besetzten spanische Truppen das Land, und Karl und Ferdinand wurden nach Bayonne berufen, um Napoleons Schiedsspruch zu hören. Beide, Vater und Sohn, mußten sich zum Verzicht auf ihre Ansprüche und zur Anerkennung der kaiserlichen Entscheidung verpflichten. Und Napoleon, voll Verachtung für die spanische Mentalität und von der Aussicht auf ein weiteres napoleonisches Königreich verlockt, entschied gegen Ferdinand und beorderte seinen widerstrebenden Bruder Joseph aus Neapel auf den vakanten Thron. Unterdessen übertrug der Kaiser die neapolitanische Königswürde auf Murat, der sich allerdings bereits Hoffnungen auf die Krone Spaniens gemacht hatte. In Bayonne wurde eine neue spanische Verfassung nach napoleonischen Richtlinien verkündet, die spanische Herrscherfamilie erhielt Talleyrands Schloß in Valençay als »Residenz« zugewiesen, d.h. sie wurde dort praktisch gefangengehalten.

Dies war ein fataler Fehler. Die Brüskierung, den König einfach kategorisch nach Bayonne zu zitieren, hatte in Madrid bereits eine Volkserhebung ausgelöst, die Murat brutal niederschlug. Aber Napoleon, erfolggewohnt auf sein Glück auch in Spanien vertrauend und ohne Kenntnis des spanischen Wesens und der Eigenarten dieses Landes, wollte die Warnzeichen nicht wahrnehmen. Die Popularität des Kronprinzen hatte sich erwiesen und wenn die Franzosen für ihn gegen Godoy eingetreten wären, dann hätten sie sich vielleicht die Dankbarkeit und Mitarbeit der Spanier gesichert, während der Entschluß, Joseph Bonaparte zu inthronisieren, den gegenteiligen Effekt erzielte. Noch bevor Joseph im Juli 1808 in Madrid eintraf, war sein Königreich in Aufruhr, und nach nur elftägigem Aufenthalt wurde er aus der Hauptstadt vertrieben.

Die Rebellion begann fast gleichzeitig in Asturien und in Sevilla, also im Norden und im Süden, und breitete sich allmählich fast über das ganze Land aus. Militärisch nahm dieser Kampf die Form des »Kleinkriegs« an – »guerilla« – der seither zum Begriff wurde. »Guerilleros«, bewaffnete Bauern, überfielen aus dem Hinterhalt französische Truppen und Transporte, nicht selten operierten diese Freischärler gemeinsam mit regulären spanischen Einheiten. Die Feme traf spanische Kollaborateure aus den Kreisen der Liberalen und der Beamtenschaft. Politisch organisierte sich der Widerstand in einer Reihe von Insurgenten-Juntas, die in den einzelnen Regionen die Macht an sich rissen, Frankreich den Krieg erklärten und sogar Deputationen nach England entsandten. In Cadiz bildete sich eine Zentral-Junta.

Für Napoleons Feinde hatte all das natürlich den Anschein einer spontanen nationalen Erhebung gegen die französischen Invasoren. In London begrüßte der Dichter und Parlamentsabgeordnete Richard Brinsley Sheridan diese Entwicklung als das erste Beispiel dafür, daß eine unterdrückte Nation die Prinzipien der Französischen Revolution gegen die Franzosen selbst kehren konnte. Aber das war eine irrige Auffassung. Denn die spanischen Bauern hatten bereits 1793 bewiesen, daß sie in viel höherem Maß als jedes andere Volk gegen revolutionäre Ideen immun waren, daher kann von einem Versuch, die Franzosen mit deren eigenen Waffen zu schlagen, keine Rede sein. Die führenden Köpfe der Juntas waren nicht mit dem Gedankengut der Aufklärung oder den Grundsätzen von 1789 vertraute Revolutionäre der Mittelschicht, sondern größtenteils Priester und Adelige, die sich erbittert gegen die drohende Säkularisierung des Kirchenbesitzes oder die Zerstörung der überlieferten sozialen Ordnung der Dorfgemeinschaften wehrten. Und da die Bauern sehr fromm, sehr traditionsbewußt und der seit dem Barock angestammten Bourbonendynastie sehr ergeben waren, konnten solche Führer die Bewegung zu ihrem eigenen Vorteil lenken und sich Reformen widersetzen.

In diesem Sinn war es eine Kampfgemeinschaft unter der Devise »Für Kirche und König«, ähnlich wie in der Vendée. Aber nicht nur das. Erstens handelte es sich dabei auch um eine patriotische Aktion mit dem Ziel, das Vaterland, die Kirche und das Königtum zu verteidigen. Allerdings hatte der englische Dichter Robert Southey recht, wenn er hervorhob, daß »durch das heilige Öl des Aberglaubens das patriotische Feuer höher aufflammte«. Zweitens gab es in der Führung auch andere Elemente als Priester und Aristokraten, namentlich auf gesamtstaatlicher Ebene. In der Zentral-Junta und in den revolutionären Cortes, die 1810 zusammentraten, dominierte die liberal-patriotische Bourgeoisie von Cadiz, welche nicht nur die fremde Herrschaft abschütteln, sondern auch die *señorios* und die Inquisition beseitigen wollte. 1812 entwarfen die Cortes sogar eine monarchische Konstitution, die in vieler Hinsicht an die französische Verfassung von 1791 gemahnte.

Welche innen- und gesamtpolitische Bedeutung dem spanischen Widerstand letztlich auch immer zukommen mochte, er hatte jedenfalls unmittelbare dramatische Konsequenzen. Mit der regulären spanischen Armee wurden die Franzosen leicht fertig, sofern es zum offenen Gefecht kam. Aber zwei französische Divisionen, die Cadiz besetzen sollten, gerieten im Juli 1808 in den Hinterhalt einer Streitmacht aus 30000 spanischen Soldaten und Guerilleros und mußten in Baylen die Waffen strekken. Die Nachricht davon verbreitete sich mit Windeseile in ganz Europa und bewirkte gespannte Erwartung. Napoleon war gezwungen, den Großteil der Grande Armée aus Deutschland so rasch als möglich auf den iberischen Kriegsschauplatz zu verlegen. Ende des Jahres übernahm er persönlich den Oberbefehl in Spanien und fast wäre es ihm gelungen, Sir John Moores flüchtendes britisches Kontingent bei der nordspanischen Hafenstadt La Coruña zu vernichten. Aber Ereignisse in anderen Gebieten Europas riefen ihn ab, und er fand nie mehr die Zeit zur Rückkehr. Mittlerweile schuf das »spanische Geschwür« neue Probleme: Die Briten sahen eine Chance, endlich doch auf dem Kontinent Fuß zu fassen, denn durch das Beispiel der Spanier ermutigt, hatten sich die Portugiesen ebenfalls gegen die Franzosen erhoben. Um ihren alten Verbündeten beizuspringen, setzten die Briten ihre Überlegenheit zur See voll ein und landeten ein 13000 Mann starkes Expeditionskorps unter General Sir Arthur Wellesley, dem nachmaligen Herzog von Wellington. Junot, der von Verstärkungen und Nachschub aus Frankreich abgeschnitten war, wurde geschlagen und erklärte sich im August 1808 im Vertrag von Cintra bereit, seine und die den Franzosen treugebliebenen portugiesischen Truppen nach Frankreich zurückzuführen. Während Junot auf diese Weise seine Verbände für einen nächsten Feldzug rettete, gelang es den Briten, Lissabon zu besetzen und die spanischen Guerilleros mit Waffen zu beliefern.

Im Augenblick war der Weg nach Madrid frei, doch einige Monate später sperrte ihn Napoleon wieder. Die britische Regierung zögerte zu lange, sich auf der »Peninsula«, der Iberischen Halbinsel, mit einem größeren militärischen Potential als nur einer symbolischen Streitmacht zu binden. In London herrschte Erbitterung über die empfindliche Schlappe, die Moore bei La Coruña und über die Verluste, die ein anderes britisches Expeditionskorps im holländischen Walcheren erlitten hatte. Deshalb hatte Wellesley, der im April 1809 nochmals nach Portugal entsandt wurde, die strikte Weisung, unter allen Umständen mit seinen Mitteln sparsam umzugehen, offene Feldschlachten zu vermeiden und sich auf eine Defensivstrategie zu beschränken. Mit Portugal als Operationsbasis stellte er die Kontakte zu den Guerilleros her, reorganisierte die portugiesische Armee und unternahm nur manchmal Vorstöße über die spanische Grenze.

Im Jahr 1810 setzte Napoleon 140000 Mann nach Spanien in Marsch. Ihr Befehlshaber war Marschall Masséna, sein wichtigster Auftrag lautete, die Briten ins Meer zu treiben. Rivalitäten auf höchster Kommandoebene trugen Schuld daran, daß Marschall Soult, der Südspanien hielt, Masséna nicht unterstützte. Die französische Armee konnte Wellesleys Linien bei Torre Vedras in der Küstenzone nördlich von Lissabon nicht durchbrechen und wurde aus Portugal vertrieben. Als sich im weiteren Verlauf die Schwerpunkte der französischen Aktionen in den mittel- und osteuropäischen Raum verlagerten, ging Wellington zur Offensive über, rückte nach Spanien vor, errang die Siege von Salamanca (1812) und Vitoria und säuberte die Iberische Halbinsel vom Feind.

Dennoch ist es zweifelhaft, ob die spanische Widerstandsbewegung und Wellesleys geniale Defensivstrategie diese Leistungen hätten vollbringen können, ohne die Auswirkungen, gleichsam die Beben-Ausläufer, des Spanienkrieges im übrigen Europa, vor allem in Österreich. Der ihm nach der Niederlage bei Austerlitz aufgezwungene demütigende Friedensvertrag von Preßburg hatte zu einer neuen patriotischen Selbstbesinnung geführt. Als besonders schmerzlich wurde der Verlust Tirols an Bayern empfunden, er steigerte den Haß gegen den »Korsen«. Während Erzherzog Karl in seiner Eigenschaft als Hofkriegsratspräsident (Kriegsminister) und der neue Staatskanzler Johann Philipp Graf Stadion alles taten, um gegen Kaiser Franzens Widerstand die Armee zu modernisieren und auszubauen, wurde mit einer Flut von patriotischem Schrifttum teils theoretischen, teils dichterischen Inhalts zu einem Vergeltungskrieg aufgerufen. Aber solange die Grande Armée in Deutschland stand und der Zar Napoleons Verbündeter blieb, war das Risiko viel zu groß. Doch die Nachricht von der französischen Niederlage bei Baylen und die Verlegung weiterer Truppenverbände nach Spanien ließen erkennen, daß im Augenblick die Zeit für die Kriegspartei in Wien arbeitete. Selbst der vorsichtige Metternich, damals österreichischer Botschafter in Paris, schrieb auf Talleyrands Winke hin, daß man die Chance nicht versäumen sollte.

Der Kaiser der Franzosen stand in der Tat vor gewaltigen Problemen: Die Spanier setzten sich noch immer hartnäckig zur Wehr, in Portugal hielten die Briten ihre Positionen und den Russen konnte er nicht trauen. Zudem entdeckte er bei seiner Rückkehr in Paris neuerliche royalistische und jakobinische Komplotte und auch ein verräterisches Doppelspiel an höchster Stelle: Fouché und Talleyrand konspirierten wieder einmal, um ihn zu stürzen. Nur ein weiterer Sieg konnte den Glauben an ihn wieder festigen und die Situation retten. Talleyrand fiel in Ungnade und 140000 Rekruten wurden zu den Fahnen gerufen. Der Kaiser bot eine Armee von insgesamt 300000 Mann auf, aber sie bestand zur Hälfte aus Kontingenten der Verbündeten und Vasallen und war nur ein schwacher Ersatz für das Heer von 1805.

Die Österreicher hingegen waren besser bewaffnet und besser geführt als bei Ulm und bei Austerlitz. So waren es nur Napoleons Tempo und seine meisterhafte Disposition der Kräfte im Feld, die ihn vor der Katastrophe bewahrten. Rasch stieß er bis nach Wien vor und besetzte die Stadt am 13. Mai 1809. Aber die Donaubrücken waren zerstört und die Hauptmacht des österreichischen Heeres stand am östlichen Ufer. Bei dem Versuch, sie zu stellen, wurde er von Erzherzog Karl in der Schlacht bei Aspern und Eßling (20.–23. Mai) geschlagen und verlor 20000 Mann. Dies war seine erste große Niederlage, und die Nachricht davon hatte eine außerordentliche psychologische Wirkung auf das wachsende Lager seiner Gegner, denn nun hatte er den Nimbus der Unbesiegbarkeit verloren.

Gleichzeitig erhoben sich die Tiroler gegen die bayerische Herrschaft. Unter der Führung Andreas Hofers kämpften die Schützenaufgebote monatelang mutig und verbissen »für Gott, Kaiser und Vaterland«, zwischen Mai und August 1809 schlugen sie Bayern und Franzosen in drei Schlachten auf dem Bergisel bei Innsbruck. Napoleon hielt Wien besetzt und konnte Verstärkungen aus Italien heranholen. Am 5. Juli 1809 überquerte er mit 190 000 Mann nochmals die Donau und bei Wagram kam es zur Schlacht. Beide Seiten erlitten Verluste von 20 000 Mann. Aber die Österreicher, wiederum von Erzherzog Karl befehligt, waren im Feld besiegt, wenn auch keineswegs so vernichtend geschlagen wie bei Austerlitz, und baten um einen Waffenstillstand.

Im Frieden von Schönbrunn am 14. Oktober 1809 trat Österreich die adriatischen Küstenländer an Frankreich ab, Salzburg und das Innviertel an Bayern und Galizien an das Großherzogtum Warschau. Zwischen den beiden Kaisern wurde eine Allianz geschlossen und um seinen neuerwachten Respekt vor der Legitimität zu beweisen, trennte sich Napoleon von seiner Gemahlin Joséphine, die ihm bisher keinen Sohn geboren hatte, und heiratete 1810 Erzherzogin Marie Louise, die neunzehnjährige Tochter des Kaisers Franz. Inzwischen hatte Papst Pius VII. der Gewalt weichen müssen und Rom wurde annektiert. In Paris war die Opposition zum Schweigen gebracht worden, und eine neue Armee unter Marschall Masséna wurde für den Einsatz in Spanien zusammengezogen. Nach außen hin war die Krise bewältigt und das Kaiserreich schien gefestigter denn je.

Aber die Wirklichkeit war weniger erfreulich. Die Vermählung mit der Habsburgerin erwies sich als weitere Ursache für die arge Verstimmung des Zaren. Zuerst hatte man von einer Ehe Napoleons mit Alexanders Schwester Katharina gesprochen. Doch diese Erwägung war am Petersburger Hof ziemlich kühl aufgenommen worden, und da sich Napoleon begreiflicherweise keine Blöße geben und vor der Welt nicht als abgewiesener Freier dastehen wollte, hatte er durch Metternichs Vermittlung seine Werbung eben auf die Erzherzogin »transponiert«. Damit blieb dem Zaren zwar ein weiteres peinliches Dilemma erspart, aber die Art des Vorgehens machte den Bruch im Verhältnis zwischen dem Kaiser der Franzosen und dem Zaren aller Reußen sichtbar, eine Entzweiung, die zwischen beiden entstanden war, kaum daß die Tinte der Verträge von Tilsit und Erfurt trocken war.

Die russischen Adligen hatten die Allianz mit Napoleon niemals wirklich gebilligt. Sie fürchteten und verachteten ihn als den Emporkömmling, das Geschöpf der Revolution. Und die Kontinentalsperre, zu deren Einhaltung sich Alexander in Tilsit verpflichtet hatte, bedrohte die russischen Großgrundbesitzer mit ruinösen wirtschaftlichen Einbußen, da der einträgliche Holzhandel mit den Briten unterbunden wurde. Der Zar selbst hatte sich von dem Pakt konkrete Vorteile erhofft – vorausgesetzt, es kam zu keinen ernstlichen Versuchen, die Polen zu »revolutionieren« –, vor allem, daß er bei der Türkischen Frage und seinen Plänen, sich Konstantinopels zu bemächtigen, wenn schon nicht mit Napoleons Unterstützung, so doch mit seiner wohlwollenden Neutralität rechnen könne. Aber bereits zum Zeitpunkt des Vertrages von Erfurt hatte sich klar gezeigt, daß Napoleon in Verfolgung seiner eigenen Pläne für den Mittelmeer-Raum einer Aufteilung des Osmanischen Reiches nach russischen Bedingungen nicht zustimmen werde. Für Alexander, der begehrlich nach Polen blickte, war das Großherzogtum Warschau nur als Zwischenlösung tragbar, und er erhoffte sich als Kompensation zumindest Galizien. Doch nach der Niederlage Österreichs im Jahr 1809 wurden die westgalizischen Territorien nicht an Rußland, sondern an Warschau abgetreten. Außerdem hatte Napoleon nach den Regelungen, die ihn dem Haus Habsburg verschwägerten, eine Vereinbarung abgelehnt, die ihn verpflichtet hätte, nichts zur Wiedererrichtung eines unabhängigen polnischen Staates zu unternehmen. Und schließlich noch ein Grund zum Groll für den impulsiven Zaren: Die Schweden, seine Erbfeinde, hatten auf französisches Betreiben hin Marschall Bernadotte, der immerhin schon Fürst von Pontecorvo (von Napoleons Gnaden) war, zu ihrem Kronprinzen gewählt – ein eher vermeintliches als reales Gefahrenmoment für Rußland.

Zuletzt machten beide Herrscher aus ihrer gegenseitigen Abneigung und Mißachtung keinen Hehl mehr. Es kam zum demonstrativen Bruch der in Erfurt erzielten Übereinkünfte: Napoleon annektierte das Herzogtum Oldenburg, dessen Herrscher ein Schwager Alexanders war, und dieser selbst erließ am 31. Dezember 1810 einen Ukas, durch den er Importe aus dem französischen Kaiserreich mit hohen Zöllen belegte und russische Häfen den neutralen Schiffen, will heißen dem britischen Außenhandel, öffnete. So wurde im Osten die Kontinentalsperre durchbrochen und ein Krieg schien unvermeidlich.

Einige Zeit hatten politische Beobachter den Eindruck, Alexander werde die Initiative ergreifen. Im Frühjahr 1811 zog er Truppen an der polnischen Grenze zusammen und unternahm mehrere Versuche, in Österreich, Schweden, Preußen und Polen Verbündete zu gewinnen. Aber Metternich, der neue österreichische Staatskanzler, war durch seine Erfahrungen von 1809 gewitzigt, er lehnte ein russisches Angebot der türkisch beherrschten Donauprovinzen ab. Bernadotte verhandelte nunmehr als Schwede mit Frankreich wegen der Abtrennung Norwegens, das damals unter dänischer Oberhoheit stand. König Friedrich Wilhelm III. von Preußen fehlte es an Mut, Napoleon herauszufordern, und die Polen, um ihre Selbständigkeit besorgt, setzten in den Kaiser der Franzosen größere Hoffnungen als in den Zaren. Daher gab man eine Angriffsstrategie von vornherein auf, faßte statt dessen Ausweichmanöver und Zermürbungstaktiken ins Auge. Das Vorbild dafür war nicht Napoleon, sondern Sir Arthur Wellesley.

Indessen warnten die Polen ihren großen Protektor vor Rußlands Absichten, und dieser traf seine Vorkehrungen sowohl auf diplomatischer Ebene als auch durch Mobilisierung. Preußen war der erste Staat, der sich fügte: der König entließ seine patriotischen Berater und sicherte Napoleon Truppenkontingente in der Stärke von 20000 Mann zu. Österreich schien noch einen Schritt weiter zu gehen, es versprach ein »Hilfskorps« von 30000 Mann, aber Metternich trieb ein Doppelspiel und hielt sich die Hintertür für Verhandlungen mit den Feinden Frankreichs offen. Insgesamt konnte Napoleon aus seinem eigenen und dem Potential seiner Vasallen rund 675000 Mann im polnischen Aufmarschgebiet zusammenziehen. Aber infolge von Verzögerungen überließ er seinen Gegnern zwei diplomatische Siege: einen Friedensvertrag mit der Türkei und, als Gegenleistung für den versprochenen Anschluß Norwegens an Schweden, Bernadottes bindende Zusage militärischer Unterstützung. Dennoch waren die Russen zahlenmäßig unterlegen. Zu Beginn des Feldzugs verfügten ihre Generale Barclay de Tolly, ein Mann deutsch-schottischer Herkunft, und Fürst Bagration zusammen über eine Truppenmacht von etwa 160000 Mann, nicht einmal halb so stark wie die Invasionsarmee – 450000 Mann – unter Napoleons Oberbefehl, deren erste Verbände am 23. Juni 1812 den Njemen überschritten.

In der Rückschau erscheint Napoleons Unterfangen, Rußland durch einen Frontalangriff erobern zu wollen, als ein Akt unglaublicher Torheit. Es gab zwar noch nicht jene Präzedenzfälle, aus denen spätere »Eroberer« hätten lernen müssen, doch er hatte immerhin das warnende Beispiel des schwedischen Königs Carl XII. vor Augen, der hundert Jahre früher bei einem ähnlichen Versuch heroisch aber katastrophal gescheitert war. Später auf St. Helena gab Napoleon seinem Vertrauten Las Cases gegenüber sogar zu, diese Entscheidung sei der schlimmste Fehlgriff seiner Laufbahn gewesen. Aber ein fünfzehnjähriger fast ununterbrochener Siegeszug hatte in ihm das Gefühl der Unbezwinglichkeit und eine arrogante Verachtung seiner Widersacher gefestigt. Außerdem: Wenn dies ein Vabanquespiel war – war denn der Krieg von 1809 nicht auch sehr riskant gewesen? –, dann ging es jedenfalls um sehr hohe Einsätze. Diesmal galt es den »Endkampf«, wie Napoleon sagte, die Unterwerfung des einzigen noch aktiven Rivalen auf dem europäischen Festland, die Schließung der Lücken in der Kontinentalsperre, die Kapitulation Britanniens und dann –? Vielleicht Asien, Indien –? Napoleon scheint am Ausgang seines Vorhabens nicht gezweifelt zu haben. Wie immer rechnete er mit einem kurzen Krieg. So unfaßbar es klingt, die Truppen erhielten nur eine Brotration für vier Tage und der nachfolgende Troß beförderte Mehlmengen, die gerade für drei Wochen reichten! Ohne jede Ahnung von der Eigenart und den Aktionsmöglichkeiten seines Gegners und den ungeheuren russischen Ebenen hoffte er, wieder jene Prinzipien anwenden zu können, die ihm zu seinen früheren Siegen verholfen hatten: den Feind durch eine große Zangenbewegung zu umfassen und zu einer einzigen Entscheidungsschlacht zu zwingen. Wäre es ihm gelungen, die Russen zum Kampf zu stellen, dann hätte er zweifellos gesiegt, sogar mit seiner riesigen, schwerfälligen Armee, die zum Großteil aus mangelhaft ausgebildeten Kontingenten widerwilliger Verbündeter und nur zu einem Drittel aus bewährten französischen Truppen bestand.

Aber die Russen traten den Rückzug an, nicht auf Grund vorausschauender Entscheidungen einer überlegenen Strategie, sondern unter den Zwängen der militärischen Gegebenheiten. Es blieb ihnen nur eines: die Taktik der »verbrannten Erde«. Wo sie Territorien aufgaben, ließen sie menschenleere Dörfer, verkohlte Hütten, umgepflügte zerstampfte Felder und weite Strekken von Ödland zurück. So ging es durch Wilna und Witebsk bis Smolensk – die Invasoren hatten die halbe Strecke bis Moskau zurückgelegt, doch es war ein Vormarsch, der unvorstellbare Strapazen brachte und hohe Opfer kostete. Die napoleonische Invasionsarmee war bereits auf rund 160000 zusammengeschrumpft und bei der Eroberung von Smolensk büßte Napoleon weitere 25000 Mann ein.*

Bei Borodino an der Moskwa zwang Napoleon den russischen Oberkommandierenden General Kutusow am 7. September schließlich zur Schlacht. Obwohl er dem Gegner schwere Verluste zufügte, gelang es ihm nicht, die russische Armee zu zerschlagen, sie wich in den Raum östlich von Moskaus aus. Am 14. September marschierten die Spitzen der nur mehr 100000 Mann starken Angreiferverbände in Moskau ein. Sie fanden die Stadt faktisch leer, die Zivilbevölkerung war evakuiert worden, letzte Nachhuten legten auf Befehl des Gouverneurs Graf Rostopschin systematisch Feuer. »Alle Palais des Adels, alle Lagerhäuser der Kaufleute, alle Läden etc. wurden in Brand gesteckt... die Feuersbrunst wütete und verwandelte Moskau in einen einzigen lodernden Scheiterhaufen.« Napoleon schlug sein Hauptquartier im Kreml auf, einen Monat lang versuchte er vergeblich, mit dem 300 Meilen entfernt in Petersburg residierenden Zaren über einen Waffenstillstand zu verhandeln. Schon die Aufforderung zur Kapitulation der Russen war unbeantwortet geblieben. Aber in einem Punkt machte er – sei es aus politischem Kalkül, sei es aus grundsätzlicher Abneigung – einen Fehler: Er versäumte es nämlich, das zu tun, was als einziges den Spieß gegen seine Gegner in Rußland hätte umdrehen können, und das wäre die Befreiung der Bauern aus der Leibeigenschaft gewesen.

Napoleon wollte in Südrußland überwintern, da er aber mit seinen ermatteten, stark dezimierten Truppen auf überraschenden Widerstand stieß, entschloß er sich westwärts auszuwei-

* Eine genaue, übersichtliche Darstellung der militärischen Operationen des Jahres 1812 findet sich bei Philip Haythornthwaite und Michael Chappell in: *Uniformen des Napoleonischen Rußlandfeldzugs*, München 1976

chen. Damit begann im Oktober 1812 der Rückzug, den die Härten des Winters und die erbarmungslose Rache der russischen Bauern zu einem Inferno machten. Der erste Schnee fiel, bevor die Armee Smolensk erreicht hatte. Von dort an, auf dem Weg über die Beresina in Richtung Wilna, starben Tausende und Abertausende, sie erfroren bei Temperaturen von 38–35 Grad unter Null oder wurden von Kosaken eingeholt und niedergesäbelt.

Am grausamsten wüteten die bäuerlichen Milizen unter den Flüchtenden. Zersprengte Reste der Verbände, insgesamt etwa 20000 Mann – von denen nur mehr 1000 bewaffnet waren –, überquerten im Dezember den Njemen in westlicher Richtung. Nicht einmal der zwanzigste Teil jener langen Kolonnen, die im Juni nach Osten marschiert waren! Die Grande Armée existierte nicht mehr.

Doch das Erstaunlichste: Napoleon hatte zwar ein gewaltiges Heer, nicht aber seine Zuversicht verloren. Anfang Dezember übertrug er Murat den Oberbefehl und kehrte in einer Parforce-Tour nach Paris zurück, wo während seiner Abwesenheit neue Verschwörungen angezettelt worden waren. Er beabsichtigte, neue Truppen aus dem Boden zu stampfen und rief sogar Preußen und Österreich auf, weitere Kontingente zu stellen. Es war keineswegs alles verloren. In Frankreich war die Lage zumindest für einige Zeit gesichert, sobald er die Verschwörer ausgeschaltet hatte. Die russische Armee war abgekämpft und Kutusow, dem noch 40000 Mann geblieben waren, zeigte keine Neigung, die Grenze zu überschreiten. Preußen fürchtete Rußlands Absichten in Polen und befand sich wie immer im Zwiespalt zwischen der Politik des zaghaften Königs und dem Drängen der Patriotischen Kriegspartei. Metternich vollends wollte sich nicht festlegen lassen. Ihm bereiteten die russischen Pläne ebensolche Sorgen wie die französischen, und er hatte gar keine Lust, sich an einem deutschen »Kreuzzug« unter der Führung preußischer Patrioten zu beteiligen.

Napoleon hätte also vielleicht einen erheblichen Teil seines Imperiums retten können, wenn er bereit gewesen wäre, seine Verluste in Spanien oder Deutschland abzuschreiben oder auf Metternichs Angebot einzugehen, die Bedingungen des Vertrags von Lunéville wieder als bindend anzuerkennen. Doch er war in der Vorstellung befangen, ein durch Kriege aufgebautes Reich könne nur durch neue Siege weiterbestehen und ein Verhandlungsfriede werde Verderben bringen. Unterhandlungen konnten immerhin dazu dienen, Zeit zu gewinnen, deshalb führte er sie in seiner gewohnten dynamischen Art. Aber letzten Endes war es der kühne, riskante Einsatz militärischer Machtmittel, von dem die Entscheidung abhängen würde. Der Kaiser und Oberste Kriegsherr holte sich Soldaten überall, wo sie noch zu holen waren – er berief die Nationalgarde und die 1813 und 1814 wehrpflichtigen Jahrgänge ein. Bis zum April 1813 hatte er wieder ein 150000 Mann starkes Heer für den Kampf in Deutschland zur Verfügung.

Schon Napoleons Entschlossenheit an sich zwang seine Gegner, ihre Kräfte zusammenzufassen und aufeinander einzuspielen. Aber in die Rechnung hatte sich ein neuer Faktor eingeschlichen: die Proteststimmen der europäischen Völker. Das napoleonische Gefüge mochte in Friedenszeiten Nutzen bringen, im Krieg mußte es sich als eine immer schwerere Belastung erweisen. Eine ständige Einrichtung dieses Systems war die Verpflichtung der besetzten Gebiete und der Vasallenländer, nicht nur den eigenen, sondern auch den Unterhalt der französischen Besatzungsmacht zu bestreiten. Die zwei Millionen Einwohner Westfalens z. B. erlegten 26 Millionen Francs an Steuern, davon wurden zehn Millionen für die 12500 Mann starken französischen Garnisonen verwendet. Im Jahr 1807 gab König Joseph von Neapel 44 Millionen für das Militär aus, 6 Millionen wurden ihm zurückerstattet. Die Staatsausgaben des Königreichs Italien beliefen sich 1809 auf 127 Millionen, 30 Millionen dieser Summe gingen an Frankreich, weitere 42 Millionen verschlang das in französischem Interesse erstellte Wehrbudget. Im Großherzogtum Berg wurden die Steuern zwischen 1808 und 1813 mehr als verdoppelt, in Venetien verdreifacht. Die französische Italien-Armee wurde von 49000 Mann im Jahr 1810 auf 91000 im Jahr 1812 erhöht.*

Dazu kamen die Härten und Erschwernisse durch die Kontinentalsperre, die Truppeneinquartierungen, die Plünderung und Verwüstung der offenen Landstriche während des Aufmar-

* G. Lefebvre: *Napoléon*, S. 505

sches der Armeen zu den Schlachten. Spanien hatte natürlich am schlimmsten darunter zu leiden, aber im Sommer 1811 mußte Deutschland die gesamte Grande Armée, d.h. mehr als 700000 Mann, beherbergen und verpflegen und kurz vor Beginn des Rußlandfeldzuges war es Preußen, das die drückendsten Lasten zu tragen hatte. In Westfalen war die Situation etwas günstiger, dennoch erhob König Jérôme in einem Handschreiben aus dem Dezember 1811 seine warnende Stimme:

»Es herrscht große Unruhe... Spanien bietet das Exempel, und wenn der Krieg ausbricht, werden alle Länder zwischen dem Rhein und der Oder Gebiete des aktiven Widerstandes sein. Der tiefere Grund dieser Zerrüttungen liegt nicht nur im Verdruß über die fremde Oberhoheit, sondern im Ruin aller Schichten, der erdrückenden Steuerlast, den Rekrutenaushebungen, der Nötigung zu Unterhalt und Einquartierung von Truppen und vielen anderen Schikanen.«

Jérôme scheint ein Schwarzseher gewesen zu sein, denn es kam zu keiner derartigen alles mitreißenden Erhebung, weder in den Vasallenstaaten noch in den von Frankreich annektierten Territorien, nicht einmal nach der Katastrophe in Moskau. Aber er betont jene Tatsache, die auch ansonsten offenkundig war – daß weniger der demütigende Zwang, einem fremden Herrn dienen zu müssen als vielmehr die Lasten der Besteuerung und der militärischen Besetzung Ablehnung und Empörung bewirkten.

Mit dieser Feststellung soll keineswegs bestritten werden, welche Rolle der radikale Nationalismus bei dieser Entwicklung spielte. Wie schon geschildert, verletzte die französische Besatzungsmacht in Spanien und in Oberitalien das Nationalgefühl, das bereits existierte oder durch die Revolution mit ihrer Botschaft völkischer und nationaler Souveränität neu geweckt worden war. In Polen herrschten andere Verhältnisse, da die Franzosen dort – zumindest bis 1812 – als die Befreier vom russischen, österreichischen oder preußischen Joch galten.

In Deutschland lagen die Dinge wiederum anders, weil dieser einheitliche Sprachraum zum Unterschied von Polen oder Spanien seit Jahrhunderten aus einem krausen Gefüge größerer und kleinerer Staaten bestand und damals keine eindeutig definierten nationalen Grenzen hatte. Auch hier war es nicht die Landbevölkerung – ob Junker oder Bauern –, die den Kern der nationalen Bewegung bildete, sondern ein Zusammenschluß von liberalem Landadel und Bürgertum, vor allem letzterem, eben dieselben Schichten, die nach 1815 noch beharrlicher um nationale und verfassungsgemäße Rechte kämpfen sollten. Aber in jenem Stadium war diese Bewegung noch schwach und zersplittert, auch fehlten ihr die klar umrissenen Ziele – zumal sie keinen Kontakt und keine positive Einstellung zu der Bauernschaft und den breiten Schichten der Stadtbevölkerungen hatte und weil ein großer – vielleicht der größte – Teil dieses Bürgertums Napoleon keineswegs feindselig gegenüberstand, sondern zu seinen wärmsten Befürwortern gehörte. Faktisch ist die Auslegung vieler deutscher Historiker der Vergangenheit, das napoleonische System sei durch einen Befreiungskrieg aller Deutschen vernichtet worden, ein Mythos. Natürlich gab es einen deutschen Patriotismus. Er lebte zu Beginn des Jahrhunderts auf, als Herder, Tieck, Arndt, Brentano und die Brüder Schlegel die legendäre Herrlichkeit des alten deutschen Reiches heraufbeschworen, Gotisch mit Germanisch und Deutsch gleichsetzten und die Tugenden des frommen, biederen deutschen Volkes priesen. Diese Vorstellung vom »Volkstum« erhielt durch den Philosophen Johann Gottlieb Fichte eine politische Stoßrichtung. Nach der Katastrophe von Jena rief er in seinen Vorlesungen an der Berliner Universität und in seiner *Rede an die deutsche Nation* zum einmütigen Widerstand gegen die französische Tyrannei auf. Zuerst blickten die deutschen Patrioten nach Österreich. Dies war nur zu begreiflich, da Preußen noch ein verhältnismäßig junger Staat war. Aber es war auch ein Zeichen ihrer Verwirrung und Unreife, da das Habsburgerreich selbst ein Konglomerat von abhängigen, vorwiegend nichtdeutschen Völkern war, denen die Habsburger die Freiheit nicht geben wollten.

Doch nach 1807, als die beiden Reformer Carl Reichsfreiherr vom und zum Stein und Karl August von Hardenberg zu Ministern König Friedrich Wilhelms III. ernannt wurden, konzentrierten sich die Hoffnungen der Patrioten auf Preußen. Stein glaubte sogar daran, daß man, freilich in gemäßigterer Form, bei den französischen Prinzipien von 1789 Anleihen machen könne. Er führte die »Bauernbefreiung« durch und ermöglichte den etwas besser gestellten Bauern den Grunderwerb. Auch wollte er die Einberufung einer Nationalversammlung und die Aufstellung einer Nationalgarde erreichen. Unter dem Eindruck der Meldungen aus Spanien förderte er sogar einen Aufruf zu einer gesamtdeutschen Erhebung gegen die französische Fremdherrschaft. Napoleon erfuhr davon und betrieb zusammen mit den Junkern Steins Entlassung; dadurch wurde nichts aus dem Großteil seiner weiteren Pläne. Denn jetzt hatten die Junker (die keine anderen als »preußische« Ziele kannten) wieder das Heft in der Hand, und damit war nach der Reform und der heimlichen Vergrößerung des Heeres keine Rede mehr von weiteren sozialen Reformen.

Preußen machte keinen Versuch, mit Napoleon zu brechen, bis bekannt wurde, daß er in Moskau einen totalen Fehlschlag hatte hinnehmen müssen. Die Patrioten schöpften neue Hoffnung, als Napoleon abermals rüstete und der Zar sich entschlossen zeigte, die Rechte der Nationen zu verteidigen. Diese Haltung Alexanders I. war im wesentlichen dem Einfluß Steins zuzuschreiben, den er bereits 1812 als Berater nach Rußland berufen hatte. General Ludwig Yorck von Wartenburg, Oberkommandierender des preußischen Hilfskorps im Rahmen der Grande Armée, setzte sich nach einsamer Gewissensentscheidung über die Befehle seines Königs hinweg und schloß aus eigenem im ostpreußischen Tauroggen mit den Russen am 30. Dezember 1812 eine »Neutralitätskonvention«, die praktisch die Vorstufe zu einem Bündnis war. Friedrich Wilhelm III. wurde bewogen, der Volksbewaffnung, d. h. der Schaffung einer Landwehr zuzustimmen.

Im Februar 1813 erreichte Stein sein nächstes wichtiges Ziel: Preußen verbündete sich mit Rußland und erklärte Frankreich den Krieg. Der Rheinbund galt als aufgelöst. Hamburg revoltierte gegen die Franzosen und wurde von russischen Truppen besetzt. Sachsen und Mecklenburg brachen mit Napoleon. England bot inzwischen Finanzhilfe. Aber Metternich, der es vorzog, zwischen den beiden gegnerischen Lagern zu vermitteln, während die österreichische Armee mobilisiert wurde, versuchte Zeit zu gewinnen. Die österreichische Führung hegte für die rein nationalen Ziele der deutschen Patrioten keine größeren Sympathien als die preußische. Und lange bevor Österreich der Allianz beitrat – dies geschah sechs Monate später – war die Idee eines Aufbruchs zum »Befreiungskrieg« völlig erledigt.*

Während Österreich noch zögerte, rechnete Napoleon mit einem raschen Schlag zur Ausschaltung seiner beiden anderen Gegner. Zahlenmäßig war er in der Übermacht, 150000 Mann gegen 100000 preußischer und russischer Verbände. Aber er hatte nicht genügend Kavallerie, seine neuen Soldaten waren effektiv noch Rekruten und seine Generale waren nicht mehr so verwegen und wendig wie ehedem. Zwei größere Gefechte, bei Lützen und bei Bautzen, waren Teil seines Planes zur Eroberung Leipzigs, in beiden Treffen siegte er, daraufhin schwenkte der abtrünnige König von Sachsen wieder zu ihm um. Doch ohne ausreichende Reiterei konnte Napoleon seine Erfolge nicht auswerten, und da er keine Ahnung von der Schwäche der Alliierten hatte, fand er sich im Juni 1813 zum Waffenstillstand von Pleiswitz bereit. Dadurch gewann er Zeit, um Verstärkungen einschließlich Kavallerie aufzubieten. Aber nun waren seine Gegner in der besseren Ausgangsposition: Die preußische Landwehr war einsatzbereit, Bernadotte kam mit 23000 Schweden, Österreich schloß sich nach letztlich ergebnislosen Verhandlungen mit Napoleon der Allianz an und stellte ihr 127000 Mann zur Verfügung. Als die Feindseligkeiten im August 1813 wieder begannen, hatte Napoleon etwa 450000 Mann im Feld, somit war er der vereinigten Heeresmacht seiner Gegner zahlenmäßig nur knapp unterlegen. Aber seine Strategie wurde durch die unsichere Gefolgschaftstreue seiner Verbündeten und die mangelhaften militärischen Leistungen seiner Unterführer beeinträchtigt. Deshalb konnte er aus einem glanzvollen Sieg bei Dresden am 26./27. August 1813 keinen Nutzen ziehen. Als er mit seinen stark dezimierten Verbänden, durch den Abfall der Bayern und der Sachsen noch weiter geschwächt, vor Leipzig wieder gegen die Alliierten unter dem Oberbefehl des österreichischen Feldmarschalls Karl Fürst Schwarzenberg antrat, wurde er in der berühmten »Völkerschlacht«, die vom 16. bis zum 19. Oktober 1813 dauerte, entscheidend geschlagen. Sie bildete den militärischen Höhe- und Wendepunkt jener Phase

* Dazu H. A. L. Fisher: *Studies in Napoleonic Statesmanship/Germany,* Oxford 1908: »Der Befreiungskrieg resultierte eher aus einer Bewegung der Völker als aus einer Koalition der Fürsten.«

des Kriegsgeschehens. Mit den ihm verbleibenden 60 000 Mann zog sich Napoleon über den Rhein zurück. Nun begann – zum erstenmal seit fünfzehn Jahren – der Kampf um Frankreich.

Der Kaiser hatte sein militärisches Genie nicht eingebüßt, und der Feldzug, den er mit kraß unterlegenen Kräften im Frühjahr 1814 in Frankreich führte, war eine der besten strategischen Leistungen seiner gesamten Feldherrnlaufbahn. Doch die politische Situation hatte sich grundlegend verändert. Deutschland, Spanien und der Großteil Italiens waren verloren und das Grande Empire lag in Trümmern. Aber solange seine Gegner sich nicht über gemeinsame Kriegsziele einigen konnten, hatte er noch immer Spielraum und die Chance, sich mit dem Höchstbietenden zu verständigen: mit Metternich etwa, der besorgt wegen der Intentionen der Russen den Kaiser der Franzosen für eine Friedensregelung auf Grund der »natürlichen Grenzen« zu interessieren suchte – es war das »Frankfurter Manifest«.

Während Napoleon noch abwartete, erhoben sich die Holländer und riefen den Statthalter zurück. Der britische Außenminister Lord Robert Stewart Castlereagh kam nach Basel ins Hauptquartier der Alliierten, um energisch dafür einzutreten, daß weder die Niederlande noch das Rheinland in französischem Besitz verbleiben dürften. Im Februar 1814 zogen die Alliierten ihr Frankfurter Angebot formell zurück und forderten eine Beschränkung Frankreichs auf die Grenzen von 1792. Einen Monat später bewog Castlereagh, der gleichsam den Geldbeutel für alle hütete, die widerstrebenden Verbündeten, noch einen Schritt weiterzugehen: Am 1. März schlossen die vier Mächte Rußland, Österreich, Preußen und England den Vertrag von Chaumont-en-Bassigny in der Absicht, mit dieser Quadrupelallianz, die auf 20 Jahre befristet war, Napoleon zu besiegen und eine europäische Neuordnung zu schaffen. Jeder der Bündnispartner sollte, falls erforderlich, Truppenverbände in der Stärke von 150 000 Mann in Marsch setzen. Erst nach diesen Übereinkünften erlegte Britannien die versprochene Finanzhilfe von 5 Millionen Pfund. Allerdings gab es noch eine Bedingung: England wartete nur günstige Nachrichten von Napoleons Feinden in Paris ab, um seine Verbündeten zu verpflichten, nicht nur den Kaiser zu stürzen, sondern auch an seiner Statt den bourbonischen Kronprätendenten, der als Emigrant den Titel »Graf von

Provence« führte, als König Ludwig XVIII. zu inthronisieren. So wurden letztlich nach zwanzig Jahren die Ziele Edmund Burkes und der Gegenrevolution verwirklicht, Europa bildete eine geschlossene Front, um das Frankreich der Revolution niederzuringen.

Dennoch wäre dies nicht gelungen, wenn Frankreich geeint und unbeugsam den Invasoren Widerstand geleistet hätte. Immerhin war die Lage einst, 1793, ebenso ernst gewesen. Napoleon wußte das, er sprach von der Bewaffnung des Volkes, von der Mobilisierung der Nationalgarde und wollte den alten Schlachtruf *La patrie en danger* wieder zu Ehren bringen. Aber wie konnte er das? Zwölf Jahre und länger hatte er seine Verachtung für *la vile populace* deutlich gezeigt, hatte sich an seinem Kaiserhof oder in seinem Hauptquartier vom Volk abgeschlossen, hatte durch Dekrete oder durch sein Polizeiministerium regiert und jegliche Initiative breiterer Schichten schon in den Ansätzen vereitelt. Darum erschienen seine Notstandsmaßnahmen und die Entsendung von »Repräsentanten in besonderer Mission« in die Departements nur als leere Nachahmung der Methoden des einstigen Wohlfahrtsausschusses. Außerdem hatten ihn seine letzten Niederlagen und die hektische Rekrutierung aller nur halbwegs Wehrfähigen – allein in den Jahren 1812 und 1813 mehr als 1 Million Männer – schließlich um die Loyalität und Achtung seiner Untertanen gebracht. Sogar die kaiserliche Beamtenschaft war widerspenstig oder apathisch geworden und hielt Umschau nach neuen Herren. Wie immer in Zeiten der Krise stellte die Legislative kategorische Bedingungen: die Wiederherstellung politischer Freiheiten und ein Friedensschluß auf der Basis der alten Grenzziehung Frankreichs. Nach zehn Sitzungstagen wurde das Gremium entlassen. Die ganze Nation wollte Frieden und zeigte ihre Gleichgültigkeit oder Aversion durch passiven Widerstand gegen die Versuche der Regierung, sie für den Krieg zu mobilisieren. Steuern wurden nicht bezahlt, Requirierungsbescheide blieben unbeachtet und das Einrücken der Wehrpflichtigen – besonders jener der Aushebungsjahrgänge 1801–1808, vorwiegend verheiratete Männer mittleren Alters – ging nur schleppend vor sich. Tatsächlich meldeten sich 1814 bloß 120000 Mann – weniger als ein Achtel der Gesamtzahl an Konskribierten – zum Militärdienst. Das bedenklichste Phänomen aber: Die entmutigte, eingeschüchterte Zivilbevölkerung leistete den vordringenden Truppen der Alliierten keinen wie auch immer gearteten Widerstand, bis die Ausschreitungen von Kosaken und preußischen Einheiten in den östlichen Departements die Bauern zu Vergeltungsschlägen aufreizten. Indessen waren überall royalistische Agenten in Aktion. Bordeaux kapitulierte kampflos vor den Briten und hieß den Herzog von Angoulême willkommen, der den Grafen von Provence als Ludwig XVIII. zum neuen König von Frankreich ausrief. Sobald Napoleon im Feld besiegt war – dies war bereits zwei Monate nach dem Beginn der militärischen Operationen der Fall – und der Weg nach Paris offen lag, erklärten der Senat und die Legislative auf Betreiben der Alliierten und des immer seinen Vorteil wahrnehmenden Talleyrand den Kaiser für abgesetzt und baten Ludwig XVIII., der eine liberale Charta versprach, den Thron zu besteigen. Der letzte Schlag war die Weigerung von Napoleons Marschällen, ihm weiterhin zu dienen. Danach fügte er sich ins Unvermeidliche. Am 6. April 1814 dankte er in Fontainebleau ab. In einem am 11. April im selben Schloß unterzeichneten Vertrag sicherten ihm die Alliierten als Exil mit Souveränitätsstatus die Insel Elba zu, samt einer beträchtlichen Apanage für ihn und seine Familie. Marie Louise erhielt das Herzogtum Parma. Am 20. April lief sein Schiff aus, zwei Wochen später nahm er seine neue Herrschaft in Besitz.

Nach Napoleons Abreise kam es am 30. Mai zum »Ersten Pariser Frieden«. Frankreich wurde auf die Grenzen von 1792 reduziert – d.h. es verlor nicht nur alle annektierten italienischen und deutschen Gebiete, sondern auch Belgien und das linke Rheinufer. Aber es wurde weder entwaffnet noch besetzt, auch nicht zur Zahlung von Reparationen verpflichtet. Sogar die aus Italien geraubten Kunstschätze verblieben in französischem Besitz. Mehr noch: Das wieder bourbonische Frankreich, in dem der wendige Talleyrand das Portefeuille des Außenministers erhielt, sollte als gleichberechtigte Macht an den nun geplanten Kongressen für eine allgemeine Regelung der europäischen Fragen teilnehmen. Dann vertagten die Alliierten ihre Gespräche und trafen wieder in Wien zusammen, wo am 18. September 1814 der Wiener Kongreß begann.*

* Siehe XV. Kapitel

Aber im Verlauf der vielen Konferenzen traten die alten Gegensätze in den Auffassungen über Polen, das Rheinland, Sachsen und Italien erneut zutage. Im Verlauf der Verhandlungen spalteten sich die Kongreßmächte sogar in zwei rivalisierende Gruppen. Einmütigkeit wurde erst wieder durch ein überraschendes äußeres Ereignis erzwungen: Am 5. März 1815 traf die Nachricht ein, Napoleon habe sein kleines Inselreich verlassen und sei an der Côte d'Azur bei Cannes gelandet.

Auf Elba war er über die Vorgänge in Wien und in Frankreich auf dem laufenden geblieben. Die Franzosen hatten die Restauration der Bourbonendynastie ohne Begeisterung hingenommen, nur damit der Krieg endete. König Ludwig XVIII. durfte auf Loyalität zählen, sofern er die wesentlichen revolutionären Regelungen der Real- und sonstigen Besitzverhältnisse nicht antastete. Das Bürgertum und der neue Adel, jene Gruppen, die Napoleon abgesetzt und Ludwig zurückgerufen hatten, begrüßten auch die Charta, die ihnen die Wiederherstellung ihrer Wahlrechte und verfassungsgemäßen Freiheiten verhieß. Aber die Rückkehr von Scharen emigrierter Adeliger schuf unweigerlich Probleme. Die neue Regierung fühlte sich verpflichtet, für sie Positionen und Ländereien zu finden, und bald kursierten Gerüchte, daß die enteigneten Güter der Kirche und der Aristokratie den vormaligen Besitzern zurückerstattet würden. Auch in der Armee herrschte Enttäuschung, vor allem deshalb, weil ihr das neue Regime mit Mißtrauen begegnete und viele Offiziere – schmachvoll wie es schien – mit halben Bezügen den Abschied nehmen mußten. Zweifellos trugen solche Faktoren dazu bei, daß helle Begeisterung den triumphalen Vormarsch Napoleons auf die Hauptstadt begleitete, wo er am 20. März einzog. Ludwig XVIII. war bereits geflüchtet. Nun begann die letzte Phase des napoleonischen Dramas, die »Hundert Tage«.

Mochte das Volk und das Militär den Kaiser auch mit Jubel empfangen, eine Rückkehr zum autokratischen Kurs von einst kam nicht mehr in Frage. Entweder mußte er die alten jakobinischen und revolutionären Traditionen von 1793 wiedererwecken oder eine gemeinsame Basis mit den Liberalen schaffen, indem er über die Freiheiten in der Charta Ludwigs XVIII. noch hinausging. Er entschloß sich zu letzterem, ernannte Lazare Carnot zum Innenminister und zog auch den bisher als Liberalen ihm mißliebigen Benjamin Constant heran. Mit dessen Hilfe erließ er eine »Ergänzung zu den Verfassungen des Kaiserreichs«. Diese befriedigte jedoch niemanden, da die »Patrioten« der Appell an die Aristokratie vor den Kopf stieß, und den liberalen »Notabeln« die Wiedereinführung des allgemeinen Wahlrechtes ein Ärgernis war. Zudem wurde allen bald klar, daß Napoleon nur eine günstigere Wendung der Ereignisse abwartete, um die Kammer abzuschieben und wieder wie früher autoritär zu herrschen.

So hing wieder einmal alles von einem raschen Sieg jenseits der Grenzen ab, dies war die einzige Chance des Kaisers. Als die beim Wiener Kongreß versammelten Mächte von seiner Rückkehr erfuhren, bemühten sie sich hastig um eine notdürftige, vorläufige Schlichtung ihrer internen Fehden, erklärten Napoleon für geächtet und erneuerten ihr Gelöbnis, seinen Sturz herbeizuführen. Während sie ihre Streitkräfte mobilisierten, holte er bereits zu einem ersten Schlag aus. Von einem nominellen Totalaufgebot in der Stärke von 700000 Mann konnte er 120000 sofort in Marsch setzen, und mit diesem Heer erreichte er am 14. Juni die belgische Grenze, bevor die gegnerischen Befehlshaber Wellesley, nunmehr Herzog von Wellington, und der preußische Feldmarschall Gebhard Leberecht Fürst Blücher, seine Absichten klar erkannten. Die Alliierten waren in der Übermacht – 96000 Briten, Holländer und Westdeutsche unter Wellington und 124000 Preußen unter Blücher –, aber diese Verbände waren über eine breite Front verteilt. Napoleon rechnete mit seiner Schnelligkeit und dem Überraschungseffekt, um einen ersten Erfolg zu erringen. Fast wäre ihm dies gelungen. Dennoch ist zweifelhaft, ob sich dadurch etwas am Endresultat geändert hätte. Bei Quatre Bas auf dem Weg nach Brüssel besiegte Napoleon die Preußen, aber infolge einer Verwechslung von Befehlen – und vielleicht auch infolge der schwindenden Fähigkeiten des Oberbefehlshabers – kam es nicht zu der erwarteten Umfassungsbewegung. Blüchers Armee konnte sich halten und noch einen Tag lang weiterkämpfen. Die Folge: Als Napoleon mit seinen 74000 Franzosen am 18. Juni bei Waterloo/Belle Alliance gegen Wellingtons 67000 Mann starke Truppen antrat, wurde er geschlagen, weil ihm Wellington, dessen Qualitäten er zu spät erkannte, nun als Feldherr überlegen war, und weil Blücher in einer entscheidenden Phase der Schlacht seine Preußen ins Getümmel werfen konnte.

Dies war der letzte Zug des großen Spielers. Von einem schier unbegreiflichen Optimismus beseelt kehrte Napoleon nach Paris zurück. Er glaubte noch immer, der Kammer seinen Willen aufzwingen, das Volk zu neuen Opfern mitreißen und an Stelle der alten besiegten Armee eine neue hervorzaubern zu können. Die einzige Hoffnung – und zwar sicherlich nur ein Hoffnungsschimmer – hätte darin bestanden, direkt an das Volk zu appellieren. Der Pariser Faubourg St. Antoine, in dem die revolutionären Ideen noch immer lebendig waren, jubelte ihm zu, und die Armee wäre ihrem Kaiser vielleicht wieder gefolgt. Aber von Fouché aufgewiegelt verweigerte die Kammer ihre Mitwirkung, und um den Bestand seiner Dynastie besorgt entschied sich Napoleon am 23. Juni für die Abdankung zugunsten seines Sohnes, des vierjährigen Königs von Rom und späteren Herzogs von Reichstadt. Die Kammer indes setzte eine provisorische Regierung ein, die dem am 8. Juli mit preußischer Eskorte wieder in Paris einziehenden König Ludwig XVIII. huldigte. Diesmal waren die Alliierten zu schärferen Maßnahmen entschlossen. Durch den Zweiten Pariser Frieden am 20. November 1815 wurde Frankreich auf die Grenzen von 1790 beschränkt – dies bedeutete die Einbuße des Saargebietes und Savoyens –, einer drei- bis fünfjährigen militärischen Besetzung unterworfen und zur Zahlung von Reparationen in der Höhe von 700 Millionen Francs verpflichtet. Napoleon hatte sich inzwischen in Rochefort unter den »Schutz« der Briten begeben. Er hoffte auf Asyl in England oder den Vereinigten Staaten. Aber die Sieger fürchteten den Ruhm seiner Taten und den Nimbus seines Namens zu sehr, um Großmut walten zu lassen. Er wurde nach St. Helena gebracht, einer 5000 Meilen von den Küsten Europas entfernten Insel im Atlantik. Dort starb er am 5. Mai 1821 an einem Krebsleiden.

Von diesem Exil auf St. Helena aus entstand die Napoleon-Legende. Darin überstrahlte die Erscheinung des Verfechters der Ideale von 1798 und des nicht durch die Empörung der Völker sondern vielmehr durch die Tücke der Könige zu Fall gebrachten Helden die Gestalt des emporgekommenen Despoten und des Mannes, der von der Weltherrschaft träumte. Dieses

Bild ist zwar nicht völlig verzeichnet, zeigt aber nur einige Züge der Gesamtpersönlichkeit, gleichsam nur die eine Seite der Medaille. Die Legende verdankte ihre Entstehung und ihre Dauerhaftigkeit ebenso den Taten der Überwinder wie der eigenen regen Phantasie des Kaisers. Denn indem die Sieger bei ihrer Neuordnung Europas Gericht über Napoleon und die Französische Revolution hielten und das eine wie das andere Phänomen austilgen wollten, schufen sie zwangsläufig beide in der Vorstellungskraft der Völker zu Begriffen um, die entweder Haß oder Verehrung erweckten.

XV Europa nach 1815

Auf dem Wiener Kongreß, der vom 18. September 1814 bis zum 11. Juli 1815 unter dem Vorsitz des österreichischen Staatskanzlers Clemens Fürst Metternich in Kaiser Franzens Residenzstadt stattfand, hatten sich die Fürsten und Staatsmänner Europas bereits vor Napoleons Niederlage bei Waterloo grundsätzlich über die territoriale und allgemeine Neuordnung geeinigt. Die Schlußakte wurde am 9. Juni unterzeichnet. Das Vertragswerk beinhaltete folgende wichtige Punkte: den Zusammenschluß der alten Österreichischen Niederlande, also Belgiens, und des Herzogtums Luxemburg mit Holland, um daraus einen nördlichen Pufferstaat gegen Frankreich zu bilden – das Königreich der Vereinten Niederlande. Preußen erhielt die Provinz Posen zurück, außerdem den nördlichen Landesteil Sachsens, Neu-Vorpommern, Westfalen und das Rheinland. Die deutschen Staaten traten einem neugeschaffenen losen Rahmenverband bei, dem Deutschen Bund, in dem Kaiser Franz I. den Vorsitz führte. Österreich erhielt die Lombardei und Venetien zurück, überdies Tirol, Salzburg, das nunmehr oberösterreichische Innviertel und Illyrien, also den krainisch-adriatischen Raum, und errang mit der Hoheit über Parma, Modena und Toscana – seit Maria Theresias Zeiten mit Unterbrechungen habsburgische Sekundogenituren – neuerlich eine Vormachtstellung in Italien. Der Papst, es war noch immer Pius VII., erlebte die Wiederherstellung des Kirchenstaats, die neapolitanische Bourbonen-Linie die Restauration ihres Königreichs Beider Sizilien. Durch die Abtrennung Posens wurde das Großherzogtum Warschau erheblich reduziert und hörte in seiner bisherigen, von Napoleon geschaffenen Form überhaupt zu existieren auf. Als neues Königreich Polen – genannt »Kongreßpolen« – wurde es Rußland faktisch angegliedert. Im skandinavischen Bereich kam es zu wesentlichen Veränderungen der politischen Landkarte: Dänemark übergab Norwegen an Schweden, das seinerseits zugunsten Rußlands auf Finnland verzichtete. Britannien sicherte sich weiterhin Malta und vergrößerte seinen Kolonialbesitz, von Holland übernahm es die Kapkolonie und Ceylon, von Frankreich Mauritius, Tobago und St. Lucia. Diese Regelungen wurden durch den zweiten Vertrag von Paris vom November 1815 ergänzt, mit dem die Sieger, wie bereits erwähnt, die Beteiligung der Franzosen an den Ereignissen der »Hundert Tage« durch die neuerliche Grenzmarkierung nach dem Stand von 1790 ahndeten, Frankreich entging sogar nur knapp der Forderung, Elsaß-Lothringen abzutreten.

Die Ziele der Friedensstifter bei diesen Regelungen waren offenkundig: die Aggressoren zu bestrafen und an die Kandare zu nehmen, die Sieger zu belohnen, oft dadurch, daß seit 1780 geäußerte Ansprüche erfüllt oder auf dem Weg des Ausgleichs befriedigt wurden, Napoleons Grande Empire zu zerschlagen und den alten Dynastien aus den Zeiten vor der Revolution – den Habsburgern, Hohenzollern, Bourbonen und den weltlichen Fürstengeschlechtern des einstigen Heiligen Römischen Reiches – ihre angestammten Herrschaftsgebiete zurückzugeben und das alte »Gleichgewicht der Kräfte« annähernd wiederherzustellen.

Bei alldem wurden trotz der Lippenbekenntnisse des Zaren und der ausdrücklichen Verurteilung von Napoleons Mißachtung nationaler Rechte die nationalen Bestrebungen der europäischen Völker in keiner Weise berücksichtigt. Die Polen wurden wieder entweder preußische, österreichische oder russische Untertanen, die Norweger den Schweden überantwortet, die Flamen und Wallonen den Holländern, die Venezianer den Österreichern. Italien verwandelte sich abermals in ein Konglomerat größerer und kleinerer Staaten unter fremder Oberhoheit.

Zur Verteidigung der auf dem Wiener Kongreß erzielten Ordnung verpflichteten sich die Mächte, eine vorerst zwanzig Jahre gültige Vereinbarung zu respektieren und einzuhalten. Dies war das »Europäische Konzert«, so bezeichnet nach dem französischen Wort »concert« – Einverständnis. Es hatte den Zweck, Streitfälle ohne kriegerische Auseinandersetzungen zu schlichten – an sich eine bewundernswerte Neuerung – und den politischen *status quo* gegen alle Umsturzversuche bonapartistischer Prätendenten, Liberaler, Demokraten oder Nationalisten zu behaupten. (Der Begriff »Europäisches Konzert« wurde, mit schwindendem Sinngehalt, bis zum Pariser Frieden von 1856, der den Krimkrieg beendete, immer wieder zitiert.)

Während die fünf Großmächte auf Castlereaghs Initiative die Übereinkunft als bindend anerkannten, wollten die absoluten Monarchen Österreichs, Preußens und Rußlands noch einen Schritt weiter gehen. Herrscher der zweiten Hälfte des 18. Jahrhunderts, nach den Lehren der Aufklärung erzogen, zeigten weder Verständnis noch Interesse für die alten Ideale eines Gottesstreitertums. Aber unter dem Eindruck der Revolution und mit dem Wiederaufleben der Frömmigkeit, einer der geistigen Grundlagen der europäischen Romantik, hatte sich ein deutlicher Umschwung vollzogen, eine neuerliche Hinwendung zur Religion als der Wurzel menschlichen Handelns. Deshalb schlossen der Zar, von dem die Anregung dazu stammte, und seine »Vettern« am 26. September 1815 in Paris einen christlichen Bund, die »Heilige Allianz«, deren Ziel ein ideeller Kreuzzug gegen das rationalistische und skeptizistische Gedankengut der Aufklärung und der Revolution war. In der Folge traten ihr fast alle gekrönten Häupter Europas bei. Drei Herrscherpersönlichkeiten hielten sich fern: der britische Prinzregent Georg, dem sein Minister Castlereagh von »diesem Mittelding aus sublimem Mystizismus und Unsinn« abgeraten hatte, weiter – welche Ironie der Weltgeschichte! – kein anderer als Papst Pius VII. und der Sultan des Osmanischen Reiches, bei ihm als Moslem eine begreifliche Entscheidung.

So schienen die Siegermächte fest entschlossen, die alte Ordnung wiederherzustellen und, wenn nötig mit Waffengewalt, jenen politischen Kräften entgegenzuwirken, die durch die Französische Revolution freigesetzt worden waren und Europa überrollt hatten. Diese Absicht stellte gleichsam nur den Schutzmechanismus der Alliierten dar, die meisten ihrer Regelungen waren vernünftig, gerecht und nicht von Rachsucht diktiert. Doch soweit sie den Vorsatz zu verwirklichen trachteten, die Auswirkungen der geschichtlichen Abläufe des letzten Vierteljahrhunderts und die Erinnerungen daran auszutilgen, war ihr Beginnen zum Scheitern verurteilt. Wie bei all ihren früheren Bemühungen, der Revolution Einhalt zu gebieten, scheiterten sie auch hier an ihren eigenen Meinungsverschiedenheiten. Von Anfang an hatte Castlereagh deutlich gemacht, daß England zwar die in Paris und Wien ausgehandelten Grenzziehungen respektieren und bonapartistische Putschversuche verhindern, nicht aber bewaffnete Eingriffe in die inneren Angelegenheiten irgendeines fremden Staates unterstützen werde. Castlereaghs Nachfolger Canning umriß diesen Standpunkt noch präziser. Nach 1822 weigerte sich Britannien, bei der Niederwerfung nationaler und liberaler Bewegungen in Griechenland, Spanien, Belgien und Lateinamerika mitzuwirken, die Briten unterstützten vielmehr diesen Widerstand sogar moralisch und materiell. Selbst Rußland war solchen Schritten nicht abgeneigt, wo dies seinen imperialistischen Interessen diente, wie eben auf dem Balkan und im Raum der Ägäis. Bis zum Jahr 1830 war das durch den Wiener Kongreß geschaffene System zerfallen, faktisch nur mehr in seinem letzten, beharrlichsten Verfechter verkörpert: Metternich.

Aber nicht bloß die Spaltungen zwischen den Großmächten erschwerten eine Gesamtrestauration Europas, viel entscheidender war dabei das Gegengewicht jener neuen Kräfte, welchen eine durch fünfundzwanzig Jahre Revolution und Krieg veränderte Umwelt das Gepräge verliehen und die Wege gewiesen hatte. Solche Wandlungen waren absolut nicht auf Frankreich und dessen Satelliten aus der napoleonischen Ära beschränkt. Es ist keine Übertreibung zu sagen, daß alle europäischen Staaten westlich von Rußland und der Türkei und südlich von Skandinavien diese Erschütterungen deutlich verspürten. Damit war ein Veränderungsprozeß in Gang gekommen, der, durch den Sieg der Feinde Frankreichs nicht umgekehrt oder zum Stillstand gebracht, weiterhin die alten Ordnungen zerbrechen und die Zukunft formen sollte.

Erstens waren die Umschichtungen radikal im buchstäblichen Sinn, nämlich bis zu den Wurzeln der Sozialstrukturen vorgedrungen. Die im I. Kapitel geschilderte alte aristokratische Gesellschaft war entweder ausgemerzt oder ohne Aussicht auf eine Umkehrung der Verhältnisse umgestaltet worden. Dies traf natürlich in besonderem Maß auf Frankreich zu, wo seit 1789 dem alten Adel das Vorrecht eigener herrschaftlicher Gerichtsbarkeit und das Monopol auf die Spitzenränge in der Armee, der Kirche und im Staat entzogen worden waren, zudem ihre feudalistischen Anrechte auf Abgaben und Dienstleistungen – und dies bald entschädigungslos –, ihre Titel und Privilegien und die Rechte, über den Landbesitz, der nicht zum Fideikommiß – dem ungeteilten Erbgut – gehörte, frei zu verfügen. Manche Teile des Adels hatten viel mehr verloren: Die *noblesse de robe* hatte ihre erblichen Ämter eingebüßt und der Besitz emigrierter Aristokraten wie der aller kirchlicher Würdenträger – Bischöfe, Kanoniker, Äbte und Domkapitulare – war beschlagnahmt und nur in Ausnahmefällen zurückerstattet worden.

Zugegeben, der Adel war dennoch nicht verschwunden. Die meisten Edelleute, obgleich ihrer Titel und Vorrechte verlustig, hatten ihre Ländereien behalten, selbst während der schlimmsten Zeiten der jakobinischen Schreckensherrschaft. Napoleon hatte die noch intakt gebliebenen *biens nationaux* an Grund und Boden seiner neuen kaiserlichen Aristokratie übertragen, die zum Teil aus »Notabeln« der Revolution und zum anderen aus mit dem Regime versöhnten Angehörigen des alten Adels bestand. König Ludwig XVIII. erkannte 1814 diese Titel und Belehnungen an. Seit damals respektierten die Monarchen der Restauration die Rechte der Käufer von kirchlichem und aristokratischem Grundbesitz, sie schufen aber auch neue Möglichkeiten der Nobilitierung und machten Güter verfügbar, um ihre aus dem Exil heimgekehrten Anhänger zu belohnen. So war der Adel erweitert worden, besaß ausgedehnte Liegenschaften und übte zudem in den Kammern und den Ministerien beträchtliche Macht aus. Aber dies war eben eine neue Aristokratie, im Gegensatz zu früher enger verbunden mit den Wirtschafts- und Finanzmagnaten und den bürgerlichen Großgrundbesitzern und durch die Bodenreformen des Jahres 1789 und die Anwendung des Code Napoléon deutlich von der *noblesse* traditionellen Gepräges getrennt.

Auch die Lage der Bauernschaft hatte sich radikal verändert, vor allem die der einstigen Leibeigenen, die es in Frankreich freilich nur in geringer Zahl gegeben hatte. Viel wichtiger als die Aufhebung der Leibeigenschaft war die Grundentlastung. Eine Minderheit der bäuerlichen Schichten war durch die Veräußerung der *biens nationaux* zu eigenem Grundbesitz gekommen, besonders als das Gesetz vom Juni 1793 Dorfbewohnern kurzfristig die Möglichkeit geboten hatte, bei den Versteigerungen kleinere Areale auf gemeinsame Rechnung zu erwerben. Den armen, besitzlosen Kleinbauern war es gelungen, durch ihren Widerstand gegen die Einfriedung und Aufteilung allgemein zugänglichen Weidelandes einige der kollektiven Rechte und Schutzmaßnahmen der dörflichen Gemeinschaft zu bewahren. Letzte Reste davon haben sich bis heute erhalten. Kurzum: Der Wechsel von Grundbesitz zwischen den Bevölkerungsschichten hatte sich in relativ gemäßigten Bahnen vollzogen. Die Hauptnutznießer waren indes nicht die Bauern, sondern die Bürger, als Verlierer figurierte der Klerus noch vor dem Adel, und die am wenigsten Begünstigten waren die schon von vornherein ärmsten Landleute.*

Aber der Bauernstand in seiner Gesamtheit hatte einen neuen sozialen Status und ein Maß an wirtschaftlicher Sicherheit erlangt, das besser als jeder andere Faktor den beharrlichen Konservativismus des Großteils der französischen Landbevölkerung während des 19. Jahrhunderts erklärt.

Eine ähnliche Entwicklung war, zwar etwas später und weniger umfassend, jenseits der traditionellen Grenzen Frankreichs erfolgt. Wir haben bereits gesehen, daß die Übernahme der neuen französischen Gesetze und Einrichtungen und die daraus resultierenden sozialen Veränderungen am raschesten und gründlichsten in jenen Gebieten vor sich gingen, die dem Kaiserreich einverleibt worden waren oder dessen Grenzen am nächsten lagen. Deshalb wurde die Beseitigung feudalistischer Relikte und aristokratischer Privilegien in Belgien, im Rheinland, in manchen Regionen der Schweiz, in Savoyen, der Lombardei und Piemont fast so vollständig durchgeführt wie in Frankreich selbst. In Venedig war die Zerstörung der alten bürgerlichen Oligarchie noch vor der Eingliederung in Napoleons Königreich Italien das Werk Österreichs gewesen – eine Parallele zu den Aktionen der aufgeklärten Habsburger Joseph II. und seines Bruders Leopold gegen aristokratische, patrizische

* Eine Übersicht findet sich in N. Hampsons Werk: *A Social History of the French Revolution*, 1963

und kirchliche Freiheiten in der Lombardei und Toscana bereits vor 1789. Aber dies war nur ein Anfang, wie etwa die Reformen des Bourbonen Karl III. in Neapel, die ebenfalls der Revolution vorangegangen waren. Erst durch Napoleons Code Civil und die energische Regentschaft seiner Vizekönige und Vasallen wurden die letzten Bastionen des Feudalismus im größten Teil der italienischen Halbinsel gestürmt. Sizilien erlebte zur Zeit der britischen Besetzung ähnliche Reformen, und selbst der reaktionäre König Ferdinand I. widerrief nach seiner Rückkehr zwar die liberale Verfassung und setzte das Heilige Offizium der Inquisition in Palermo wieder ein, hemmte diese Entwicklung also, machte sie aber nicht rückgängig. Die alten Freiheiten und Vorrechte der Aristokratie wurden geschmälert oder aufgehoben, doch dies wirkte sich auf die Bauern anders aus als in Frankreich. Zum einen war die Neuverteilung beschlagnahmten Kirchenbesitzes nicht so weit verbreitet. Zwar zogen Käufer aus der Mittelschicht und sogar aus dem Adel Gewinn daraus, aber wenig oder gar nichts wurde getan, um den ärmeren Bauern zu Grundbesitz zu verhelfen. Noch schlimmer: Es konnte geschehen, daß überlieferte Gemeinschaftsrechte ihre Gültigkeit verloren, was diese Schichten besonders hart traf. Sicherlich profitierte in der Lombardei und in Piemont jeder, der ein Stück Land besaß, von der Abschaffung des Zehnten und der übrigen Abgaben und Leistungen, und diese Entlastung brachte einen gewissen Grad allgemeinen bäuerlichen Wohlstandes. Aber im Süden – in Calabrien, Neapel und Sizilien – bestand das Problem eher in dem scharfen Gegensatz zwischen den großen Ländereien und der völligen Verarmung der meisten Bauern als in der Ausübung überkommener Herrenrechte auf Dienst- und Zinsbarkeit. Und dafür bot die 1795 aus Frankreich verpflanzte Revolution auch keine Lösung. Infolgedessen blieben diese Übel bestehen, über die Wirren und enttäuschten Hoffnungen des Risorgimento hinweg bis in unsere Gegenwart.

In Holland und Teilen Deutschlands war die patrizische und aristokratische Gesellschaftsstruktur nach fast denselben Methoden wie in Norditalien zerstört worden. Wilhelm I., König der Vereinten Niederlande nach 1815, wurde bewogen, das Wesentliche der französischen Reformen beizubehalten, um seine neuen flämischen und wallonischen Untertanen nicht zu vergrämen. Auf ähnliche Weise wahrten Preußens neu- oder wiedererlangte Provinzen – das Rheinland, Berg und Gebiete Westfalens – das napoleonische Erbe der auf Grund des Code Civil erlangten sozialen Errungenschaften. Auf die süddeutschen Staaten, die nun wieder in der habsburgischen Einflußsphäre lagen, setzte Metternich größere Hoffnungen. Doch auch dort blieben jene Reformen, die die Herrscher als Verbündete Napoleons durchgeführt hatten, im wesentlichen unangetastet.

Selbst das traditionsgebundene Preußen hatte es trotz seines Dranges, das Joch Napoleons abzuschütteln, nicht verschmäht, bei den Franzosen Anleihen zu machen, nämlich die Leibeigenschaft aufzuheben und der Mittelschicht in verstärktem Maß den Weg ins Offizierskorps der Armee zu eröffnen – der bürgerliche, nicht selten »gelehrte« Offizier bei der Artillerie und den technischen Truppen ist ganz allgemein eine militärgeschichtliche charakteristische Erscheinung seit jener Epoche, auch Napoleon selbst kam aus der Artillerie. Damit war eine soziale Umwälzung zumindest eingeleitet. Das Habsburgerreich, obwohl allen Experimenten feindlich gesinnt, hatte übernommen, was von den Reformen Josephs II. in den österreichischen Erblanden sowie in Böhmen und in Ungarn noch vorhanden war und dazu viele der napoleonisch geprägten Institutionen in Lombardo-Venetien und in den ehemaligen, nun wieder österreichischen Illyrischen Provinzen. Aber die Robotpflicht der Bauern blieb bis 1848 bestehen. In Schweden hatte Kronprinz Carl Johann Bernadotte, der einzige »Napoleonide«, der seine Position behalten durfte – und zwar wegen seines entschlossenen Frontwechsels im Jahr 1812 –, zum Abbau der aristokratischen Privilegien beigetragen, indem er Männern aus bescheidenen Verhältnissen Karrieren im gehobenen Staatsdienst ermöglichte. In Spanien hatten die pro-französischen Liberalen von Madrid und Katalonien durch die Abschaffung des Zehnten und die Aufteilung der *señorios* mit den antifranzösischen Liberalen von Cadiz um die Gunst der Mittelschicht gewetteifert. Doch Spanien war eines der wenigen Länder Europas, in dem der 1814 wieder auf den Thron gelangte Monarch die Uhr energisch zurückdrehte. In Polen war die Leibeigenschaft zwar aufgehoben worden, doch im übrigen hatte sich an den Grundbesitzverhältnissen und den Beziehungen zwischen den Herren und den Bauern nichts geändert, und Zar Alexander I. unterließ trotz seiner liberal klingenden Äußerungen weitere Schritte.

Es liegt auf der Hand, daß die völlige Beseitigung feudalistischer Relikte und der für die Entfaltung von Handel und Industrie hinderlichen Mechanismen einen Aufschwung der bürgerlichen Gesellschaft fördern würde. In Frankreich war es, wie bereits ausführlich dargelegt, die Mittelschicht einschließlich der besser gestellten Bauern, welche den größten Nutzen aus der Revolution zog. Napoleon enthielt diesen Bevölkerungsteilen zwar die politischen Freiheiten vor und war mit Belohnungen etwas sparsamer, aber er tat nichts, um das gegebene Gefüge zu verändern. Im wesentlichen gilt dies auch für die französisch besetzten Länder außer Polen. Der Verkauf enteigneten Realbesitzes, die Ausmerzung alter feudalistischer Enklaven und Immunitäten, die freie Bahn für den Begabten und Tüchtigen, die Entlastung des Inlandmarktes von restriktiven Zöllen und Zunftordnungen – ganz zu schweigen vom Organisationsverbot für Arbeiter –, all dies trug zur Profilierung des Bürgertums und zur Hebung seines sozialen Status bei. Auf diese Weise wurde das Terrain für die Entwicklung des Industriekapitalismus bereitet.

Doch es war nicht das revolutionäre oder das napoleonische Frankreich, sondern dessen unentwegtester, verbissenster Gegner Britannien, das den Löwenanteil der industriellen und wirtschaftlichen Expansion einheimste und aus dem zwanzigjährigen Wettstreit gefestigter hervorging, als es zu Beginn war. Der Krieg hatte den Briten schwere Steuerlasten aufgebürdet. Zwischen 1793 und 1815 bezahlten sie allein 52 Millionen Pfund Subsidien an ihre Verbündeten und, wie schon erwähnt, wurde Britanniens industrielle Entwicklung durch die Kontinentalsperre verlangsamt. Doch das Land erschloß sich neue Märkte, gewann neue Kolonien, und nach dem Krieg und der Bewältigung von Übergangsschwierigkeiten gelang es Britannien in erstaunlich kurzer Zeit, sich gegen alle Konkurrenz den unbestrittenen Rang einer »Werkstatt der Welt« zu sichern.

Den französischen Erzeugerbetrieben verschiedener Kategorien hatten Revolution und Bürgerkrieg sehr übel mitgespielt, und sogar zu Napoleons Zeiten stagnierte die Produktion in vielen Sparten. Frankreich verlor weitere Kolonien an Britannien, und der Handel in seinen großen Atlantikhäfen sank auf einen kläglichen Bruchteil des einstigen Umfangs. Und dies, obwohl Frankreich während der kaiserlichen Ära in die Lage versetzt war, die Ressourcen fast ganz Europas auszuschöpfen und dessen Märkte zu beherrschen, seine Vasallen und Verbündeten zur Übernahme des größeren Anteils der Kriegskosten zu zwingen und die Kontinentalsperre zum Schaden für die Nachbarländer, aber zur Förderung eigener Interessen zu nutzen. Dieses Phänomen läßt sich durch mehrere Gründe erklären: die durch die Revolution verursachten Erschütterungen des Gesamtsystems, die größere soziale Stabilität, die den Bauern zugestanden wurde und nicht zuletzt die Blockade, welche die Briten über die französische Küste verhängten. Aber vielleicht noch wichtiger ist, daß die britische Insel in den 1780er Jahren eine »Industrielle Revolution« durchgemacht hatte, die nicht nur umwälzende Neuerungen der technischen Verfahren brachte, sondern auch Ansätze zu Umwandlungsprozessen des Gesellschaftsgefüges schuf, indem sie ganz neue Gruppierungen – industrielle Erzeuger und Fabrikarbeiter – auf den Plan rief. In Frankreich und dessen Nachbarländern hatte die *tabula rasa* der revolutionären und napoleonischen Reformen den Weg zu ähnlichen sozialen Veränderungen freigemacht, und die technischen Entwicklungen hatten nach 1800 in der Textilindustrie von Lyon und der Normandie und in den Bergwerken Belgiens und des Saargebietes Fortschritte bewirkt. Doch dies war nur ein Beginn. Um die neue Industriegesellschaft zu schaffen, in welcher der Proletarier an die Stelle des Sansculotten und der Fabrikant an den Platz des Handwerksmeisters treten würde, bedurfte es außer der politischen auch einer industriellen Revolution. Die Revolution von 1789 hatte diesen Prozeß in mancher Hinsicht beschleunigt, in anderer aber verzögert. Abhilfe und Ausgleich sollte in den folgenden Friedensjahren gefunden werden, vor allem nach 1830.*

Auf einem anderen Sektor waren die revolutionären Anstöße rascher und direkter spürbar. In diesem Buch wurde bereits darauf hingewiesen, daß schon drei Jahre nach dem Beginn des

* Eine Darstellung dieser »zwiefachen Revolution« bietet E. J. Hobsbawm in seinem Buch: *The Age of Revolution*, S. 168–81.

Umsturzes eine Armee neuen Typs in Frankreich entstand: ein nationales Massenheer, das sich aus Freiwilligen – später Konskribierten – und Berufssoldaten zusammensetzte, unter dem Kommando eines vorwiegend der Mittelschicht entstammenden Offizierskorps, mit den damals modernsten Waffen ausgerüstet und nach den Prinzipien der flexiblen, offensiven Kriegführung ausgebildet. Natürlich dauerte es seine Zeit, bis sich über die Zwischenphasen des *amalgame*, des *levée en masse* von 1793 und Jourdans Wehrpflichtgesetz von 1798 die Perfektion der Grande Armée des Jahres 1805 herauskristallisierte. Vor allem bedurfte es des eminenten Organisationstalentes eines Lazare Carnot und der Feldherrnkunst eines Napoleon – die beide auf den Lehren von Bourcet, Guibert und Du Teil fußten –, um diese Umgestaltung zu vollenden. Aber nur diese durch die Revolution geschaffenen neuen Bedingungen ermöglichten den besten Einsatz der neuartigen Mittel. Dies erkannten auch Frankreichs Gegner und manche lernten rasch aus solchen Erfahrungen.

Britannien, mit ganz anderen sozialen Problemen beschäftigt als die Festlandmächte, beschränkte sich darauf, die Bewaffnung zu modernisieren und stärkere Truppenverbände ins Feld zu stellen. In den Jahren 1813/14 trafen die Briten allerdings Vorkehrungen, um die Zahl der Soldaten der Armee auf fast 300000 und die der Kriegsmarine auf 140000 Mann zu erhöhen.

Preußen, dessen Selbstzufriedenheit durch das Fiasko von Jena schwer erschüttert worden war, ging in der Nachahmung der Franzosen noch viel weiter. Hardenberg erklärte, die Revolution habe Frankreich eine überraschende Stärke verliehen, er drängte darauf, dem Beispiel durch die – wenngleich behutsame – Anwendung demokratischer Prinzipien bei der Reorganisation des Heeres und des Staates zu folgen. Die Junker waren jedoch nicht zu allen Zugeständnissen bereit, die sich Hardenberg und Stein erhofft hatten. Aber im Zug der Armeereformen, die Gneisenau und Scharnhorst durchführten, fielen zahlreiche der alten friederizianischen Maximen, die Nation wurde zu den Waffen gerufen, neben die regulären Truppen traten die auf breiter Basis regional formierte Landwehr (nach österreichischem Vorbild) und als Aufgebot zur Territorialverteidigung der Landsturm, fähige Bewerber nichtadliger Herkunft erhielten Offizierspatente, und das schwerfällige Fuhrwesen wurde reduziert. Napoleons süddeutsche Verbündete gingen noch einen Schritt weiter, sie schufen Nationalarmeen nach französischem Muster. Damit verlor das Heer Friedrichs des Großen, das einer aristokratischen Ära gemäß war, seinen exemplarischen Charakter. Die neuen Maßstäbe setzte die Armee Napoleons, eine Schöpfung der Revolutionszeit mit ihrer Idee der Nation unter Waffen.

Auch andere Einrichtungen mußten von Grund auf verändert werden. Überall, wo Napoleons Soldaten Fuß faßten, wurde der Code Civil zum gültigen Gesetzeswerk, die Verwaltung wurde reorganisiert, Enklaven kirchlicher und herrschaftlicher Gerichtsbarkeit verschwanden, an ihre Stelle trat ein gesamtstaatliches Justizsystem. Sparsame, kompetente Regierungen ersetzten die Unzahl miteinander rivalisierender und sich überschneidender Hoheitsinstanzen und Jurisdiktionen aus der feudalistischen Vergangenheit oder verschmolzen sie zu neuen Einheiten. Polen hatte zum erstenmal in seiner wechselvollen Geschichte einen funktionierenden Apparat tüchtiger, landeseigener Staatsbeamter und politischer Abgeordneter. Diese Erfahrungen gerieten auch später nie völlig in Vergessenheit.

Im deutschen Raum bewirkten die Geschehnisse von 1803 an den endgültigen Zerfall des Heiligen Römischen Reiches. Napoleon durchforstete gleichsam die verwirrende Verflechtung von großen und kleinen bis kleinsten Fürstentümern, Domänen und Freien Reichsstädten und verminderte ihre Zahl von 396 auf 40. Die Hauptleidtragenden dabei waren die Freien Reichsstädte, von denen nur vier einen Sonderstatus wahren konnten, und die geistlichen Reichsfürstentümer, deren Territorien unter ihren Nachbarn aufgeteilt wurden. So wurden etwa das Fürstbistum Lüttich, die geistlichen Kurfürstentümer Trier und Mainz und das Erzstift Salzburg in größere Staatsverbände eingegliedert. Von den verbliebenen deutschen Staaten gründeten achtzehn den Rheinbund als militärische Allianz, außerdem erfolgten erste Schritte zur Bildung einer Zollunion dieser Bündnispartner. Alte Dynastien kamen wieder auf den Thron, liberale Verfassungen wurden aufgehoben, und die meisten europäischen Herrscher begriffen nicht, welche neuen Kräfte am Werk waren.

Aber zahlreiche Einrichtungen des Grande Empire überlebten

den Sturz Napoleons. Der Code Civil blieb in vielen europäischen Staaten in Kraft, von Belgien bis Neapel, vom Rheinland bis zum russisch dominierten neuen Königreich Polen. Auf dem Wiener Kongreß wurde der Rheinbund aufgelöst und an seine Stelle trat der größere, aus 39 Staaten bestehende Deutsche Bund unter dem Vorsitz Österreichs, der keinesfalls von der Absicht getragen war, einen gesamtdeutschen Nationalismus zu fördern. Doch welche Ziele die Initiatoren auch verfolgen mochten, der Deutsche Bund bot den Rahmen für engere politische Bindungen und bald begann man mit der Ausarbeitung eines Konzeptes für ein gemeinsames Zollgebiet. Vielleicht der bezeichnendste Umstand: Es wurde kein ernsthafter Versuch unternommen, das alte Heilige Römische Reich wiederzuerrichten, oder den geistlichen Fürstentümern die Souveränität zurückzugeben. Das katholische Österreich dachte ebensowenig daran, zugunsten der Kirche auf Salzburg zu verzichten, wie das protestantische Preußen auf Mainz, Köln und Trier.

Die Beziehungen zwischen Kirche und Staat waren durch die Ereignisse der Revolutionszeit und die napoleonischen Reformen tief und nachhaltig beeinflußt worden. Zugegeben, die Neuordnung Europas im Jahr 1815 stand auch im Zeichen einer religiösen Erneuerung. Unter dem Jubel der Gläubigen wurde der Papst im Petersdom wieder inthronisiert, der Index, die Inquisition und die Gesellschaft Jesu wurden wieder eingesetzt, ein neues Phänomen tauchte auf: Der politische Katholizismus der »Ultramontanen«, der im weiteren Verlauf des 19. Jahrhunderts eine wesentliche Rolle spielen sollte, und gegen den letztlich antiklerikale Bewegungen mit der Devise »Los von Rom« zu Felde zogen. In Bayern, Spanien, Sardinien und Neapel erlangte die katholische Kirche wieder viel von ihrer alten Autorität zurück und in manchen Gebieten wurde ihr neuerlich das Schulwesen überantwortet.

Wie bereits dargelegt, gaben Herrscher aller Konfessionen durch den Beitritt zur »Heiligen Allianz« das Bestreben kund, ihre Politik auf christliche Grundsätze zu stellen. Aber die meisten dieser Erscheinungen waren kurzlebig, da die weltliche Macht der Kirche untergraben und die weltliche Oberhoheit von Kirchenfürsten fast ein Anachronismus war. In Frankreich mochte König Karl X. bei der Krönung traditionsgemäß wie seine Ahnen mit heiligem Öl gesalbt werden, aber die Kirche war des Rückhalts durch ihre Besitzungen verlustig und trotz gebieterischer Gesten künftig noch stärker an die weltliche Autorität gebunden als je zu den Zeiten Franz' I. oder Ludwigs XIV. Andernorts wurden weiterhin kirchliche Liegenschaften verkauft und Klöster aufgehoben, und katholische Monarchen waren häufig nicht abgeneigt, sich in ihrem Umgang mit dem Papsttum der größeren Freiheiten zu bedienen, die ihnen Napoleons Konkordat als nachahmenswertes Beispiel vor Augen gestellt hatte. In Mittel- und Westeuropa ergab sich eine zwangsläufige Schwächung der päpstlichen Autorität dadurch, daß eine große Zahl von Katholiken zu Untertanen der protestantischen Könige Preußens und der Niederlande wurden. Zudem war der Papst der einzige von allen Kirchenfürsten aus der Zeit vor der Revolution, der sein weltliches Herrschaftsgebiet behielt, eben den Kirchenstaat, der die mittelitalienischen Regionen umfaßte. Fünfundfünfzig Jahre später würde Pius IX. dieses Gebiet preisgeben müssen, als Opfer für die Einigung Italiens.

Auch der Nationalismus blieb als ein Erbe der Revolution. Napoleon hatte den Nationalgedanken zwar unterdrückt und verachtet, ihn aber, ohne es zu ahnen, trotzdem gefördert. Später, im Exil auf St. Helena, beanspruchte er Anerkennung für seine bewußten Bestrebungen, 15 Millionen Italiener, 30 Millionen Deutsche ebenso wie 30 Millionen Franzosen und 15 Millionen Spanier »jeweils zu einer einzigen Nation« zusammenzuschließen. Die Annexion Piemonts, Parmas, Toscanas und Roms sei, wie er zu Las Cases sagte »nur eine befristete Maßnahme« gewesen, »mit dem Ziel, die nationale Erziehung der Italiener zu garantieren«. Dies war eine propagandistisch gut verwendbare Auslegung, da zu jenem Zeitpunkt niemand mehr daran zweifeln konnte, daß die Siegermächte, die Napoleons imperialistische Methoden so emphatisch verworfen hatten, keinerlei Rücksicht auf die nationalen Tendenzen der von ihnen befreiten Völker nahmen. In Wahrheit war es Napoleon selbst, der die nationalen Bewegungen in Italien und Spanien überrollt hatte. Im Jahr 1810 sagte er zu seinem Bruder Louis, eines seiner Hauptziele in Deutschland sei es, »den deutschen Geist heimatlos zu machen *(dépayser)*«.

Doch ganz abgesehen von den Prinzipien der Revolution,

welche die französischen Heere quer durch Europa trugen, hatten die französischen Verwaltungsreformen, der Code Civil, die Vernichtung des Feudalismus, die Rationalisierung des Regierungsapparates, die Einführung einheitlicher Maß- und Gewichtssysteme und die Beseitigung der Binnenzölle natürlich gewisse einigende Auswirkungen auf die besetzten Länder, ähnlich wie die Reformen der Gesetzgebenden Versammlung und des Konvents in Frankreich selbst die Vorstellungen von Volk und Vaterland beeinflußt hatten. Nicht nur dies: Napoleon hatte sich in seinem Umgang mit den Italienern und den Polen das Nationalgefühl vorsätzlich als Faktor seines Kalküls zunutze gemacht. Das Königreich Italien z. B. genügte zwar keineswegs den weitergesteckten Zielsetzungen der italienischen Patrioten, war aber teilweise in der Absicht geschaffen worden, in ihnen Hoffnungen auf die Zukunft zu erwecken. Unweigerlich verkehrte die Zerstörung solcher Erwartungen bei vielen die Sympathien für die Franzosen in Enttäuschung, Verbitterung, ja Feindschaft, und dies hatte sogar die Gründung antifranzösischer Geheimbünde zur Folge. In Deutschland hatte sich der innere Widerstand, der freilich nicht die Form offener Auflehnung annahm, durch das Bekenntnis zu den nationalen Bestrebungen in Preußen und Österreich deutlicher profiliert. Das Jahr 1815 brachte allerdings – außer in Spanien – keine Lösung des Problems, sondern verschärfte es vielmehr, und diese Situation trieb die deutschen, italienischen und polnischen Nationalisten – ganz zu schweigen von den Belgiern, Griechen und Lateinamerikanern – dazu, in den kommenden Jahrzehnten nach viel gewagteren Mitteln zur Gegenwehr zu suchen.

Ein anderes Ergebnis des Wiener Kongresses und des Zweiten Pariser Vertrags war die Annäherung zwischen Nationalismus und Liberalismus. Obwohl beide Strömungen sich in hohem Maß aus den Revolutionsjahren herleiteten, hatten sie im Europa napoleonischen Gepräges im allgemeinen wenige Berührungspunkte. Die Patrioten standen nach 1808 den Franzosen eher feindselig als positiv gegenüber, dies gilt vor allem für die Spanier, aber auch für die deutsche und die italienische Spielart des Nationalismus. Unter den Liberalen indes, vorwiegend »Notabeln« der Mittelschicht, gab es mehr Anhänger als Gegner Napoleons. In Frankreich selbst waren Mitglieder der Gesetzgebenden Versammlung, Girondisten und Thermidorianer als Verkünder und Förderer der politischen Ideale des Liberalismus aufgetreten, aber der Jakobinerkonvent ebenso wie Napoleon hatte, aus unterschiedlichen Gründen, solches Gedankengut verboten oder sogar bekämpft. Zu Zeiten des Konsulates und des Kaiserreiches waren die Liberalen in Frankreich mundtot gemacht und mißtrauisch überwacht worden. Ganz unabhängig davon neigten ihre Gesinnungsgenossen im übrigen Europa eher den Franzosen zu, die Reformen brachten, als zu den eigenen Herrschern, die sich solchen Neuerungen entgegenstemmten. Gewiß gab es markante Ausnahmen: Zu den italienischen Jakobinern, die nach 1805 Geheimgesellschaften zum Widerstand gegen die Franzosen gründeten, gehörten auch Liberale und revolutionäre Demokraten, in Spanien hatten die antifranzösischen Liberalen in der Zentral-Junta von Cadiz und in den Cortes, die die Verfassung von 1812 annahmen, das Übergewicht. In Deutschland schlossen sich Liberale den Patrioten an, die nach Preußen blickten in der Hoffnung, dieses Land werde die Führung im Befreiungskampf gegen Napoleon übernehmen und zugleich seine eigenen Feudaleinrichtungen reformieren. Aber es trifft wahrscheinlich zu, daß die Liberalen in Deutschland und Italien, genauso wie in Holland, Polen und der Schweiz, generell gesehen, Napoleons Reformen guthießen und ihre Hoffnungen eher auf einen Bestand als den Zusammenbruch seines Reiches setzten. Die Regelungen von 1815 waren schon ihrer Art nach dazu angetan, die Trennung zwischen Patrioten und Liberalen aufzuheben. In Spanien fand der Nationalismus der Bauern mit dem Rückzug der Franzosen und der Restauration von Kirche und Dynastie sein natürliches Ende. Im Jahr 1820 vereinigten sich die vordem pro- und antinapoleonischen Liberalen, um erneut die Verfassung von 1812 zu proklamieren. In Deutschland und Italien boten die Abmachungen des Wiener Kongresses den Liberalen keine größeren Hoffnungen als den Nationalisten. Beide Gruppierungen hatten aufgrund des politischen Kurses der drei in Zentral- und Osteuropa dominierenden Mächte keine Chancen. Namentlich Österreich blieb bis 1848 der Widersacher, gegen den sich ihre gemeinsame Animosität richtete. Denn Österreich besaß das Lombardo-Venetische Königreich und damit den Großteil Oberitaliens, spielte im Deutschen Bund die führende Rolle und berief sich beharrlicher als seine Vertragspartner auf die Satzungen des »Europäischen Konzerts«, um gegen deutsche, italienische, spanische und belgische Patrioten und Liberale zu intervenieren.

Die Geschichte der Demokratie – ein weiteres Ergebnis der Revolution – verlief etwas anders. Obwohl sie bereits in Rousseaus Vorstellung von der »Souveränität des Volkes« beschlossen lag, resultierte sie nicht, wie der Liberalismus, ganz selbstverständlich aus dem Sieg des Dritten Standes. Wie die Gleichgesinnten in anderen Ländern wollte die französische Mittelschicht von 1789 die königliche »Despotie« stürzen, die aristokratischen Privilegien aufheben und das Wahlrecht auf alle Männer mit einem bestimmten Besitzstand erweitern. Sie verkündeten zwar die allgemeinen Menschenrechte, hegten aber nicht die Absicht, die politische Autorität mit den unteren Schichten, dem »Vierten Stand« zu teilen. Diese Partnerschaft und die damit verbundenen gleichen Wahlrechte entstanden, wie wir sehen, durch Anstöße, welche sich der Steuerung entzogen. Es hatte sich als unmöglich erwiesen, ohne die tatkräftige Unterstützung durch das einfache Volk in Stadt und Land wirksam gegen Privilegien und Despotie vorzugehen.

Aber dieses demokratische Stadium der Revolution dauerte nur kurze Zeit. Die Verfassung von 1793, welche die Jakobiner »bis auf weiteres« archiviert hatten, wurde von ihren Nachfolgern widerrufen. Es kam zur Aufhebung des Wahlrechtes, und die Volksbewegung wurde praktisch zerschlagen. Danach gab es weder unter dem Direktorium noch unter Napoleon irgendwelche Intentionen zur Wiederherstellung der Demokratie in Frankreich. Und das übrige Europa folgte im allgemeinen dieser vom Eroberer strikt vorgezeichneten Linie, abgesehen davon, daß in Italien und in Genf demokratische Volksbewegungen existierten.

Doch allen Hemmnissen zum Trotz schlug die Demokratie Wurzeln, vor allem in einem Land, das keineswegs in den politischen Strahlungskreis Frankreichs geriet, sondern vielmehr dessen unversöhnlichster Gegner war. Die englische radikale Bewegung, um die Erfahrungen aus dem Geschehen der Französischen Revolution bereichert, wurde nach 1792 zeitweise durch Verfolgungen in Verwirrung gebracht. Aber um das Jahr

1807 lebte sie wieder auf und trug mit ihren demokratischen Ideen zu den Reformbestrebungen des 19. Jahrhunderts bei. Auch in dieser Entwicklung kam der Industriellen Revolution große Bedeutung zu, denn sie schuf in England früher als anderswo eine politisch wache Arbeiterschaft, welche voll Interesse die Schriften der Demokraten las und der radikalen Bewegung in den Fabriken und Bergwerken eine breite Basis sicherte.

In anderen Ländern erholte sich die Demokratie langsamer von ihrer Niederlage im Jahr 1795. Den Signatarmächten des Wiener Kongresses erschien sie noch bedrohlicher als der Nationalismus und der Liberalismus, und sie wurde energisch unterdrückt, solange das Kongreß-System bestand. In Frankreich trat sie während der Revolution von 1830 wieder in Erscheinung. Ihre spätere Entwicklung hier wie in anderen europäischen Ländern und in Nordamerika war gleicherweise von der Industrialisierung und der Verbreitung revolutionärer Ideen bestimmt.

Außer solchen konkreten Vermächtnissen hinterließ die Revolution dem nachfolgenden Jahrhundert auch ihre Mythen und Traditionen. An erster Stelle die Überlieferung des vom Volk herbeigeführten Umsturzes selbst: Gewalttätigkeit, Heroismus und fanatischer Kampf für Ideale, kennzeichnend für die historischen Höhepunkte der Jahre 1789, 1792 und 1793, kamen, wenn auch mit neuen Zielen aber von ähnlichen Massen getragen, 1848 in ganz Europa und 1871 in Frankreich wieder zum Durchbruch. Die spanischen Liberalen von 1820 und 1836 und deren französische, deutsche, belgische, Schweizer und italienischen Gesinnungsgenossen von 1847/48 erhielten ihre Anregungen aus der Erklärung der Menschenrechte und der Verfassung von 1791. Selbst in England erschien es nur logisch, die Unruhe in der Bevölkerung 1830/31 dem schädlichen Einfluß der Franzosen zuzuschreiben. Viele der Volkstribunen der späteren Revolutionen – Alphonse Lamartine und Ledru-Rollin in Frankreich, Ludwig Kossuth in Ungarn, Giuseppe Mazzini und Giuseppe Garibaldi in Italien – fanden »gebrauchsfertige« Muster bei der Gironde und den Montanen von 1792. Und in einer Reihe von Ländern übernahm der aufrührerische Nationalismus als Symbol, zwar mit jeweils anderen Farben, die dreigeteilte Fahne nach dem Vorbild der Trikolore des revolutionären Frankreich. Die egalitäre Republik des Jahres II hinterließ ihre eigenen

Überlieferungen. Sie wurden 1848 von Radikalen und Sozialisten in Paris, Berlin und Wien in Erinnerung gerufen und starben 1871 mit der Pariser Kommune.

Die Tradition der Nation in Waffen, der revolutionären Verteidigung und des totalen Krieges – ein weiteres Erbe des jakobinischen Frankreich – wurde zu einem noch bedeutsameren Faktor im Verlauf der europäischen Geschichte. Louis Gambetta, Georges Clemenceau und Charles de Gaulle appellierten in existenzbedrohenden Krisensituationen mit diesen Argumenten an das französische Volk, und die Idee des bewaffneten Aufgebotes aller Wehrfähigen erlangte besonders während des Zweiten Weltkrieges in beiden Lagern neue Bedeutung.

Babeuf und die »Gleichen« hatten 1796 in Frankreich gar nichts erreicht, aber sie fanden posthum Nachahmer in den italienischen Carbonari, den russischen Dekabristen und den französischen Blanquistes. Inhaltlich sprach der »Babouvisme« vor allem die Sozialisten an. Babeufs Programm kollektiven Eigentums wurde in den 1830er Jahren von seinem Schüler Buonarotti an die französischen Arbeiterklubs weitergegeben, von Bronterre O'Brien ins Englische übersetzt und von den kommunistischen und sozialistischen Führern seit Marx bis zu Jaurès und Lenin genau studiert. Andererseits sonderte sich der Bonapartismus von der Hauptströmung der revolutionären Traditionen ab und repräsentierte das Prinzip der Ordnung und die Maxime, den Hader der Parteien dadurch zu beenden, daß aus den parlamentarischen Institutionen heraus der Kurswechsel ins Autoritäre vollzogen wurde. Dies war ein speziell französisches Phänomen, und die Idealisierung des *coup d'état*, des Plebiszits, des »Mannes des Schicksals« und der »Grande Nation« hat in der Geschichte Frankreichs immer wieder, von der Restauration des Kaiserreiches durch Louis Napoleon über die diktatorischen Bestrebungen des Generals Georges Boulanger in der Republik nach 1871 bis zum Militärputsch in Algier während des Mai 1958, eine bleibende Rolle gespielt.

Wie die Revolution die Gegenrevolution auf den Plan rief, so bewirkten auch die revolutionären Thesen Antithesen. In ganz Europa fanden Edmund Burkes *Reflections* Widerhall bei denen, die durch die Umwälzungen ihren Besitz verloren hatten oder Enteignung befürchten mußten, und bei jenen, die in den überlieferten Werten einen Schutz gegen das Übergreifen einer – sehr häufig falsch verstandenen – Menschenrechtsideologie erblickten. Auf Burke folgte in Deutschland und Österreich Friedrich Gentz, in Frankreich Bonald und Joseph de Maistre. So entstand eine Ideologie der Gegenrevolution, die auf die Restauration von Thron und Altar abzielte und die europäische Geistesrichtung von Newton und Montesquieu bis zu Voltaire und Rousseau negierte. 1815 schien diese Gegenrevolution auf der ganzen Linie gesiegt zu haben, und man wähnte das Feld für die Wiederkehr alter Hierarchien und Lebensformen bereitet. Doch wie wir sahen, hatte sich Europa während der Jahre zwischen 1789 und 1815 so weit verändert, daß eine generelle Restauration unmöglich war. Selbst Metternichs System, das eher durch die Lippenbekenntnisse als durch die Tatkraft der anderen Kongreßmächte gestützt wurde, konnte revolutionäre Strömungen nicht ewig eindämmen. Aber die Niederlagen von 1848 bewirkten neuerliche Spaltungen zwischen dem Nationalismus und dem Liberalismus. Wieder schlug die Stunde der Ultramontanen wie einst 1815, und diese Wendung hatte antiklerikale Aktionen und Auseinandersetzungen über das Unterrichtswesen zur Folge, die in manchen Fällen bis in die Gegenwart währten. In Frankreich verschärften die Ereignisse des Jahres 1871 den Konflikt und gaben einem neuen Konservativismus Auftrieb, der sich häufig vom Religiösen trennte und die revolutionären Traditionen auf rein politischer Basis bekämpfte. So verurteilte der Historiker und Geschichtsphilosoph Hippolyte Taine die Revolution von 1789 noch entschiedener als lange vor ihm Edmund Burke, denn diesem hatte Taine die Erfahrungen mit der Pariser Kommune voraus.

In Frankreich ging der Kampf weiter und man könnte nur allzuleicht geneigt sein, die geschichtlichen Abläufe des 19. Jahrhunderts in ihrer Gesamtheit als »Spätfolgen« der Revolution nachzuweisen. Aber das wäre eine krasse Verzerrung. Auf das viktorianische England und das Rußland der Zaren hatte die Französische Revolution verhältnismäßig geringen Einfluß. In West-, Mittel- und Südeuropa hingegen wirkte die prägende Kraft bis 1848 nach. Bis zu jenem Zeitpunkt war das revolutionäre Frankreich der Vergangenheit und der damaligen Gegenwart über seine Grenzen hinaus ein Symbol, ein Vorbild, welches dem Denken und Handeln von Patrioten, Liberalen, Radikalen und Sozialisten in vielen Ländern die Richtung wies.

Doch nach den Rückschlägen von 1848 war dies nicht mehr der Fall. Obwohl Gesetze und Institutionen, die aus der Ära des großen Umbruchs stammten, bestehen blieben und Überlieferungen sich noch hielten, waren bereits neue Kräfte erschienen, um die Geschicke der Nationen zu formen und sie auf andere Wege zu führen. Die ältere Generation der deutschen und der italienischen Liberalen und Patrioten orientierte sich am Beispiel der Franzosen, doch die geeinten großen Nationalstaaten, das Deutsche Kaiserreich und das Königreich Italien von 1870/71, wurden nicht nach ihrem Vorbild geschaffen, sondern nach den Plänen Bismarcks und Cavours, die beide den Ideen von 1789 kaum Anregungen verdankten.

Die Industrialisierung Europas, die auf der Industriellen Revolution Englands fußte, erwies sich auf weite Sicht als ebenso wirkungsvoll für soziale Veränderungen wie die politische Revolution, die von Frankreich ihren Ausgang genommen hatte. Aus diesen Umwälzungen auf technisch-wirtschaftlichem Sektor entstand eine Industriearbeiterklasse und der neue vorherrschende Konflikt zwischen Kapital und Arbeit. Und der Marxismus leitete ebensoviel seines Gedankenguts aus den Erfahrungen mit der Industrialisierung in England ab wie aus den Lehren der *philosphes* und der französischen Revolutionäre. Europas Kolonialexpansion und seine schließlich errungene Herrschaft über die ganze Welt mit Ausnahme der westlichen Hemisphäre sowie Chinas und Japans, waren die Ergebnisse der dynamischen Entwicklungen innerhalb der neuen Industriegesellschaft. Die Prinzipien von 1789 und 1793 schwanden zwar nicht aus dem Bewußtsein der Menschen und wurden sogar zu Völkern getragen, die von den früheren Impulsen des revolutionären Frankreich unberührt geblieben waren. Doch im großen und ganzen verloren sie an Bedeutung oder wurden mit den Ideologien späterer Revolutionen verschmolzen. Der Kampf um die Menschenrechte ging weiter, aber er wurde unter anderen Bannern und mit anderen Parolen geführt als 1789.

Zeittafel

1748	Montesquieu: »De l'Esprit des Lois«.
1762/63	Rousseau: »Contrat social«.
1762 ff.	Anhaltende Bauernrebellionen in Rußland.
1763	Die Verhaftung des Unterhausabgeordneten John Wilkes löst öffentliche Diskussionen über Freiheit in England aus.
1767/68	In Rußland Reformberatungen in einer gesetzgebenden Kommission, aber im Ergebnis noch Verschärfung der Leibeigenschaft.
1768	John Wilkes kehrt ins englische Parlament zurück: Auftrieb für die radikale Bewegung, Arbeitskonflikte im Industrialisierungsprozeß, Streiks.
	Im Stadtstaat Genf Revolte der Bürger gegen die »Herrschaft der Zweihundert«.
1769-1771	Die anonymen »Junius-Briefe« kritisieren in England die politische Führung.
1770	Abbé Raynal: »Geschichte der Philosophie«.
1772	1. polnische Teilung: Rußland, Preußen und Österreich teilen ein Drittel des Polnischen Königreichs und die Hälfte der polnischen Bevölkerung unter sich auf.
	Staatsstreich in Schweden: Gustav III. führt eine zentralistische Regierung ein und beschränkt die Rechte des Reichstags.
1773	In Polen Bildung der »Edukationskommission« auf Anordnung des Königs: Verbreitung aufklärerischer Gedanken und Weckung des patriotischen Widerstandes.

1773/74 In Rußland großer Aufstand unter dem Kosaken Pugatschew im Ural- und Wolga-Gebiet (Kosaken, Arbeiter, leibeigene Bauern, völkische Minderheiten).

1774 Mit der Thronbesteigung Ludwigs XVI. in Frankreich beginnen auf Druck der »parlements« Reformversuche (Abschaffung der Gilden und der »corvée«), die aber durch Widerstand des Adels scheitern.

1775 Einführung einer Zollunion im gesamten Habsburgerreich.
Aufstand in Böhmen.
»Getreideaufstände« rund um Paris.

1775-1783 Krieg um die Vereinigten Staaten von Amerika: England gegen ein Bündnis Frankreich–Spanien–Holland–Skandinavien.

1776 ff. Streiks in Frankreich in den Handwerks- und Manufakturberufen.

1779 Aufruhr der Seidenweber von Lyon.

1781 »Compte rendu« (Rechenschaftsbericht) des Finanzministers Necker führt wegen Verschleierungsabsichten zu seiner Entlassung in Frankreich.
»Unterthanspatent« Josephs II. in Österreich: Abschaffung der Leibeigenschaft im Kaiserreich; Beseitigung der Dienstleistungspflicht der Bauern beim Straßenbau; Einschränkung der grundherrlichen Gerichtsbarkeit. Weitere josephinische Reformen: Auflösung von 700 Klöstern und Stiften; Förderung des Schul- und Erziehungswesens; Abschaffung der Inquisition; Toleranz gegenüber Prostestanten und Juden; Zivilehe; Justiz- und Verwaltungsreformen; Gründung von Wohlfahrtseinrichtungen; Abschaffung der Zensur; Einführung einer Staatspolizei.

1782 Nach französischer Intervention Wiederherstellung der alten Ordnung in Genf.
Irland (Dublin) erhält – nach 300 Jahren – die legislative Unabhängigkeit von London zurück.

1783 *Frieden zu Versailles* zwischen England und Frankreich: Garantie der Unabhängigkeit der USA.
Rußland annektiert die Krim.

1784 Aufstand in Transsylvanien gegen Wien.

1785 Nach der »Revolution« der Mittelschicht (Patriotische Bewegung) in den Niederlanden Vertrag Josephs II. mit Amsterdam/Den Haag.

1786 Industriekrise in Frankreich mit hoher Arbeitslosigkeit, verursacht durch ein Freihandelsabkommen mit England (»Eden-Vergennes-Vertrag«).
Aufstand in Mähren gegen Wien.

1787 Aufstände auf der Krim und im Kaukasus, Krieg Rußlands gegen die Türken.
Die Reorganisation der Verwaltung und Rechtsprechung in den habsburgischen Niederlanden (Belgien) führt zum Aufruhr der Stände. Vertreibung der Österreicher.
Sieg der Oranier-Partei über die »Patrioten« in den Niederlanden.

1788 Eintritt Österreichs in den Krieg gegen die Türken.
Erneuter Aufruhr der Seidenweber von Lyon.
Landwirtschaftskrise in Frankreich.
Aufgrund der Krisen in Frankreich Einberufung der Generalstände bei verdoppelter Anzahl der Abgeordneten des Dritten Standes.

1788-1790 Krieg zwischen Schweden und Rußland um die Ostseeprovinzen und den Osten Finnlands – ohne Erfolg für Schweden. Gleichzeitig Einfall der Dänen nach Schweden, aber Waffenstillstand auf Druck einer Dreier-Allianz zwischen England, Preußen und den Niederlanden.

1789 *Januar:* Abbé Sieyès: »Was ist der Dritte Stand?«
5. Mai: Seit 1614 erstmalig wieder Zusammentritt der Generalstände in Versailles.
17. Juni: Die Versammlung des Dritten Standes gibt sich, nachdem die anderen Stände die Zusammenarbeit boykottieren, den Namen »Nationalversammlung«.

12./13. Juli: Ausschreitungen in Paris aufgrund des Gerüchtes, die Nationalversammlung solle aufgelöst werden. Aufstellung einer Bürgerwehr (Nationalgarde).
14. Juli: Sturm auf die Bastille. Bildung eines Stadtrates (Kommune).
17. Juli: Ludwig XVI. reist nach Paris und läßt sich die Kokarde der Revolution anheften.
Bauernaufstände, Emigration des Adels.
4. August: Die Nationalversammlung beseitigt das Feudalsystem.
26. August: Deklaration der Menschenrechte, Abschaffung des Zehnt, der Annaten und der Ämterkumulierung.
10. September: Einführung des Einkammersystems.
5. Oktober: Aufstand in Paris und Marsch der Bürger und 20000 Mann Nationalgarde nach Versailles; Anerkennung der Menschenrechtsdeklaration durch den König von Frankreich und Garantie einer ausreichenden Versorgung der Hauptstadt; erzwungene Rückkehr Ludwigs nach Paris. Ebenfalls Rückkehr der Nationalversammlung nach Paris und damit Sicherung der Errungenschaften des Juli.
2. November: Verstaatlichung der Kirchengüter in Frankreich und staatliche Besoldung des Klerus.
22. Dezember: Einführung des Zensuswahlrechts in Frankreich.
Aufstände in Österreich.
Ausrufung der »Vereinigten Staaten von Belgien«.
In Italien Bauernrebellionen gegen die Grundbesitzer.

1790 Burke: »Reflections on the Revolution in France«.
Einmarsch der Österreicher nach Belgien und Wiederherstellung der alten Ordnung.
Vertrag von Reichenbach: Rückzug Österreichs aus dem Krieg gegen das Osmanische Reich.
Bestrebungen Leopolds von Österreich, die Sou-

veräne Europas gegen Frankreich zusammenzuschließen.
Mit dem Tod Josephs II. und der Thronbesteigung Leopolds werden im Laufe der Zeit alle Reformen im Habsburgerreich wieder rückgängig gemacht.
In Frankreich Abschaffung des erblichen Adels und Einführung einer Zivilverfassung für die Geistlichkeit.

1791 Paine: »The Rights of Man«.
In England entstehen verschiedene Reformbünde; Verbreitung französischer Ideen vor allem durch John Horne Tooke und Thomas Paine.
Der polnische Reichstag nimmt eine liberal-aristokratische Verfassung nach französischem Vorbild an: Vertretung des Bürgertums im Reichstag, Zugang der Bürger zu den Staatsämtern.
In Frankreich Fluchtversuch Ludwigs XVI. (am 20. Juni), der aber vereitelt wird; darauf erneute Versuche Leopolds II., diplomatisch zu intervenieren: *Pillnitzer Deklaration* Österreichs und Preußens zugunsten der Monarchie in Frankreich.
Französische Verfassung tritt in Kraft: konstitutionelle Monarchie (3. September); Eidesleistung auf die Verfassung und deren Proklamation durch den König. Gesetzgebende Versammlung nimmt ihre Arbeit auf (1. Oktober), mehr und mehr von den Jakobinern beherrscht.

1792 In Paris Erstürmung der Lebensmittelläden durch die Sansculotten gegen Teuerung.
Kriegserklärung der Gesetzgebenden Versammlung an Österreich (dieses im Bündnis mit Preußen): *Erster Koalitionskrieg* (1797). Nach ersten Mißerfolgen Frankreichs Einnahme der Tuilerien durch die Volksmassen, die dem König die rote Revolutionsmütze aufsetzen (20. Juni).
10. August: Mit der Erstürmung der Tuilerien und der Absetzung des Königs beginnt die zweite Phase der Revolution in Frankreich. Abbruch der diplomatischen Beziehungen zwischen Frankreich und

England, Rußland, Spanien, Holland, Venedig. Weitere Niederlagen für Frankreich.

Septembermassaker an 1600 Revolutionsgegnern in Paris.

Nach Abschaffung des Zensussystems Einführung des allgemeinen Wahlrechts.

Wende im Krieg nach der *Kanonade von Valmy* (20. September), Rückzug der preußisch-österreichischen Truppen.

Zusammentritt der neuen Nationalversammlung (Konvent) am 21. September und Abschaffung der Monarchie in Frankreich. Prozeß gegen Ludwig XVI.

Genf gibt sich erneut eine demokratische Verfassung; in der Folge Schreckensherrschaft nach Pariser Muster (Verfassungsänderungen 1794 und 1795).

2. *polnische Teilung:* Rußland und Preußen annektieren weitere Gebiete.

In Preußen verweigern die Bauern Tributzahlungen an die Junker.

In England gründet Thomas Hardy die nach Frankreich Beziehungen knüpfende »London Corresponding Society«. Beginnende Unterdrückung der englischen »Jakobiner« durch William Pitt.

1793 Hinrichtung König Ludwigs XVI. (21. Januar). Daraufhin Beitritt von England, Spanien, Holland, Neapel, dem Kirchenstaat, Venedig, Sardinien und Portugal zur Koalition gegen Frankreich. Rückschläge für Frankreich in Belgien, englische Blokkade, Opposition wächst in der Provinz.

Einsetzung eines Revolutionstribunals gegen den wachsenden Widerstand in Frankreich (10. März). Schaffung des *Wohlfahrtsausschusses* (6. April). »Putsch der drei Tage« (31. Mai) festigt die Jakobinerherrschaft. Ermordung Marats (13. Juli). Einzug Robespierres in den Wohlfahrtsausschuß, Tilgung sämtlicher Schulden der Bauern an ihre früheren Grundherren.

Anordnung der »Levée en masse« durch den Nationalkonvent; danach Mobilisierung des ganzen französischen Volkes am 1. September.
Demonstrationen der Sansculotten für einen Preisstopp und gegen die Hortung von Waren führen zum »Maximum-Gesetz« mit Höchstpreisfestsetzungen (29. September).
Enthauptung Marie Antoinettes in Paris (16. Oktober).
Im Krieg Erfolge Jourdans über den Herzog von Coburg bei Wattignies und Napoleon Bonapartes in Toulon; Vertreibung der Gegner über die Vogesen und die Pyrenäen; Invasion Belgiens.
Ausstattung des Wohlfahrtsausschusses mit der vollen Exekutivgewalt (Diktatur).
In Preußen Krawalle und Revolten in Breslau und Oberschlesien; in der Folge Entstehung von Geheimbünden in Schlesien und weitere Unruhen in der Bevölkerung (1794 und 1796).
In der Habsburger-Monarchie Verabschiedung einer Verfassung und einer Menschenrechtsdeklaration nach französischem Vorbild durch den ungarischen Reichstag.

1794 »Ventôse«-Dekrete in Frankreich: Beschlagnahmter Besitz verdächtigter Revolutionsgegner soll an die Armen verteilt werden.
Hinrichtung Dantons, Desmoulins' und ihrer Kampfgefährten (5. April).
Einführung neuer Terrorgesetze und damit Stärkung der Willkür des Revolutionstribunals.
»Kult des höchsten Wesens« durch Robespierre.
Sturz Robespierres am 9. Thermidor und Hinrichtung (27. Juli).
Im Krieg endgültiger Sieg Jourdans über die Koalitionsarmeen und Vorstoß über die Tuhr und an den Rhein; Besetzung der Pfalz und Hollands (dort 1795 Ausrufung der »Batavischen Republik«); Eroberungen in Spanien, das daraufhin ins französische Lager übertritt.

3. polnische Teilung: Rußland, Preußen und Österreich löschen Polen von der Landkarte.
In Paris nach Aufhebung des Maximum-Gesetzes inflationäre Entwicklung.
In Italien ein »jakobinischer« Putschversuch in Turin.
In der Schweiz (Zürich) Bildung eines Revolutionsklubs (mit Füssli, Pestalozzi, Lavater).
In Polen wird ein aufgrund der 2. Teilung ausgebrochener Aufstand von Rußland und Preußen gemeinsam niedergeschlagen.

1795 Preußen verläßt die Koalition und schließt mit Frankreich den *Frieden von Basel* (5. April): das linke Rheinufer fällt an Frankreich.
In Frankreich im April/Mai Volksaufstände aufgrund der schlechten Versorgung; Demonstrationen für die Wiedereinführung der Verfassung von 1793 (ohne Erfolg); Ende der Sansculotten-Bewegung.
Bündnis Frankreich–Holland (»Batavische Republik«) im *Vertrag von Den Haag:* nördliche Teile Flanderns an Frankreich.
*Direktoriums*verfassung: Direktorium aus fünf Konventsmitgliedern, Rat der Alten und Großer Rat; genauere Festlegung der Gleichheitsrechte, der bürgerlichen Pflichten, des Eigentumsrechts, des Wahlrechts); ein Aufstand gegen diese Verfassung wird von Napoleon niedergeschlagen.

1796 Sieg Erzherzog Karls von Österreich über die Franzosen bei Würzburg und Amberg.
Italienischer Feldzug Napoleons, mehrfache Siege über die Österreicher, Friedensdiktat gegenüber dem Papst und dem König von Sardinien.

1797 Errichtung der »Cisalpinischen Republik« und der »Ligurischen Republik« sowie der »Römischen Republik« durch Napoleon.
Unruhen in Pavia und Verona.
Frieden von Campo Formio zwischen Frankreich und Österreich: Verzicht Österreichs auf Belgien,

Anerkennung der linksrheinischen Besetzung; Venedig fällt an Habsburg und Piemont fällt an Frankreich.

1798 Feldzug Napoleons nach Ägypten. Vernichtung der französischen Flotte durch Admiral Nelson bei Abukir.

Bündnis zwischen Rußland und dem Osmanischen Reich (Kriegsschiffe an die Türkei, freie Durchfahrt für Rußland durch die Meerengen).

In Irland anhaltender Widerstand gegen London, jedoch Niederschlagung eines Bauernaufstandes.

In der Schweiz Gründung der »Helvetischen Republik«.

1798/99 Volksaufstände in der Toskana, Rom und Neapel.

1799 Siege Napoleons gegen die Türken in Ägypten.

Beginn des *Zweiten Koalitionskrieges:* Bündnis zwischen England, Österreich, Rußland, der Türkei, Portugal, Neapel und Schweden schlägt die Franzosen in Deutschland und der Schweiz (Erzherzog Karl) und Italien (Suworow). Die Cisalpinische, Römische und Parthenopäische (= Neapel) Republik werden wieder aufgelöst.

Revolten in Belgien gegen Frankreich.

Französische Gegenaktionen gegen Suworow, der im September Italien und die Schweiz wieder räumen muß.

Rückkehr Napoleons aus Ägypten nach Frankreich; Staatsstreich am 18. Brumaire (9. November), Ausrufung Napoleons zum Ersten Konsul (bis 1804). Widerstandsbewegung in Piemont.

1800 Sieg Napoleons über Österreich bei *Marengo* (14. Juni).

1801 *Frieden von Lunéville* zwischen Frankreich und Österreich (9. Februar): Bestätigung von Campo Formio.

1802 *Frieden von Amiens* zwischen Frankreich und England: Ägypten geräumt, Rückgabe der Überseebesitzungen an Frankreich, Trinidad und Ceylon an England.

1803 *Reichsdeputationshauptschluß:* Ende der alten Reichsordnung, Aufhebung zahlreicher deutscher Kleinstaaten, Säkularisierung der kirchlichen Herrschaften – drei Bistümer an Preußen (Münster, Hildesheim, Paderborn) und fünf Abteien sowie drei Reichsstädte; Besetzung Hannovers durch die Franzosen.

Napoleon plant Landung in England.

1804 Napoleon I. krönt sich zum Kaiser der Franzosen.

1805 Napoleon wird König von Italien.

Dritter Koalitionskrieg zwischen Frankreich und England, Rußland, Österreich, Schweden. Gegenbündnisse Napoleons mit Bayern, Württemberg, Baden und Spanien.

Sieg Admiral Nelsons bei *Trafalgar* über die französisch-spanische Flotte (21. Oktober).

Schlacht bei Austerlitz (»Dreikaiserschlacht«): Sieg Napoleons über russisch-österreichisches Heer (2. Dezember).

Vertrag von Schönbrunn zwischen Preußen und Frankreich (Schutz- und Trutzbündnis).

1806 Joseph Bonaparte wird König von Neapel.

Rheinbund unter Frankreichs Protektorat zwischen 16 (später 18) deutschen Fürsten (bis 1811 weitere 18), aber ohne Österreich, Preußen, Braunschweig und Kurhessen.

Kaiser Franz II. verzichtet auf den römisch-deutschen Kaisertitel (seit 1804 bereits Kaiser Franz I. von Österreich).

Krieg zwischen Frankreich und Preußen/Rußland.

Doppelschlacht bei Jena und Auerstedt (14. Oktober) führt zur totalen Niederlage Preußens.

Kontinentalsperre gegen England.

1807 *Schlacht bei Preußisch Eylau:* erstmalig kein Sieg Napoleons über das russisch-preußische Heer (Februar).

Schlacht bei Friedland: Sieg Napoleons über das russische Heer.

Frieden von Tilsit zwischen Frankreich und Rußland/Preußen: Preußen tritt Gebiete westlich der Elbe ab und gibt die polnischen Eroberungen zurück; Bildung des Großherzogtums Warschau unter Oberhoheit des Königs von Sachsen (als Puffer gegen Rußland). Danzig wird Freie Stadt.

Bildung des Königreichs Westfalen aus Teilen von Hannover, Braunschweig, Hessen-Kassel und dem Rheinland; König wird Jerôme Bonaparte.

Bündnis zwischen Dänemark, Frankreich und Rußland gegen England.

Reformen des Freiherrn vom Stein in Preußen (Aufhebung der Erbuntertänigkeit der Bauern, Städteordnung).

Besetzung Portugals (im Bündnis mit England) durch die Franzosen.

1808 Volksaufstand gegen Godoy in Spanien, Einrükken Napoleons nach Spanien und Krieg dort und in Portugal; Joseph Bonaparte wird König von Spanien (dafür Joachim Murat König von Neapel). Der Krieg in Spanien dauert bis 1814.

1809 Aufstände in Tirol gegen die Franzosen, Krieg Frankreich–Österreich; Siege Napoleons bei *Aspern* und *Wagram; Frieden von Schönbrunn:* Österreich verliert Salzburg, das Innviertel, Galizien und die illyrischen Provinzen.

1810 Eingliederung Hollands, Oldenburgs, Ostfrieslands und der Hansestädte in den französischen Staatsverband.

Heirat Napoleons mit Marie Louise, der Tochter des Kaisers von Österreich.

1812 Siege der Franzosen in Spanien bei Salamanca und Vitoria.

Kriegszug Napoleons gegen Rußland: *Schlacht bei Borodino* (7. September) und Einmarsch nach Moskau; Brand von Moskau und Rückzug aus Rußland (19. Oktober), Übergang über die Beresina unter großen Verlusten (Ende November).

Vertrag von Tauroggen zwischen Rußland und Preußen: gegenseitige Neutralität.

1813 Bündnis zwischen Rußland und Preußen.

Beginn der *deutschen Befreiungskriege* mit der preußischen Kriegserklärung am 16. März an Frankreich.

Österreich tritt dem Bündnis Rußland–Preußen–England bei (August).

Völkerschlacht bei Leipzig (16. bis 19. Oktober): Nach Sieg der Verbündeten Rückzug Napoleons über den Rhein; Auflösung des Rheinbundes.

1814 Einmarsch der Alliierten nach Paris und Wiedereinsetzung der Monarchie in Frankreich.

1815 Landung Napoleons bei Cannes in Frankreich (1. März) und Einmarsch in Paris (20. März): Regierung der »Hundert Tage«.

Schlacht bei Waterloo bzw. *Belle-Alliance:* englisch-preußischer Sieg über Napoleon; zweiter Einmarsch der Alliierten nach Paris und Verbannung Napoleons nach St. Helena.

Literaturauswahl

1. Bibliographien

Bromley, J. S., u. A. Goodwin (eds.): A select List of works on Europe and Europe overseas, 1715-1815 (1956)
Roach, J.: A bibliography of modern history (1968)

2. Allgemeine Darstellungen

Anderson, M. S.: Europe in the eighteenth century, 1713-1783 (1961)
Beloff, M. u. a. (eds.): L'Europe du XIXe et du XXe siècle, Bd. I (1959)
Cobban, A.: In search of humanity (1960)
ders.: Rousseau in the modern state (1934)
Crawly, C. W., und J. P. T. Bury (eds.): The new Cambridge modern history, Bde. IX u. X (1960, 1965)
Croce, B.: Geschichte Europas im neunzehnten Jahrhundert (²1968)
Crouzet, M. (ed.): Histoire générale des civilisations, Bde. V u. VI (1953, 1955)
Goodwin, A.: The European nobility in the eighteenth century (1953)
Gottschalk, L. R.: The era of the French Revolution, 1715-1815 (1929)
Hazard, P.: European thought in the eighteenth century: from Montesquieu to Lessing (1954)
Heer, F.: Europa – Mutter der Revolutionen (1964)
Hobsbawm, E. J.: Europäische Revolutionen (1962)
Kingsley Martin: French liberal thought in the eighteenth century (²1954)
Näf, W.: Die Epochen der neueren Geschichte, 2 Bde. (²1959/60)
Palmer, R. R.: The age of the Democratic Revolution. A political history of Europa and America, 1760-1800, 2 Bde. (1959)

Aulard, A.: Politische Geschichte der französischen Revolution, 2 Bde. (1924)
Cahen, L. u. R. Guyot: L'Œuvre législative de la Révolution (1913)
Carron, P.: Les massacres de septembre (1935)
Egret, J.: La prérévolution française 1787-1789 (1962)
ders.: La révolution des notables. Mounier et les monarchiens, 1789 (1950)
Furet, F., u. D. Richet: Die Französische Revolution (1968)
Gaxotte, P.: La Révolution française (1928, 1962)
Godechot, J.: Les institutions de la France sous la Révolution et l'Empire (1951, 1968)
ders.: La Contre-révolution, doctrine et action, 1789-1804 (1961)
Jaurès, J.: Histoire socialiste de le Révolution française (1969)
Lefèbvre, G.: La Révolution française (1951, 1957)
ders.: Etudes sur la Révolution française (1954)
ders.: Quatre-vingt-neuf (1939)
ders.: La Grande Peur de 1789 (1932, 1953)
ders.: Les Thermidoriens (1937)
ders.: Le Directoire (1946)
Markov, W., u. A. Soboul (eds.): Die Sansculotten von Paris: Dokumente zur Geschichte der Volksbewegung 1793-1795 (1957)
Mathiez, A.: La Révolution française, 3 Bde. (1922-24, 1959)
ders.: La Réaction thermidorienne (1929)
ders. u. G. Lefèbvre: Die Französische Revolution, 3 Bde. (1950)
Mousnier, R., u. a.: Le XVIIIe siècle (Histoire générale des Civilisations, Bd. 5) (1953)
Ording, A.: Le Bureau de police de Comité de Salut public (1935)
Sagnac, P.: La Législation civile de la Révolution française (1898)
Sainte-Claire Deville, P.: La Commune de l'an II (1946)
Schmitt, E.: Die Französische Revolution (1976)
ders.: Einführung in die Geschichte der Französischen Revolution (1976)
Soboul, A.: Précis d'histoire de la Révolution française (1962)
ders.: Les Sans-Culottes parisiens en l'an II: mouvement populaire et gouvernement révolutionnaire, 2 juin 1793-9 Thermidor an II (1958)
Thompson, E.: Popular sovereignity and the French constituant assembly, 1789-1791 1952)
Tocqueville, A. de: Der alte Staat und die Revolution (1959)
Tönnesson, K. D.: La Défaite des sans-culottes: mouvement populaire et réaction bourgeoise en l'an III (1959)
Walter, G. (ed.): La Révolution française vue par ses journeaux (1948)

4. Europa und die napoleonischen Kriege

Bertier de Sauvigny, G. de: Metternich et sons temps (1959)
Birley, R.: The English Jacobins (1924)
Brown, P. A.: The French Revolution in English history (1918)
Bruun, G.: Europe and the French Imperium, 1799-1814 (1938)
Bryant, A.: The years of endurance, 1793-1802 (1975)
ders.: The age of elegance, 1812-1822 (1975)
Burke, E.: Reflections in the Revolution in France – dt. erstmals in 2 Bdn. 1793
Chapuisat, E.: La Suisse et la Révolution française (1945)
Cobban, A. (ed.): The debate on the French Revolution (²1950)
Connelly, O.: Napoleon's satellite kingdoms (1965)
Crouzet, F.: L'économie britannique et le blocus continental, 2 Bde. (1958)
Delderfield, R. F.: Imperial sunset. The fall of Napoleon, 1813-1814 (1969)
ders.: The retreat from Moscow (1967)
Droz, J.: Le romantisme allemand et l'Etat. Résistance et collaboration dans l'Allemagne napoléonnienne (1966)
ders.: L'Allemagne et la Révolution française (1949)
Felice, R. de: Italia giacobina (1965)
Fugier, A. Napoléon et l'Espagne, 2 Bde. (1930)
ders.: Napoléon et Italie (1947)
ders.: La Révolution française et l'Empire napoleonien (1954)
Gershay, L.: The French Revolution and Napoleon (1933)
Glover, M.: Legacy of glory. The Bonaparte kingdom of Spain, 1808-1813 (1971)
Godechot, J.: La Grande Nation, l'expansion révolutionnaire de la France dans le monde, 1789-1799, 2 Bde. (1956)
Harsin, P.: La Révolution liègoise de 1789 (1954)
Hayes, R.: Ireland and Irishmen in the French Revolution (1932)
Hazard, P.: La Révolution française et les lettres italiennes (1910)
Helmert, H., u. Usczeck, H.: Europäische Befreiungskriege, 1808-1814/15 (1976)
L'Huillier, F.: Etude sur le blocus continental; la mise en vigueur des décrets de trianon et de Fontainebleau dans la grand-duché de Bade (1951)
Jones, R. B.: Napoleon. Man and myth (1977)
Krahe, E. B.: Metternich's German policy, Bd. I: The contest with Napoleon 1799-1814 (1963)
Laurent, J.: Quand Napoléon occupuit Europe, 1796-1814 (1968)
Lawford, J.: Napoleon. The last campaigns, 1813-1815 (1977)
Lefèbvre, G.: Napoléon (⁵1965)

Legrand, L.: La Révolution française en Hollande (1894)
Lesnodorski, B.: Les Jacobins polonais (1965)
Lovett, G. H.: Napoleon and the birth of modern Spain (1965)
MacDowell, R. B.: Irish public opinion, 1750-1800 (1944)
Maclellan, G. B.: Venice and Bonaparte (1931)
Madelin, L.: Le consultant et l'empire, 2 Bde. (1933)
Markham, F. M. H.: Napoleon and the awakening of Europe (1954)
ders.: Napoleon (1963)
Markow, W., u. F. Donath: Kampf um Freiheit. Dokumente zur Zeit der Nationalen Erhebung, 1789-1815 (1954)
Michon, G.: Robespierre et la guerre révolutionnaire, 1791-1792 (1937)
Mitchell, H.: The underground war against revolutionary France (1965)
Occupants et occupés. Colloque international à l'Université libre de Bruxelles 1968
Palmer, A. W.: Napoleon in Rußland (1969)
Parkinson, R.: The peninsula war (1973)
Petiet, R.: Gustave IV Adolphe et la Révolution française (1914)
Raack, R. C.: The fall of Stein (1965)
Raeff, M.: Michael Speransky, statesman of Imperial Russia, 1772-1839 (1957)
ders.: Plans for political reform in Imperial Russia, 1772-1839 (1966)
Ramm, A.: The Risorgimento (1962)
Rath, R. J.: The fall of the Napoleonic kingdom of Italy (1975)
Raumer, K. v.: Deutschland um 1800, Krise und Neugestaltung 1789-1815 (Handbuch der Geschichte Bd. 3) (1957)
Reinhard, M.: Avec Bonaparte en Italie (1946)
Rössler, H.: Graf Johann Philipp Stadion, Napoleons Gegenspieler, 2 Bde. (1966)
Sarraman, J.: Histoire de la guerre d'indépendance de la péninsule ibérique contre Napoleon Ier (1978)
Scheel, H.: Süddeutsche Jakobiner (1962)
Sieburg, H.-O.: Napoleon und Europa (1971)
Sorel, A.: L'Europe et la Révolution française (1922)
Strange, M. N.: La société russe et la Révolution française (1961)
Tarlé, E.: Napoléon (1966)
Tassier, S.: La Belgique sous la première occupation française (1937)
Thiry, J. B.: Bonaparte en Italie, 1796-1797 (1973)
ders.: La campagne de Russie (1969)
Tranié, J., u. J.-C. Carmigniani: Napoléon et la campagne d'Espagne, 1807 à 1814 (1978)
Trog, W.: Napoleon und der Aufstand Europas (^{5}1970)

Valjavec, F.: Die Entstehung der politischen Strömungen in Deutschland, 1770-1815 (1951)
Wangermann, E.: From Joseph II to the Jacobin trials. Government policy und public opinion in the Habsburg Dominions in the period of the French Revolution (1959)
Warner, R. (ed.): Napoleon's enemies (1977)
Wohlfeil, R.: Spanien und die deutsche Erhebung, 1808-1814 (1965)

Glossarium

Aides: Wein- und Branntweinsteuern im französischen Königreich.

Amalgame: Formierung gemischter Einheiten aus regulären Soldaten und Freiwilligen im Jahr 1793, eine Übergangsphase des Aufbaus der neuen französischen Armee.

Ancien régime: Wörtlich »alte Herrschaft«, Bezeichnung für die letzte Epoche des absolutistischen Königtums in Frankreich und für die alte, vorrevolutionäre Ordnung in Europa.

Anobli: Neugeadelter des *Ancien régime.*

Armée révolutionnaire: Milizartige Organisation, im Herbst 1793 aus der Masse der Sansculotten (s. d.) rekrutiert und in erster Linie zur Sicherung der Getreidetransporte nach Paris und anderen Städten eingesetzt.

Assignaten: Papiergeld der Revolutionsära. Eigentlich eine Staatsschuldverschreibung mit hypothekarischer Deckung durch den konfiszierten kirchlichen Realbesitz, aber nach dem Sommer 1791 in allgemeinem Umlauf und stetigem Kursverfall ausgesetzt.

Ateliers de charité: Öffentliche Werkstätten, 1789 zur Arbeitsbeschaffung für Erwerbslose eingerichtet.

Autel de la patrie: »Altar des Vaterlandes«, als Symbol der neuen revolutionären Ideale in der Mitte des Pariser Marsfeldes aufgerichtet.

Bailliage, sénéchaussée: Lokales Zentrum königlicher Gerichtsbarkeit unter dem Vorsitz eines *bailli* (in Nordfrankreich) oder eines *sénéchal* (in Südfrankreich).

Banalités: Feudalmonopol, das den *seigneur* (Grundherrn) eines Gebietes berechtigte, seine Pächter zu zwingen, ihr Getreide und Mehl sowie ihre Weinernte seiner Mühle, Bäckerei und Weinpresse abzuliefern.

Barrières: Die Zollstationen an der *banlieu,* der Bannmeile rund um die Stadt Paris, kurz vor der Revolution von der Provinzialversammlung angelegt. Die Zollhäuser (einige noch erhalten), geschaffen von Claude-Nicolas Ledoux, gehören zu den markantesten Beispielen der »Revolutionsarchitektur«, einer besonderen Richtung monumentalen klassizistischen Bauens.

Biens nationaux: Konfiszierter Besitz der Kirche, der Aristokratie und der »Verdächtigen«, verstaatlicht und während der Revolutionszeit durch Versteigerung weiterveräußert.

Bourgeois, Bourgeoisie: Bezeichnung für die städtischen Mittelschichten – Bankiers, Börsianer, Kaufleute, Fabrikanten und andere selbständige Berufstätige aller Sparten.

Brissotins: Anhänger von Jacques-Pierre Brissot zur Zeit der Gesetzgebenden Versammlung.

Brumaire: Der »Nebelmonat« (23. Oktober bis 20. November) des Revolutionskalenders (s. d.). Als Begriff vor allem auf Napoleons Staatsstreich am 18. und 19. Brumaire des Jahres VII (9./10. November 1799) bezogen.

Cahiers de doléances: Die Beschwerdelisten, welche die drei »Stände« gesondert in Städten, Dörfern und Zünften bei den Vorbereitungen für die Generalstände von 1789 anlegten.

Capitation: Eine Steuer auf einzelne Einkünfte, ursprünglich von allen Schichten zu entrichten, aber während des 18. Jahrhunderts war der Klerus legal und der Adel häufig ohne Formalitäten davon befreit.

Cens: Tributzahlung nach dem Feudalsystem.

Champart: Naturalleistung.

Chouans: Konterrevolutionäre bäuerliche Freischärler, die nach 1793 in der Bretagne und der Normandie operierten.

Comité des Trente: Das Komitee der Dreißig, dem Duport, Talleyrand, Mirabeau, Sieyès und andere angehörten und dem eine oft überschätzte Verantwortlichkeit für die Ereignisse von 1789 zugeschrieben wurde.

Comités révolutionnaires: Den Sektionen (s. d.) angeschlossene, für Polizei und innere Sicherheit zuständige lokale Ausschüsse.

Complot de l'etranger: Das »Ausländerkomplott«, das angeblich und nach weitverbreiteter Ansicht William Pitt und dessen Agenten 1793/94 in Frankreich gegen die Republik anzettelten.

Corvée: Der bäuerliche Robot, die Verpflichtung zu unbezahlten Straßenarbeiten, oder statt dessen die Tributzahlung.

Distrikte: Die 60 Wahlbezirke, in die Paris im April 1789 eingeteilt wurde. Nach dem Mai/Juni 1790 traten an ihre Stelle die Sektionen. (s. d.)

Don gratuit: »Freiwillige Gabe« der Versammlung des französischen Klerus an die Krone, statt der sonst üblichen Steuern.

Dworjanstwo: Russischer Hofadel.

Emigrés: Franzosen adeligen oder anderen Standes, die ab dem Juli 1789 ihre Heimat verließen.

Enragés: »Wüteriche«, die extreme Revolutionspartei unter Führung von Jacques Roux, Jean Varlet und Théophile Leclerc, sie wurde zwar von den

Jakobinern und den Cordeliers scharf abgelehnt, übte aber 1793 auf die Pariser Sansculotten beträchtlichen Einfluß aus.

Faubourgs: Vorstädte, ursprünglich außerhalb der Pariser Stadtmauern, aber seit 1785 eingemeindet. Speziell wird die Bezeichnung auf die großen, dicht bevölkerten *faubourgs* St. Antoine und St. Marcel angewandt.

Gabelle: Salzsteuer, die unpopulärste, lästigste der indirekten Steuern in Frankreich zur Zeit des *Ancien régime.*

Généralités: Regionen, ungefähr den alten Provinzen entsprechend, in die Frankreich seit Richelieus Zeiten für die Zwecke der Besteuerung eingeteilt wurde. Im Jahr 1789 existierten 23 *généralités,* jede unterstand einem *Intendanten.*

Girondins: Siehe Fußnote Seite 147.

Hidalgo: Gering begüterter oder verarmter spanischer Landedelmann.

Hobereau: Die gleiche Kategorie in Frankreich.

Illuminaten: »Erleuchtete«, Mitglieder eines 1776 in Ingolstadt gegründeten Geheimbundes, der sich in verschiedenen Ländern der Verbreitung des Gedankengutes der Aufklärung widmete.

Intendant: Siehe *généralités.*

Jahr II: Das Zweite Jahr der Französischen Republik, d. h. vom 22. September 1793 bis 21. September 1794. Als Begriff am häufigsten auf die Amtsperiode des Wohlfahrtsausschusses bezogen: 28. Juli 1793 bis 28. Juli 1794.

Junker: Bezeichnung für den preußischen – ursprünglich den gesamtdeutschen – Landadel.

Klub der Cordeliers: Der deutlicher »plebejische« und im allgemeinen radikalere der beiden großen Revolutionsklubs in Paris. Die bekanntesten seiner führenden Köpfe waren – zu verschiedenen Zeiten – Marat, Danton, Hébert und Ronsin.

Laboureurs: Die besser gestellten, begüterten französischen Bauern.

Lazzaroni: Die ärmeren Volksschichten Neapels.

Lettres de cachet: »Versiegelte Briefe«, im Namen des Königs ausgestellte Vollmachten, um tatsächliche oder angebliche Rechtsbrecher ohne Gerichtsverfahren und Urteil einzukerkern.

Levée en masse: Gesetz vom 23. August 1793 zur Generalmobilisierung der französischen Nation im Kriegsfall. In der Folge allgemein für die Bewaffnung einer Nation gebraucht.

Liberum veto: Das Prinzip der Einstimmigkeit, auf Wahlvorgänge im polnischen Reichstag des 18. Jahrhunderts bezogen.

Lit de Justice: Zeremonielle Versammlung des *Parlement* von Paris (s. d.) unter dem Vorsitz des Königs, der auf einem *lit,* – einer Art Paradebett, in diesem Fall mehreren aufgeschichteten Kissen – Platz nahm. Bei solchen Anlässen hatte das *Parlement* kein Recht, vor der Festlegung von Edikten zu remonstrieren.

Livre: Französische Währungseinheit. Die Scheidemünze dazu war der Sou, im Verhältnis 1 livre : 20 Sous.

Lods et ventes: Nach dem Feudalsystem Abgabe beim Verkauf von Landbesitz.

Marc d'argent: Silbermark, im Wert von 52 Francs. Der Betrag, der gemäß einem Gesetz vom Dezember 1789 jährlich an direkten Steuern für die Qualifikation zum Deputierten der Nationalversammlung zu entrichten war. Nach Protesten wurde die Qualifikation im August 1791 auf den Status der »aktiven« Bürgerschaft abgeändert.

Maréchaussée: Gendarmerie zu Zeiten des Königreichs.

Menu peuple: »Gemeines Volk«, die breite Masse der Bevölkerung ist darunter zu verstehen.

Métayers: Bauern, die im allgemeinen ihre Ernte zum Prozentsatz 50 : 50 – oder noch unvorteilhafter – mit den Grundherrn teilten.

Montane: Name, den sich die Hauptgruppe der jakobinischen Deputierten unter Führung Robespierres beilegten, die nach ihrer Wahl in den Nationalkonvent (September 1792) in der Kammer die oberen Sitze einnahmen.

Muscadins: Bei den Sansculotten nach dem 9. Thermidor gebräuchliche Bezeichnung für die Jugend der Bourgeoisie und des Mittelstandes, die durch ihre Narreteien und ihre gesuchte, stutzerhafte Garderobe auffiel.

Noblesse: Französische Aristokratie, deren Kern die *noblesse d'epée* – der Schwert- oder Uradel – bildete, der seine traditionellen Vorrechte auf Waffentaten für die Krone gründete. In späterer Zeit kam die *noblesse de robe* – der Verwaltungsadel – hinzu, der durch den Verkauf öffentlicher Ämter entstand, vor allem seit der Epoche Ludwigs XIV., und schließlich die *noblesse de cloche*, der die privilegierten Inhaber städtischer Ämter angehörten.

Parlements: Die wichtigsten der königlichen Gerichtshöfe, die in erster Linie als Oberste Berufungsgerichte fungierten. Von den insgesamt 13 *parlements* war das bedeutendste jenes in Paris, dessen Jurisdiktion für den Großteil des Landes galt und das sich, besonders unter schwachen, unsicheren Königen, darauf verlegt hatte, zu »remonstrieren«, ehe es sich bereit erklärte, königliche Edikte zur Kenntnis zu nehmen – und damit praktisch Vollmachten der Gesetzgebung usurpierte.

Partie congrue: Das Gehalt, das den Zehnten einhebende Abteien und Kapitel französischen Pfarrherren auszahlten, die über keinen Zehnten verfügten.

»Patrioten«: Bezeichnung für die radikalen Parteien in England und Holland vor der Französischen Revolution. Während der Revolution meinte man

damit deren Anhänger und fortschrittsgläubige Reformer in allen Ländern (in letzterem Fall als Alternative zu den »Jakobinern«). Nicht zu verwechseln mit Patrioten – ohne Anführungszeichen! – als Verfechtern nationaler Interessen und Ideale.

Pays d'elections: Die Mehrheit der französischen Provinzen zur Zeit des Königreiches, ohne lokale Instanzen für die Festsetzung von Steuern oder eine beschränkte Form der Selbstverwaltung. Siehe auch *pays d'états.*

Pays d'états: Vor allem in den Grenzbereichen liegende und erst kürzlich angegliederte Provinzen, welche ihre traditionellen Stände beibehielten, deren Funktionen genau definiert waren, aber manchmal Hoffnungen auf ein größeres Ausmaß von Selbstverwaltung weckten.

Prévôt des marchands: Vor der Revolution der oberste Beamte der königlichen Regierung der Stadt Paris.

Privilegiés: Die privilegierten Stände Frankreichs, d. h. die Geistlichkeit – zwar im allgemeinen nur der höhere Klerus – und der Adel.

Rentiers: Personen mit fixen Einkünften aus Kapitalvermögen.

Revolutionskalender: Besonders typisch für die Tendenzen der Revolutionäre, möglichst mit allem Hergebrachten zu brechen und einen Neubeginn zu setzen, war das Bestreben, auch die Zeitrechnung zu ändern. Seit dem 24. November 1793 galt in Frankreich offiziell der »republikanische Kalender«. Der Jahresanfang war nun mit dem Herbstbeginn, 22. September, identisch, die neuen Monate – jeweils in drei Dekaden geteilt – waren im Verhältnis zu den Monaten des Gregorianischen Kalenders ungefähr so verschoben wie die astrologischen Tierkreiszeichen. Die Benennungen erfolgten nach den für die betreffende Phase charakteristischen Naturerscheinungen des Jahreslaufs: Vendémiaire (Weinmonat), Brumaire (Nebelmonat), Frimaire (Frostmonat), Nivôse (Schneemonat), Pluviôse (Regenmonat), Ventôse (Windmonat), Germinal (Saatmonat), Floréal (Blütenmonat), Prairial (Wiesenmonat), Messidor (Erntemonat), Thermidor (Hitzemonat), Fructidor (Fruchtmonat).

Revolutionsregierung: Die betont zentralistische Führungsspitze, die Robespierre, Saint-Just und deren Gefährten nach dem Oktober 1793 im Wohlfahrtsausschuß (s. d.) bildeten.

Sansculotten: Französ. *sans-culottes*, eine generelle Bezeichnung – wörtlich »die ohne Kniehosen«, die die Mode des *Ancien régime* verwarfen und in langen Hosen gingen – manchmal auf alle ärmeren Schichten der Stadt- und Landbevölkerung angewandt, gezielter aber auf städtische Handwerker, Besitzer kleiner Läden, Wanderhändler, Gesellen, Arbeiter und Habenichtse. Im weiteren Sinn als politische Etikettierung der militanteren Gruppen der Revolutionäre von 1792-95, ungeachtet ihrer sozialen Herkunft.

Schlachta: Der polnische Kleinadel.

Séance royale: Die »königliche Sitzung«, am 23. Juni 1789 von Ludwig XVI. nach Versailles einberufen, zwecks Darlegung seiner Ansichten über die Fragen, welche sich im Verhältnis der drei Stände trennend auswirkten.

Sektionen: Die 48 territorialen Einheiten, in die Paris durch das Stadtgesetz vom Mai/Juni 1790 für die Wahlen und die allgemeine politische Arbeit eingeteilt wurde. Die Sektionen lösten die frühere Einrichtung der 60 Distrikte ab (s. d.).

Señorios: Große Ländereien spanischer Granden.

Sicherheitsausschuß: Neben dem Wohlfahrtsausschuß (s. d.) das zweite wichtige Instrument der Regierung im Jahr II. Sein Aufgabenbereich umfaßte Belange des Polizeiwesens und der inneren Sicherheit.

Sociétés populaires: Sammelname für die politischen Klubs, die nach dem Sommer 1791 in den verschiedenen Pariser Sektionen entstanden. Viele wurden im Frühjahr 1794 aufgelöst, andere nach dem Thermidor (s. d.), und die noch verbliebenen in den ersten Monaten des Jahres 1795.

Sou: Siehe *Livre.*

Taille: Die wichtigste direkte Steuer, die in Frankreich vor der Revolution alle Bürgerlichen – *roturiers* – zu entrichten hatten, üblicherweise nach dem persönlichen Einkommen – *taille personelle* – berechnet, seltener nach Grundbesitz – *taille réelle.*

Terror: Das Wort bezieht sich hier weniger auf eine Methode, sondern ist vielmehr als Definition einer historischen Phase gemeint, nämlich die »Zeit der Schreckensherrschaft« vom September 1793 bis zum Juli 1794, als die jakobinische Führung militärisch, wirtschaftlich und in der Justiz drakonische Maßnahmen ergriff, um sich durchzusetzen und die Anerkennung ihrer Autorität zu erzwingen.

Thermidor: Im Revolutionskalender (s. d.) der »Hitzemonat«, der Teile des Juli und des August umfaßte. Im besonderen als Begriff für zwei Tage verwendet, den 9. und den 10. Thermidor des Jahres II, als Robespierre und dessen engster Kreis gestürzt wurde. Daher *Thermidorianer:* Robespierres unmittelbare Nachfolger.

Tiers état: »Dritter Stand«, konkret die Vertreter des nichtprivilegierten der drei Stände, die zur Teilnahme an den Generalständen beordert wurden. Allgemeiner die Bezeichnung für alle Schichten außer dem Adel, dem höheren Klerus und privilegierten Würdenträgern – also *menu peuple* ebenso wie *bourgeoisie.*

Ukas: Erlaß des Zaren.

Unterthanspatent: Gesetzliche Bestimmungen, durch die Kaiser Joseph II. im Jahr 1781 die Leibeigenschaft aufhob und damit das Los der Bauern in den habsburgischen Ländern verbesserte. Das Patent wurde vor und nach dem Tod des Herrschers (1790) wesentlich ergänzt.

Vingtième: Eine Einkommensteuer, die von allen, außer vom Klerus, eingehoben wurde. Nominell ein »Zwanzigstel«, häufig aber auf den Zehnten – zehnten Teil – und manchmal sogar auf ein Viertel der Einkünfte erhöht.

Wohlfahrtsausschuß: Das wichtigere der beiden Instrumente des Machtapparates während des Jahres II. Für Innen- und Außenpolitik zuständig. In Fragen des Polizei- und Justizwesens überschnitten sich seine Befugnisse mit denen des Sicherheitsausschusses. (s. d.)

Personenregister